青野太潮先生近影

［青野太潮先生献呈論文集］

イエスから初期キリスト教へ

新約思想とその展開

日本新約学会編

LITHON

本論文集を青野太潮先生に献呈する

献呈の辞

　青野太潮先生（現西南学院大学神学部名誉教授）は、2009 年春から日本新約学会第四代会長の任に就かれ、2016 年春に退かれた。満八年に及ぶ任期中に、先生が学会のために尽くされた功績には実に多大なものがある。
　その中でも最たるものは、学会創立五十周年となる 2010 年度の学術大会に、ハイデルベルク大学神学部の G・タイセン教授（現名誉教授）を招聘したことである。タイセン教授の講演は、大会会場の西南学院大学（9 月 9–10 日）の他に、大阪（9 月 13 日、関西学院大学・同志社大学共催）と東京（9 月 17 日：日本基督教学会主催、9 月 20 日：日本聖書学研究所主催）でも行われた。この招聘事業そのものは、青野会長に先立つ土戸清会長（1997–2008 年）の下で企画されたものであったが、青野会長は実行年度の責任者として、関連諸団体との調整を始めとするもろもろの事前準備および実行業務全般の指揮を取られた。その後、一連の講演を G・タイセン来日記念講演集『イエスとパウロ　キリスト教の土台と建築家』（教文館、2012 年）に編むに当たっても、大いに力を尽くされた。それもこれも、青野会長が陣頭に立って学会の総力を結集してくださらなかったならば、成功は覚束なかったに違いない。
　本論文集は、青野先生が学会長として尽くされた功績に対して、執筆者はもちろん、さまざまな事情から寄稿を断念せざるを得なかった者も含めて、学会員全員の感謝の気持ちを表すために編まれたものであるが、同時に先生がこれまで重ねて来られた専門研究上の業績に対する畏敬の思いも込められたものである。
　改めて言うまでもないことであるが、先生の専門研究はパウロ一筋に貫か

れてきた。それは国際基督教大学での卒業論文に始まり、東京大学大学院の前田護郎・荒井献研究室在籍時代も一貫している。その後チューリッヒ大学神学部でまとめた学位論文は、指導教授（E・シュヴァイツァー）の提案もあって、パウロがその後の使徒教父に及ぼした影響を扱うものであった。しかし1978年に帰国して西南学院大学神学部に奉職するや否や、まるで待ち焦がれていたかのように、初年度から再びパウロ（コリント人への第一の手紙）に飛んで帰っている。

　その後の十年間は、おそらく先生の研究歴において最も生産的な時期であったと言えるだろう。この時期に書かれた論考は、その後、初めての単行本である『「十字架の神学」の成立』（ヨルダン社、1989年）に集められた。そこで最も鮮明に打ち出されたのは、「ひと言で言えば、パウロにおけるイエスの『十字架』と『死』とは区別されなければならず、その両者に含まれている微妙に異なった神学的な意味内容を、できるだけ厳密な形で明確にすべきだということ」（同書「あとがき」516頁）であった。パウロに現れた復活のキリストは、十字架につけられたままの顔をしていたと言うのである。この命題が『「十字架の贖罪』ということをひと息に言い、そこに排他的な真理を見る人々」（同書520頁）の伝統的な贖罪信仰に与えた衝撃は想像に難くない。

　先生はそこからさらに、パウロの逆説的な十字架理解が生前のイエスの十字架刑そのもの、さらには彼の「神の国」のメッセージそのものと、事柄上かつ伝承史上、どのようにつながっているのか、という問いへ進んで行った。そしてそこに本質的なつながりがあるのみならず、伝承の上でも生前のイエスの言葉が少なからずパウロに伝わっていたことを明らかにされた。それは私自身も含めて、大方の読者にとって、「目から鱗」の体験であった。

　特筆に価するのは、先生がこの認識を、わが国の新約聖書学の先達たち（佐竹明、八木誠一、荒井献、松永希久夫、田川建三）はもちろん、哲学者および教義学者（滝澤克己、大木英夫、近藤勝彦、寺園喜基）たちとの公の討論に供したことである。その詳細は前述の単行本に見る通りであるが、そ

の後も対話相手を変えて継続された。その足跡は第二論文集『「十字架の神学」の展開』（新教出版社、2006 年）の中に、さらには西南学院大学神学部を定年退職されるに当たって編まれた浩瀚な論文集『最初期キリスト教思想の軌跡　イエス・パウロ・その後』（新教出版社、2013 年）の中にたどることができる。

　こうした先生のパウロ研究の内容と表現法を振り返るとき、二つは一体として画期的な出来事であったことが分かる。それは日本の新約聖書学が初めて外国からの借り物でない自前の土俵を設営し、そこにさまざまな所属部屋の力士が登場して、自前の技と力を揮って相撲を取ることができるようになった出来事だったのである。それは間違いなく、わが国の新約聖書学がこれまでに極めたピークの一つと呼ぶにふさわしい。

　先生のパウロ研究は国際的な土俵にも知られるに至った。事実、2005 年春には、多くの点で見解を同じくしていたフィンランド・ヘルシンキ大学神学部の H・ライサネン教授が、わざわざ西南学院大学大学院神学研究科開設記念講演のために来日し、交流を深めている。

　忘れてならないのは、以上のような専門研究上の業績が先生のすべてではないことである。先生は決して書斎の研究者にとどまらず、実に精力的な福音の語り手でもあるからである。長年の所属教会である福岡・平尾バプテスト教会を拠点として、日本バプテスト連盟の研修会等においても指導的役割を担ってこられた。さらにその枠も超えて、実にさまざまな教派の礼拝や研修会、中学、高校、大学での講演会に招かれて文字通り東奔西走、新約聖書のメッセージを平明な言葉で解き明かしてこられた。その足跡は、『見よ、十字架のイエス』（中川書店、1992 年）、『「十字架につけられたまひしままなるキリスト」』（コイノニア社、2004 年）、『「十字架の神学」をめぐって』（新教出版社、2011 年）の三冊に記されている。それと並んで、必ずしも教会とは関わりを持たない一般読者向けの入門書として、『どう読むか、聖書』（朝日新聞社、1994 年）と『パウロ　十字架の使徒』（岩波書店、2016 年）の二冊を公にされ、多くの読者を得て今に至っている。もちろん、常に中心

に置かれているのはイエスとパウロの逆説的な使信であるが、行間からは、現代の日本社会を支配する優勝劣敗の価値観に対する先生の批判的かつ鋭敏な感受性も繰り返し窺われる。

　最後に、教育者としての先生の働きについて言えば、先生は本務の西南学院大学で繰り返し全学レベルの行政責任に追われながら、終始神学部での後進の育成に多大な精力を注いでこられた。その結果、現に多くの有為の人材が全国各地で宣教のわざに携わっている。学外でも先生に直接教えを請いたいと思う人々が全国から集まって、二十数年前に「聖書塾」という私的な研究会を立ち上げ毎年夏の二泊三日の合宿を中心に今もなお活動している。

　日本新約学会の毎年の学術大会の席上でも、後進の研究発表に対する啓発的・建設的な発言が参加者の印象に強く残っている。今後も先生のご健康が保たれて、引き続き後進の指導に当たっていただけることを、学会員一同、切に願っている。また、ご自身の研究においても、第一コリント書の註解という畢生のテーマを仕上げられるよう心から祈念して、献呈の辞とさせていただく。

　なお、学会創立以降の三人の会長（松木治三郎会長 1960–1986 年、松永晋一会長 1987–1996 年、土戸清会長 1997–2008 年）が果たされた貢献には、青野会長に勝るとも劣らないものがあったことを想起したい。学会としての成熟度から、それぞれの貢献に対して今回のような献呈論文集を編むには至らなかっただけに、この機会に改めて学会として心から感謝の意を表したい。

2019 年 7 月

日本新約学会会長　大　貫　　隆

目　　次

献呈の辞 …………………………………… 大貫　隆　3

青野太潮先生　履歴・業績一覧 ……………………………… 11

[献呈論文]

イエスと初期ユダヤ教神秘主義 …………………… 大貫　隆　25

イエスの譬えにおける時の造形
　　　──文脈、かたり、経験── …………………… 廣石　望　45

クレイア集としてのマルコ福音書
　　　──受難・復活物語── …………………… 山田耕太　69

ルカ福音書におけるサタンの役割
　　　──救済的視点から── …………………… 本多峰子　89

ルカ文書における百人隊長のモティーフ（ルカ 7:1–10; 使 10）
　　　──異邦人宣教に関するルカ思想の編集史的研究──
　　　………………………………………… 木原桂二　111

「愚かな金持ち」は貪欲か
　　　──ルカ福音書 12 章 13–21 節の釈義的考察──
　　　………………………………………… 嶺重　淑　133

ファリサイ派の人と徴税人の祈りの譬の釈義的研究
　　　………………………………………… 大宮有博　151

目　次

神の所有としての生
　　──ルカ福音書 20 章 27–40 節についての考察──
　　………………………………………………大　澤　　　香　173

イエスの胸に横たわる弟子
　　──クィア理論とホモソーシャリティ理論による
　　　ヨハネ福音書 13 章 21–30 節の読解── ……小　林　昭　博　189

John 19:34b: Blood and Water ……………三　浦　　　望　211

パウロにおける聞くことと見ること
　　── 聴覚的要素と視覚的要素の交錯── ……原　口　尚　彰　233

ロマ書 1 章におけるハバクク書の位置付け………武　久　　　盾　255

パウロにおける「自己スティグマ化」の戦略
　　── ガラテヤ書 4 章 12–15 節、
　　　　フィリピ書 2 章 25–30 節によせて── ………大　川　大　地　277

『慰めの手紙』としてのフィリピ書 …………………伊　藤　明　生　299

キリスト讃歌にパウロが加筆した
　　「十字架の死」の意味に関する一考察
　　　──フィリピ書 2 章 6–11 節── ………古　川　敬　康　325

Ⅰテサロニケ書における十字架の神学 …………焼　山　満里子　353

紀元後 1 世紀のガリラヤ・サマリア・ユダヤにおける
　　住居の形態
　　　── テル・レヘシュの事例研究に向けて── …山　野　貴　彦　369

ルター『九月聖書』の書誌学的考察
　　——第1刷の本文をめぐって——……………辻　　　学　389

SUMMARIES ……………………………………………… 403

執筆者紹介 ……………………………………………… 435

あとがき ………………………………………………… 437

青野太潮 先生　履歴・業績一覧

（2019 年 7 月 31 日現在）

履　歴

氏　　名　青野　太潮（あおの　たしお）
生年月日　1942 年 12 月 5 日
現 住 所　福岡市南区高宮 1-22-17

〈学　歴〉

1968. 3　国際キリスト教大学（ICU）教養学部人文科学科卒業（教養学士）
1968. 4　東京大学大学院人文科学研究科西洋古典学専門課程修士課程入学
1970. 3　同上修了（文学修士）
1970. 4　東京大学大学院人文科学研究科西洋古典学専門課程博士課程進学(1972.9 まで)
1972.10　スイス・チューリッヒ大学神学部（博士課程）入学
1978. 2　同上修了 Dr.theol.（神学博士号）取得

〈職　歴〉

1971.10　東京外国語大学非常勤講師（キリスト教史）（1972.7 まで）
1978. 4　西南学院大学神学部専任講師
1979. 4　同上助教授
1984. 4　同上教授（~2013. 3）
2013. 4　西南学院大学名誉教授

〈学会における活動〉

日本聖書学研究所所員
日本新約学会会員、会長（2009 年 9 月～ 2016 年 9 月）

国際新約聖書学会（SNTS）会員
日本基督教学会会員、理事
日本宗教学会会員

業績一覧

〈著　書〉

1979　Die Entwicklung des paulinischen Gerichtsgedankens bei den Apostolischen Vätern, Verlag Peter Lang（Bern /Frankfurt a.M）（「パウロの審判論の使徒教父における展開」）チューリッヒ大学神学部博士論文
1989　『「十字架の神学」の成立』ヨルダン社
1991　『見よ、十字架のイエス』中川書店
1994　『どう読むか、聖書』（朝日選書）朝日新聞社
2004　『十字架につけられ給ひしままなるキリスト』コイノニア社
2006　『「十字架の神学」の展開』新教出版社
2011　『「十字架の神学」をめぐって』新教出版社
2013　『最初期キリスト教思想の軌跡　イエス・パウロ・その後』新教出版社
2016　『パウロ　十字架の使徒』（岩波新書）岩波書店

〈共　著〉

1979　『聖書学方法論』日本基督教団出版局
1986　『聖書解釈の歴史』日本基督教団出版局
1988　『新約聖書正典の成立』日本基督教団出版局
1991　『新約聖書を読む』ＮＨＫ学園
1996　『現代聖書講座・第２巻』日本基督教団出版局
1996　『現代聖書講座・第３巻』日本基督教団出版局
1998　『イエス研究史』日本基督教団出版局
2003　『新版・総説新約聖書』日本基督教団出版局
2005　『聖書を読む・新約篇』岩波書店

〈共同執筆〉

1972　荒井献編『パウロをどうとらえるか』新教出版社
1986　『滝沢克巳・人と思想』新教出版社
1998　『新約聖書がわかる。』(アエラムック) 朝日新聞社
2002　『キリスト教がわかる。』(アエラムック) 朝日新聞社

〈論　文〉

1968　「Paul and Tradition in Primitive Christianity: With Special Reference to the Understanding of Jesus' Death（パウロと原始キリスト教における伝承の問題——とくに「イエスの死」の理解に関して——）」国際キリスト教大学教養学士論文
1970　「パウロの終末論——釈義的研究を中心にして——」東京大学大学院西洋古典学専門課程修士論文
1971　「パウロの終末理解——第一コリント15・20–28を中心にして——」『聖書における啓示と歴史』(『聖書学論集』8号)、山本書店
1971　「パウロにおける歴史と終末論」『福音と世界』12月号、新教出版社
1972　「第一テサロニケ4・15のlogos kyriouについて」『宗教研究』第46巻1号 (日本宗教学会誌)
1972　「第二コリント5・1–10におけるパウロと彼の論敵の思想について」『聖書の思想・歴史・言語』(『聖書学論集』9号＝関根正雄教授献呈論文集)、山本書店
1978　Courants de la théologie chrétienne au Japon（日本のキリスト教神学の潮流）、Choisir (Fribourg/Genève) 2月号
1978　「最近 (1970–78年) のヨーロッパにおけるパウロ研究」『西南学院大学神学論集』36巻1号
1978　「新約聖書学と正典」『聖書と教会』8月号、日本基督教団出版局
1979　「パウロの苦難の理解」『聖書教育』3月号、ヨルダン社
1979　「パウロの「十字架」理解——佐竹論文への批判的対論——」『聖書と教会』3月号、日本基督教団出版局
1979　「パウロの旧約解釈」『聖書と教会』6月号、日本基督教団出版局
1979　「新約聖書における教会共同体論」『全国牧師研修会講演集』(日本バプテスト連盟)
1979　「パウロにおける神の審判の理解」『最近の聖書学の諸問題』(『聖書学論集』14

号)、山本書店

1979 「霊的熱狂主義の一系譜――第二クレメンスの論敵をめぐって――」『日本の神学』18 号（日本基督教学会誌）

1979.1〜12　「聖書研究「新約聖書における教会像」」『世の光』1〜12 月号（日本バプテスト連盟婦人連合）

1980 「パウロの教会理解」『聖書教育』1 月号、ヨルダン社

1980 「使徒教父におけるパウロの受容」『最近の聖書学の諸問題』(『聖書学論集』15 号)、山本書店

1981 「パウロの生涯――その回心に焦点をあてて――」『聖書教育』6 月号、ヨルダン社

1981 「使徒教父における「教育」」『聖書と教会』11 月号、日本基督教団出版局

1982 「パウロのキリスト論――とくにパウロの「十字架」理解に関する佐竹明氏との討論をふまえて――」『新約学研究』10 号（日本新約学会誌）

1982 「ローマ人への手紙 10:1–4」『説教者のための聖書講解』39 号、日本基督教団出版局

1983 「ピリピ人への手紙 3:17–4.1」『説教者のための聖書講解』42 号、日本基督教団出版局

1984 Kreuz und Auferstehung bei Paulus—Ein Plädoyer für die Theologie K.Takizawas und S.Yagis—, *Annual of the Japanese Biblical Institute (AJBI)* 10

1984 「パウロにおける十字架の逆説――八木誠一論文への批判的対論――（上）」『西南学院大学神学論集』42 巻 1 号

1984 「キリスト信仰の成立」『理想』12 月号、理想社

1985 「パウロにおける十字架の逆説――八木誠一論文への批判的対論――（下）」『西南学院大学神学論集』42 巻 2 号

1986 「パウロにおける「共苦」の思想」『聖書と教会』2 月号、日本基督教団出版局

1986 「イエスをどう捉えるか――「十字架の神学」の成立との関連で――（Ⅰ）」『西南学院大学神学論集』43 巻 2 号

1986 「Ⅱコリント 13・3ｂはパウロの論敵の思想である」『新約聖書と解釈』(松木治三郎先生傘寿記念献呈論文集)、新教出版社

1986 「パウロにおける苦難――パウロの十字架理解に関する八木誠一氏の再反論への応答――」『西南学院大学神学論集』44 巻 1 号

1986 「最初期キリスト教における信仰告白へのプロセス」『ペディラヴィウム』(ヘブライズムとヘレニズム研究) 24 号、ペディラヴィウム会出版部

1987 「イエスをどう捉えるか――「十字架の神学」の成立との関連で――（Ⅱ）」『西南学院大学神学論集』44 巻 2 号

1987 「「十字架の神学」をめぐる教義学との対話」『西南学院大学神学論集』45 巻 1 号

1988 「イエスをどう捉えるか──「十字架の神学」の成立との関連で──（Ⅲ）」『西南学院大学神学論集』45巻2号
1988 「パウロにおける十字架と復活」『西南学院大学神学論集』46巻1号
1989 「パウロの「異言」理解」『聖書の使信と伝達』（聖書学論集23号・関根正雄教授還暦記念論文集）、山本書店
1990 「滝沢原点論への田川建三氏による批判の批判的検討」『西南学院大学神学論集』47巻2号
1991 「「十字架の神学」の射程」『聖書と教会』1月号、日本基督教団出版局
1991 「イエス・パウロ・その後──拙著『十字架の神学』の成立に対する批判への応答──（1）」『聖書の思想とその展開・荒井献先生退職・還暦記念献呈論文集』、教文館
1991 「「十字架」と贖罪」『聖書の学び』16号、NHK学園
1993 「もうひとつの「聖書神学」」『日本の神学の方向と課題・神学は何をなしうるか・25人の提言』（新教コイノニア12）、新教出版社
1993 「もうひとつの「聖書神学」の展開」『福音と世界』10月号、新教出版社
1993 「パウロとルカのちがい」『聖書の学び』28号、NHK学園
1994 「「主の晩餐」への参与」『アレテイア』5号、日本基督教団出版局
1994 「「十字架の神学」の社会倫理への射程」『聖書学論集』27号、リトン
1996 「イエス・パウロ・その後（2）──横山正美氏への応答──」『西南学院大学神学論集』54巻1号
1996 「苦難と救済」『現代聖書講座・3巻』日本基督教団出版局
1997 「イエス・パウロ・その後（3）──金子啓一氏への応答──」『西南学院大学神学論集』54巻2号
1997 「パウロと福音書の関係」『月刊言語』314号（26巻12号）、大修館書店
1998 「十字架につけられ給ひしままなるイエス」『聖書の学び』46号、NHK学園
1998 「パウロの神中心主義」『西南学院大学神学論集』55巻1/2号
1998 「聖書の矛盾をどう読むか」『現代思想』26巻5号、青土社
1999 「マルコにおけるイエスの十字架と復活」『教師の友』58巻3号、日本基督教団出版局
1999 「実存を賭けた選択への促し──神学教育における聖書学の役割──」『福音と世界』10月号、新教出版社
2000 「イエス・パウロ・その後（4）──量義治氏への応答──」『西南学院大学神学論集』57巻2号
2000 「パウロはイエスをどの程度知っていたのか」『聖書の学び』57号、NHK学園
2001 「イエス・パウロ・その後（5）──喜田川信氏への応答──」『西南学院大学神学論集』58巻2号

2003　「十字架につけられ給ひしままなるキリスト」『西南学院大学神学論集』60 巻 1/2 号

2003　「イスラエル古典学の将来」『古典学の再構築』シンクス出版部

2004　「パウロ書簡における修辞的反復」『西南学院大学神学論集』61 巻 1/2 号

2005　「「障害者イエス」と「十字架の神学」」『西南学院大学神学論集』62 巻 1 号

2006　「玉井忠純氏による土岐健治著『[改訂新版] 新約聖書ギリシア語初歩』(教文館、1999 年)への批判」『西南学院大学神学論集』63 巻 1 号

2006　On the Paradox of Christian Faith, in: "Across the Pacific with Love" (FS L.K. Seat), Touka Shobo

2006　「キリスト教信仰における「パラドックス」をめぐって」『太平洋を渡った愛の使徒』(L.K. シート先生献呈論文集)、櫂歌書房

2007　「パウロにおける「超越」と「内在」──ひとつの説教における考察──」『西南学院大学神学論集』64 巻 1 号

2007　「福音によって真に自由にされた人(E・シュヴァイツァー教授追悼文)」『福音と世界』2 月号、新教出版社

2007　「〈序文〉山田隆牧師の説教集を推薦する」山田　隆著『現代に聖書を読む』新教出版社

2007　Violent Conflict and Christian Belief, *Annual of the Japanese Biblical Institute (AJBI)* 30/31

2007–　「パウロから読み解く「十字架につけられ給ひしままなるキリスト」(第一コリント書研究)」『世の光』バプテスト女性連合(2007.4 〜 2008.3 に連載)

2007　「拙著『「十字架の神学」の成立』をめぐって──川島重成氏との対話──」『ペディラヴィウム』(ヘブライズムとヘレニズム研究)61 号、ペディラヴィウム会出版部

2007　「新約聖書学から見た滝沢神学」『思想のひろば』18 号、滝沢克己協会

2008　「「十字架の神学」をめぐって」『福音と世界』3 月号、新教出版社

2008　「「十字架の神学」をめぐって──とくに「贖い」の思想との関連における川島重成氏との対話──」『西南学院大学神学論集』65 巻 1 号

2009　「「十字架の神学」と「贖罪論」──いま、聖書から私たちは何を聴くか──」『YMCA スタディシリーズ』日本 YMCA 同盟

2010　「「十字架の神学」と贖罪論」『西南学院大学神学論集』67 巻 1 号

2011　「どう読むか、聖書──「イエスの十字架」理解をめぐって──」『西南学院大学神学論集』68 巻 1 号

2012　「イエスの「誕生物語」の光と影」『西南学院大学神学論集』69 巻 1 号

2013　「教会はなお聞く、聖書に現実に経験に」『東日本大震災と原発事故が問いかける宣教・神学フォーラム II 報告書』、日本バプテスト連盟・東日本大震災被災地支

援委員会
2014 「今、改めて「十字架の神学」を考える」『第5回神学生交流プログラム報告書』
　　　（日本クリスチャンアカデミー関東活動センター）
2014.4–2016.2　「新約釈義「第一コリント書1－19」」『福音と世界』（連載）新教出版
　　　社

〈訳　書〉

1974　荒井献編『新約聖書外典』（共訳）、講談社
1976　日本聖書学研究所編『聖書外典偽典』（新約外典Ⅰ）（共訳）、教文館
1976　日本聖書学研究所編『聖書外典偽典』（新約外典Ⅱ）（共訳）、教文館
1980　E．シュヴァイツァー『説教集・神は言葉のなかへ』ヨルダン社
1982　P．シュトゥールマッハー『EKK・ピレモン書註解書』教文館
1982　日本聖書学研究所編『聖書外典偽典』（別巻・補遺Ⅱ）（共訳）、教文館
1983　E．シュヴァイツァー『説教講演集・立ちつくす神』ヨルダン社
1985　モルトマン・ラピデ『唯一神か三一神か』（共訳）、ヨルダン社
1993–1995　『ギリシア語新約聖書釈義事典Ⅰ－Ⅱ』（共訳）、教文館
1994　R．ブルトマン『聖書学論文集Ⅲ』（ブルトマン著作集9）（共訳）、新教出版社
1996　『新約聖書Ⅳ・パウロ書簡』岩波書店
1997　『新約聖書外典』（講談社文芸文庫）（共訳）、講談社
2004　『新約聖書』（改訂一巻本）、岩波書店

〈翻　訳〉

1980　E．シュヴァイツァー「旧新約聖書および今日における聖霊の問題・Ⅰ－Ⅱ」『西
　　　南学院大学神学論集』38巻1号
1981　E．シュヴァイツァー「旧新約聖書および今日における聖霊の問題・Ⅲ」『西南学
　　　院大学神学論集』38巻2号
1981　E．シュヴァイツァー「死者の復活――現実か幻想か――」『西南学院大学神学論
　　　集』39巻1号
1982　E．シュヴァイツァー「新約聖書と牧会」『西南学院大学神学論集』39巻2号
1983　フィリス・トゥリブル「男性の世界の中の二人の女性・ルツ記に学ぶ」『西南学
　　　院大学神学論集』41巻1号
1985　トーヴァルト・ローレンツェン「イエス・キリストの死の意味」『西南学院大学

神学論集』43 巻 1 号
1988 Yoshiki Terazono / H.E.Hamer (Hrg), Brennpunkte in Kirche und Theologie Japans. Beiträge und Dokumente, Neukirchener Verlag（部分独訳）
2006 ヘイキ・ライサネン「最近の『新約聖書神学』」〈西南学院大学大学院神学研究科開設記念講演〉『西南学院大学神学論集』63 巻 1 号
2006 ヘイキ・ライサネン「大いなる転換——初期キリスト教思想の『総説』における第一章としての〈終末論〉——」『西南学院大学神学論集』63 巻 1 号
2012 ゲルト・タイセン「破綻し、そして新たにされたイエスのイメージ世界——大貫隆氏のイエス解釈への導入推薦文——」『西南学院大学神学論集』69 巻 1 号

〈論評・書評〉

1979 荒井献著『イエス・キリスト』（講談社）、『本のひろば』6 月号、キリスト教文書センター
1979 山内真著『復活　その伝承と解釈の可能性』（日本基督教団出版局）、『聖書と教会』9 月号、日本基督教団出版局
1980 E. ケーゼマン著『ローマ人への手紙』（日本基督教団出版局）、『日本読書新聞』2070 号、日本出版協会
1981 E. ケーゼマン著『パウロ神学の核心』（ヨルダン社）、『聖書と教会』5 月号、日本基督教団出版局
1982 八木誠一著『パウロ』（清水書院）、『新約学研究』10 号、日本新約学会
1983 M. ヘルゲル著『十字架　歴史的探求』（ヨルダン社）、『本のひろば』7 月号、キリスト教文書センター
1987 荒井献著『同伴者イエス』（新地書房）、『開拓者』10 号（YMCA 機関誌）
1987 荒井献著『新約聖書とグノーシス主義』（岩波書店）、『新約学研究』15 号、日本新約学会
1993 大貫隆著『隙間だらけの聖書』（教文館）、『本のひろば』11 月号、キリスト教文書センター
1996 柴田秀『神概念の革命』（南窓社）、『思想のひろば』6 号、創言社
1997 E・シュヴァイツァー著『イエス・神の譬え』（教文館）、『本のひろば』10 月号、キリスト教文書センター
2001 『日本の聖書学』5 号（主として八木誠一「新約思想の構造分析」）（ATD・NTD 聖書註解刊行会）、『新約学研究』29 号、日本新約学会
2002 岩隈直・土岐健治『新約聖書ギリシア語構文法』（キリスト教図書出版社）、『本のひろば』7 月号、キリスト教文書センター

2003 Gerd Theissen, Das Neue Testament, München 2002、『アレテイア』40 号、日本基督教団出版局
2005 朴憲郁著『パウロの生涯と神学』(教文館)、『新約学研究』33 号、日本新約学会
2006 小河陽著『パウロとペテロ』(講談社選書メチエ)、『日本の神学』45 号、日本基督教学会

〈辞書・事典項目執筆〉

1973 『TBS ブリタニカ百科事典』TBS ブリタニカ社
1983 『平凡社最新世界大百科事典』平凡社
1984 『大百科事典』平凡社
1986 『キリスト教人名辞典』日本基督教団出版局
1989 『旧約新約聖書大事典』教文館
1991 『世界宗教大事典』平凡社
1998 『岩波哲学・思想辞典』岩波書店
2000 『ブリタニカ国際大百科事典 CD-ROM』TBS ブリタニカ社
2002 『岩波キリスト教辞典』岩波書店
2004 『新共同訳聖書事典』日本基督教団出版局
2008 『聖書学用語辞典』日本基督教団出版局

〈学会口頭発表〉(抜粋)

1972 「第二コリント 5・1–10 におけるパウロと彼の論敵の思想について」日本基督教学会関東支部会
1974 「Die heutige Situation der christlichen Theologie in Japan (「今日における日本のキリスト教神学の状況」(講演))」Jahresversammlung der Schweizerischen Theologischen Gesellschaft (スイス・キリスト教学会全国大会)
1978 「シンポジウム「最近のヨーロッパのパウロ研究」(発題)」関西新約学会大会第 19 回学術大会
1978 「霊的熱狂主義の一系譜——第二クレメンスの論敵をめぐって——」日本基督教学会第 26 回学術大会
1978 「パウロの審判論の特徴」日本新約学会第 18 回学術大会
1978 「使徒教父におけるパウロの受容」日本聖書学研究所公開講演
1980 「使徒教父における「教育」」日本基督教学会第 28 回学術大会

1981 「パウロのキリスト論」日本新約学会第 21 回学術大会
1984 「新約学からみた滝沢神学」日本基督教学会九州部会
1984 「パウロにおける十字架の逆説」日本新約学会第 24 回学術大会
1986 「パウロにおける十字架の逆説と贖罪論の関係」日本新約学会第 26 回学術大会
1992 「パウロの「十字架の神学」の社会倫理への射程」日本聖書学研究所公開講演
1994 「「主の晩餐」への参与について」日本基督教学会九州部会
2005 「Christian Belief and Violent Conflict」第 19 回国際宗教学宗教史会議（IAHR）世界大会

〈巻頭言〉

2001 「高齢化社会の中の教会」『アレテイア』35 号、日本基督教団出版局
2003 「「神」概念の変革」『アレテイア』41 号、日本基督教団出版局

〈解　説〉

2001 『荒井献著作集 3 巻・パウロ、マルコ、ルカ』岩波書店

〈学術対談〉

1991 大貫隆氏との対談「聖書研究の現在・テキストと神学と外部」『哲学』11 号、哲学書房

〈エッセー〉（抜粋）

1979 「パウロにおける自由・元号法制化問題によせて」『バプテスト』283 号（日本バプテスト連盟出版部）
1980 「E. シュヴァイツァー教授の来日について」『本のひろば』6 月号、キリスト教文書センター
1983 「自我と戦われた先生」（『一切を捨てて』（熊野清樹牧師説教集）への折込み）、ヨルダン社
1985 「信仰告白の言語について」『西南学院大学広報』71 号

青野太潮 先生　履歴・業績一覧

1985 「わたしの力は弱いところに完全にあらわれる」『愛の手を』50 号（久山療育園機関誌）
1985 「平和の神」『バプテスト』360 号（日本バプテスト連盟出版部）
1985 「わたしもあなたを罰しない」『季刊舞鶴』155 号（舞鶴幼稚園）
1985 「無力なイエス──遠藤周作との対話──」『ぶどうの木』29 号（福岡女学院短大宗教部報）
1986 「受難のイエス」『キリスト新聞』3 月号、キリスト新聞社
1986 「苦難の共同体への参与」『バプテスト』371 号（日本バプテスト連盟出版部）
1987 「「ために」ではなく「ともに」のキリスト論」『愛の手を』62 号（久山療育園機関紙）
1988 「福音書文学の成立」『ぶどうの木』33 号（福岡女学院短大宗教部報）
1988 「空の鳥、野の花を見よ、逆説的に生きる」『西南女学院キリスト教講話集』3 号
1989 「ゆるされて生きる」『私を支えた聖書の言葉──永遠の命』燦葉出版社
1989 「パウロ研究の現在・現代聖書学の最前線から」『キリスト新聞』10 月号、キリスト新聞社
1992 「越えることのできない深い淵──教会教育の課題としての信教の自由──」『聖書教育』2 月号（日本バプテスト連盟出版部）
1992 「十字架の道」『西南学院大学チャペル講話集』25 号
1993 「十字架の主・復活の主」『婦人之友』5 月号、婦人之友社
1995 「新約聖書の礼拝──礼拝の「からだ化」の視点から──」『バプテスト連盟・神学セミナー報告書』（日本バプテスト連盟宣教研究所）
1996 「どう読むか、聖書──子どもと共に聖書を読む──」『教師の友』8 月号、日本基督教団出版局
1997 「新約聖書ギリシア語原典との出会い」『本のひろば』4 月号、キリスト教文書センター
1997 「信仰告白──その内実を問う──」『信徒セミナー報告書』（日本キリスト教団京都教区）
1997 「ファンダメンタリズム」『月刊言語』26 巻 12 号、大修館書店
2001 「今日における逆説的な生き方──弱さも苦悩もあなたの宝になる──」『Chapel』10 号（活水女子短期大学宗教部）
2001 「パウロはイエスをどの程度知っていたのか」『聖書の学び』57 号、NHK 学園
2002 「生きることを学ぶ」『ぶどうの木』62 号（福岡女学院大学宗教部報）
2002 「新約聖書における非暴力主義」『聖書教育』10・11・12 号、ヨルダン社
2006 「教授の推薦する本・『風に立つライオン』（不知火書房 2002 年）」『Seinan Spirit』156 号（西南学院大学広報誌）
2007 「『「十字架の神学」の展開』について」『道』31 号（西南学院大学神学部学生会

機関誌）
2008　「ゆるされて生きる」『西南学院大学チャペル講話集』41 号
2008　「キリストご自身もまさにそうである」『西南学院大学神学部報』45 号
2008　「キリストのからだとしての教会」『ぼろ』10 月号（日本キリスト教団早稲田教
　　　会月報）
2009　「あのイエスの「十字架」をどう捉えるのか（教授の研究紹介・Now and
　　　Future)」『Seinan Spirit』169 号（西南学院大学広報誌）
2009　「作家小川国夫さんについて」『道』33 号（西南学院大学神学部学生会誌）
2010　「原田正純先生の講義」『「なぜですか」闇を照らす"いのち"の叫び』（日本バプ
　　　テスト連盟公害問題特別委員会編）
2010　「自転車通学と「トパーズ色の風」」『道』34 号（西南学院大学神学部学生会誌）
2011　「バプテスマについての新約学的断想 15 分」『神学部ミッションデー・シンポジ
　　　ウム「バプテスマを考える」報告書』
2011　「閃輝性暗点」『道』35 号（西南学院大学神学部学生会誌）
2012　「信徒と生死をともにする牧師」『道』36 号（西南学院大学神学部学生会誌）
2012　「あなたはどこに立っているのか」『愛神愛隣』34 号（神戸女学院中高宗教部）
2013　「画龍点睛」『道』37 号（西南学院大学神学部学生会誌）
2013　「イエス、パラドックスの人」『西南学院大学チャペル講話集』46 号

献呈論文

イエスと初期ユダヤ教神秘主義

大貫　隆

Jesus und die frühjüdische Mystik

Takashi Onuki

Abstract

　Jesus sprach neben der Auferstehung der Seele auch von der endzeitlichen Auferstehung des Leibes. Auch für die Rangordnung im Reich Gottes setzt er die sog. „Aufstiegsapokalypsen" des zeitgenössischen Judentums voraus. Zur Vorstellung des nicht durch die Menschenhände gemachten Tempels findet sich eine genaue Parallele v.a. im *slawischen Henochbuch* (Kap.9). Das Bildernetzwerk Jesu vom Reich Gottes deckt sich in viel breiterem Raum mit den Aufstiegsapokalypsen als es noch in meinem Buch, *Jesus: Geschichte und Gegenwart* (Neukirchen-Vluyn: Neukirchener Verlag, 2006), dargelegt wurde.

1. はじめに

　青野太潮『どう読むか、聖書』は氏の数多い仕事の中で最も多くの読者を獲得してきた著作の一つである。青野氏はその中で、マルコ福音書12章18–27節から、イエスがはるか昔に死んだはずのアブラハム、イサク、ヤコブが今現に復活のいのちを生きており、さらにはモーセと預言者の時代においてもすでに死人からの復活に等しい事柄が現実になっていたと考えていたことを読み取り、それを「実に人の意表をつく」復活理解であると評している[1]。

　私はその刊行直後の『福音と世界』誌[2]に書評の場を与えられたのを機に、復活についての類似の見方が初期ユダヤ教文書の中にかなり広範に認められるのではないかとの予測から、イエスの独自性をより厳密に見極めることが必要ではないかと述べた。そのほぼ十年後、私は『イエスという経験』で、「神の国」についてイエスが抱いていたイメージ・ネットワークの中で人間の復活がどう見られているかを論じることになった。[3] 正直なところ、私はその時前述の書評で述べたことをほぼ完全に忘れていた。しかし今から振り返ってみると、青野氏の著作によって喚起された問題意識が私の中に深く沈潜して根付いていたことは間違いない。本稿はそのことに感謝しながら、私がその後現在までイエスのイメージ・ネットワークの背景についてさらに蓄積してきた観察をスケッチしておこうというものである[4]。

2. イエスの復活理解

　マルコ福音書12章18–27節でのイエスは、死んだ人間の復活はないことの言質を取りたいサドカイ人に対して、復活はあると明言した上で、「死者の中から復活する時には、娶ることも嫁ぐこともなく、天にいる天使のようになるのだ」と言い、最後に太古の族長アブラハム、イサク、ヤコブを例と

して引いて、彼らが復活の命を現に生きていると断言する。ここでイエスが言う復活は、「天使のようになる」（v. 25）の文言が示すとおり、「肉体の復活」ではあり得ず、いわゆる「魂」が天に迎えられることである他はない。「金持ちとラザロ」（ルカ 16:19–31）の話で、ラザロが死んだ後、天使たちによって「アブラハムの懐へ」運ばれるのも（v. 22）、明言をもって「復活」と呼ばれてはいないものの、まったく同様に理解する他はない。

たしかにこの復活観には、現代の一般読者のみならず、新約聖書学の専門家にとっても「意表を突く」ものがある。改めて一考を要するのは、なぜそうなのかという理由である。それは新約聖書学の常識に反するから、というのが私の解答である。まず、聖書神学のほとんどの教科書でも、聖書のいわゆるヘブライ的思考法では、人間を身体（肉体）と霊魂の二つに分けて捉えるギリシア思想と異なり、両者はアスペクトの違いに過ぎず、実体的な区別はないと書かれている。正典福音書の「空虚な墓」の記事がそれに加わる。そこでは、墓の中にイエスの「遺体」がなかったことが、彼の復活の証拠とされている（マタ 28:1–15; ルカ 24:3, 23）。こうして、いつの間にか、死後身体を離れた魂だけの復活という見方に対する違和感が、専門家も含めて一般的に生じてしまっているように思われる[5]。しかし、だからと言って、イエスが同じ違和感を共有していたと見做す根拠にはならない。なぜなら、イエスの思想史的な文脈の中には、そのような復活観が見つかるからである。

そのことを証言する最も有力な文書は、私が知る限り、アブラハムの遺訓である。おそらく原本はギリシア語で、遅くとも後 2 世紀中葉までに成立したとするのが多数意見であるが、後 1 世紀に遡るとする学説もある。内容は、その表題が示すように、死期に近づいたアブラハムがその告知のために訪れた天使長ミカエルと交わす会話、および息子イサクへの遺訓である。分量的に長い版（A 版）と短い版（B 版）の二つがある。しかし物語のあらすじ上の違いはない。[6]

われわれが特に注目するのは復活観である。神はアブラハムとの会話を中

断して戻ってきたミカエルから中間報告を受けた後、アブラハムの息子イサクに夢を送って父の最期を告知する。イサクから夢の報告を受けたアブラハムが訝ると、B版ではミカエルがこう説明する。「お前の息子イサクの言ったことが当たっている。つまり、それはお前のことなのだ。お前も天に迎えられるだろう。しかし、お前の身体はこの地上に残されるであろう。七千年の時が満ちるまで。その時になれば、すべての身体がよみがえらされるだろう」(7:16–17)。同じB版は文書のいよいよ最後で「しかし神は再びやって来て、アブラハムの魂を夢の中へ沈めるように沈めた。そしてミカエルがそれを天に引き上げて行った」(14:6) と述べている。A版の結びでは、アブラハムの身体がマムレに埋葬された後（！）、天から神の声が響いて、「わが友アブラハムを天国へ連れて行きなさい。そこではわが公正なる者たちの天幕と、わが聖なる者たちイサク、ヤコブの住いが彼（アブラハム）の胸許に」あると告げる（20章）。

　イエスと比較してまず注目に値するのは、ここでも復活が明瞭に地上の身体を離れた魂が天へ引き上げられることを指していることである。復活の命には地上の身体がないのである。同じことをA版は「天的な霊魂はみな、身体のない霊的な存在です」(4章) とも表現している。イエスが「天にいる天使たちのようになる」(マコ 12:25) と表現するのも同じことを指しているはずである。A版の結び（20章）でイサクとヤコブの名前が言及されて、やがて天国でこの三人が並んで存在することになる点も、イエスが前述の「復活問答」の末尾で、同じ三人がすでに天上で復活の命を生きていると考えているのと並行している。また「金持ちとラザロ」の話でラザロが引き上げられて行く先が天上の「アブラハムの懐」であることは文言上も並行している[7]。

　これらの状況証拠から推せば、イエスの時代のユダヤ教の中にも地上の身体と区別された魂の復活という見方が存在したと考えるべきである。事実、後1世紀に書かれたIVエズラ記7章78節以下には、義人の死後身体から離れた魂（霊とも呼ばれる）が不死となって安らぎを得る (vv. 96–99) まで

の道のりが仔細にわたって語られている。知恵の書9章15節にも、「朽ちるべき体は魂の重荷となり、地上の幕屋が悩む心を圧迫します」とある。初期ユダヤ教を十束ひとからげに「魂と身体の区別を知らないヘブライ的人間観」というステロタイプに押し込めるのは明らかに間違いである。

　「復活問答」と「金持ちとラザロ」の話のイエスも、地上の身体と区別された魂の復活という見方をコミュニケーションの前提としていると見なければならない。イエスはユダヤ教徒として当然のことながら、旧約聖書に三人の族長の死と埋葬の記事があることを承知していたはずであるから、同じ前提なしにはどちらの発言も為し得たはずがないのである。事実、マタイ福音書10章28節には「体は殺しても魂を殺すことのできない者を恐れるな。むしろ、魂も体も地獄で滅ぼすことのできる方を恐れなさい」というイエスの言葉があることを思い起こそう。

　イエスとアブラハムの遺訓B版からの前掲の引用（7:16–17）の間には、さらにもう一つ注目すべき並行点がある。その引用の後半は「しかし、お前（＝アブラハム）の身体はこの地上に残されるであろう。七千年の時が満ちるまで。その時になれば、すべての身体がよみがえらされるだろう」（7:16–17）とあった。ここから何が読み取れるであろうか。明らかに語り手はアブラハムの遺体が墓の中で七千年もの間、朽ちずに存続するかどうかには無頓着である。彼の関心は被造世界の七千年にわたる全歴史が終る時、すべての死人が身体と共に甦るという一点にある[8]。その終わりが到来するまで、アブラハムの魂は身体を離れて天上の神のもとで復活の命を生きて行くというのである。

　イエスが死人の復活について語った言葉の中でこれとの並行関係を示すのは、「ニネベの人々と南の国の女王」についての発言（マタ12:41–42／ルカ11:31–32）である。私はすでに拙著『イエスという経験』でこの記事を詳細にわたって分析しているので[9]、ここでは要点だけで済ませたい。注目されるのは、「さばきの時、今の時代の者たちと共に起こされ（＝甦らされ）、彼らを罪に定めるだろう」というまったく同じ表現が、ニネベの人々と南

の国の女王を主語として、二度繰り返されていることである。その際、「今の時代の者たちと共に起こされ」は身体を伴う復活の意味に取る他はない。「今の時代の者たち」が身体なしで生きているはずがないからである。イエスは「神の国」が最終的に地上に実現する時のことを、伝統的なユダヤ教の終末論の「最後の審判」と「万人の身体の復活」のイメージで語っているのである。つまり、イエスは身体を離れた魂の復活と並んで、終末時の身体の復活のことも語り得たのである。魂の復活と身体の復活との間に介在する時間がイエスの宣教に残された時である。二つの復活はどう合体するのか。この問いには後ほど「むすび」で戻ってくることにしたい。

3. 神の国での位階

　イエスは洗礼者ヨハネについて、「女から生まれた者の中でヨハネよりも大いなる者はいない。しかし、神の国で最も小さな者でも、彼よりは大いなる者である」(ルカ 7:28 ／マタ 11:11) と語っている。拙著『イエスという経験』の中で筆者はこれを解釈して、現に天上で永遠の現在として実現している「神の国」には、アブラハム、イサク、ヤコブの三人以外にも、より「小さな者」たちもいるのだと述べた[10]。つまり、イエスは天上の「神の国」には一定の位階があるというイメージで語っていることになる。さらに広くイエス伝承を見渡せば、ゼベダイの二人の息子たちがイエスの右と左の栄光の座を欲しがる話 (マコ 10:35–45 並行) および十二弟子が「十二の座」に座ることを約束するイエスの言葉 (マタ 19:28 ／ルカ 22:30) の背後にも、似たような前提が働いていると見なければならないだろう[11]。イエスに前後する時代のユダヤ教の中に、これに見合うような観念がみつかるだろうか。

　ただちに思い起こされるのは、Ⅱコリント書 12 章 1–5 節のパウロの言葉である。パウロはそこで誇る気持ちを抑えながら、そして三人称の匿名の人物に自分を隠しながら、「第三の天」にある「楽園」にまで引き挙げられて、人間の口では語り得ない言葉を聞いたことを報告している。それは明らか

に、天上界の位階の頂点まで昇ったという神秘体験である。ただし、パウロはそれが「身体において」であったのか、「身体を離れて」であったのか知らないと二度も繰り返しているから、前項で取り上げた問題、つまり、死後身体から離れた魂の復活とは異なり、生前の魂の神秘体験であることは明らかである。ただし、パウロは同じ手紙の 5 章 1 節では、人間の「地上の住みかである幕屋」、すなわち、肉の身体が滅びても、「人の手で造られたのではない天にある永遠の住みか」を着ることを切望している。こちらは明らかに肉体の死後の魂に係る言明である。

　P. Schaefer はつとに、Ⅱコリント書 12 章 1–5 節のパウロの神秘体験を初期ユダヤ教の中の「上昇の黙示文学」の系譜に位置づけている。それはやがて後代（6 世紀以降）のメルカヴァ神秘主義（ヘカロート文書）につながって行くものである[12]。ただし、Schaefer が「上昇の黙示文学」に属するものとして挙げる文書群では、上昇が「身体において」のものなのか「身体を離れた」魂だけの神秘体験なのかの違いはあまり明瞭ではない[13]。しかし、われわれにとって重要なのは、天上界（とりわけ天使たち）の位階制である。問題となる文書を成立年代（推定）順に一瞥してみよう。

　ゼファニヤの黙示録のギリシア語原本の成立は早くて前 1 世紀、遅くて後 2 世紀中葉と考えられる。ほぼ四分の一がコプト語訳で伝わっている[14]。

　主人公ゼファニヤは解釈天使に伴われて、第一天から第五天までを順に上昇して行く。終始一貫するのは罪人対義人（聖徒）の二つの人間グループの区別である。それぞれの階梯の天や地獄で、両者の置かれている状態が描写される。それはやがて来るべき最後の審判で実現されることの先取りである。

　天上には「義の場所」（3:1）があり、そこには「万の万、千の千」の天使たちがいる。アブラハム、イサク、ヤコブのみならず、エノク、エリヤ、ダビデ他の義人もそこに住んでいる（9:4; 11:4）。ゼファニヤは自分に同行してきた天使が彼らと「親しい友人同士のように」会話するのを目にする。つまり、アブラハム、イサク、ヤコブたちは天使なのである。ゼファニヤもそ

の天使たちの間へ入って行くに当たり、自らも「天使の衣」を着る（8:3）。つまり、天使に変容する。とりわけこの点では、すでに触れた通り、イエスの「復活問答」（マコ 12:18–27）との類似性が著しい。

アブラハムの黙示録は後 70 年のエルサレム神殿の崩壊に言及（27:3）する。したがってその原本（ヘブライ語）の成立はそれ以後、後 2 世紀の中葉までと考えられる。現存するのはスラブ語訳のみである[15]。

父親テラの偶像崇拝のくびきを脱した青年アブラハムに天使ヤオエールが出現し、両者は天空の旅に出る（1–12 章）。第六天には霊的天使たちがいて、第八天の火の天使たちの命令を実行する任についている。その手前の第七天でも、アブラハムは強烈な光を見る。燃え盛る炎の中に、人間のような姿をした多くの天使がその容姿を絶えず変えながら、互いにお辞儀をするようにして、大きな声を上げているのが聞こえるが、言葉としては意味が分からない（15:4–7）。アブラハムがヤオエールに教えられた通りに讃美を朗唱すると、第八天の夥しい火の中から大海のうねるような声（合唱）が聞こえてくる。火はさらに高く燃え上がる。その中に「火の玉座」（18:3）があり、その周囲に「多くの目を持った者たち」が立って、合唱している。玉座の下には、獅子、人間、牛、鷲の顔をした生き物（18:4–5）がいる。それぞれ四つの頭部、六つの翼を持っている。四つの生き物の背後に「火の車輪のついた乗り物」（18:12）が立っており、どの車輪にも無数の目がついている。その車輪の上に前述の玉座が載っている（18:13）。その周囲に燃え盛る火のような天使たちが群れて、全員で斉唱している。その輝きは言葉では表現することができない（18:13–14）。

ここに描かれているのは、明らかに天使たちが天上の神殿で行っている礼拝儀礼の様子である。Schaefer はそれを天使たちによる「儀礼の一体性」（*unio liturgica*）[16] と評している。天上の神殿そのもの描写はエゼキエル書 1 章に準じている。

預言者イザヤの昇天（イザヤの幻）の原本はギリシア語で、後 1 世紀末から 2 世紀初頭に成立したと考えられている。全体はエチオピア語訳での

み伝わる。現在の形ではキリスト教徒による作品であるが、ユダヤ教に由来する資料を前提している。ここではキリスト教的部分を度外視して考察してみよう[17]。

預言者イザヤは脱魂状態で幻を見る。その中で、第七天から天使が出現する（6:10–13）。その天使に伴われてイザヤは第一天から第五天へ順に上昇して行く。それぞれの天には、右側の天使と左側の天使がいて神を賛美している。ただし、イザヤはその天使たちを拝むことを禁じられる（7:21）。上昇につれて、イザヤの「顔の輝きかたが変わって」行く（7:25）。第六天では、左側の天使が欠けている。同行の解釈天使はイザヤの「同僚」になる。つまりイザヤ自身が天使になる（8:5）。第七天には神がいる。そこでは、アダム以来の義人たちが「上界の衣をまとって栄光の天使のように」（9:9）なっている。イザヤのためにも「衣裳と冠」がそこに用意されている。イザヤの変容の極みは「わたしは変貌して天使のようになった」（9:30）、「見よ、きみ（イザヤ）には神を見ることが許されている」（9:39）と表現される。その後、イザヤは肉の衣に戻る（11:35）。Schaefer は、主人公が段階的に天使に変容して行く点に、典型的に神秘主義の特徴を認め、後代のメルカヴァ神秘主義（ヘカロート文書）に特に近いと判定している[18]。

以上通覧してきた「上昇の黙示録」文書は、成立年代の上でパウロとイエスに先立つものばかりではない。しかし、パウロの神秘体験が前提している天上界の位階制が、以上の文書が証言するそれと細目まで合致はしないのは当然としても、系統として同じものであることは間違いないであろう。だとすれば、イエスも同じ位階制の表象を知っていたとしても何の不思議もない。イエスの場合、とりわけ天使たちの位階制を承知していたと考えるべきであろう。「天使たち」はイエスの「神の国」のイメージ・ネットワークのあらずもがなの付属物ではなく、きわめて重要な網目だからである。そこには、すでに触れたマルコ福音書 12 章 25 節（復活すると天使のようになる）とルカ福音書 16 章 22 節（ラザロの昇天）の他にも、もう一つ天使についての重要な発言がある。それは、来臨の「人の子」に天使たちが随伴すると

いう言葉である（マコ 8:38 並行 ; ルカ 12:8）。これについても「上昇の黙示録」との並行関係を指摘できるが、許された紙幅の都合で他日を期したい。

4. 神殿倒壊の予言

　最後に残された重要な問題は、イエスが神殿の倒壊を予言した言葉である。それはエルサレム上京の途上では、「ああ、エルサレム、エルサレム、（中略）見よ、お前たちの家（神殿）は見捨てられる」（ルカ 13:34–35 並行）、次に神殿を眺めながら、「これらの大きな建物を見ているのか。一つの石もここで崩されずに他の石の上に残されることはない」（マコ 13:2 並行）、最後に大祭司による裁判の場面では、「わたしは手で造られたこの神殿を壊し、三日の後に、手で造られたのではない別の神殿を建ててみせる」（マコ 14:58 並行 ; 使 6:14）という言葉で伝えられている。もともとの文言（*ipsissima verba*）の厳密な再構成の問題はここでは別として、イエスがこの倒壊予言を行ったことそのこと（*ipsissima vox*）、さらにその後神殿の境内を「粛清」する挙に出たこと（マコ 11:15–18 並行）の史実性に疑いはない。

　では、イエスのこの予言と行動はどういう動機によるものだったのか。現在の福音書叙述は、イエス伝承と福音書記者たちによる編集・改変を受けているとしても、もともとが偶発的な出来事[19]ではなく、イエスの明確な意図による象徴行動であったことを示している。その動機が何であったのか。この点が現代の多くのイエス研究においてもブラック・ボックスなのである。拙著『イエスという経験』は、その欠を指摘した上で、「（イエスは）自分で目の前の神殿を破壊すると言ったのではない。『神の国』によって除去されるだろうと言ったに違いない」と述べている[20]。では、その「神の国」はどこにどう実現するのか？　同じ拙著は「それは文字通り『ユートピア』なのだ。なぜなら、それは宇宙大のものだからだ」と結論づけている。当時、この結論は論理的な推論であった。今回はその背後に、天上の神殿とそ

れを中心とする天上のエルサレムあるいは神の王国という、同時代のユダヤ教からの観念が働いていることを明らかにしたい。

　まず注目に値するのは、一連の「上昇の黙示録」の主人公たちが天へ向って上昇して行く途中と頂点で、至高神の玉座を垣間見るとともに、その周りで天使、義人、聖徒たちが一斉に賛美の声を挙げているのを見聞きすることである。

　エチオピア語エノク書の「寝ずの番人の書」（前2世紀前半）では、エノクは幻視を体験して、天上の宮殿とその中の玉座に坐っている至高者を垣間見る（14:8–25）。その場面はエゼキエル書1章のパラフレーズになっているから[21]、天上の宮殿は同時に神殿でもあると考えるべきだろう。

　レビの遺訓（前2世紀中葉）も「寝ずの番人の書」と同じサークルに由来するものである。少なくとも現存のギリシア語写本の段階では、全編を貫いてエルサレム神殿（第二神殿）の祭司職と祭儀に対する批判を繰り広げている。その批判の裏返しとして、天上（第六天）の神殿での清い（血のない）犠牲（3:6）が語られる。七つの天全体が神殿（18:6）または王の宮殿（5:1）のイメージで表象されている。そこからはすでにサタン（ベリアル）が追放され、アブラハム、イサク、ヤコブが歓喜の宴に着いている（3:3；18:10–14）。

　エチオピア語エノク書の「たとえの書」71章では、天上の「建物」（神殿・王宮）とその中の「栄光の座」に、「高齢の頭（かしら）」あるいは「霊魂の主」、つまり至高神が坐っており、太古の先祖たちと義人たちも共に住んでいる。

　スラブ語エノク書（後1世紀後半）では、エノクは二人の天使に伴われて上昇し、第七天で「玉座に坐られた主を遠くから」見る。そこでは輝かしい栄光の天使たちが集って賛美の歌を捧げている（九章、20,1、3、21,1）。[22] エノクはさらに大天使ガブリエルによって主の顔前に運ばれて、「主のいとほまれ高く、おそろしいお顔」を直接目にする。特に注目したいのは、その際主の玉座が「手の業によって作られたのではない、いと大きな主の玉座」（九章、22,2）と表現されることである。

スラブ語アブラハムの黙示録については、すでに第2項で見た通りである。特にその18章では、天使たちが天上の神殿で行っている礼拝儀礼の様子（unio liturgica）が、エゼキエル書1章に準じて詳細に描写される。

　以上の事例はすべて天上の神殿あるいは王宮のイメージを証言するものである。しかし、それ以外に、必ずしも天上の神殿には言及しないものの、現実の第二神殿が終末時に新しい神殿によって取って代わられることを語る外典文書がいくつか存在する。

　トビト書（前2世紀前半）は、すでに再建されて久しい第二神殿を指して「再建されても、定められた時がくるまでは、元どおりにはならない」（14:5）と言う。著者にとっての理想は「元どおり」、すなわちソロモンが建立した第一神殿（王上6章）の栄華が再び取り戻されることなのである。否、神殿のみならず、エルサレムの街全体がありとあらゆる宝石で飾られたものでなければならない。そのようなエルサレムこそが全世界の中心となるはずである（13:11, 17）。

　エチオピア語エノク書の「夢幻の書」（前2世紀中葉）は、第二神殿の供物がすべて穢れているとして（89:73）、やがて廃止され、それに代わる「大きくて高く新しい家」（90:28–29）、「永久に残る豪華な、大王のための家」（91:13）が建つことを夢見ている。

　最後に、クムラン文書に数えられる『神殿の巻物』でも、終末時に実現されるはずの新しい神殿と祭儀の手順が、微に入り細を穿って描写されている。そこにはやはり現実の第二神殿の在り方への批判は読み取れるものの、それが天上の神殿の観念と結びついている跡は見られない。

　以上の考察から証明されることは、まず、イエスに前後する時代のユダヤ教には、第二神殿の祭司職への批判と終末時にそれが更新されることへの待望が、かなり広範囲に存在していたことである。さらに、その批判と裏腹に結びついた形で、天上の神殿・王宮で、天使たちと太古からの義人や聖徒たちによって真の礼拝が現に行われているいう観念が見られることである。ただし、天上の「神殿」なのか、それとも「王宮」なのかは、いささか微妙で

ある。しかし、多くの出典の背後からエゼキエル書1章の幻が強烈に働いている。Schaeferによれば、エゼキエルの幻は宇宙全体を真の神殿と見做して、今なお存続しているソロモンの第一神殿を批判しているのである[23]。以上の出典文書でもそれに準じて、宇宙大の神殿が考えられているとすれば、そこでは神殿は同時に王宮であり、宇宙はそれを中心とする「新しいエルサレム」ひいては「神の王国」ともはや厳密には分けられないことになる。話は少し飛ぶが、ヨハネ黙示録4章の「天上の礼拝」と5章の「子羊の即位」の場面、さらには21章の「新しいエルサレム」の背後にも、同じユダヤ教神秘主義の観念があるはずである[24]。否、それ以前にパウロがⅡコリント書5章1節で、天上には「人の手で造られたものではない」神の永遠の「建物」があると語る時にも、同じ表象が読み取られる。

　イエスもこの表象連関を知っていたに違いない。とりわけマルコ福音書14章58節「三日あれば、手で造らない別の神殿を建ててみせる」の宣言の傍点部は、スラブ語エノク書（九章、22,2）およびⅡコリント書5章1節のパウロの発言とほぼ文字どおり一致していることが何よりの証拠である。

　その上でイエスはただ現実の第二神殿の在り方だけを批判したわけではない。両替人や供犠の鳩を売る商人の台をひっくり返したとする記述（マコ11:15）からは、往々にしてそういう推論が行われる。しかし、E. P. Sandersが周到に論証した通り、イエスは過激にもエルサレム神殿そのものの倒壊を予言したのである。明らかにイエスは目の前の神殿が天から降りてくる「手で造られたのではない別の神殿」によって間もなく置き換えられることを考えているのである。「一つの石もここで崩されずに他の石の上に残されることはない」とはその置き換えが根源的であることを表現している[25]。

　加えて、イエスは野の花を指差しながら「ソロモンの栄華」に優ると言ったとき（マタ6:29並行）、また「ソロモンよりも大いなるもの」（マタ12:41–42並行）について語ったとき、実は「神の国」のことを指していたのである。[26] 第二神殿どころかソロモンの第一神殿さえもイエスの攻撃の的

なのである。

　「アブラハム、イサク、ヤコブやすべての預言者たちが神の国に入っているのに……、人々は、東から西から、また南から北から来て、神の国で宴会の席に横たわるだろう」（ルカ 13:28–29 並行）というイエスの言葉では、天上から降りて来る「神の国」が「新しいエルサレム」と考えられている。それは明らかに、異邦人がエルサレムに参集するという古くからの伝統的な待望（イザ 2:1–4; ミカ 4:1–4; トビ 13:11 他）を打ち直したものである。

　つまりイエスにおいては、「神の国」、天上の神殿、「新しいエルサレム」は互いに交替可能な同義語なのである。イエスがこのイメージ複合を通して語る「神の国」が「宇宙大」の「ユートピア」だと述べたかつての私の見方は当たっているのである。いみじくもイエス自身が言うとおり、天は神の玉座であり、地はその足台なのである（マタ 5:34–35）。イエスの神殿倒壊予言の動機は、現代人から見れば、何とも超自然的で神話論的なのだ。ただ一つイエスの宴会好きだけが追体験可能である。そこに「ユートピア」が可視的に現前化する。

5. むすび

　以上からこう結論することができる。イエスは相前後する時代のユダヤ教の中に存在した「上昇の黙示録」のイメージのネットワークを共有していたのである。もちろん、それ以外の領域からもらい受けているイメージがあっても構わない。しかしポイントは、彼のイメージ・ネットワークが「上昇の黙示録」のそれと重複していることである。イエスはそこからいくつかのイメージをもらい受けて、独自のイメージ・ネットワークに組み替え、自分の宣教を聴く者たちとのコミュニケーションに用いているのである。

　ただし、個々のイメージについて、どの文書のどの箇所から取られたものであるかまで、文献学的・歴史的に論証することは不可能であり、大した意味もない。なぜなら、イメージ・ネットワークは統一された教義の体系では

ないからである。それは文字通り「網目」であって、当事者の頭の中では、複数のイメージが多くの隙間を残しながら緩やかにつながっているのだからである。したがって、たとえば本稿第2項の末尾で触れた問題、すなわち、死によって地上の身体を離れた魂の復活と終末時の身体の復活が互いにどう合体するのかというような問いについては、過度にシステマッティックな解答は求めるべくもないのである。

　本稿で取り上げた一連の「上昇の黙示録」は、Schaefer によれば、「ユダヤ教神秘主義」の起源と目されるものである。「ユダヤ教神秘主義」については、G・ショーレムの研究がつとに有名である。しかしそこでは中世以降のカバラー神秘主義が主たる考察の対象とされている。それ以前のメルカヴァ神秘主義（ヘカロート文書）とさらにそれ以前の旧約外典・偽典文書を含む一千年間（前1世紀～後10世紀）は一括りにされて、考察の対象から外されている[27]。Schaefer の一連の研究はこの欠を補正しながら、旧約外典・偽典の「上昇の黙示録」の中に現れるユダヤ教神秘主義の起源を求めるものである。そしてそのそもそもの発端をエゼキエル書1章に見出している[28]。Schaefer のこの見解に準じて本稿の結論を言い換えれば、イエスの「神の国」のイメージ・ネットワークの背景の一つには、最初期のユダヤ教神秘主義があることになる。

注

1) 青野太潮『どう読むか、聖書』朝日選書 490、朝日新聞社、1994 年、120 頁。
2) 大貫隆「書評 青野太潮著『どう読むか、聖書』」(『福音と世界』第 49 (6) 号、新教出版社、1994 年、65–67 頁)。
3) 大貫隆『イエスという経験』岩波書店、2003 年、58–69 頁。
4) すでに拙著 T. Onuki, *Jesus: Geschichte und Gegenwart*, BThS 82 (Neukirchen-Vluyn: Neukirchener Verlag, 2006), 64n78 と『イエスの時』岩波書店、2008 年、29–96 頁でも同じ趣旨の補正を行っている。なお、2019 年 1 月に刊行された拙著『終末論の系譜 初期ユダヤ教からグノーシスまで』(筑摩書房) の第 VI 章二節が部分的に本稿と重複している。本稿はそれに先駆けて 2018 年 5 月末に実質上脱稿したものである。
5) 「イエスの墓は空っぽではなく、そこには遺体があったのである。それは消えたのではない。朽ち果てたのである」という、かつての G・リューデマンの断言 (詳しくは大貫隆編『イエス・キリストの復活 現代のアンソロジー』日本基督教団出版局、2011 年、149–154 頁を参照) は、前述の違和感が間違いなく現代の専門家の思考法の中にもインプットされていることを証明している。
6) 日本聖書学研究所編『聖書外典偽典・別巻・補遺 I』、教文館、1979 年、313–360 頁に、長い A 版からの邦訳がある。短い B 版からは、P. Rießler, *Altjüdisches Schrifttum außerhalb der Bibel* (Freiburg/Heidelberg: F.H.Kerle Verlag, 1928)、1091–1103 に独訳がある。後者は B 版の方が A 版よりも古いと見ているが、その後の研究は A 版の方が古いと見て、後 1 世紀に成立した可能性を認めている (M. Himmelfarb, "Abrahamschriften II", RGG⁴: 78b–79a)。
7) A 版の最末尾には「父と子と聖霊を頌栄しつつ」という明瞭に事後的かつキリスト教的な付加が行われている。そのため、そのほんの少し前で三人の族長が言及されるのも、むしろイエスの復活問答の記事 (マコ 12:18–27) に基づいてキリスト教徒が行った事後的付加ではないかと考えられるかも知れない。しかし、この想定は無理である。なぜなら、その後、アブ遺の言わば続編として成立してくるイサクの遺訓という文書 (Rießler, *Altjüdisches Schrifttum außerhalb der Bibel*, 1135–1148 に独訳がある。成立はおそらく後 3 世紀)) があり、そこでも繰り返しアブラハム、イサク、ヤコブが天国に迎え入れられることが語られるからである (1:4–6 や 8:1–2 他随所)。それはこの文書の基本的な構想そのものに属しているから、事後的な付加ではあり得ない (イサクの遺訓について詳細は M. Heide, *Die Testamente Isaaks und Jakobs. Edition und Übersetzung der arabischen und äthiopischen Versionen* [Wiesbaden: Otto Harrassowitz, 2000] を参照)。というこ

とは、三人の族長を今現に天上で復活の命を生きていると見る見方が、イエスに前後する時代のユダヤ教の中にかなり根強く存在していたことを示している。後述するゼファ黙9章もその一環である。マコ 12:18–27 はこの文脈の中で読むべきである。ゼファ黙9章とマコ 12:18–27 との顕著な並行関係については、O. S. Wintermute, "Apocalypse of Zephaniah", in *The Old Testament Pseudepigrapha*, ed. J. H. Charlesworth, Vol. 1 (New York: Doubleday & Company, 1983), 514 n9a が的確に指摘している。

8) 神の天地創造の七日間は、一日が千年で合計七千年であり、その第七千年紀の終わりに神の創造が完成されるという見方である。これは後2世紀のエイレナイオス『異端反駁』V.28.3; 30.4; 36.3 に明確に表明されている。そこでは第七千年紀は「キリストの千年王国」と呼ばれる。バル手 15:6 にも似た考え方が見られるが、未だ千年王国論の兆しはない。アブ遺の目下の箇所は、これらのキリスト教文書の見方に基づく事後的な付加としては説明できないように思われる。

9) 大貫『イエスという経験』67–69 頁。

10) 大貫『イエスという経験』41、50 頁。

11) G. Theißen, *Der historische Jesus* (Göttingen: Vandenhoeck & Ruprecht Verlag 1996), 248 も同じ見解。

12) P. Schaefer, "New Testament and Hekhalot Literature. The Journey into Heaven in Paul and in Merkavah Mysticism," *JJS* 35 (1984): 19–35, abd. in ders, Hekhalot-Studien, Tübingen1988, 234–249.「上昇の黙示文学」については、ders., *Die Ursprünge der jüdischen Mystik* (Berlin:Insel Verlag, 2011) の随所参照。なお、「ヘカロート文書」とは「メルカヴァ（車輪のついた玉座）神秘主義」を示す文書群で、「ヘカロート」とはエルサレム神殿の至聖所の入り口ホールに因む呼称であり、ほぼ天上の王宮という意味である。Schaefer, *Die Ursprünge der jüdischen Mystik*, 336 参照。

13) 「これは明らかに天空への旅の記述であり、黙示文学の中の上昇物語の伝統に完全に合致している。ただし、パウロはその先を続けて、この興奮きわまりない出来事が『身体において』であったか、『身体を離れて』であったか知らないと明言している。ここでわれわれは突然、身体と魂の一体性を疑わない聖書の伝統が——明らかに同時代のプラトン主義の表象に影響されて——失われている事態に出会っているのである」(Schaefer, *Die Ursprünge der jüdischen Mystik*, 593n5)。Schaeferは、この点でパウロの神秘体験はフィロンが語るそれと親和的だとする。確かに、フィロンが『十戒各論』III§1 で行っている自分自身の神秘体験についての報告は、文言レベルでもパウロに通じるところがある。ただし、私の判断では、フィロンの場合には、神秘体験は魂の叡智的部分（ヌース）がもろもろの身体的感覚から脱出し、神の霊によって占拠された後、一定の徳（アレテー）を実践して初めて実

現する（アブラハム §68、神のものの相続人 §68–70; 263–266 他参照）。この点で、パウロの体験のみならず上昇の黙示録との違いも見逃せない。この違いについては、いずれ稿を改めて論じたい。

14）以下の分析は前註 7 に挙げた Wintermute の英訳に準じる。
15）以下 R. Rubinkiewicz の英訳（*The Old Testament Pseudepigrapha*, ed. J. H. Charlesworth, Vol, 1, 681–705 所収）に準じる。
16）Schaefer, *Die Ursprünge der jüdischen Mystik*, 133, 135f.
17）以下の訳は、村岡崇光訳「預言者イザヤの殉教と昇天」（『聖書外典偽典　別巻・補遺II』教文館、1982 年、169–203 頁）に準じる。
18）Schaefer, *Die Ursprünge der jüdischen Mystik*, 138.
19）荒井献『イエスとその時代』岩波新書、1974 年、165 頁がこの見方。
20）大貫『イエスという経験』200–201 頁。
21）Schaefer, *Die Ursprünge der jüdischen Mystik*, 83–102 の詳細な分析を参照。
22）漢数字の箇所表記は、森安達也訳「スラヴ語エノク書」（『聖書外典偽典　3』教文館、1975 年、207–251 頁）の訳によるもので、短写本の M・ソコロフによる校訂版に基づいている。アラビア数字の表記はF. I. Andersenによる英訳（Charlesworth, *The Old Tesament Pseudepigrapha*, I:91–221 所収）の章節区分に準じている。
23）Schaefer, *Die Ursprünge der jüdischen Mystik*, 59–82 参照。エゼキエルの召命は前 587 年の第 2 回バビロン捕囚、および前 586 年の神殿の最終的倒壊よりも前であるから、エゼ 1 章の幻はエルサレムにソロモン神殿（第一神殿）がまだ存立している時点でのものとなる。
24）天上の神殿＝天上のエルサレムの等式が一般的に広まっていたことについては、E. P. Sanders, *Jesus and Judaism* (Philadelphia: Fortress, 1985), 78, 86, 88 を参照。Sanders によれば、ヨハ黙 21:22 が天上からの新しいエルサレムに神殿がないとわざわざ断るのは、それがあるとする見方が一般的だったことの証である。ヨハ黙 4–5 章の背後にユダヤ教のメルカヴァ神秘主義があることについては、Schaefer, *Die Ursprünge der jüdischen Mystik*, 151–163 の詳細な分析を参照。ついでに付言すれば、ヘブライ書も有力な傍証の一つである。とりわけ顕著な箇所は 12:22–23 である。この箇所について、最近の註解書のいくつかは、いみじくもヘカロート文書の神秘主義との関連を指摘している。
25）Sanders, *Jesus and Judaism*, 66–70. Sanders は「天から降りて来る」垂直軸のモメントを繰り返し強調している（73,75, 88）。古典的な研究では、すでに J. Weiss, *Die Predigt Jesu vom Reiche Gottes*, Göttingen 1892, 3.Aufl. 1964, 97, 105, 121 が同じことを強調している。ただし、Weiss には神殿倒壊予言についての立ち入った考察がない。
26）大貫『イエスと言う経験』73 頁。

27）G. Scholem, *Die jüdische Mystik in ihren Hauptströmungen* (Frankfurt am Main: Suhrkamp, 1957), 43. なお、英語版（New York 1941）と邦訳（G・ショーレム『ユダヤ神秘主義　その主源流』山下肇訳、法政大学出版会、2014 年）があるが、筆者は未見である。ちなみに、Schaefer の言う「上昇の神秘主義」とメルカヴァ神秘主義（ヘカロート文書）は、Scholem では「古ユダヤ教グノーシス」（同 6 他）と呼ばれている。私はこの概念構成に厳密には賛成しない。ただし、Scholem がそれを初期ユダヤ教黙示思想と区別して用いようとしている点には一理ある。なぜなら、初期ユダヤ教黙示思想の中には、例えばⅣエズラ記に典型的に代表されるように、「地上に住む者は地上のことだけを理解し、天上界の者は天上界のことだけを理解するのである」（4:21）という立場が明確に存在したからである。明らかにⅣエズラ記は「上昇の黙示録」を意識して、それから距離を取っているのである。

28）Schaefer, *Die Ursprünge der jüdischen Mystik*, 25–27, 59ff.

イエスの譬えにおける時の造形*
――文脈、かたり、経験――

廣石　望

Zur Gestaltung der Zeit bei den Gleichnisreden Jesu.
Kontext, Narration und Erfahrung

Nozomu Hiroishi

Abstrakt

　Der Aspekt von Zeit gehört wesentlich zu den Gleichnisreden Jesu als fiktivem Sprachkonstrukt. Es ist anzunehmen, dass der Gebrauch der Verben dabei eine zentrale Rolle spielt. Aufgrund der bei den Synoptikern erhaltenen griechischen Gleichnistexte wird die Gestaltung der Zeit im Blick auf drei verschiedene Dimensionen hin betrachtet: Wie wird der interne Kontext, der vom Jetzt der direkten Kommunikation unterschieden wird, konstituiert? Wie wird die dadurch eingeführte fiktive Situation konsistent und kohärent entfaltet? Wie werden dabei die einzelnen Informationen narrativ gewichtet dargestellt? Und auf welche Weise wirken die Gleichnisreden Jesu auf die Gestaltung der Erfahrung durch die Hörer zurück?

1. 導入

　共観福音書に伝えられたイエスの譬えは、言語のみによって創出される虚構であるという意味で独特な構築物である。もとより譬え（מָשָׁל／παραβολή）とは比喩的で間接的な言語伝達行為一般に対する呼称であり、多様な言語様式を包摂する。イエスの譬えのうち、とりわけ物語的な特徴をもつそれらに特徴的なのは、日本語でいう「はなし」から区別される意味での「かたり」に相当するところの話者主体の二重化を伴う発話態度であり[1]、私見ではその構成的な構造要素に時称、人称、そして現実指示がある。

　以下の考察では、共観福音書のギリシア語テクストのみに基づいて、動詞の時制使用に注目することで、話法構造の視点からイエスの譬えにおける「時」の造形について要点を素描することを試みる。セム語を用いた口頭によるイエスの発話行為と、ギリシア語による福音書記者の書記行為との間の連続性の如何については多様な見解があるが、少なくとも「時」の造形に関して、口頭行為の話法上の構造的特徴が福音書の書記行為に何らかのかたちで継承されていることを、穏やかなかたちで想定したい[2]。具体的には、イエスの譬えがどのようにして〈私－君たち〉および〈今－ここ〉という直接的なコミュニケーションの「今」から離れた文脈を形成し、その言語的に演出された状況に一貫性と統合性を与え、またそれを立体的に象り、どのように聴者たちの経験のあり方に影響を与えるかを問う。

1.1. 様式史的研究における「譬え」分類の問題点

　古典的な様式史の譬え研究では、時制の区別はとりわけ「狭義の譬え Gleichnis im engeren Sinne」と「譬え物語 Parabel」の下位分類に関係し、それが内容的な違いにも相同的であると想定されてきた。この点について、様式史に先立つ A. Jülicher の定義を紹介する。

譬え〔Gleichnis〕は一般に妥当することに、他方で譬え話〔Fabel〕はかつて生じたことに基づいている。……譬えのイメージがつねに無時間的である一方で、譬え話の本質には、過去のできごと、完成されたできごとを提示すること、すなわち〈筋〔Mythos〕〉に大胆に現実味を与えることが属する。譬えが疑いの余地のないことについてだけ語ることであらゆる抵抗を封じるのに対して、譬え話は魅力的かつ暖かく、また新鮮に物語ることで、聞き手が異論を唱えることなど思いつきもしないよう仕向けることで異議を回避する。……譬えが一般に知られ、また認められていることの権威によって抜きん出ているところを、譬え話は具象性に置き換えるのである[3]。

Jülicher が「譬え Gleichnis」と呼ぶものは様式史で一般にいう「狭義の譬え」に、そして彼が「譬え話 Fabel」と呼ぶものは「譬え物語」に当たる。前者が現在時制（ないし仮定話法）で典型的かつ反復的な事象をとりあげる一方で、後者は過去時制によって一回的で特殊な事象を扱うという理解は、様式史にそのまま継承された[4]。しかしながら、形式的規準（現在時制／過去時制）と内容的規準（典型的／一回的）の結合は、個々の具体的な譬え素材の分類にさいして論者の判断が分かれるという結果を生む[5]。

1.2. 具体例としての「辛子種」の譬え
（マコ 4:30–32 とルカ 13:18–19）

同一の素材が二通りの時制タイプで再現されている事例に、以下のものがある。

「辛子種」の譬え（マコ 4:30–32）
30 いかに私たちは神の王国を似せようか（ὁμοιώσωμεν 接続法アオリスト）、あるいはそれをどの譬えで示そうか（θῶμεν 接続法アオリスト）。
31 （それは）辛子種のよう。それが地の上に蒔かれるなら（ὅταν σπαρῇ

接続法アオリスト)——それは地上のあらゆる種よりも小さい (ὅν 現在分詞)——、32 そしてそれが蒔かれるなら (ὅταν σπαρῇ 接続法アオリスト)、伸び上がり (ἀναβαίνει 直接法現在)、あらゆる野菜よりも大きくなり (γίνεται 直接法現在)、大きな枝々を作る (ποιεῖ 直接法現在)——その結果、その陰に天の鳥たちが巣をかけることができるように (なる) (ὥστε δύνασθαι κατασκηνοῦν 不定法現在)

「辛子種」の譬え (ルカ 13:18–19)

18 神の王国は何に似ているか (ὁμοία ἐστίν 直接法現在)。また私はそれを何に似せようか (ὁμοιώσω 直接法未来)。

19 (それは) 辛子種に似ている (ὁμοία ἐστίν 直接法現在)。それを人がとって自分の庭に投げた (λαβὼν ἔβαλεν アオリスト分詞+直接法アオリスト)。そして (それは) 成長した (ηὔξησεν 直接法アオリスト)、そして木になった (ἐγένετο 直接法アオリスト)。そして天の鳥たちが、その枝々の間に巣をかけた (κατεσκήνωσεν 直接法アオリスト)。

同じ譬えのマタイ版 (13:31–32) はマルコ資料と Q 資料の混合形であるが、時制は基本的にマルコ型であり (もっとも 31 節「とって蒔いた λαβὼν ἔβαλεν」)、トマス版 (語録 20) のギリシア語逆訳も時制に関してはマルコ型である[6]。ルカは、マルコ版の行きつ戻りつを、大小の対比に関するコメント文とともに省き、書記言語にふさわしいかたちの物語に整えている。

導入部 (マコ 30 節、ルカ 18 節) では、「似ている ὁμοι-」語根の語と、接続法 (マコ「似せよう ὁμοιώσωμεν」「示そう θῶμεν」) あるいは直説法未来 (ルカ「似せよう ὁμοιώσω」) が、コミュニケーションの今からの距離化としての文脈の移行を示唆する。これを受けて、接続詞「〜のよう ὡς」(マコ 31 節) および述定文「似ている ὁμοία ἐστίν」(ルカ 19 節) は、外文脈と内文脈の中間にあって蝶番のような役割を果たすという意味で、「ゼロ位置」を示す。

続いて譬えの本体において、マルコ版（31–32 節）では接続法アオリストによる仮定文（「蒔かれるなら ὅταν σπαρῇ」）に直接法現在（「伸び上がり ἀναβαίνει」その他）が続く。他方でルカ版（19 節）は、直説法アオリストの連続（「投げた ἔβαλεν」その他）が基本である。マルコの接続法に続く現在形をアオリスト形に置き換えることはできず、ルカのアオリスト形を現在形に変更するのもおそらく奇妙である。

つまり〈辛子種を蒔く―成長して枝をなす―鳥が住む〉という同一のストーリーのかたちは、接続法を伴う仮定法（ないし現在時制）あるいは直説法アオリストという、二つの異なる言述のかたちのどちらによっても再現可能である。したがって形式的区別（時制）と内容的区別（事象の特性）という二重規準のそれぞれは、「かたり」の構成要素としては本来別物なのである[7]。内容的規準（典型的／一回的）の判断は――再現のための時制タイプとは無関係に――ストーリーで再現された状況を全体としてどう見るかによって、つまり文化的知識や受容者の価値観をも動員することで決定される[8]。

参考までに、その他の事例をあげる。例えば「失われた羊」の捜索が習慣的な事象なのか（ルカ 15:4 並行、反復を示唆する仮定構文による修辞疑問文）、それとも一回的な性格のものであるかを（トマス 107、過去時制）、時制に関連づけて論じることにはあまり意味がない。トマス版の譬えを仮定構文に書き換えることも、十分に可能だからである（「君たちのうち誰が、百匹の羊を持っていて、それらの中の一匹である最大の羊が迷い出ると、その人は九十九匹を残しても、それを見つけるまで一匹を探さないか」）。

「パン種」の譬え（マタ 13:33 並行）は過去時制による物語様式で伝えられているが、これを仮に仮定構文に変換しても、できごとのつながりに変化はない（「……パン種を隠すと、それは全体を発酵させないか」）。

「（ある）人が ἄνθρωπός (τις)」という冒頭表現は（とりわけルカの）物語的な譬えに頻出するが、比較文形式の譬えにも現れる（マコ 4:26 以下、「神

の王国は〜のようである、すなわち人（ἄνθρωπος）が地に種を投げ……」）。

また、必ずしも反復的とは言えない人間の相互行為を仮定構文で表現することに何の問題もない一方で（ルカ 11:5–8 他）、それ自体としては反復的な植生現象を過去時制によって再現することも可能である（マコ 4:3 以下並行）。

2. 文脈——時の転移

2.1. H. Weinrich の時制理論

1960 年代、ドイツのロマニストである H. Weinrich が、テクスト言語学（Textlinguistik）の立場から独自の時制理論を提唱した[9]。その特徴は、時制に現実指示機能（時間、行為態 Aktionsart、状況タイプその他）があることを否定し、動詞時制の全体を受け手にさし向けられたコミュニケーション制御のためのシグナル体系と見ることにある。

この体系は、以下の三つの指標から成る。すなわち、(1) 時制は発話姿勢（Sprechhaltung）の表現であり、それは「討議する besprechen」（ドイツ語の現在、未来、完了、未来完了——緊張）と「物語る erzählen」（過去、過去完了——弛緩）に二分される。(2) 時制は発話方向（Sprechperspektive）を、テクストの時（コミュニケーションの時間経過）と行為の時（報告される内容の時）の前後関係として表現する。すなわち発話方向には「後方指示 Rückschau——ゼロ位置 Nullstelle——前方指示 Vorausschau」、つまり「すでに生じたこと——両方の時の一致（対話、途切れない物語など）——これから生じること」があり、後方指示にはより大きな、そして前方指示にはより小さな確実性が伴う。そして、(3) 物語世界の内部では、報告される行為の重要度の違いを示すための前景化（Reliefgebung）が行われる。すなわちアオリスト定動詞によってプロットラインが「前景 Vordergrund」化される一方で、未完了定動詞によって付加情報（背景や枠情報）が「背景 Hintergrund」化される。

Weinrich の提案に対しては、重大な批判が表明されてきた[10]。その詳細に立ち入る能力は私にないが、およそ以下のように考える。(1) 動詞時制には、彼による否定に反して現実指示機能がある。(2) 討論と物語という二つの発話態度は、彼の想定に反して定動詞の時制によってのみ区別できるものではないが、発話態度の区別そのものは認められてよい（後述 2.3. を参照）。(3) 前景化は、彼が想定するように直接法の時制種類（アオリスト／未完了）のみによって二分法的に固定されるものでなく、多様な要素を含む前後関係から生じる現象である（後述 3.3. を参照）。

2.2. 時制転移──Weinrich 理論の副産物

Weinrich は、テクストの相前後するユニット間で、上記三つの指標のうち二つの変化を同時に含むという意味で異質な移行を「時制転移 Tempusmetapher」と呼び、それが「妥当性 Gültigkeit」の複雑なニュアンス化をもたらすという（例えばドイツ語の「現在→過去完了」は指標として「緩やかな確実性」をもたらす）。図示すれば以下のようである。

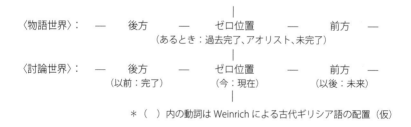

上記の二つの「世界」のそれぞれにおける発話方向の変化は同一水準内の相対的な動きであるが、発話姿勢の変更（討論と物語の間の移動）は水準の変更をともなう質的な性格のものである。そのさい「今」は討論世界における時間定位の指示定点であるが、同時に物語世界への転移の起点をなす。

そのさい Weinrich 自身は言及しないものの、時制使用に関して重要な概念に「有徴性逆転の仮説 markedness-reversal hypothesis」と呼ばれるもの

がある[11]。例えば討論世界では、主時制である現在が「無徴」であるのに対して、副時制である過去は「有徴」である。しかし物語世界ではその過去時制が「無徴」の主時制へと逆転する一方で、現在時制もまた逆転して「有徴」化する。そのとき現在時制が討論世界でもつ現実指示機能は脱色され、それに代わる多様な表現機能（歴史〔／物語〕的現在、〔内面〕描写、直接話法、活写など）を得るに至る。

2.3. イエスの譬えへの適用
——後方ないし前方へ距離化の垂直的な転移

上記の図表をイエスの譬えに適用すると、以下のようである。

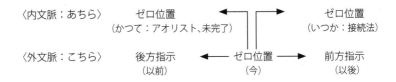

外文脈が「討論」の水準であるのに対して、内文脈は「物語」の水準に当たる。外文脈における相対的な時間定位は「今」からの水平的な距離化（以前／以後）として表現される。そのさいのゼロ位置である「今／こちら」は同時に「あちら」と直交するので、垂直方向の転移を誘発できる。もっともアオリスト時制は、Weinrichの想定とは異なり、両方の文脈で使用可能であり、現実指示機能をもつ場合（外文脈における後方指示）と持たない場合（内部脈への転移）の両方がある。したがって、アオリスト時制の使用のみをもって「物語」への移行を保証することはできない。他方、仮定の小辞（ἐάν、ὅταν）を伴う接続法は「前方（以後）」移動の、より正確には「非・後方」移動の垂直転移を意味する。

いずれの場合も、水平的な距離化と垂直的な転移という二つの移動が同時に生じることにより、外文脈における時制の現実指示機能はかき乱されて「中立化」される。これが譬えの場合には虚構的な内文脈の形成を助けてい

る。

　したがって内文脈の作り方は二通りがある。以下では過去時制による物語様式のもの、すなわち従来しばしば譬え物語（Parabel）に分類されてきたものを「後方タイプ」、他方で仮定構文によるもの、すなわち通常は狭義の譬え（Gleichnis im engeren Sinne）に分類されてきたものを「前方タイプ」と呼ぶ。両タイプの区別は、虚構的な内文脈を作るための言述のかたちに関する二つの方法に関係しており、それ自体に優劣の差はない[12]。従来の譬え研究では「後方タイプ」のものを解釈学的に特権視する傾向が見られたが、そのことは問い直されてよいであろう。次節で示すように、内文脈におけるストーリーのかたちを造形する方法は両タイプの間に違いはなく、その共通性を「かたり」と呼ぶことができると思われるからである。

3. かたり——構成要素／プロット／前景化

3.1.「かたり」の構成要素

　論理経験主義者 H. Reichenbach は、動詞時制に関して「S＝話者の時」「E＝できごとの時」そして「R＝参照の時」を相互に区別した[13]。この区別をマルコ版の「辛子種」の譬えに適用すると、以下のようになる。

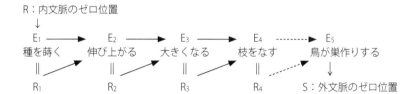

ここから、「かたり」の構成要素として、以下の三つを指摘できる。
　(1) できごとの単線状の連なり——プロット上のできごとは、話者の時（S）とは無関係に、内文脈の直前のEによって定まる。つまり「種を蒔く」（E_1）が次の行為である「伸び上がる」（E_2）のための参照の時（R_1）とな

る。こうして複数のできごとは、前後関係による数珠つなぎの形状をなす（E2ff の R は En-1）。同じことは、アオリスト定動詞を「そして καί」でつなぐルカ版ではいっそう明らかである。これが「かたり」の内文脈におけるプロットラインの基本形である[14]。

（2）できごとの前方展開——ストーリーは前方に向かって進む。そのさい、できごと相互の結合に見られる論理は、(a) 時間的（まず En、つぎに En+1 が生じる）あるいは (b) 条件的（En ならば En+1 が生じる）が通例である。さらに (c) 因果的結合（En であるがゆえに En+1 が生じる）は、イエスの譬えにおいて文言としては顕在的でないが（それでもマコ 4:5「土が深くないので、すぐに芽吹いた」他）、プロットの結末から見てストーリー全体の因果関係は統合的であることが求められるであろう。

この関連で、社会言語学者 W. Labov は「最小単位のかたり（narrative）は時間的な前後関係に置かれた二文のシークエンスである」[15]と言う。イエスの譬えでは、前文と後文から成る条件文のアフォリズム風ロギアがこれに当たるであろう（マコ 3:23 以下並行; 13:28 並行; マタ 15:14 並行; ルカ 5:36 並行; 11:11–12 並行; 14:7–11 並行など）。しかしながら私見では、物語性を確保するには、最小でも三つの動詞の連続が見られることが望ましいと思われる（マタ 13:33〈パン種をとる—粉に隠す—発酵させる〉を参照）。

（3）話者の時の虚構的な代替物としての内文脈のゼロ位置——冒頭の「種を蒔く」（E1）の参照の時（R）は、それに先行するできごとがないので、外文脈の話者の時（S）との関係でのみ定まる。そしてその役割は、時制転移を通して生じた内文脈のゼロ位置が代替的に果たしている。他方、接続詞と不定法で表現された末尾の「鳥が巣作りする」（E5）は全体を回顧する結末であると同時に、外文脈である話者の時（S）への立ち戻り点でもある（後述 4. を参照）。

3.2. プロットの形成

「内文脈」のプロットラインは、脈絡なしにだらだらと展開するもので

あってはならず、ストーリーとしての説得的な論理性をもつこと、すなわち統合的であることが求められる。他方で、かたりは「外文脈」との関係においても、何のためにそのことが語られるのかが明示的に言われない場合にも、文脈的な有意味性が十分に伝わるものでなければならない。以下では、プロットの統合性について要点を述べる。

(1) 後方タイプ──演劇モデルとその限界

このタイプの統合的なプロット形成について、D. O. Via は〈行為─危機─解決〉あるいは〈危機─反応─解決〉という二つのタイプを、アリストテレス『詩学』に範をとり〈悲劇的〉ないし〈喜劇的〉という二種類の筋の動きと組み合わせるという分類法を提案した[16]。他方で W. Harnisch は、彼が三人格物語と呼ぶものに、〈状況─危機─（対話による）解決〉という共通する場面構成を見出した（マタ 20:1 以下; ルカ 15:11 以下; ルカ 14:16 以下並行; マタ 18:23 以下; ルカ 10:31 以下）[17]。また G. Sellin は彼が二人格物語と呼ぶものに、〈危機─見せかけの解決（自己対話）─思いがけない解決〉というシークエンスを見た（ルカ 12:16 以下;〔15:11–24〕; 18:2 以下, 10 以下。さらにルカ 16:1 以下も参照）[18]。つまり Via の提案する二つのプロット・タイプが Harnisch と Sellin のそれぞれに現れており、どちらの図式も、危機の解決にさいして法外で予期せぬ転換が生じることを示す。

以上のような「場面」構成の理解の背後には、イエスの物語的な譬えを「演劇」（の台本）に類比的と見る視点がある[19]。しかしながら譬えという発話行為は、そこに身振りや声ぶりが伴う場合にも、基本的には一人語りによる言語的なパフォーマンスであり、複数の役者が登場する演劇とは異なる。日本の落語に近いと言えるであろうか。じっさい、評価的コメント（マコ 4:31「地の上のあらゆる種よりも小さいのだが」他）、登場人物の内面・性格描写（ルカ 10:33「憐れに思った」; マタ 25:2「愚かな／賢い」他）などの表現様式を、そのまま演劇に移し替えることはできない。また時・場所・登場者の変更がないとき、場面の切れ目は必ずしも自明でないことがある。

その意味で、演劇モデルには限界がある。

さらに Harnisch が指摘する「劇的・物語的メルクマール」は——三場面構成、筋の不可逆的な直進性、直接話法、一場面に二人の登場者、反復、誇張、皮肉、後方重心の文体原理がそうである[20]——、彼が劇的・物語的展開が不十分として排除した小さな「後方タイプ」の譬えにも、さらには以下に見るように「前方タイプ」の譬えにも確認できる。

(2) 前方タイプ——「君たちのうち誰が」の譬え

ここでは前方タイプの譬えを、いわゆる「君たちのうち誰が」という特徴的な導入定式をもつものに代表させよう。K. Beyer の古典的な研究によれば、そこには以下のような基本形がある[21]。

- A. 疑問名詞文 τίς（ἐξ ὑμῶν）他による導入
- B. 本来の前提を描く関係文ないし分詞文
    - AとBが一体となった条件構文の前文
- C. 条件構文の後文としての断言文ないし修辞疑問文

この基本形を満たす最も簡潔な格言は、例えばルカ福音書12章25節並行（Q）に見出される。それがより詳細に展開される事例に、例えば以下のものがある。

「塔の建築」の譬え（ルカ 14:28–30）[22]

	A	君たちのうち誰が、
E1	B	塔を建てたいとして（θέλων 現在分詞）、
E2	C	まず座り（καθίσας アオリスト分詞）、費用を計算しないか（οὐκ ψηφίζει 直説法現在）、
E3	D	こうならないため（ἵνα μήποτε）、すなわち土台を据えたが完成できないとき（θέντος καὶ μὴ ἰσχύοντος 現在分詞の独立属

格)、

E4　E　それを見る者たちが皆、彼を笑いものにし始める（ἄρξωνται 接続法アオリスト）ように〔ならないよう〕、こう言いつつ、「この男は建て始めたが……」。

　そのさいAとBが合わさって開始条件を、そしてCがその帰結を示す。そして、Cの想像的否定であるDは続きの条件を提示し、Eがその帰結を描いている。なるほど、想像上の否定条件（D）は物語的な譬えには見出されない。それでも〈建築を意図する―費用計算する／しない場合―未完成に終わる―他人から笑われる〉という、できごとの前方展開によるプロットラインはたしかに存在している。

　ちなみにB. Heiningerは、ルカ特殊伝承の「君たちのうち誰が」の譬えを狭義の譬えに分類しつつも、じっさいの解釈では物語的要素を数多く指摘する。すなわち「対話」「筋」「できごと」「階層的配役構成を伴う複数登場人物から成る物語」「場面区分の萌芽」「個別事例」などである[23]。このことは、前方タイプの譬えにも「かたり」の特性が備わっていることを示唆するであろう。

3.3. 前景化――「かたり」の立体的造形

　Weinrichが独特なかたちで先鞭をつけた「前景化 Reliefgebung」は、かたりの表面の象りないし立体的造形ともいうべき現象に関わる。

　動詞時制は時間的な前後関係を表示する狭義の時制以外に、行為の様態 Aktionsart（一回的、継続的、反復的、習慣的などの区別）を表すことが知られている。現代ではそれに加えて、話者の視点を表現するアスペクト機能が認められるに至っている。そのさい perfective アスペクトが〈外側から／総括的〉に行為を捉える視点を、他方で imperfective アスペクトが〈内側から／分析的〉に捉える視点を表現する。典型的には前者の機能はアオリストに、そして後者は未完了によって文法化されている[24]。Weinrichの言う

「前景化」とは perfective アスペクトの、また「背景化」は imperfective アスペクトの物語言説における造形的機能に関わる。

(1) 後方タイプの譬えにおける前景化——プロットラインと背景状況
　いわゆる「後方タイプ」（過去時制）の譬えに、興味深い対照的なアスペクト使用を確認できる。すなわちプロットラインの前景化には perfective アスペクトが利用されるのに対して、背景状況の内部における前景化にはより強度な imperfective アスペクトが用いられる。

「実を結ばない無花果」の譬え（ルカ 13:6–9）
　6a ある人が、彼の葡萄園に植えられた（πεφυτευμένην 完了分詞）無花果の樹をもっていた（εἶχεν 直説法未完了）。6b そしてそれに実りを求めつつ（ζητῶν 現在分詞）来たが、見出さなかった（ἦλθεν καὶ οὐχ εὗρεν 直説法アオリスト）。7 そこで園丁に言った（εἶπεν 直説法アオリスト）、「ごらん、もう三年も……。切り倒せ……」。8 彼は彼に答えて言う（λέγει 直説法現在）、「ご主人さま、この一年だけ放っておいて下さい……」。

導入（6a 節）では、完了分詞と未完了つまり imperfective アスペクトによって、プロットが開始する前の枠をなす開始状況が描かれている。他方で譬えの本体（6b–8 節）では、アオリスト、すなわち perfective アスペクトの物語文によってプロットが前方に推し進められ、その頂点で現在時制（perfective 機能の物語的現在）によって、園丁の発言が前景化される。Weinrich は直説法未完了が背景を、他方で直説法アオリストが前景を担当すると見るが、じっさいには、導入部の未完了や分詞を含むその他の動詞表現の全体が作用して、前景化が文脈的に形成されるのである。
　他方で、背景状況の描写における前景化の事例をとりあげよう。そこには興味深い有徴性逆転の現象が見てとれる。

「金持ちと貧者ラザロ」の譬えの導入部（ルカ 16:19–21）
　¹⁹ ある人が金持ちであった（ἦν πλοῦσιος 直接法未完了）。そして紫（の上着）と亜麻布（の下着）に包まれていた（ἐνεδιδύσκετο 直接法未完了）、日々輝かしく（宴を）愉しみつつ（εὐφραινόμενος 現在分詞）。²⁰ 他方、ラザロという名の極貧者が、できものに覆われつくした姿で（εἱλκωμένος 完了分詞）、彼の門前にずっと投げ出されていた（ἐβέβλητο 直接法過去完了）。²¹ そして金持ちの食卓から落ちるものから腹を満たしたいと切望しつつも（ἐπιθυμῶν 現在分詞）、犬たちが来ては（ἐρχόμενοι 現在分詞）、彼のできものを舐めたものであった（ἐπέλειχον 直接法未完了）。

この背景描写の主時制は、直接法未完了つまり imperfective アスペクトである（19, 21 節）。そのさい金持ちの描写は一貫して imperfective アスペクトで描かれるのに対して（未完了と現在分詞）、貧者の描写には完了分詞と過去完了が使用されることが際立っている（20 節）。これを狭義の時制すなわち時間的前後関係の表示と見れば、貧者の困窮が金持ちの贅沢ぶりに時間的に先立つと理解できようが、およそ適切とは思われない。完了形のアスペクトが何であるかについて議論は未決であるが[25]、ここではより強度な imperfective と理解したい。すなわちアスペクト的にはさらに背景化することで、貧者の姿は富者から区別されて逆に前景化されるのである。

(2) 前方タイプの譬えにおける前景化――プロットの統合性
　「君たちのうち誰が」の譬えにおいて、アスペクトの差異化は、プロットライン上のできごとの論理関係を示唆する機能を有し、プロットの統合性の形成に寄与している。

「失われた羊」の譬えの前半（ルカ 15:4）
　　A　　疑問名詞　　　君たちのうち誰が

| B1 | imperfective | 百匹の羊を持っていて（ἔχων 現在分詞）
| B2 | perfective | その中の一匹を失うと（ἀπολέσας アオリスト分詞）
| C | perfective | 九十九匹を荒れ野に残して、失われたものへと行かないか（οὐ καταλείπει καὶ πορεύεται 直接法現在）、それを見つけるまで。

　先に紹介した Beyer の基本形に即して、B が前提そして C が帰結を提示する。そのさい同じ前提の内部で、開始状況（B1 imperfective）と開始行為（B2 perfective）が相互に区別され、後者が前景化される。これにより「失う」は、文法的には前文に属しつつも、同様に perfective アスペクトで提示されたその他の行為（C「残す」「行く」）と一並びにプロットライン上に配置され、「一匹を失ったので、（他を）残して探しに行く」という論理関係が示唆される。ここから、後方タイプでいう〈状況―危機―解決〉に類比的なプロットの統合性が生じる。もっとも、九十九匹を残して一匹を捜索するという行為の特質（典型的／特殊的）についての判断は別問題である。
　同じタイプの譬えには、先に見たように帰結（C）をさらに展開する事例があり、その場合のプロット形成には以下の二通りがある。

「失われた羊」の譬えの後半（ルカ 15:5–6）
| D1 | perfective | そして見つけると（εὑρών アオリスト分詞）、
| E1 | imperfectiv | 喜びつつ（χαίρων 現在分詞）両肩に乗せる（ἐπιτίθησιν 直接法現在）。
| D2 | perfective | そして家に来ると（ἐλθών アオリスト分詞）、
| E2 | imperfective | 友人や近所の人々を呼び集める（συγκαλεῖ 直接法現在）、「私といっしょに喜んでくれ……」と言いつつ。

　D1 と E1 および D2 と E2 は、それぞれ条件（perfective）と帰結（imperfective）の関係にある。そのさい、Cに続く新たな条件（D1）が論理的には捜索行為の頂点として提示される一方で、その帰結（E1）は、さらなる条件と帰結（D2とE2）とともに、プロットラインの終了後に何が起こったかを背景状況として描くことで、「見つける」という行為の意味を解説している（二つの直接法現在を、描写機能を担う imperfective アスペクトと解する[26]）。

もうひとつのパターンに以下のものがある。

「王と戦争」の譬え（ルカ 14:31–32）

A	疑問名詞	どの王が
B	imperfective	他の王と戦いを交えるために出て行くと（πορευόμενος 現在分詞）
C	perfective	まず座って審議しないであろうか（οὐχὶ βουλεύσεται 直接法未来）、二万（の兵力）で攻めてくる者に一万で対抗できるかどうかを。
D	imperfective	もしそうでないなら（εἰ δὲ μή γε）、彼がまだ遠くにいるうちに（ἔτι αὐτοῦ πόρρω ὄντος 現在分詞の独立属格）、
E	perfective	使者を派遣して和平について尋ねる（ἀποστείλας ἐρωτᾷ アオリスト分詞＋直接法現在）。

ここにも、前文と後文の組み合わせの反復がある（BとC、Cの想像的否定としてのDとE）。そのさい条件を描く前文（imperfective）を背景に、行為を描く後文（perfective）がそのつど前景化される。この反復によってプロットライン（戦争するなら審議する、遠くにいるなら和平交渉する）にリズムが付与されると同時に、全体の〈審議する―対抗できない―和平交渉する〉という展開から、後方タイプでいう〈行為―危機―解決〉に類比的なプロットの統合性が生まれる。

4. 経験の形象化

　先に、譬えの虚構的な内文脈が、水平的な距離化と垂直的な転移という二つの移動によって生じると（前述 2.3 を参照）、またそのさい内文脈の「今」（ゼロ位置）が話者の時の虚構的な代替物であると述べた（前述 3.1.(3) を参照）。最後に、外文脈の「今」へのつなぎ戻しにさいして生じる、経験の形象化にまつわる機能についてふれておきたい。もとよりこの点を十全に論じるには、譬えの内文脈で演出される経験図式の意味論的変形を考慮に入れる必要がある。以下では動詞時制の視点から、話法上の構造について興味深いと思われることのみ指摘する。

(1) 後方への距離化の垂直転移
　譬えの内文脈が、後方指示で閉じられる事例に次のものがある。

「自ずと実を結ぶ種」の譬えの末尾（マコ 4:29）
　　しかし（実が）許したならば（ὅταν δὲ παραδοῖ 接続法アオリスト）、（農夫は）即座に鎌を送る（ἀποστέλλει 直接法現在）。刈り入れ（の時）が来ているのである（παρέστηκεν 直接法完了）

この時制配置を、以下の図表のように理解できるであろう。

〈内文脈〉:	以前	←	ゼロ位置
	(παρέστηκεν 直接法完了)		(ἀποστέλλει 物語的現在)
			↓
〈外文脈〉:	以前	—	ゼロ位置

「送る ἀποστέλλει」から「来ている παρέστηκεν」への移行は、ひとまず内文脈の物語の水準における水平的な後方指示である。それでも後者の直接法完了は、古典的なギリシア語文法で主時制に分類されることからも知られるように、Weinrich の言う「討論 besprechen」、すなわち話者と聴者の直接

的なコミュニケーション（外文脈）に特徴的な時制である。この時制が「かたり」の末尾に現れ、話者と聴者の「今」につなぎ戻されることにより、外文脈の聴者が自らの経験を新しく把握する上で、虚構的ストーリーの全体に妥当性のプラスアルファ―が生じる。

(2) 前方への距離化の垂直移動
　逆に、譬えの内文脈が前方指示で閉じられる事例がある。

「自ずと育つ種」の譬えの末尾（マコ 4:32）
　……大きな枝々を作る（ποιεῖ 直接法現在）――その結果、その陰に天の鳥たちが巣をかけることができるように（なる）（ὥστε δύνασθαι κατασκηνοῦν 帰結を示す接続詞＋現在不定法）。

この時制配置を、以下のように図式化できるであろう。

〈内文脈〉:	ゼロ位置	→	以後
	(ποιεῖ／直接法現在)		(ὥστε 帰結構文)
	↓		
〈外文脈〉:	ゼロ位置	―	以後

この図式を私は、譬えの中での将来的な展望に過ぎない「鳥たちの巣作り」が、外文脈における聴者の将来展望に示唆を与えるものであると解したい。

5. まとめ

　イエスの譬えは「かたり」に属する言語現象であり、そのギリシア語動詞時制の使用より見た「時」の造形には、譬えの内文脈の形成、その造形、そして経験の形象化という三つの側面がある。
　(1) 内̇文̇脈̇の̇形̇成̇は、言語学者 Weinrich が「時制転移」と呼んだものに類比的な現象、すなわち「はなし」の水準における水平的な距離化（後方／

前方）が、同時に「かたり」の水準へと垂直的に転移されることによる。そのさい、後方タイプ（譬え物語）と前方タイプ（狭義の譬え）のどちらが用いられるかは言述のかたちに関する区別であり、再現された事象の特質（一回的／反復的）つまりストーリーのかたちにまつわる判断には直結しない。

（2）内文脈の造形は、先ず、前方に向かって単線状に展開されるプロットラインによって担われ、この構造が「かたり」の一貫性を支える。次に、プロットラインの統合性は、後方タイプの譬えでは〈行為―危機―解決〉あるいは〈危機―応答―解決〉という場面展開を通して、また前方タイプに属する「君たちのうち誰が」の譬えでは仮定構文（条件と帰結）を通して達成される。さらに内文脈には、動詞アスペクトの使い分けによる「前景化」を通して独特の陰影が賦与される。そのさい、後方タイプの譬えのプロットライン上のできごとを前景化するにはperfectiveアスペクトが、他方で背景描写におけるできごとを前景化するにはimperfectiveアスペクトがそれぞれ使用される。前方タイプの譬えでは、前景化は連続するできごとの間の論理関係を示唆し、それによって後方タイプに類比的なプロットラインの展開パターンが表現される。

（3）譬えには、聴者による経験の形象化に仕える図式化機能がある。そのことは、譬えの末尾で、内文脈の形成を促した「時制転移」と同じことが逆向きに生じる点に、すなわち内文脈における物語の「今」からの水平的な距離化が垂直方向に転移されることで、外文脈へのつなぎ戻しが生じる点に端的に現れる。こうして、「かたり」としての譬えの虚構的ストーリーは、直接的なコミュニケーション関係における「今」を統合的に再形象化するためのモデルになるのである。

注

* 以下の考察は、2014年11月8日、日本聖書学研究所公開講座での同タイトルの講演を、若干の文献を参照しつつ改稿したものである。二次文献との折衝は限定的なものにとどまる。

1) 挽地茂男『マルコ福音書の詩学——マルコの物語技法と神学』キリスト教図書出版社、2007年、207頁、「『かたり』という言語行為［は］、行為主体の二重化をともなって遂行される……。この行為は、過去に所属する事態を現在に所属する主体が、現在からの視点を介在させながら再統合するという意味で、二重化的統合ないし二重化的超出を実質とする」を参照。

2) B. B. Scott, *Hear then the Parables: A Commentary on the Parables of Jesus* (Minneapolis: Fortress 1989), 18 は、イエスの「発言そのもの ipsissima verba」の探求（J. Jeremias）に代えて、意味の「構造そのもの ipsissima structura」を再現目標に掲げた。これに準えて言えば、以下の考察は「発話構造そのもの ipsissima structura dicendi」の探求に相当する。

3) A. Jülicher, *Die Gleichnisreden Jesu* I/II, 2 neu bearbeitete Aufl. (Mohr Siebeck: Tübingen 1910), hier I:97.

4) R. Bultmann, *Die Geschichte der synoptischen Tradition. Mit einem Nachwort von G. Theißen*, 10 Aufl., FRLANT 29 (Göttingen: Vandenhoeck & Ruprecht, 1995), 184, 188（R・ブルトマン『共観福音書伝承史』ブルトマン著作集1、加山宏路訳、新教出版社、1983年、294、301–302頁）のみを参照。

5) 具体例を含む指摘として、R. Zimmermann, "Parabeln – sonst nichts! Gattungsbestimmung jenseits der Klassifikation in 'Bildwort', 'Gleichnis', 'Parabel' und 'Beispielerzählung'", in *Hermeneutik der Gleichnisse Jesu. Methodische Neuansätze zum Verstehen urchristlicher Parabeltexte*, ed. R. Zimmermann, WUNT 231 (Tübingen: Mohr Siebeck, 2008), 384–419; idem. ed., *Kompendium der Gleichnisse Jesu* (Gütersloh: Gütersloher Verlagshaus, 2007), 19–23 を参照。もっとも、Zimmermann が統一的な類型概念として Parabel を提唱しつつ、自身が編集する論文集に Gleichnis という伝統的な総称を用いるのは一貫性に欠ける。

6) A. Huck/H. Greeven, *Synopse der drei ersten Evangelien mit Beigabe der johanneischen Belegstellen*, 13 Aufl. (Tübingen: Mohr Siebeck, 1981), 94 を参照。

7) 「言述のかたち discourse form」と「ストーリーのかたち story form」の区分について、S. Chatman, *Story and Discourse: Narrative Structure in Fiction and Film* (Itaca: Cornell UP, 1978) を参照。

8) K. R. Snodgrass, *Stories with Intent: A Comprehensive Guide to the Parables of*

Jesus (Grand Rapids/Cambridge: W. B. Eerdmans, 2008), 12 は、Jülicher に由来する二重規準の組み合わせによる下位様式の区別を正当にも拒絶する。すなわち「時制は〔ストーリーの（廣石による補足）〕かたちを区別する上での要因ではな̇い̇。……〔狭義の（同前）〕譬え（similitude）は必ずしも典型的ないし反復的ではない。……譬えのマーカーはむしろ、それが拡大された類比であり、プ̇ロ̇ッ̇ト̇の̇展̇開̇が̇欠̇け̇て̇い̇る̇ことにある」（強調は原著）。私はこの見解にほぼ同意するが、末尾のプロット展開の欠如という評価に対しては、以下で若干の反論を試みる。

9) H. Weinrich, *Tempus. Besprochene und erzählte Welt* [1964], 6 neu bearbeitete Aufl. (München: C. H. Beck, 2001)（1977 年の第 3 版の邦訳は、H・ヴァインリヒ『時制論——文学テクストの分析』脇阪豊（他）訳、紀伊國屋書店、1982 年）を参照。なお以下では、上記邦訳とは異なる訳語を用いることがある。

10) 新約学の分野での Weinrich 理論への批判として、J. Frey, *Die johanneische Eschatologie. Band 2: Das johanneische Zeitverständnis*, WUNT 110 (Tübingen: Mohr Siebeck, 1998), 38–57 を参照。

11) S. Fleischman, *Tense and Narrativity. From Medieval Performance to Modern Fiction* (London: Routledge, 1990), 5 を参照。

12) E. Rau, *Reden in Vollmacht. Hintergrund, Form und Anliegen der Gleichnisse Jesu*, FRLANT 149 (Göttingen: Vandenhoeck & Ruprecht, 1990), 29–31 は Weinrich 理論を様式史の下位分類にそのまま適用し、狭義の譬えを討論に分類して「より直接的」と、他方で譬え物語を物語に分類して「より間接的」と形容する。しかし、この直裁的な Weinrich 理論の適用は、上記の「前方タイプ」（狭義の譬え）にも水準の転移があることを考慮しない点で不十分であり、また両タイプの違いを「直接性」の強度の差異に求める点で不適切であると思われる。

13) H. Reichenbach, *Elements of Symbolic Logic* (New York: Macmillan, 1947), 287–298（H・ライヘンバッハ『記号論理学の原理』石本新訳、大修館書店、1982 年、299–311 頁）を参照。上記の訳語は邦訳とは異なる。

14) Ö. Dahl, *Tense and Aspect Systems* (New York: B. Blackwell, 1985), 112 を参照。

15) W. Labov, "The Transformation of Experience in Narrative Syntax," in *Language in the Inner City: Studies in the Black English Vernacular* (Philadelphia: University of Pennsylvania Press 1972), 354–396, here 360–361.

16) D. O. Via, *The Parables: Their Literary and Existential Dimension* (Philadelphia: Fortress Press, 1967), 164ff.

17) W. Harnisch, *Die Gleichniserzählungen Jesu. Eine hermeneutische Einführung*, 2 Aufl., UTB 1343 (Göttingen: Vandenhoeck & Ruprecht, 1990), 20–26, 185–186, 241–246, 255–259, 273–277（W・ハルニッシュ『イエスのたとえ物語——隠喩論的たとえ解釈の試み』廣石望訳、日本基督教団出版局、1993 年、27–33、

223-224、291-297、309-313、331-336 頁）を参照。
18) G. Sellin, "Lukas als Gleihniserzähler. Die Erzählung vom barmherzigen Samariter (Lk 10,25-37), erster Teil," *ZNW* 65 (1974): 166-189.
19) G. Eichholz, „Das Gleichnis als Spiel", in *Tradition und Interpretation. Studien zum Neuen Testament und zur Hermeneutik*, ThB 29 (München: Chr. Kaiser, 1965), 57-77.
20) Harnisch, *Gleichniserzählungen Jesu* (注17) 20-26, 36-41（ハルニッシュ『イエスのたとえ物語』27-33、45-50 頁）を参照。
21) K. Beyer, *Semitische Syntax im Neuen Testament, Bd I: Satzlehre Teil 1*, 2 Aufl., SUNT 1 (Göttingen: Vandenhock & Ruprecht 1968), 287-291.
22) その他に、ルカ 11:5-8; 14:31f.; 15:4-7 並行; 15:8-10; 17:7-10 を参照。
23) B. Heininger, *Metaphorik, Erzählstruktur und szenisch-dramatische Gestaltung in den Sondergutgleichnissen bei Lukas,* NTA NF 24 (Münster: Aschendorf, 1991), 102f., 134f., 142f., 193f.
24) 簡潔な論点整理として S. E. Porter and D. A. Carson, eds., *Biblical Greek Language and Linguistics. Open Questions in Current Research*, JSNTSup 80 (Sheffield: JSOT Press, 1993) を参照。
25) 前注にあげた文献を参照。
26) 分詞を含む現在時制のアスペクトは、基本的には imperfective である。もっとも、物語世界の特殊な用法（とりわけ物語的現在）ではそれが perfective 化されると考えうる。この箇所も、上記の判断とは異なり、そうであるかもしれない。現在形は、時制としてゼロ時制でありうるのと同様に、アスペクトに関してもおそらく無徴である。

クレイア集としてのマルコ福音書
──受難・復活物語──

山田 耕太

The Gospel of Mark as a Collection of Chreias:
The Passion & Resurrection Narratives

Kota Yamada

Abstract

　Passion and Resurrection narratives in the Gospel of Mark are consisted of stories of Jesus, the disciples (Judas, Peter and others), the people, the religious and political authorities, made up of the saying chreias (the declarative chreias, the responsive chreias, and the double chreias) and the action chreias.

1. はじめに：Q文書のクレイアから

筆者は、パウロ書簡を中心にして修辞学的批評に携わってきた[1]。最近では共観福音書伝承の二つの資料の中の一つのQ文書について、とりわけその説教部分に焦点をあてて研究をまとめた[2]。言葉福音書とも言われるQ文書の中には、「クレイア」で書かれた個所が二つしかない。「誘惑物語」（Q4:1–13）と「百人隊長の子の癒し物語」（Q7:1–9）である。またクレイア的要素を取り入れて説教を形成しつつある個所もある。「洗礼者ヨハネに関する説教」である（Q3:2–3, 7–9, 16–17, Q7:18–23）。これらの個所から、Q文書の中で「格言」や「譬話」から「物語」へと移行していく中で、「クレイア」が鍵概念であることが見えてくる。

反対にマルコ福音書には「主の言葉集」が4章の譬集と9章の格言集の二個所しかないが、クレイアは数多く見られる。これらの違いから言葉福音書から物語福音書への展開が垣間見られることに気がついた。そこで「クレイア」の概念を用いて最も簡潔な物語福音書であるマルコ福音書を読み解いていくとどうなるのかを試みてみた。ここでは、スペースの関係から14–16章の受難・復活物語に限り、1–13章の分析は別に扱うことにする[3]。

2. 研究史瞥見

マルコ福音書は小さな断片（ペリコーペ）で構成され、それらがしばしば「そして」という接続詞で結ばれるという特徴がある。従来の様式史の研究で、R・ブルトマンはそれらの多くを「アポフテグマ」と呼び、それを共観福音書伝承の中では24断片の「論争的対話・教育的対話」（マルコ福音書では16断片[4]）と20断片の「伝記的アポフテグマ」（マルコ福音書では9断片[5]）に分けた。しかし、「アポフテグマ」という概念はあまりにも広すぎると同時にその構造が不確かである。また、その下部概念の「論争的

対話・教育的対話」や「伝記的アポフテグマ」というのは、ブルトマンが独自に創作した概念であり、そのモデルとしたものはユダヤ教のラビ文献であり、ヘレニズム世界で用いられていた基本的な概念の検討や分析は一切なされていない[6]。

それに対して、M・ディベリウスは「アポフテグマ」という文学類型が1行から数百行に及ぶあまりに広範な概念であることを指摘して「パラデイグマ」に区分し、[7] その背後にラビ的伝承ばかりでなくヘレニズム的伝統との関連、とりわけ「クレイア」との関係を指摘した[8]。しかし、「パラデイグマ」という文学類型は、ヘレニズム世界に存在せずディベリウスが独自に構成した概念であり、さらにクレイアに関する具体的なテキストを念頭に置いて分析したわけではなく、「クレイア」の分析が徹底しているとは言えない。V・テイラーは「パラデイグマ」を継承してそれを「宣言物語」[9]と呼び直したが[10]、ディベリウスと同様にこの文学類型もヘレニズム世界に存在していたわけではない。

様式史研究や編集史研究が進む中で、それらとは全く異なる修辞学の視点で福音書を分析し直すことを提案し、とりわけ「クレイア」の重要性を指摘したのはR・O・P・テイラー[11]やG・W・ブキャナン[12]であった。1980年代にV・ロビンスはアメリカ聖書文学学会（SBL）で「宣言物語」研究グループを立ち上げ[13]、「宣言物語」から発展してその背後にある修辞学の「クレイア」研究に入った[14]。また、B・L・マックもクレアモント大学古代キリスト教研究所で「クレイア」プロジェクトを立ち上げて、クレイアの研究を進めていった[15]。さらに両者が協力して福音書における「クレイア」の研究を開拓した。[16] 本研究はそれらをさらに前に押し進めて、マルコ福音書全体をクレイアの視点で分析を試みる。また、ブルトマンもディベリウスも受難物語と復活物語をその内容からいくつかのペリコーペが組み合わされた歴史的な「聖伝」として捉えるが、これも文学の表現形式の点から見て「クレイア」群として捉えることができる。

3. クレイアとは何か

それでは「クレイア」とは何か[17]。それは修辞学の初歩的ハンドブック『プロギュムナスマタ』に記される14の作文課程の内の一つである[18]。古代の『プロギュムナスマタ』は四つ現存する[19]。テオンとヘルモゲネースの『プロギュムナスマタ』の定義によると、「クレイア」は著名な人物についてエピソードを記すものであるが、次の四点に特徴がある。(1) その人物を「記憶」するためのものであり、(2) 表現の「簡潔さ」、(3) その人物の特徴を指摘する「適切さ」、(4) 教訓として「役立つ」ことに特徴がある。

著名な人物のエピソードの中で言葉や行為を記した「クレイア」は、特定の人物に帰されない一般的な生活の知恵を表わす「格言」とは異なる。また、短い文章で簡潔に表現する「クレイア」は、エピソードを比較的に長く描写する「回想・想い出」(例えば、クセノフォン『ソークラテースの想い出』)に記されたエピソードとも異なる。

「クレイア」の視点を導入すると、なぜ最初の福音書のマルコ福音書ではイエスの短いエピソードが続くのか、マタイ福音書とルカ福音書が共通に用いたマルコ福音書より古いQ文書では、断片的なイエスの言葉がいかに羅列されるのかが明らかになってくる。同時に、これらの二文書が構成されていった過程が見えてくる。

4. クレイアの種類

クレイアは、その要点が行為を伴わない言葉にある「言葉クレイア」、言葉を伴わない行為のみの「行為クレイア」、両者を混ぜた「混合クレイア」に大きく分かれる。「言葉クレイア」はさらに、ある自発的な言説やある状況設定の後で一方的に言葉が述べられる「宣言クレイア」、ある状況に対して反応して言葉が語られる「応答クレイア」、さらに相手の言葉に対応して著名な人物の言葉を記す「二重クレイア」に分かれる(テオン29–114)。以

下では、古代の『プロギュムナスマタ』から例を挙げて、それにほぼ対応するマルコ福音書の中から代表的な例を挙げて、その類の他の断片（ペリコーペ）を列挙する。マルコ福音書の「宣言物語」は、ほとんど言葉クレイアであり、それは次のようなものである。

4.1. 言葉クレイア
4.1.1. 宣言クレイア

言葉クレイアでは当該人物の「言った」という動詞がキー・ワードとなる。例えば、「ソフィストのイソクラテスは、弟子の中で才能ある者は神々の子だと言っていた」（テオン 39–40）、「プラトンは言った。『ミューズの神々は才能のある魂の内に住む』」（ヘルモゲネース 7–9）。

マルコ福音書の例、イエスの宣教「ヨハネが捕えられた後、イエスはガリラヤへ行って言った。『時は満ち、神の国は近づいた。悔い改めて福音を信じなさい』」（1:14–15）[20]。

4.1.2. 応答クレイア

応答クレイアは、ある状況に応じて言葉が発せられるのであるが、①単純な質問に賛成・反対で答えるもの、②問合せに対して答えるもの、③問合せに対して説明するもの、④質問でも問合せでもなく、ある状況に対してある感慨を含んで応答するものに分かれる（テオン 46–90）。応答クレイア①②のキー・ワードは「問われて（言う）」「尋ねられて（言う）」などであり、③の理由などを説明する場合のキー・ワードは「なぜならば」「～だからだ」である。

応答クレイア②の例、「寓話作家イソップは人間のうちある最も強いものは何かと問われて、『演説（ロゴス）だ』と答えた」（ニコラウス 118–120）。

応答クレイア③の例、「ソクラテスはペルシア人の王は幸せであったかと問われて言った。『私は言えない。なぜならば、私は彼がどのような教育を受けたから知らないからだ』」（テオン 70–73）。

応答クレイア④の例、「ある時ディオゲネスが広場で昼食を取っていた時、彼を昼食に招いたプラトンが言った『あなたの見せかけがなければ、見せかけのないあなたは何と魅力的だろう』」(テオン 39–40)。

マルコ福音書の例、しるし問答（①の変形）「ファリサイ派の人々が来て、イエスを試そうとして、天からのしるしを求め、議論を仕掛けた。イエスは心の中で嘆いて言われた。『どうして今の時代の者たちはしるしを欲しがるのだろう。はっきり言っておく。今の時代の者たちには、決してしるしは与えられない』」(8:11–13)[21]。

4.1.3. 二重クレイア

二重クレイアは二人の間で交わされる言葉で、一方の投げかけた言葉に対する応答が他方の性格を明らかにする。そこにはしばしば一方の意見を否定したり、覆したりするニュアンスが含まれる。

例えば、「マケドニアの王アレクサンドロスは寝ているディオゲネスに対して立ちながら言った。『意欲ある人は一晩中寝ている必要はない』。ディオゲネスは答えて言った。『民が信頼している人に対しては多くの配慮がある』」(テオン 88–93)。マルコ福音書にはいくつかこの例が見られる[22]。

4.2. 行為クレイア

行為クレイアは、言葉を伴わないある行動でその人の思想を表そうとする (テオン 96–97)。例えば、「キュニコス派の哲学者ディオゲネスは、食道楽の子供を見て、その教師を自分の杖で打った」(テオン 100–102)。

マルコ福音書では単純な行為クレイアは少ない[23]。しかし、奇跡物語の核心には奇跡行為があり、奇跡物語はその前後のさまざまな言葉クレイアと組み合わされた混合クレイアに分類される。

4.3. 混合クレイア

混合クレイアは言葉クレイアと行為クレイアの組み合わせのクレイアであ

る。

　極めて単純な例、「キュニコス学派の哲学者ディオゲネスは、訓練を受けていない少年を見て、その教師を打叩いて言った。『なぜあなたはこのような教育をするのか』」(ヘルモゲネース 13–15)。

　マルコ福音書には混合クレイアがおびただしく見られる[24]。その一つは論争物語であり[25]、他の一つは奇跡物語である[26]。奇跡物語は「ペトロの姑の癒し」に見られる単純な奇跡行為のみであれば「行為クレイア」に分類されるが、それ以外の奇跡物語はすべて何らかの言葉を伴う。奇跡行為の前後や奇跡行為そのものに言葉を伴うものは、それぞれの場合に応じて具体的なクレイアの組み合わせの構成は異なるが、「混合クレイア」に分類される。

5. クレイアを用いた訓練

　クレイアの作文教育の他に、テオンとヘルモゲネースとアフソニウスの『プロギュムナスマタ』では、それぞれ異なった方法でクレイアに習熟するために、クレイアを用いたさまざまな「精緻」な訓練がなされていた。

　テオンでは次の8点を挙げる(テオン 190–400)。

(1) 再話:クレイアを同じ言葉や別の言葉を用いて繰り返す。
(2) 語形変化:単数形を複数形に変え、主格・属格・与格・対格など格を変える。
(3) 注釈:クレイアにコメントを付加する。
(4) 反論:クレイアで述べられたこととは違った視点から反論する。
(5) 拡大:クレイアの内容を変えることなくやや詳しく言い直す。
(6) 短縮:クレイアの内容を変えることなく短くする。
(7) 論駁:不明瞭さ、冗長さ、省略、不可能さ、信じ難さ、誤り、不適切さ、無益さ、恥のゆえにクレイアを否定する。
(8) 確証:クレイアで述べられたテーマを用いて賛成の視点でクレイア

を述べる。

　テオンも「拡大」の例として、4行18単語で書かれたクレイアに詳細な状況描写や会話などを加えて、16行93単語に拡大する例を挙げる（テオン314–317, 318–333）。マルコ福音書に見られるクレイアは、とりわけ10節以上の長い断片の場合は、「拡大」の方法を用いる場合が多い。また、クレイアの途中や結びに、「注釈」としてコメントを入れるのも見られる（例えば、3:30; 6:5–6, 29, 52; 7:3–4, 34b; 9:32; 10:16, 22, 31, 45）[27]。
　これに対してヘルモゲネースとアフソニウスでは、「精緻」の方法として次の8点を挙げる。（ヘルモゲネース 30–64、アフソニウス 18–78）。

(1)　称賛：クレイアの登場人物を称賛する。
(2)　敷衍：クレイアを別の言葉で言い直す。
(3)　理由：クレイアの意味を論理的に説明する。
(4)　反対：クレイアの言明とは反対のことを述べる。
(5)　類比：クレイアと類比することを述べる。
(6)　例証：クレイアを例証することを述べる。
(7)　権威：クレイアを権威づけるために有名な言葉などを引用する。
(8)　勧奨：クレイアの終わりに語ったり行ったりしたことを読者に勧める。

　マルコ福音書では、クレイアの中で「例証」あるいは「権威」づけのためにしばしば聖書が引用され（例えば、1:2–3; 4:12; 7:6–7; 11:9–10; 12:10–11）、クレイアの結びに「類比」の格言（例えば、2:21–22, 27; 4:9, 23）や「勧奨」の言葉（例えば、7:20–23; 9:1, 28–29; 10:10–12）が付け加えられる。
　また、ヘルモゲネースの（8）勧奨は、アフソニウスでは「短い結論」に置き換えられる（アフソニウス 21–22）。具体例では「称賛する」（驚く）と

いう動詞で短く結ぶ（アフソニウス 77–78）。マルコ福音書の奇跡物語では驚きと称賛のモティーフで短く結ぶものが多い（例えば、1:28, 45; 2:12b; 5:20, 42c; 6:51b; 7:37）。

6. クレイア集としての受難物語

6.1. 受難物語の登場人物

　最初期のパウロがペトロから受けた伝承の核心は「（キリストの十字架上での）死と埋葬と復活」（Ⅰコリ 15:3–4）という3点によるキリストの物語であった[28]。それはやがて「人の子は、多くの苦しみを経て長老・祭司長・律法学者たちから排斥され、人（異邦人）の手に引き渡され、死罪に裁かれ、殺されて三日後に復活する」（マコ 8:31; 9:31; 10:33–34）というキリストと「長老・祭司長・律法学者」（サンヘドリン議会構成員）の対立し葛藤する物語として伝承されていた。[29]

　受難物語では福音書全体と同様に、それに「弟子たち」と「民衆」が加わって主に4種類の人物群が登場する。すなわち、主人公「イエス」、その側近の「弟子たち」、イエスの奇跡というご利益に与かる「民衆」、主人公と対立する反主人公の「宗教的権力者」の「祭司長・長老・律法学者」である。受難物語ではこれらに加えて、ローマ帝国の「政治的権力者」である総督「ピラト」が登場して、重要な役割を演じる。

6.2. 受難物語の構成

　マルコ福音書の受難物語は以下の18の小さなエピソードで織り成されている。それらの構成を修辞学的分析によって、A 言葉クレイア（ⅰ 宣言クレイア、ⅱ 応答クレイア①②③④、ⅲ 二重クレイア）、B 行為クレイア、C 混合クレイアに分類すると以下のようになる。また、その中心的な人物の物語に区分すると次のようになる。

① イエスを殺す計画	（14:1–2）	宣言クレイア	宗教的権力者
② ナルドの香油	（14:3–9）	応答クレイア③	弟子（女性）
③ ユダの裏切り	（14:10:–11）	行為クレイア	弟子（ユダ）
④ 過越の食事の準備	（14:12–16）	応答クレイア②	弟子（二人）
⑤ ユダの裏切り予告	（14:17–21）	二重クレイア	弟子（ユダ）
⑥ 主の晩餐	（14:22–26）	二重クレイア	イエス
⑦ ペトロの離反予告	（14:27–31）	二重クレイア	弟子（ペトロ）
⑧ ゲッセマネの祈り	（14:32–42）	宣言クレイア	イエス
⑨ 裏切り・逮捕	（14:43–50）	応答クレイア④	弟子（ユダ）・民衆
⑩ 若者の逃亡	（14:51–52）	行為クレイア	弟子（若者）
⑪ 大祭司の尋問	（14:53–65）	応答クレイア①	宗教的権力者
⑫ ペトロの否認	（14:66–72）	二重クレイア	弟子（ペトロ）
⑬ ピラトの裁判	（15:1–5）	応答クレイア①	政治的権力者
⑭ 死刑の判決	（15:6–15）	応答クレイア②	民衆
⑮ 兵士の侮辱	（15:16–20）	行為クレイア	イエス
⑯ 十字架	（15:21–32）	行為クレイア	イエス
⑰ イエスの死	（15:33–41）	宣言クレイア	イエス
⑱ 埋葬	（15:42–47）	行為クレイア	弟子（女性）

　受難物語全体は単純な構造で短い「宣言クレイア」と「行為クレイア」のエピソード群に挟まれて、複雑な構造で比較的に長い「応答クレイア」と「二重クレイア」のエピソード群が展開される構成されている。
　また、導入の「イエスを殺す計画」の後で、「ナルドの香油」と「埋葬」の女性の弟子のエピソードで枠取られて全体を「包摂」（インクルーシオ）する。その始めには弟子たちのエピソード群が続き、終わりにはイエスのエピソード群が続く。その間にイエスと弟子と権力者と民衆のエピドード群が綾なして展開する。
　さらに、「過越の食事の準備」の個所に端的に見られるようにイエスが予

告したことが実現するというパターンが3回繰り返される。すなわち、「ユダの裏切り予告」が3つのエピソードを挟んで「裏切り・逮捕」で実現し（⑤→⑨）、「ペトロの離反予告」が4つのエピソードを挟んで「ペトロの否認」で実現する（⑦→⑫）。そして、このクライマックスはイエスが「ゲッセマネの祈り」で自分の苦難の死を予知し、それが4つのエピソードを挟んで「死刑の判決」を受けた後の「兵士の侮辱」「十字架」「イエスの死」で実現する（⑧→⑮⑯⑰）。

それぞれの断片的なエピソードは、「クレイア」のスタイルで書かれている。すなわち、状況設定の後で一方的に言葉が語られる「宣言クレイア」（①⑧⑰）、状況設定の後で問いと答えで構成される「応答クレイア」（②④⑨⑪⑬⑭）、応答が二度繰り返される「二重クレイア」（⑤⑥⑦⑫）、状況設定の後で行為のみが語られる「行為クレイア」（③⑩⑮⑯⑱）である。以上の中には2つのクレイアで構成される複雑なものもあるが、主たる構成は以上の4つのクレイアで構成される。

6.3. 受難物語のプロットと構造

始めと終わりの女性の弟子の物語（②⑱）で「包摂」された中で、「イエス」の物語（⑥⑧⑮⑯⑰）、「弟子たち」の物語（④⑩、ユダの物語③⑤⑨、ペトロの物語⑦⑫）、「民衆」の物語（⑨⑭）、「宗教的権力者」と「政治的権力者」の物語（①⑪⑬）が綾なして展開する。

そのプロットは何か。「弟子たち」はエルサレムまでイエスに従ってきたがユダはイエスを売り渡し、ペトロもイエスを否認し、男の弟子たちは逃亡する。イエスに従っていた「民衆」も「宗教的権力者」に唆され、イエスを捕らえ、裁判では「十字架につけよ」という声に変わる。こうして「宗教的権力者」の意図は「政治的権力者」も動かして成就する。イエスはそれを「祈り」で予知して「苦難」を覚悟する。

受難物語には1–13章で描かれた主人公イエスの栄光から苦難へという「運命の転換」（ペリペテイア）が描かれ、ゲッセマネの園で「運命の（転

換を）認知」（アナグノーリシス）し、十字架刑で「苦難」（パトス）を受けるというプロットで、そこにはアリストテレスの悲劇の三要素（『詩学』1450a）が見られ、悲劇的構造をもつ物語である[30]。また、その意義は10章45節で示される。

　要約すれば、マルコ福音書の受難物語は、イエスと宗教的権力者（祭司長・長老・律法学者）の対立葛藤の中で、イエスが民衆と弟子たちに裏切られて宗教的権力者に「引き渡され」刑死するというプロットの「クレイア集」である。

7. クレイアとしての復活物語

　マルコ福音書は受難物語に続いて、復活物語の描写で福音書を結ぶ。この点において、マルコ福音書はパウロ書簡によるキリスト教の指針の核心「死と復活」[31]を「十字架と復活」の多彩な「クレイア集」によるエピソード群によって具体的なイメージとして描写する。キリスト教はキリストの復活信仰から始まるが（使2章）、共観福音書の中で最古のマルコ福音書には、復活物語は「空虚な墓」という一つの物語しかない。

7.1. 復活物語の登場人物

　マルコ福音書の復活物語の登場人物は、マグダラのマリア、ヤコブの母マリア、サロメという3人の「女性の弟子たち」、ならびに白い長い衣（ローブ）を着た若者」（マコ9:3参照）と表現された「天使」である。マルコ福音書では受難物語の最後に女性の弟子たちが初めて登場する（15:40–41, 47）。また天上の存在は冒頭のイエスの受洗と真ん中のイエスの変貌の場面に現れるが、天使自体は誘惑を受けた後のキリストに仕える存在として登場する。

7.2. 復活物語のクレイア類型

　導入部では、マグダラのマリアらの女性の弟子たちが、イエスの遺体に油を塗りに行くという状況設定の後で（16:1–2）、「だれが墓の入り口のあの石を転がしてくれるでしょうか」（16:3）という問いに対して、石が既に転がしてあり、墓の中に天使が座っていた（16:4–5）。この状況に対して天使は「驚くことはない。……イエスは復活してここにはおられない。……弟子たちとペトロに告げなさい。イエスはあなたがたより先にガリラヤへ行かれる……そこでお目にかかれる」（16:6–7）と女性の弟子たちに伝える。結論部では、このような神的な「顕現」に対して、「恐れと沈黙」（16:8）によって強められた神顕現に対する「驚きのモティーフ」（16:5–6）が支配する。以上から復活物語の本論は、女性の弟子たちの「問い」に対して天使が「答え」、復活を説明するという「応答クレイア」③を用いて語られることが明らかである（16:3, 6–7）。

7.3. 復活物語のプロットと構造

　受難物語で男性の弟子たちが、イエスを裏切ったり（14:10–11, 43–46）、否認したりして（14:29–31, 66–72）、イエスから離れて行った。それとは対照的に女性の弟子たちはイエスの十字架の場面でも（14:40–41）、埋葬の場面でも（15:47）、復活の場面でも（16:1–8）、最後の最後までイエスに従い続けて、イエスの復活を伝える天使と出会う。そして復活の最初の証人として、天使から聞いたことを男性の弟子たちに伝える（16:7）。すなわち、イエスが民衆から（15:11–15）、弟子たちからも裏切られて、十字架上での悲惨な苦難の死を迎えるという悲劇的な構造をもつ。しかし、福音書は悲劇では終わらない。復活物語は悲劇的構造の受難物語の結論をどんでん返しにする。すなわち、女性の弟子たちは天使からキリストの復活という喜びに満ちた知らせを聞いて、それを男性の弟子たちに伝える役割を担う。こうして、受難物語の悲劇的構造とはあべこべのハッピーエンドで終わる喜劇的な構造

をもつ。マルコ福音書は悲劇ではなく、喜悲劇なのである。

8. 結びに

　以上、マルコ福音書14–16章の受難・復活物語はクレイア集として書かれていることを明らかにしてきた。これは受難・復活物語に限ったことではなく、マルコ福音書1–13章も含めて[32]、すなわちマルコ福音書全体が、クレイア集として書かれているのである。

　その中で、マルコ福音書の著者はアラム語断片伝承がギリシア語断片伝承に翻訳される過程で「クレイア」として書かれた伝承を集めて、パウロ伝承の「死・埋葬・復活」と「顕現」に由来し、「人の子は、多くの苦しみを経て長老・祭司長・律法学者たちから排斥され、人（異邦人）の手に引き渡され、死罪に裁かれ、殺されて三日後に復活する」（マコ 8:31; 9:31; 10:33–34）という伝承に基づき、1–13章までのイエス・弟子・民衆・宗教的権力者の物語の結論として、18のエピソードを用いて悲劇的構造のプロットを採用して受難物語を描き上げる。それに対して、復活物語では一つのエピソードによる喜劇的構造のプロットを取り入れてドラマティックなイエスの物語の結末を謳い上げる。

　マタイ福音書とルカ福音書は、このような劇的物語構造をもった「クレイア集」であるマルコ福音書[33]に基づいて、誕生物語（と少年物語）を付け加えてその生涯をより鮮明にし、Q文書によりその教えを追記して伝記的要素を強めて伝記文学に近づいていく。さらに、ルカ福音書[34]は使徒言行録という続きを加えて「ドラマティック・エピソード・スタイル」[35]で書かれた「物語」（ルカ 1:4）、すなわち歴史文学に近づいていく。以上から明らかなように、物語福音書と呼ばれる共観福音書を理解する鍵はイエスのエピソードを短く描いた「クレイア」にある。

注

1) 拙著『新約聖書と修辞学』キリスト教図書出版社、2008 年; 同『フィロンと新約聖書の修辞学』新教出版社、2012 年。
2) 拙著『Q 文書：訳文とテキスト・注解・修辞学的研究』教文館、2018 年。
3) マコ 1–13 章の分析は、拙論「クレイア集としてのマルコ福音書 1–13 章」(『新約学研究』第 47 号、日本新約学会、2019 年掲載予定) 参照。

　三部で構成されたマルコ福音書のプロットに関する要点は、以下の通りである。
⓪マルコ福音書の著者はアラム語伝承からギリシア語伝承に翻訳される中でクレイアとして書かれたエピソードを集め、①洗礼者ヨハネの物語 ②イエスの物語 ③弟子の物語 ④民衆の物語 ⑤宗教的権力者の物語として次のようなプロットを与えた。
①洗礼者ヨハネの宣教と受難は、霊の授受によりイエスの宣教と受難の先駆けとなる。またマルコ福音書の構成に枠組みを与える。
②イエスは受洗と変貌の場面で天から神の子と宣言されるが、復活まで地上の登場人物には本性は知らされない。ガリラヤで病気に苦しむ民衆を癒すが、悪霊にものを言うことを許さない。宗教的権力者と対立し故郷で民衆に拒まれエルサレムで殺害されることを予告する。
③中心的な弟子が召され 12 弟子が選ばれ、イエスに従い福音宣教に派遣されるが、次第に「弟子の無理解」のモティーフを強めていく。
④病気に悩む民衆はイエスの行く先々で集まり、癒されてイエスを称賛し、譬話で教えを受ける。民衆は「メシアの秘密」を守る場合も破る場合もある。
⑤第一部では宗教的権力者がしばしば「ファリサイ派の人々」と「律法学者」として登場し、その前半でイエスと対立を高め、第三部では「律法学者」「祭司長」「長老」としてしばしば登場し、イエスとの対立は頂点に達する。

4) ❶中風の人の癒し（マコ 2:1–12）、❷食事問答（2:15–17）、❸断食問答（2:18–22）、❹安息日の麦穂摘み問答（2:23–28）、❺安息日の癒し問答（3:1–6）、❻ベルゼブル問答（3:22–30）、❼清め問答（7:1–23）、❽異なる霊能者（9:38–41）、❾離婚問答（10:2–12）、❿神の国問答（10:17–31）、⓫ヤコブとヨハネとの問答（10:35–45）、⑫いちじくの木の呪い（11:20–25）、⓭権威問答（11:27–33）、⓮納税問答（12:13–17）、⓯復活問答（12:18–27）、⓰最大の戒め問答（12:28–34）、R. Bultmann, *History of the Synoptic Tradition*, trans. J. Marsh (Oxford: B. Blackwell, 1968), 11–27.

5) ❶弟子の召命（マコ 1:16–20）、❷真の家族（3:20–21, 31–35）、❸ナザレでの拒否（6:1–6a）、❹シリア・フェニキアの女（7:24–30）、❺子供の祝福（10:13–16）、❻

宮清め（11:15–19）、⑦やもめの献金（12:41–44）、⑧神殿崩壊の予告（13:1–2）、❾ナルドの香油（14:3–9）、Bultmann, *Tradition*, 27–39. 注4、5の●はディベリウスの「パラデイグマ」と共通のペリコーペを表わす。

6) Bultmann, *Tradition*, 39–69.
7) ①悪霊に憑かれた人の癒し（マコ1:23–28）、❷中風の人の癒し（2:1–12）、❸レビの召命・食事問答（2:13–14, 15–17）、❹断食問答（2:18–22）、❺安息日の麦穂摘み問答（2:23–28）、❻安息日の癒し問答（3:1–6）、❼真の家族（3:20–21, 31–35）、❽ナザレでの拒否（6:1–6a）、❾子供の祝福（10:13–16）、❿神の国問答（10:17–31）、⓫ヤコブとヨハネとの問答（10:35–45）、⓬盲人バルティマイの癒し（10:46–52）、⓭宮清め（11:15–19）、⓮納税問答（12:13–17）、⓯復活問答（12:18–27）、⓰ナルドの香油（14:3–9）、M. Dibelius, *From Tradition to Gospel*, trans. W. B. Lee (New York: Charles Scribner's Sons, 1967), 37–69. ●はブルトマンの「アポフテグマ」と共通のペリコーペ。
8) Dibelius, *Tradition*, 152–164.
9) V. Taylor, *The Formation of the Gospel Tradition* (London: Macmillan, 1933), 63–87.
10) ①弟子の召命（マコ1:16–20）、②中風の人の癒し（2:1–12）、③食事問答（2:15–17）、④断食問答（2:18–22）、⑤安息日の麦穂摘み問答（2:23–28）、⑥安息日の癒し問答（3:1–6）、⑦真の家族（3:20–21, 31–35）、⑧ベルゼブル問答（3:22–30）、⑨譬で説明（4:10–12）、⑩ナザレでの拒否（6:1–6a）、⑪清め問答（7:1–23）、⑫シリア・フェニキアの女（7:24–30）、⑬しるし問答（8:11–12）、⑭異なる霊能者（9:38–41）、⑮離婚問答（10:2–12）、⑯子供の祝福（10:13–16）、⑰神の国問答（10:17–31）、⑱ヤコブとヨハネとの問答（10:35–45）、⑲宮清め（11:15–19）、⑳いちじくの木の呪い（11:20–25）、㉑権威問答（11:27–33）、㉒納税問答（12:13–17）、㉓復活問答（12:18–27）、㉔最大の戒め問答（12:28–34）、㉕ダビデの子問答（12:35–37）㉖やもめの献金（12:41–44）、㉗神殿崩壊の予告（13:1–2）、㉘ナルドの香油（14:3–9）。⑨⑬㉕㉗以外はブルトマンやディベリウスが指摘したものと共通なペリコーペ。
11) R. O. P. Taylor, *The Groundwork of the Gospels* (Oxford: B. Blackwell Publishers, 1946).
12) G. W. Buchanan, "Chreias in the New Testament," in *Logia: Les paroles de Jésus / The Sayings of Jesus: Mémorial J. Coppens*, ed. J. Delobel (Leuven: Leuven University Press, 1982), 501–505.
13) R. C. Tannehill, ed., *Pronouncement Stories, Semeia* 20 (Atlanta: SBL Publication, 1981); idem, *The Narrative Unity of Luke-Acts* (Philadelphia: Fortress Press, 1991 & 1994).

14）V. K. Robbins, *Ancient Quotes and Anecdotes: From Crib to Crypt* (Somona: Polebridge, 1989).

15）B. L. Mack, *Anecdotes and Arguments: The Chreia in Antiquity and Early Christianity*, Occasional Papers 10 (Claremont: the Institute for Antiquity and Christianity, 1987).

16）B. L. Mack & V. K. Robbins, *Patters of Persuasion in the Gospels* (Eugene: Wipf & Stock, 1989); V. K. Robbins, ed., *The Rhetoric of Pronouncement, Semeia* 64 (Atlanta: Scholars Press, 1994).

17）クレイアやプロギュムナスマタについては、F. C. Bonner, "Ch. XVIII Progress into Rhetoric: Preliminary Exercises," in *Education in Ancient Rome* (London: Methuen & Co., 1977), 250–276; R. Webb, "The Progymnasmata as Practice," in *Education in Greek & Roman Antiquity*, ed. Y. L. Too (Leiden: Brill, 2001), 289–316; D・B・ガウラー「クレイアー」（A・J・レヴィン／D・C・アリソン／J・D・クロッサン篇『イエス研究史料集成』土岐健治・木村和良訳、教文館、2009 年）、235–287 頁 (D. B. Gowler, "The Chreia," in *The Historical Jesus in Context*, ed. A.-J. Levine, D. C. Allison, and D. C. Crossan [Princeton & Oxford: Princeton Univ. Press, 2006], 132–148); 拙論「プロローグ ギリシア・ローマ時代のパイデイアと修辞学の教育」（『フィロンと新約聖書』、18–35 頁＝改題改定版「リベラルアーツの基礎としての作文教育：プロギュムナスマタについて」（『敬和学園大学研究紀要』第 28 号、敬和学園大学、2019 年）、1–16 頁参照。

『プロギュムナスマタ』と新約聖書に関しては、V. Robbins, "Progymnastic Rhetorical Composition and Pre-Gospel Traditions: A New Approach," in *The Synoptic Gospels: Source Criticism and the New Literary Criticism*, ed. C. Focant, BETL 110 (Leuven: Leuven University Press/Peeters, 1993), 111–147; M. C. Parsons & M. W. Martin, *Ancient Rhetoric and the New Testament: The Influence of Elementary Greek Composition* (Waco: Baylor University Press, 2018) 参照。

18）現存する古代の『プロギュムナスマタ』は 4 つある。すなわち、紀元 1 世紀にアレクサンドリアのテオンが著わしたもの、2 世紀にタルソスのヘルモゲネースが著わしたもの、4 世紀にアンティオキアのアフソニウスが著わしたもの、5 世紀にミュラのニコラウスが著わしたものである。ヘルモゲネースの『プロギュムナスマタ』が 6 世紀にプリスキアヌスによってラテン語に訳され、アフソニウスの『プロギュムナスマタ』が 9 世紀にサルデスのヨハネによって注解書が書かれたりして、プロギュムナスマタによる作文教育は、古代ばかりでなく中世ヨーロッパ社会の学校教育で普及し、ルネサンス期を経て近世の文法学校まで続いていた。

19）R. H. Hock & E. N. O'Neil, *The Chreia in Ancient Rhetoric: Vol. 1. The Progymnasmata* (Atlanta: Scholars Press, 1986)（本論文での『プロギュムナスマタ』の行

数はこの書物での行数を示す）; G. A. Kennedy, *Progymnasmata: Greek Textbooks of Prose Composition and Rhetoric: Translated with Introduction and Note by G. A. Kennedy* (Atlanta: SBL, 2002).

20) この他に、洗礼者ヨハネの宣教（1:4–8）、イエスの受洗（1:9–11）、レビの召命（2:13–14）、真の家族（3:20–21, 31–35）、種まく人の譬（4:1–9）、種まく人の譬の説明（4:13–20）、ともし火と枡の譬（4:21–23, 24–25）、成長する種の譬（4;26–29）、からし種の譬（4:30–32）、派遣の説教（6:6b–13）、子供を受け入れる者（9:36–37）、ブドウ園の主人の譬（12:1–12）、ダビデの子問答（12:35–37a）、律法学者への非難の言葉（12:38–40）。

21) 応答クレイア②：最も偉い弟子問答（マコ 9:33–35）、神の国問答（② 10:17–19, ③ 20–22）。応答クレイア③：食事問答（2:15–17）、断食問答（2:18–22）、譬で話す理由（4:10–12）、ナザレでの拒否（6:1–6a）、終末の説教（13:3–37）。応答クレイア④：ガリラヤ宣教の展開 1（1:35–39）、異なる霊能者（9:38–41）、子供の祝福（10:13–16）、受難予告 3（10:32–34）、いちじくの木の呪い（11:12–14, 20–25）、やもめの献金（12:41–44）、神殿崩壊の予告（13:1–2）。

22) ベルゼブル問答（マコ 3:22–30）、権威問答（11:27–33）、納税問答（12:13–17）、復活問答（12:18–27）、最大の戒め問答（12:28–34）。

23) イエスの誘惑（1:12–13）、ペトロの姑の癒し（1:29–31）、カファルナウムでの悪霊祓い（1:32–34）、12 弟子の選び（3:13–19）、譬で語る理由（4:33–34）、ガリラヤ宣教の展開 3（6:53–56）。

24) 弟子の召命 1（マコ 1:16–20）、ガリラヤ説教の展開 2（3:7–12）、洗礼者ヨハネの受難（6:14–29）、ペトロの信仰告白（8:27–30）、受難予告 1（8:31–9:1）、変貌物語（9:2–13）、悪霊に憑かれた子の癒し（9:14–29）、受難予告 2（9:30–32）、エルサレム入城（11:1–11）。

25) 安息日の麦穂摘み問答（マコ 2:23–28）、安息日の癒し問答（3:1–6）、清め問答（7:1–23）、パン種問答（8:14–21）、離婚問答（10:1–9, 10–12）、神の国に入る覚悟（10:23–31）、ヤコブとヨハネの問答（10:35–45）、宮清め（11:15–19）。

26) 悪霊に憑かれた人の癒し（マコ 1:21–28）、らい病人の癒し（1:40–45）、中風の人の癒し（2:1–12）、嵐を静める（4:35–41）、ゲラサ人の悪霊憑きの癒し（5:1–20）、ヤイロの娘の癒し（5:21–24, 35–43）、長血を患った女の癒し（5:25–34）、5 千人の供食物語（6:30–44）、湖の上を歩く（6:45–52）、シリア・フェニキアの女（7:24–30）、二重苦の人の癒し（7:31–37）、4 千人の供食物語（8:1–10）、ベトサイダの盲人の癒し（8:22–26）、盲人バルティマイの癒し（10:46–52）。

27) Taylor, *The Formation*, 65 は「注釈」として、11:27; 12:18, 28, 34 を挙げる。

28) パウロがペトロから受けたのは I コリ 15:3–4 の「死・埋葬・復活」の 3 点の伝承、あるいは vv. 5–8 の神の「顕現」も含めると 4 点の伝承である。マコ 1–13 章では

「奇跡物語」に神の力の「顕現」が象徴的に描かれる。しかし、クライマックスの「復活物語」で神の「顕現」が頂点に達する。Cf. K. Kertelge, "The Epiphany of Jesus in the Gospel (Mark)," in *The Interpretation of Mark*, ed. W. Telford (London: SPCK / Philadelphia: Fortress Press, 1985), 78–94 (= J. Schreiner (ed.), *Gestalt und Anspruch im Neuen Testament* [Würzburg: Echter Verlag, 1969], 153–172).

29) マコ 8:31; 9:31; 10:33–34 は伝承による。Cf. E. Best, "Mark's Preservation of Tradition," in Telford, *The Interpretation of Mark*, 119–131 (=M. Sabbe, *L'Évangile selon Marc: Tradition et Rédaction* [Leuven: Leuven University Press, 1974], 21–34).

30) 佐藤研『悲劇と福音：初期キリスト教における悲劇的なるもの』清水書院、2001年参照。

31) 青野太潮『「十字架の神学」の成立』ヨルダン社、1989年;『「十字架の神学」の展開』新教出版社、2006年;『パウロ：十字架の使徒』岩波新書、2016年、他、参照。

32) 拙論「クレイア集としてのマルコ福音書 1–13 章」注 3 参照。

33) マルコ福音書は「伝記文学」ではない。そこには伝記文学の二つの要素である誕生から死までの生涯の概略と Q 文書に見られるようなイエスの教えが十分ではないからである。

34) ルカ福音書も伝記文学ではない。第一巻が伝記文学で、第二巻が歴史文学というものは存在しない。ルカ文書全体が歴史文学なのである。R. A. Burridge, *What are the Gospels* (Cambridge: Cambridge University Press, 1992) に反対。

35) Cf. E. Plümacher, *Lukas als hellenistischer Schriftsteller: Studien zur Apostelgeschichte* (Göttingen: Vandenhoeck und Ruprecht, 1972), 80–139.

ルカによる福音書におけるサタンの役割
──救済的視点から──

本多　峰子

The Role of Satan in Luke's Gospel, from the Perspective of Soteriology

Mineko Honda

Abstract

　　The aim of this article is to clarify Satan's role in Luke's soteriology. Although H. Conzelmann regarded Jesus' time as "Satan-free" period, actually Satan in this Gospel is active throughout the time of Jesus' ministry, and Jesus is fighting against Satan. Satan causes people to sin, such as in the case of Judas and Peter. Yet, the fact that their sins have been caused by Satan relieves their responsibility for their evil deeds, and enables them to be forgiven when they repent. Satan also causes people's illness and demon-possessedness. By alluding to Isaiah 53:12, Jesus' death on the cross as a criminal is shown to be a necessary element in God's plan to win over Satan and to redeem those people who have been plunder of Satan. Although Satan causes evils in Luke, he is also shown to be weaker than Jesus and be able to do evil only by permission of God. All his works, including the role he plays in Jesus' suffering and death are shown to be a part of God's salvific plan.

1. 序—問題の所在と本論の目的

　本論の目的は、ルカ福音書におけるサタンの役割を明らかにすることにある。ルカ福音書では、サタンはマルコやマタイにない働きをしている。とくに、ルカ文書ではサタンが、罪や過ち、病などを引き起こす主体となっていることが顕著な特徴であり、そのことは、人間の罪と救いの問題にもかかわっている。しかし、この福音書におけるサタンの役割を総合的に、ルカの救済論とのかかわりにおいて論じた研究はまだあまりなされていない。ルカの救済史を先駆的に論じた H. Conzelmann は歴史を三つの段階に分け、イエスの時を、律法とイスラエルの時と霊と教会の時との中間にある、時の「中心」、「救済史のすべての過程の中心をなす独特な時期」として論じた[1]。その書『時の中心』は古典的になっている。しかし、Conzelmann は、イエスの時は「サタンのいない時」[2]であり、サタンがイエスの誘惑を終えて去る4章13節と再び戻ってきたサタンがユダに入る22章3節の間は、「サタンの活動から解放された時期として特徴づけられている」[3]として、この書ではサタンについてはほとんど論じていない。I. H. Marshall[4]、E. Franklin[5]、A. A. Just[6] らは、Conzelmann に反してこの時期にサタンが活動していたことを指摘しているが、サタンの様々な活動を救済史における神の計画と関連付けて深く論じることはしていない。その中で、S. Garrett がなした研究は、「ルカの語る救済史におけるサタンの重要性は強調しすぎることはない」[7]との立場に立っている点で珍しい。彼女は、サタンが神に対立し神の目的に反したことがイエスによる救済の必要性を生み、イエスの勝利の偉大さにつながったと論じて[8]、イエスとサタンの戦いの枠組みでルカ文書を読んでいる。しかし、ルカ福音書においては、サタンは実際は神に反しているだけではなく、たとえば、神に許しを得て人間を誘惑している場面もある（cf. 21:31）。そこで、本論では、そのような場合も含めてより総合的に、ルカ福音書におけるサタンの役割を明らかにしたい。

G. Theissen が指摘するように、神義論など、悪の問題を考える際には一般に、この世界に存在する悪の責任は、神、人間、世界のいずれかに帰される。悪の責任を世界に帰す一つの形として、聖書では、世界の敵対性がサタンに擬人化され、サタンが悪の要因と見られる[9]。神、人間、サタンからなる三つの要因は「救済論的三角形」[10]を形成し、そのどれかの責任が重ければ、他の責任が軽くなる。キリスト教では、神は善であることが前提されているので、悪や罪の責任は通常人間に帰され、その罪の赦しが神に求められることになる[11]。しかし、悪がサタンに起因するならば、人間の責任はその分軽くなることになる。本論ではまず、ルカ福音書においてサタンにはまさにこのことが当てはまり、この福音書では、悪の究極的な責任が人間からサタンに移されていることを論じ、第二に、イエスの活動におけるサタンとの戦いのモチーフを見る。第三に、ルカ福音書で神の計画の成就がいかにして強調されているかを確認し、第四に、神の計画とサタンの業の関係を考察して、最後に、ルカ福音書における神の計画の成就の大枠の中でサタンの果たす役割と位置づけをまとめて結論とする。

2. 人間の罪と苦難の作因としてのサタン

2.1. 人間が犯す罪

　サタン $\sigma \alpha \tau \alpha \nu \tilde{\alpha} \varsigma$ は、マルコ福音書やマタイ福音書にも登場するが、これらの福音書ではサタンが実際になす働きは多くはない。これらではサタンは、イエスの誘惑の場面（マコ 1:13; マタ 4:10.「悪魔」$\delta\iota\acute{\alpha}\beta o\lambda o\varsigma$ としてマタ 4:1, 5, 8, 11）を除いて、譬えの中や比喩的な意味で出てくるだけで（マコ 3:23, 28; 4:15; 8:33; マタ 12:26; 16:23. $\delta\iota\acute{\alpha}\beta o\lambda o\varsigma$ としてマタ 13:39; 25:41)、実際には活動していない。イエスの荒野の誘惑についてマルコ福音書には、「イエスは 40 日間荒野にいてサタンから誘惑を受けた。その間、野獣と一緒にいて、天使たちが彼に仕えていた」[12] (1:13) とあるが、それ以上詳しい記述はない。それに対し、ルカは（この点ではマタイも同様）、

イエスが三つの誘惑を受けたことを書き、その内容で、人間の、神のような奇跡的な力への欲望（4:3; 並行マタ 4:3）、権力欲 (4:6; 並行マタ 4:8–9)、信仰誇り（4:11; 並行マタ 4:6）までもが、サタンの誘惑によることを示唆している。

　誘惑物語についてのルカの詳しさはマタイにも共通し、ルカだけの特徴とは言えないが、ルカ福音書では、マタイ福音書やマルコ福音書にない特徴として、サタンが人間に取りつき、あるいは人間を誘惑して罪を犯させる。ユダがイエスを裏切った重大な罪についてルカは、ユダがイエスの引き渡しの行為に出る前に、「ユダにサタンが入った」(22:3) と記述している。これによって、彼の罪の責任の重さがサタンに転嫁される。サタンがユダに入ったという記述はヨハネ福音書にもあり（13:27）、これもルカ独自の発想ではなく、すでに存在した伝承から得たものと見なせるが[13]、本論では、サタンがユダに入ってイエスを裏切らせたとのモチーフがマルコにはなかったにもかかわらず、ルカがこのモチーフを自分の福音書に持ち込んだことに意味があると考える。

　サタンは人間を試みることによっても罪を犯させる。荒野におけるイエスの誘惑だけではなく、ルカではサタンは弟子たちをも試み、罪を犯させようとする。イエスは逮捕される前、ペトロに、「サタンはあなたがたを、小麦のようにふるいにかけたいと願い出た」(22:31) と言う。これは、サタンがペトロたちの信仰の強さを激しく試すことを予告する警告である。この警告は、ペトロがこの後、逮捕されたイエスとの関係を否定し、イエスのことを知らないと言ってしまうことに言及し、それが、サタンの試みの結果なのだと示唆している。

　さらに、イエスの受難予告の意味を弟子たちが理解できなかったことについて、その理由が、「彼らには理解できないように隠されていたのである」(9:45) と書かれている個所がある。ここでは隠したのが誰であるかは明示されていないが、弟子たちの無理解に何か彼らの力を超えた超自然的な力が働いていることが暗示されている。J. Nollandは、こうした受動相は通常神

的受動相と理解されて神の業と解釈されるが、ここでは、弟子たちに真理を隠したのはサタンだと理解する方がよいと示唆している[14]。この弟子たちの無理解にもサタンが働いていると見ることができる。

2.2. 人間の病及び障碍

サタンはまた、病や障碍を引き起こす悪霊の頭でもある。この見方は、マルコとマタイにも並行箇所があるベルゼブル論争にも表れている（ルカ 11:15–22. 並行マコ 3:22–27; マタ 12:24–29）。ここでは、悪霊はサタンの部下であることが自明のように語られており、イエスの悪霊祓いが悪霊の頭ベルゼブル（サタン）の力によってなされているのなら、それはサタンの側の内輪もめになってしまうと言われている。

ルカだけに記されている、18 年間「病の霊」に取りつかれて腰が曲がったままだった女性の癒しの奇跡の物語では、より明確に、この女性の障碍がサタンに帰され、「この女性は 18 年間もサタンに縛られていた」(13:16)と言われている。語り手ルカがこの女性の病状を表すのに用いている「病の霊」(13:11 πνεῦμα ἀσθενείας) は、字義通りには「弱さの霊」である。Theissen は、イエスの癒しにおいては病が「弱さ (asthéneia) をさす単語とまったく同一」の語で言及されると指摘している[15]。しかし、福音書では、「病気」を意味する一般的な語も用いられているので (μαλακία, νόσος, κακῶς ἔχων など[16])、ここであえて「弱さ」、しかも、「弱さの霊」が用いられていることには特別の意味がある。彼女がサタンに縛られていた、ということは、この「弱さの霊」がサタン配下の悪霊であり、この悪霊を用いて、その頭たるサタンがこの女の人を縛っていたということになる。

3. サタンとイエス

3.1. サタンとの戦い

ルカはイエスの荒野の誘惑の終わりの個所で、マタイが、「そこで、悪魔

は彼を離れ去った」(4:11) としている所を、「悪魔はあらゆる誘惑を終えて、時が来るまでイエスを離れた」(4:13) として、サタンの誘惑が、メシアとしてのイエスが直面しうる「あらゆる」試みだったことと、サタンが彼を離れるのは一時的なことであり、まだ戦いは最終的に終わってはいないことを明示している。この「時がくるまで」は、ルカ福音書では、サタンがユダに入り (22:3)、再びサタンの活動が露わになる時まで、という意味にとれる。その間、サタンはイエス個人への直接の攻撃はしていないからである。それでも、サタンとのイエスの戦いはイエスの宣教活動の間を通してずっと続いている[17]。悪霊祓いはその重要な一部である。悪霊祓いがサタンとの戦いであり神の国の到来をもたらすものだという考えは、ベルゼブル論争でマルコ福音書、マタイ福音書にも表れている（ルカ 11:15; 並行マコ 3:22; マタ 12:24）。しかし、ルカでは他の福音書に比べてより強く、悪霊祓いがサタンへの勝利として強調される。イエスが派遣した弟子たちも悪霊祓いを行っている（10:1–17）。弟子たちが戻ってきて悪霊祓いの成功を報告した時、イエスは彼らに答えるように、「私は、サタンが稲妻のように天から落ちるのを見ていた」（10:18）と言う。この幻視体験は、悪霊が弟子たちに屈したことを知って、そこにサタンへの勝利の開始を見たのだとも解釈される[18]。さらに、当時のメシア観のひとつに、終末にはサタンとメシアとの最終的な戦いがあるとの思想があり、その開始をイエスが見ていたというのがここでの意味であると解釈する研究者もある[19]。イエスが続いて、敵の力に勝つ権威を弟子たちに授けたと言い、その言葉にはこれからも戦いが続くことが含意されているので、ここでは勝利の開始と同時に、本格的な戦いの始まりが意識されていると本論は理解する。大貫隆はイエスのこの幻視体験をイエスの活動の中心的動機と位置づけ、これが預言者イエスの召命となったと見ている。神が天上からサタンを投げ落した。イエスの悪霊祓いは地上でのあがきを続けるサタンとその手下の悪霊の戦いであった、と大貫は理解している[20]。大貫の論考は史的イエス論として書かれているが、資料はルカ福音書であり、ルカ福音書においてサタンとの戦いが中心的テーマであるとの

認識において本論と共通する。

3.2. イザヤ書の苦難の僕モチーフ

マルコ福音書に顕著な、罪の贖いのための身代金、という解釈は、マルコでは、イザヤ書50章および52章から53章にかけての苦難の僕の描写とイエスを重ね合わせることで印象付けられている[21]。イザヤ書の僕は、他の人々の罪を負って、他の人々の代わりに懲らしめを受けて彼らを贖う者として描かれている。マルコのイエスは、抵抗せずに鞭打たれ（マコ15:15）、嘲りを受ける（マコ14:65; 15:19）が、これは、イザヤ書「私は逆らわず、退かなかった。打とうとする者には背中をまかせ、[…] 顔を隠さずに、嘲りと唾を受けた」（50:5–6）や、「苦役を課せられて、かがみ込み、彼は口を開かなかった。屠り場に引かれる小羊のように、毛を切る者の前に物を言わない羊のように、彼は口を開かなかった」（53:3）を思わせる。イザヤ書の「彼が刺し貫かれたのは私たちの背きのためであり、彼が打ち砕かれたのは私たちの咎のためであった。彼の受けた懲らしめによって、私たちに平和が与えられ、彼の受けた傷によって、私たちは癒された」（53:5）は、マルコ福音書で、弟子たちがイエスを見捨てて逃げた罪を思わせ、マルコ福音書10章45節での、「人の子は[…] 多くの人の身代金として自分の命を献げるために来た」とのイエスの言葉と重なり、イエスを、他の人々の罪を負って身代わりに死ぬ僕のイメージで印象付ける。

しかし、ルカ福音書では、イエスはピラトに答え（23:3）、屠り場に引かれる小羊のように口を開かなかったという印象的な苦難の僕のイメージとは異なる。ルカ福音書には、イエスが唾を吐きかけられる状況も、実際に鞭打たれたことも書いていない。弟子たちがイエスを見捨てて逃げる記述もない。嘲りの言葉は、「もしお前が神からのメシアなら、自分を救ってみろ」（23:35. cf. 23:39）とあるが、これは神が彼を復活させることの劇的効果を高める働きをして、マルコ福音書のような辛辣な嘲りの印象は与えない。ルカの民衆は、嘲るよりもむしろ、嘆き悲しむ婦人たちと共にイエスに従い

（23:27）、立ってイエスの十字架を見つめている（23:35）。ルカは、マルコ福音書にある「わが神、わが神、なぜ私をお見捨てになったのか」（15:34）とのイエスの祈りも削除し、人々からだけでなく神にさえも見捨てられたように見える悲惨な苦難の僕との連想も、取り去っている。

　苦難の僕のモチーフはルカ福音書にもある。しかし、ルカ福音書の場合はマルコ福音書と異なり、苦難の僕の惨めな姿を強調する代わりに、上のイザヤ書53章4–11節に続く12節にある、勝利者としての面をクローズアップしている。12節の前半約3分の2は七十人訳聖書では、「[12](a) それゆえ、私は彼多くを受け継ぐ。彼は強い人々の戦利品を分ける。(b) 彼の魂が死に渡され、(c) 彼は咎ある者と共に数えられたからである」となっている[22]。下線を引いた場面は、ルカ福音書にも並行モチーフが見出される。すなわち、(a) はベルゼブル論争に、(b) はイエスがユダによって渡されたことと最後の晩餐に、(c) は、十字架で両側に罪人がいたことに対応個所が見出される。具体的には、(a) は、イエスの悪霊祓いが悪魔ベルゼブルの力でなされているとのそしりを受けてイエスが答えた、「[11:18] サタンが仲間割れすれば、どうして彼の国は立ち行くだろうか。［…］[20] しかし、私が神の指で悪霊を追い出しているのなら、神の国はあなたたちのところに来ているのだ」（11:18–20, 並行マルコ3:23–26）に続く、多少文脈が飛躍するように見える「強い人が武装して自分の屋敷を守っている時は、その持ち物は安全だ。しかし、もっと強い者が襲って来てこの人に勝つと、頼みにしていた武具をすべて奪い取り、分捕り品を分配する」（11:21–22; 並行マルコ3:27）との言葉とつながる。(b) の部分の、παρεδόθη「渡された」に用いられるπαραδίδωμι はユダがイエスを「引き渡す」ことに言及してルカ福音書で繰り返し用いられる（22:4, 21, 22, 48;18:32; 24:7）語であり、イエスもまた「引き渡された」ことがルカでは強調されている。この語はまた、ルカの最後の晩餐で「これは、あなた方のために与えられた（διδόμενον）私の体である」（22:19）に用いられている δίδωμι の派生語であり、意味的にも近く、どちらも神的受動相で、救済的な目的の神の行為を示唆している。(c) に当

たる、イエスが「咎ある者と共に数えられた」ことは、ルカのイエスの受難予告にだけある、「『その人は犯罪人の一人に数えられた』と書かれていることは、わたしの身に必ず成就する」(22:37) に明示されている。しかもマルコではただ、二人の強盗がイエスの左右の十字架につけられたことの報告だけであったのが (15:27)、ルカでは、これら二人の罪人とイエスの対話 (22:39–43) で、マルコ以上に印象付けられている[23]。

このようにルカは、マルコ福音書にない形で、イザヤ書の苦難の僕とイエスを結び付けている。これは、他の人間の身代わりとしての死とは異なるモチーフであり、マルコのやり方で苦難の僕のモチーフから導かれる「身代わりの贖罪のための死」という贖罪論は、排除されている。ルカには、イザヤ書53章12節の「多くの人の過ちを担い」に対応する個所は見つからないのである。その代わりルカで強調されるのは、僕が命を捨てたことにより、強い者たち（サタンとその部下）に勝利し、彼らの分捕り品を彼らから取り上げ、しかるべき者の手に移すイザヤ書の僕の栄光の姿がイエスに重なることである。

4. 神の救いの計画

4.1. ルカの救済史の大枠

ルカ福音書では、神の旧約の約束が神の計画によって成就するという主張が顕著である。Conzelmann は「神の計画・意志・摂理」を救済史で特に重要な表象として取り上げ、ルカの救済論的枠組みの中では、計画と約束が対応し、約束は計画によってのみ可能となり、計画によって成就が確かとなるのであると指摘している[24]。Squires も言うように、「神の計画のテーマは、ルカ特有で[25]、ルカ福音書と使徒言行録全体の基底をなしている」[26] のである。神が神自身の計画によってイスラエルの歴史を導き、救いを成就することは、最初の1章から、マリアの賛歌とザカリアの預言で印象付けられる。二人はそれぞれに、神がアブラハムとの契約を守り (1:55, 72)、旧約の預

言通りに（1:55, 70）、イスラエルへの憐れみを忘れず（1:54, 72）、彼らを自分の民として贖い（1:68）、敵の手から救ってくれたこと（1:69, 71）、そして、高ぶるものを低くし、低くされた人々を高くする（1:51–53）正義をなしてきたことを強調している。これに続くルカ福音書の全体は、最終章で復活のイエスが、自分のことはすでに「聖書すべてにわたって」（24:27）書かれていると説明するに至るまで、神の計画と約束の成就を示す[27]枠組みの中で書かれている。

　神の計画の成就は、ルカ福音書では、まず、イエスによるダビデ契約の成就として示される。それは第一に、天使ガブリエルからのマリアへの啓示、「神である主は、彼に父ダビデの王座をくださる。彼は永遠にヤコブの家を治め、その支配は終わることがない」（1:32–33）に預言される。イエスはダビデの町エルサレムで生まれる。これは、ちょうど住民登録があり、ヨセフがダビデの血筋だったので（2:4）ガリラヤからこの地に住民登録に来ていたためと説明され、イエスがダビデの子孫にふさわしくこの都で生まれたことが偶然ではなく神の計らいであるように感じさせる。

　イエスの誕生に至るまでの歴史の中で神の計画が持続的に働いていたことは、3章23–38節のイエスの系図にも表されている。この系図は、ダビデ（3:31）だけではなく、祭司ゼルバベルをも含む（3:27）。彼は、バビロン捕囚後、第二神殿の建築と主の礼拝の再開に貢献した重要な祭司であり、この系図は、イエスがダビデの末の王的メシアとしてのみではなく、祭司的メシアとしてもイスラエル復興に決定的な役割を果たす要素をもつ者として生まれるべくして生まれたことを示す。

4.2.「この聖書の言葉は、今日、実現した」

　旧約聖書の預言がイエスにおいて成就することは、イエスの宣教の始まりに、イエス自身の言葉でも明示される。彼が会堂でイザヤ書を渡されて読み上げた言葉は、彼の宣教活動と重ねられる。

主の霊が私の上におられる。主が私に油を注がれたからである。主が私を遣わしたのは、貧しい人に良い知らせを告げ知らせ、捕らわれている人に解放を、目の見えない人に視力の回復を告げ、虐げられている人々を自由にし、主の恵みの年を告げ知らせるためである（ルカ 4:18–19）。

これは、第二イザヤによる LXX イザヤ書 61 章 1–2 節と 58 章 6 節からの混合引用である。即ち、イザヤ書 61 章 1–2 節「主の霊が私の上におられる。主が私に油を注がれたからである。主が私を遣わされたのは、貧しい人に良い知らせを告げ知らせるため」捕らわれ人に解放を、目の見えない人には視力の回復を告げ、主の恵みの年を告げるためである」に、58 章 6 節「虐げられている人々を自由にし」が挿入されている。

　イエスはここで、「この聖書の言葉は、今日、あなたがたが耳にしたとき、実現した」（ルカ 4:21）と宣言している。ここで「実現した πεπλήρωται」と、現在完了形で書かれることで成就が宣言された救いの出来事は、さらに 7 章で、獄中のヨハネが弟子を遣わして問わせた、「来るべき方は、あなたでしょうか。それとも、私たちは外の方を待たなければならないのでしょうか」（7:19–20）との質問に対するイエスの答えによって繰り返され、イエスの活動によって現に実現していることが示されている。

　［イエスは］答えた。「行って、見聞きしたことをヨハネに伝えなさい。目の見えない人は見えるようになり、足の不自由な人は歩き、重い皮膚病を患っている人は清くされ、耳の聞こえない人は聞こえ、死者は生き返り、貧しい人たちは福音を告げ知らされている」（ルカ 7:22）。

4.3. イエスの受難

　イエスの苦難も、ルカ福音書では、神が意図した計画の成就に不可欠な要素であることが強調される。イエス自身による受難予告は神の意思を表

すδεῖを用いてなされる（9:22; 17:25）。また、復活後のイエスはエマオへの途上の弟子たちに顕れ、イエスの刑死に失望をあらわにする彼らに、「メシアはこういう苦しみを受けて、栄光に入るはずだった（ἔδει）のではないか」（24:26）と言って、「モーセとすべての預言者から始めて、聖書すべてにわたって、彼自身について書かれていること[28]を説明」（24:27）している。ルカのイエスはここで、神の意志による必然性を表すδεῖの未完了過去を使っており、彼がメシアとして苦しみを受けて栄光に入ることが、神の意図であることを示唆したうえで、すべてはすでに旧約聖書の時代から定められていたと示しているのである。このδεῖの用法はマルコの受難予告（マコ8:1）にもあり、そこでもイエスの受難が神の意図であることは示されているが、Conzelmannが指摘するように、ルカにおいてはこの語の「ねばならぬ」の用法は、救済史の他の過程にも拡張されている。Conzelmannは、「ルカ24:26では『ねばならぬ』を示すことが復活物語の目的とすらなっている」[29]とまで述べているが、そのように考えられるほど、神の計画とその実現の必然性、確実性がこの最後の章で確認され、強調されるのである。

　イエスの受難と復活の出来事がすべて神の計画による、という見方のより明確な表現は、同じくルカ文書の使徒言行録の、ペトロの説教に見出される。ペトロはユダヤ人たちに向けて、「神によって定められた計画と目的によって引き渡されたこの方［イエス］を、あなた方は律法を知らない者たちの手によって、十字架につけて殺してしまった。しかし、神は彼を死の苦しみから解放して、復活させたのです」（2:23–24）と語る。この見方では、イエスを引き渡したのは究極的には神であり、それも神の計画のうちにあったことになる。しかし、神はイエスを死に向けて引き渡しただけではない。他の個所では、ペトロはまた、「この方を神は導き手、救い主として、自分の右に挙げたのです。イスラエルに立ち帰りを、そして、罪の赦しも与えるために」（5:31）と言っている。

5. 神の計画とサタン

　しかしここで起こる問題は、そのように神がすべてを支配しているならこの世の悪も究極的には神のせいなのか、ということである。サタンによって引き起こされた悪や罪、ユダの裏切りやペトロの否認は、どのように考えられているのだろうか。

　ここで本論では Garrett の見方[30]に反し、ルカにおいてはサタンが神に対立する強力な敵対者ではないこと、サタンの業もまた究極的には神の意図であることを確認しておく必要がある。それと同時に、Conzelmann の見方も妥当とは言えないことも確認することになる。Conzelmann は、ルカの構成の中で神の計画について語る場合、サタンは考慮されておらず、「結局、サタンの果たす役割は消極的なものであって、イエスの活動の時からは締め出される、という点で意味を持つ」[31]としている。しかし、ルカ福音書においてサタンは、悪の作因を体現しているだけではなく、まさに神の意志によって、そうなっているのである。イエスがサタンに受けた誘惑は、「霊」がイエスを荒野で 40 日間引き回していたことで可能になった。神の「霊」がサタンに誘惑の機会を与えたのである。さらに、この誘惑の中でサタンは、自分がこの世の王国のあらゆる権力と栄光を「引き渡されており[32]、自分が望む者に与えることができる」（4:6）と言う。これはマルコやマタイにはなく、ルカのサタンだけの言葉である。この受動相で示唆されるのは、サタンが神にこの世の諸力をゆだねられている、ということであり、サタンが神の許す範囲でこの誘惑をしているということである。サタンがユダに入りイエスを引き渡したことについても、24 章 7 節のイエスの言葉で「引き渡されねばならなかった $\delta\epsilon\tilde{\iota}\ \pi\alpha\rho\alpha\delta o\theta\tilde{\eta}\nu\alpha\iota$」と $\delta\epsilon\tilde{\iota}$ を用いて、神の意志によってなされたことが示されている。ユダはイエスを引き渡したことに責任があるが、その引き渡しの行為は神に定められた必然による[33]と J. B. Green は言う。しかし、責任はユダと必然性に帰されるだけではない。ルカにおいては、ユダの自由意思を超えた必然性で裏切りを実現する媒体としての役割が

サタンに与えられているのである。Just が指摘するように、ユダにサタンが入ってイエスを裏切らせたことは、「ユダの罪を取り去りはしないが、彼の行為の邪悪さを、神の救済の計画の文脈で理解させてくれる説明となる」[34]。

また、サタンがペトロたちを試みてペトロにイエスを否認させたことも、イエスが前もって警告して、「サタンはあなたがたを、小麦のようにふるいにかけたいと願い出た」(22:31) と言っていることから、サタンがペトロを試みることができたのは、そうする許可を神に与えられたからだと理解できる。

しかしルカ福音書では、神が悪いようには書かれていない。それは、ルカ福音書では、究極的に神がイエスを通して救いを与えることが強調されているからである。

6. 罪の赦し

使徒言行録で、ルカの記すペトロはイスラエルの人々に、「悔い改めなさい。めいめい、イエス・キリストの名によって洗礼を受け、罪を赦していただきなさい。そうすれば、賜物として聖霊を受けます」(2:38) と勧め、神は彼らを導き、悔い改めさせ、その罪を赦すために、イエスを救い主として神の右に上げたのだ (5:31) と語っている。この「悔い改め μετάνοια」は、「立ち帰り」という意味で、特に何も罪の贖いの行為は要求されていない。イエスの導きによって人々が立ち帰ることで罪が赦されるのである。

ルカ福音書だけにある「放蕩息子」の譬えにおいても、父親は、帰郷した息子がまだ遠く離れていた時から、彼を見つけ走り寄って接吻する。それは彼が息子を愛し「憐れに思った」(15:20) からである。息子は、罪を告白して、自分はもう息子と言われる資格がないので雇人にしてくれ、と言うつもりであった (15:18–19, 21)。けれども、父親は「雇人にしてくれ」との言葉を聞く前に、息子の言葉を遮るようにして、召使に命じて彼に一番良い服を着せ、息子のしるしである指輪をはめさせ、履物を履かせている。彼は、

貴重な子牛を屠って祝宴を催すが、それは、息子が何ら償いをしたからではなく、ひとえに、彼が戻ってきたことによる。父親は、それを、「この、私の息子は、死んでいたのに生き返り、いなくなっていたのに見つかったからだ」（5:24）と言っている。この譬えに先立つ「失われた羊」の譬えも、「失われた銀貨」の譬えも、失われたものが何もすることなしに、羊飼いや持ち主の女性が懸命になって探し出し、取り戻している[35]。

　ルカにおいては、「贖い λύτρωσις」は、ヘブル語の「贖い גָּאַל」の語の意味の一つ[36]としてあるように、神が自分の者として取り戻すという意味で、神との正しい関係性が回復されることと理解できる。これは、償いの行為なしでなされ、そのイニシャチブは神の側にあることがこれらの譬えで示されている。このことは、罪がサタンによって引き起こされるというモチーフと一貫する。サタンの影響から解放され、あるいは、その影響下から神に立ち帰ることが、救いの必要十分条件でありうる。救済（σωτηρία）の前提は赦しであり、その条件が悔い改めである[37]とのConzelmannの指摘は間違いではない。ルカ福音書でも、救われる人間が何もせず、何も変わらないままで救済を得ることができるとは言われていない。むしろ、立ち帰らなければ滅びる（13:3）ことが強調され、生き方の転換が求められている。しかし、その立ち帰りが人間の側からではなくむしろ神の側から引き起こされることが強調されるのがルカの特徴である。ルカにおけるメタノイア（改心／立ち帰り）のモチーフに焦点を絞って研究した木原佳二は、ルカ文書の改心が人間の意志だけではなく、イエスの救済行為に動機づけられていることを、改心にはそれに伴って具体的な行動が要求されること（ルカ3:8）とともに指摘し、その具体的な、改心にふさわしい実は、神との関係性の回復のみではなく、人間同士の関係性の回復をももたらすと論じている[38]。ザアカイの改心にはイエスの呼びかけが先行し（19:5）、放蕩息子は、雇人になるつもりでいた時、すなわちまだ父との完全な関係性の回復のもとに父の家に戻ることを考えていなかった時に、父親の赦しによって息子として取り戻された。ルカは、立ち帰りに伴う生き方の転換が救いの条件であることを描くという

よりも、立ち帰りによる救いの結果としておのずと生き方の転換が伴うような形を提示しているのである[39]。このことは、ベルゼブル論争で示された、サタンの分捕り品を奪い返し、分配するイエスのイメージと共通する。それは、サタンの誘惑に従った生き方（様々な欲やその他のものごとに囚われた生き方）をしている人々を、神の国の者として取り返し、その人々の所有物を含めて神の国で幸を分かち合うイエスのイメージである。

7. サタンに対するイエスの勝利

　イエスがサタンに勝利すれば、サタンに帰された悪の問題は解決する。この勝利は、ルカ福音書において様々な個所で示されており、最終的にはイエスの十字架の死と復活と昇天によって決定的となり、使徒言行録とその先で成就することが展望される。

　サタンへの勝利がすでに始まっていることは、ルカ福音書では少なくとも3つの点で示唆されている。

　第一に、サタンの誘惑への勝利がある。荒野でのサタンの誘惑（4:1–13）にイエスが屈しなかったことは、イエスがサタンに勝利する第一歩目である。しかも、誘惑におけるサタンの基本的劣位がある。誘惑の描写ではサタンが決して神と同等の強さをもつ者ではないことが明らかにされている。サタンはイエスを誘惑するが、イエスがそれを退けると、それ以上は何もできない。そもそも、神の「霊」が荒野にイエスを導き引き回して初めて、彼は誘惑の機会を得るのである。

　ペトロの否認の際にも、サタンがペトロを試みることができたのは、そうする許可を神に与えられたからであった。ヨブ記（1:12; 2:5–7）の場合にそうであったように、サタンは結局、神の許しを得ずには人間を誘惑することさえできないのである。

　それゆえ、ペトロの否認がサタンの誘惑によるにしても、究極的にはサタンにそれを許した神がその背後にいることになる。弟子たちがイエスの受難

予告の意味を理解できなかったことについても（9:45）同様でありうる。イエスの言葉の意味を彼らから隠していたのがサタンであったとしても、それが神の許しの下で行われていたのならば、究極的にはそれを許した神にも責任があることになる。しかし、「究極的」責任の所在が神にあるというこの問題は、ルカ福音書では意識されていないようである。しかもこの福音書では、立ち帰りによって罪が赦されるという救いの構図によって、人間がサタンの誘惑に負けて罪を犯す場合の、神の責任の問題は解決されている。イエスを否認したペトロは、「立ち帰って ἐπιστρέψας」兄弟たちを力づける者になることがイエスの祈りによって示唆されている（22:34）。イエスの受難に関する弟子たちの無理解も、復活のイエスの説明によって解消されているのである[40]。

　第二に、癒しの奇跡と悪霊祓いがある。イエスが悪霊を追い出して（4:33–36; 8:27–33）、弟子たちにも悪霊祓いの権威を与え（9:1）、彼らの悪霊祓いも成功したことは、悪霊の頭サタンに対するイエスの勝利である。特に18年間サタンに縛られていた女性をイエスが安息日に癒したことは、イエスを通してサタンの支配が終わり、神の支配が始まったことを象徴的に示す。イエスは安息日に癒しをしたことで非難されるが、その非難に対し、「安息日だからこそ[41]、[サタンの]束縛から解いてやるべきではなかったか」（13:16）と問い返している。ここでこの女性はサタンに力を奪われ、拘束状態だったのを、イエスによって解放された。安息年が負債からの解放の時であることに示されるように、解放は安息の本質であり[42]、この女性の癒しの本質と合致するのである。

　第三に、サタンに対するメシア・イエスの勝利と、その勝利がイエスの十字架上の刑死と復活によって決定的になることが、先に見たベルゼブル論争で、苦難の僕の暗示によって示されている。苦難の僕についてのLXXイザヤ書53章12節には、苦難の僕がその死によって、多くの人々を受け継ぐ者とされることが明確に示されている。苦難の僕と重ね合わせられるイエスも、十字架につけられ、死んだことによって、多くの人々を受け継ぎ、サ

タンの分捕り品を分ける権威を持った栄光の勝利者に高められるのである。Garrett が指摘するように、LXX イザヤ書 53 章 12 節の暗示によって「ルカは、悪霊に対するイエスのこの世での支配と、間近に迫った彼の死と復活との結びつきをさらによく認識させようとしているのであろう」[43]。ルカ福音書 13 章の、サタンに 18 年間縛られていた女性は、いわばサタンの分捕り品だったのをイエスが取り返したのであり、ベルゼブル論争でのイザヤ書とのつながりにおいても、イエスの勝利を強調する例となる。

8. 結論

　ルカ福音書は、神義論で罪と悪の責任の所在として考えられる神、人間、世界（サタン）のうち、悪や罪の責任を人間よりもむしろサタンに帰すように書いている。サタンは人間を誘惑して罪を犯させ、部下の悪霊によって病や悪霊憑きを引き起こす。サタンに帰された罪と悪の問題は、サタンとイエスの戦いにおけるイエスの勝利で解決される。その勝利は、苦難の僕の勝利的側面との結びつきで、サタンに捕らわれていた人々を解放し、神との正しい関係性のうちに取り戻す意味で理解される。人間は贖罪の償いをする必要なしに、立ち帰りによって赦され、神や隣人との正しい関係に取り戻され、贖われるのである。さらに、サタンが結局は神の許す範囲でのみ悪を行える存在として描かれていることで、すべてが神の救済の計画の枠組みの中に組み込まれる。悪や躓きや苦難はサタンの試みから生じうるが、それも究極的には神の計画のうちにあり、最終的には救いに向けられていると示されるのである。

　ルカ福音書におけるサタンの登場と、サタンに対するイエスの勝利は、こうして、罪と悪の責任の所在の問題への解答となり、イエスを通して働く神の救済の計画の重要な一部として理解される。

注

1) Hans Conzelmann, *Die Mitte der Zeit: Studien zur Theologie des Lukas* (Tübingen: J. C. B. Mohr [Paul Siebeck], 1954), 19（ハンス・コンツェルマン『時の中心─ルカ神学の研究』田川建三訳、新教出版社、1965年、49頁。本論での引用はこの邦訳を用いた）.
2) Conzelmann, *Der Mitte der Zeit*, 19（コンツェルマン『時の中心』49頁）.
3) Conzelmann, *Der Mitte der Zeit*, 146（コンツェルマン『時の中心』285頁）.
4) I. Howard Marshall, *The Gospel of Luke: A Commentary on the Greek Text*, NIGTC (Exeter: The Paternoster Press, 1978), 174. Marshall は、コンツェルマンがイエスの宣教時代を「サタンのいない」期間と見たのは、J. Weiss, E. Klostermann, J. Wellhausen などの見方の踏襲であると指摘している。
5) Eric Franklin, *Christ the Lord: A Study in the Purpose and Theology of Luke-Acts* (London: SPCK, 1975), 163.
6) Arthur A. Just Jr., *Luke, 1:1-9:50*, ConC (Saint Louis: Concordia Publishing House, 1996), 171.
7) Susan Garrett, *The Demise of the Devil: Magic and the Demonic in Luke's Writings* (Minneapolis: Fortress, 1989), 37.
8) Garrett, *The Demise of the Devil*, 37.
9) Gerd Theissen, *Erleben und Verhalten der ersten Christen: Eine Psychologie des Urchristentums*（Gütersloh: Gütersloher Verlagshaus, 2007），545–546（ゲルト・タイセン『原始キリスト教の心理学─初期キリスト教徒の体験と行動』大貫隆訳、新教出版社、2008年、772–773頁）.
10) Theissen, *Erleben und Verhalten der ersten Christen*, 546（タイセン『原始キリスト教の心理学』773頁）.
11) ただし、全能の神に造られた人間が神の意志に反するような罪を犯せるのはなぜか、という問いは、潜在的には旧約聖書の出エジプト記にすでに見られ、そこではファラオがイスラエルに出エジプトを許さなかった理由が、彼の心が頑迷になったため（7:13, 14, 22; 8:11, 15, 28; 9:7, 34, 35）と、神が彼の心を頑迷にしたため（4:21; 7:3; 9:12: 10:1, 20, 27; 11:10, 14:4, 8, 17）との両方で交互に説明され、人間の自由意思による神への不服従と神の全能との間の緊張が見られる。この問題意識はイザヤ書の頑迷預言（6:9–10）にも潜在していると考えられ、マコ 4:11–12 にも引き継がれている。しかし、以下で見るように、ルカにおいてはその問題はサタンが悪の要因となることで解消されている。
12) 新約聖書は、Barbara Aland, Kurt Aland, Johannes Karavidopoulos, Carlo M.

Martini, and Bruce M. Metzger, eds., *Novum Testamentum Graece*, 28th rev. ed., (Stuttgart: Deutsche Bibelgesellschaft, 2012) を用いた。本論の訳は私訳による。

13）ヨハネのテキストは前後もかなりルカのものとは異なっているので、ルカとは別資料によると見るべきである。Joel B. Green, *The Death of Jesus: Tradition and Interpretationin the Passion Narrative* (Tübingen: J.C.B. Mohr [Paul Siebeck], 1988), 232–233 は、『イザヤの殉教』(3:11) には、マナセにベリアルが入った結果イザヤが殺害されたとのモチーフがあることを指摘したうえで、悪霊が人間に入るとの考えは福音書の他の個所（マタ 12:45; マコ 9:25; ルカ 8:30. cf. マコ 5:13; ルカ 8:32–33 など）にもあるので、直接の影響関係を見ることはできず、ここでユダの心にサタンが入ったとの記述はイエスの受難が人間世界のレベルを超えた宇宙論的なものであることを示すものであるとしか言えないと読んでいる。ただしGreen が挙げた福音書の個所は病気を引き起こす悪霊に関しての記述であり、悪霊が病を引き起こすという思想は、後世の文献とはいえ、タルムード（Berachoth 6a; Kethuboth 61b; Pesachim 112a など）にも見られるが、タルムードでは悪霊は罪を犯させることはない。悪霊が人間に入るのとサタンが入るのでは罪の問題に関して意味が異なるという留保が必要である。

14）John Nolland, *Luke 9:21-18:34*, WBC 35B (Dallas/Texas: Word Books, 1993), 514; Robert C. Tannehill, *Luke*, ANTC (Nashville: Abingdon Press, 1996), 164 も Nolland のこの読みに賛成して、同様の考えを提示している。

15）Theissen, *Erleben und Verhalten der ersten Christen*, 240（タイセン『原始キリスト教の心理学』335 頁）.

16）たとえば、πᾶσαν νόσον καὶ πᾶσαν μαλακίαν（マタ 4:23; 9:35; 10:1）、νόσος（マタ 4:24; マコ 1:34; ルカ 4:40）、κακῶς ἔχοντας（マタ 4:24; 8:16; 14:35; マコ 1:32, 34; 6:55）、κακῶς ἔχοντες（マタ 9:12; マコ 2:17; ルカ 5:31）。

17）John Nolland, *Luke 1-9:20*, WBC 35A (Dallas/Texas: Word Books, 1989), 182; Marshall, *The Gospel of Luke*, 174; Just, *Luke, 1:1-9:50*, 171.

18）Arthur A. Just Jr., *Luke, 9:51-24:53*, ConC (Saint Louis: Concordia Publishing House, 1997), 439; Tannehill, *Luke*, 178 も、黙 12:7–9 を参照して、そのように見る可能性を示唆している。

19）Nolland, *Luke 9:21-18:34*, 563. Nolland は 戦い（1QM）15:12–16:1; 17:5–8; メルツェ（11Q 13）13–14; レビ遺 18:12; ダン遺 5:10; シビュラ 3.796–807; ユダ遺 25:3 を参照個所として挙げている；大貫隆『イエスという経験』岩波書店、2003 年、80 頁も参照。

20）大貫『イエスという経験』45 頁、80 頁。

21）Douglas, R. Hare, *Mark* (Louisville: John Knox Press, 1996), 207 は、受難のイエスの態度が特に、イザ 53:7 の苦難の僕の姿を思い出させると指摘している。

22) LXX の邦訳は、Alfred Rahlfs, ed., *Septuaginta*, 5th ed., 2 vols. (Stuttgart: Privilegierte württembergische Bibelanstalt, 1952) をテキストに用いた私訳。
23) ヘブライ語聖書イザ 53:12 の終わりの部分 וְלַפֹּשְׁעִים יַפְגִּיעַ נָשָׂא は、「背いた者のために執り成しをした」（新共同訳）と訳せ、ルカ 23:34 の十字架上の執り成しの祈りにつながるかのようにも見えるが、本論では考慮に入れない。ルカ 23:34 の執り成しの祈りはルカ福音書に最初からあったものか議論されており、二次挿入の可能性が高いからである（cf. Joseph A. Fitzmyer. *The Gospel according to Luke XI-XXIV*, AB 28 ［Garden City: Doubleday, 1985］, 1503; Marshall, *The Gospel of Luke*, 867; Tannehill, *Luke,* 340）。しかも、以下で見る語彙上の一致や近似などからルカは LXX でイザヤ書の僕のモチーフを参照していると考えられるが、LXX ではイザ 53:12 末部は διὰ τὰς ἁμαρτίας αὐτῶν παρεδόθη と変更され執り成しのモチーフはなくなっているので、ルカがイザヤ書 5:12 を意識して十字架上の執り成しの祈りを書いたと見ることは困難である。
24) Conzelmann, *Der Mitte der Zeit*, 130（コンツェルマン『時の中心』253–254 頁）。
25) John T. Squires, *The Plan of God in Luke-Acts* (Cambridge: Cambridge University Press, 1993), 57.
26) Squires, *The Plan of God*, 1.
27) I. Howard Marshall, *New Testament Theology: Many Witnesses, One Gospel* (Downers Grove: InterVarsity Press, 2004), 141–142.
28) τὰ περὶ ἑαυτοῦ「彼自身についてのこと」。「書かれている」は補った。
29) Conzelmann, *Der Mitte der Zeit*, 132, n.2（コンツェルマン『時の中心』258 頁、注 7）。
30) 本論 1 章で言及した、Garrett, *The Demise of the Devil*, 37.
31) Conzelmann, *Der Mitte der Zeit*, 135（コンツェルマン『時の中心』263 頁）。
32) この「引き渡す」は、ユダがイエスを「引き渡す」との文脈で用いられる（ルカ 22:4, 21, 22, 48）παραδίδωμι と同じ語である。
33) Green, *The Death of Jesus*, 239.
34) Just, *Luke, 9:51-24:53*, 812.
35) ルカ 15 章の 3 つの譬え、特に「放蕩息子」の譬えについては、本多峰子『悪と苦難の問題へのイエスの答え―イエスと神義論』キリスト新聞社、2018 年、127–132 頁で、より詳しい解釈を行なってある。
36) Cf. Ludwig Koehler and Walter Baumgartner, *The Hebrew and Aramaic Lexicon of the Old Testament* vol. 1 (Leiden/New York/Köln: E. J. Brill, 1994) の "גָּאַל" の項及び G. Johannes Botterweck, ed., *Theological Dictionary of the Old Testament*, trans. John T. Willis vol. 1 (Grand Rapids: Eerdmans, 1975) の "גָּאַל gā'al" の項。このことについては、本多『悪と苦難の問題へのイエスの答え』161 頁により詳しく書い

た。

37) Conzelmann, *Der Mitte der Zeit*, 200–201（コンツェルマン『時の中心』379 頁）.
38) 木原佳二『ルカの救済思想　断絶から和解へ』日本キリスト教団出版局、2012 年、39–40、54–55、254–255 頁。
39) 立ち帰りと救いについてのルカ福音書の思想は、William Manson が *The Sayings of Jesus* (London: SCM, 1949), 286 で「放蕩息子」の譬えについて述べた次の言葉が適切な要約となっている。「神は罪人がまだ罪人であるうちに、立ち帰りする前にすでに、愛する。そしてどうしてか、神の愛こそが、罪人の立ち帰りを可能にする。これが、この譬えの真の要点である」。
40) Nolland, *Luke 9:21-18:34*, 514.
41) ここは τῇ ἡμέρᾳ τοῦ σαββάτου で、新共同訳は「安息日であっても」と訳しているが、三好迪「ルカによる福音書」『新共同訳新約聖書注解 I』日本基督教団出版局、1991 年、336 頁も、「安息日だからこそ、その束縛から解いてやるべき」とも翻訳できると指摘している。大貫『イエスという経験』238 頁も同様の解釈。
42) Luke Timothy Johnson, *The Gospel of Luke*, SP 3 (Collegeville: The Liturgical Press, 1991), 212.
43) Garrett, *The Demise of the Devil*, 45.

ルカ文書における
百人隊長のモティーフ（ルカ 7:1-10; 使 10）
──異邦人宣教に関するルカ思想の編集史的研究──

木原 桂二

The Centurion's Motif in Lucan Writings (Luke 7:1–10 and Acts 10):
A Redaction-Critical Study of the Lucan Thoughts
about the Gentile Mission

Keiji Kihara

Abstract

　The aim of this paper is to consider a motif of the centurion in Luke–Acts. Luke describes two characters of the Gentile centurion in Luke 7:1–10 and Acts 10. And these texts have a common motif that the centurion is in each case favorable to Jewish people.

　The problem here is whether Luke invented this motif. In order to answer this question, we examine how he edited the story of the Gentile centurion in Capernaum (Luke 7:1–10). This text can be compared with Matt 8:5–13, because these passages are taken from Q.

　By analyzing these texts, it can be understood that Luke has already made an image of the Gentile mission. The result is that Luke 7:1–10 is a key passage for Luke's unique perspective of the Gentile mission.

1. 研究の目的と方法

1.1. はじめに

「カファルナウムの百人隊長の物語」は、共観福音書の中でもルカ（7:1–10）とマタイ（8:5–13）にのみ収録されていることから、Q資料を元に構成されていることが分かる。しかしルカとマタイは共通の資料（Q）を用いるだけでなく、それぞれ「平地の説教」（ルカ 6:20–49）と「山上の説教」（マタ 5–7 章）に続くエピソードとして位置づけている。つまり、ルカとマタイによる「カファルナウムの百人隊長の物語」は、イエスの宣教内容と密接に関係していると見なされる。そういう意味で、この物語は両福音書著者が描くイエスの宣教活動の方向性を示す重要な役割を担っていると言えよう。

ただし、マタイ版の場合は「山上の説教」と「カファルナウムの百人隊長」の間に「重い皮膚病患者の癒し」（8:1–4）のエピソードが挿入されているため、ルカ版よりもイエスの説教との直接的な関連性が弱くなっている[1]。一方、ルカ版においては、物語の主要人物である「百人隊長（ἑκατοντάρχης）」が「コルネリオ物語」（使 10 章）のエピソードでも重要な役割を与えられているという特徴が見られる[2]。

しかし、ルカ福音書と使徒言行録に登場する二人の百人隊長は別人であるから、職業の同一性だけをもって両者の関連性を強調することはできない。この二人の百人隊長に認められる、信仰的行為の共通点が重要である。それは「ユダヤ人の信仰に対して好意的であり、彼らに財産を提供する者である」（ルカ 7:5; 使 10:2, 31）という特徴である。

そこでわれわれは、こうしたルカに見られる物語の特徴が著者の編集意図によるものであるかを問題にしたい。その手がかりとして、ルカとマタイの描き方の一致点と相違点に注目する必要があるだろう。ルカ福音書の百人隊長はイエスと直接出会わないが、マタイ版では直接イエスと出会い言葉を交

わしている。その一方、使徒言行録においてはペトロが百人隊長との劇的な出会いを経験している。はたしてルカは、このような物語の描写に、どのような意図を込めているのだろうか。

以下、研究史を概観した上で、われわれの考察の方向性を明らかにして論を進めたい。

1.2. 研究史

ルカ福音書 7 章 1–10 節と使徒言行録 10 章に登場する百人隊長は、共にユダヤ教に好意的な人物として描かれているが、とくに後者のコルネリオの場合は「神を畏れる者」（10:2）であるという点で、その歴史的な位置づけと使徒言行録の描き方との関連性が研究テーマになってきた。

たとえば A. T. Kraabel は、「神を畏れる人びと」についての考古学的・碑文研究的証言に疑義を抱きつつ、これをルカの神学的・物語叙述上の意図に動機づけられたものと主張した[3]。また、M. Wilcox は「神を畏れる人びと」と「神を敬う人びと」は、異邦人、ユダヤ人、ユダヤ教への改宗者・支持者にかかわらず、「信心深い人物」だけを指し示しているとした[4]。さらに、現存する証拠の再検討によれば「神を畏れる人びと」は 2 世紀になって初めて専門的な呼称となったのであり、ルカの直線的な軌跡としての《ユダヤ人—神を畏れる人—異邦人》は初期キリスト教の広がりを過度に単純化したものであるとする T. M. Finn の見解もある[5]。

このように Kraabel 以降、ルカの描き方に史的事実の反映を認めるのは難しいとする研究成果が提示されてきた。しかし J. A. Overman は Kraabel に反して、シナゴーグに関連づけられたユダヤ教賛同者の異邦人に関するルカの描写を、1 世紀のディアスポラの現実の反映であると見なすことができる歴史的な理由があると主張した[6]。これについては I. Levinskaya も当時の文献を手がかりに、ルカ文書と史的事実の関係についての詳細な研究を展開している[7]。

こうしたルカ文書に対する史的事実の影響に関する研究は、ルカの描く百

人隊長の存在にも及んでいる。ルカは、イタリア隊と呼ばれる部隊長であったコルネリオがカイサリアに駐留していたことを伝えている（使10:1）。しかし考古学的な見地によれば、ヘロデ・アグリッパ一世の時世（41-44年）に、このような部隊は存在しなかったので、ルカの記述は時代錯誤であると主張されてきた（cf. K. Lake/ H. J. Cadbury[8], E. Haenchen[9], G. Lüdemann[10], R. Pesch[11], G. Schneider[12], J. Jervell[13], etc.)[14]。

一方、近年ではこれに反する見解も唱えられている。M. Hengel[15]によれば、当時の皇帝クラウディウス（在位41-54年）は必要に応じて補助部隊をローマ帝国内を自由に移動させることができたと考えられるため（ヨセフス『ユダヤ古代誌』19. 364-366）、イタリア隊のカイサリア駐留もありうるという。この主張が唱えられて以降、碑文などの考古学的証言がなくても、カイサリアにこの部隊が存在した可能性を排除できないとする注解者や研究者が増えている（F. F. Bruce[16], J. Zmijewski[17], J. A. Fitzmyer[18])[19]。

これらの研究は、ルカによって描かれている「神を畏れる者」「ローマの百人隊長」という存在を史的側面から検証するものであった。言い換えれば、ルカ文書に与えられた史的コンテキストからの影響の有無を確認することによって、ルカのテキストを批判しようとする試みであると言える。

それによって、記述の史実性が認められる場合には、ルカによる資料の選択と物語の構成が史的事実に依拠していることが証明されるが、他方、史実性が認められない場合には、ルカが史的事実を誤認したか、あるいは意図して物語に脚色を施したと見なされることになるであろう。

その研究には意義がある。しかしわれわれは、ルカ文書内におけるテキストの関連性（intertextuality）に強い関心を抱かざるをえない。なぜならルカ福音書7章1-10節と使徒言行録10章には、ルカの描く異邦人宣教のテーマを考察する上で見逃すことのできない共通点が認められるからである。この点については、研究史上においても重大な指摘がなされている。

たとえばG. Stählinは両テキストに並行する内容として10の項目を挙げている[20]。またR. E. Brownも、ルカ福音書7章1-10節がコルネリオの出

来事（使徒言行録における最初の異邦人改宗）を予示するものであると指摘している[21]。つまり、福音書の段階において「異邦人改宗」の予兆となる出来事が描写されているというわけである[22]。ここに、どのようなルカの意図が働いているか興味深いものがある。そのルカの意図は、必ずしも史実としてのキリスト教[23]開始の事情を説明するものではない。しかし、この意図を探求することによって、ルカの描く物語（narrative）の構造と発展を知る手がかりがえられるであろう。

1.3. 研究方法

研究史において概観したように、「神を畏れる者」と呼ばれる異邦人のキリスト教入信を描く使徒言行録10章の物語は、史的事実の影響の有無という側面からの考察が行われてきた。しかしその一方で、この物語と共通点の多いルカ福音書7章1–10節に、その萌芽的内容を読み取ることができるとの指摘がなされている。この点に関してわれわれは、ルカに特徴的な思想を解明するためにも後者の視点が重要であると考える。

そこで、ルカ福音書7章1–10節と使徒言行録10章の構成要素となる物語設定の編集意図について考察することにしたい。言い換えるならば、この作業は「神を畏れる者」あるいはユダヤ教に好意的である異邦人（ローマの百人隊長）が史的事実として、どのような過程を経てキリスト教徒になったかを問うものではなく、むしろルカの描き方を考察の対象とするものである。

それでは一体、この問題に取り組む手がかりはどこに見出せるであろうか。幸いなことに、「カファルナウムの百人隊長」（ルカ7:1–10）には並行するマタイ福音書の記事が存在する[24]。マタイとルカは同じQ資料のテキストから、自分の福音書の物語に相応しい物語へとそれぞれの仕方で改変したと考えられる[25]。それゆえ、これを分析することによってルカの描き方の特徴を解明し、同時に使徒言行録10章のテキストとの関連性を浮き彫りにしたい。

2.「カファルナウムの百人隊長」と 「コルネリオ物語」の比較検討

2.1. ルカ文書における二つの百人隊長物語の比較

ルカ福音書の「カファルナウムの百人隊長」と使徒言行録の「コルネリオ物語」(以下、前者をL、後者をAと略記する）を比較すると、共通点と同時に若干の相違点を見出すことができる。以下、二つのテキストの関係について考察する前に、重要と思われる類似点と相違点を確認しておきたい。

① 「百人隊長（ἑκατοντάρχης）」[26] が福音の宣教者[27]に出会う物語

LとAは、ユダヤ人にとっての異邦人（異教徒）であるローマの百人隊長が宣教者に出会う物語として構成されている。つまり主要な登場人物の職業に共通点が認められるわけである。しかしLのテキストはQ資料（// マタ 8:5–13）であるから、ルカがQのモティーフを踏襲したにすぎないとし、この一致を偶然の結果と見なすことも不可能ではない。

はたして、ローマの百人隊長という存在がルカにとってどのように位置づけられているのか、LとAのテキストの神学的関連性について検討する余地があるだろう。そのためにも、ルカによるQ資料の用い方についての編集史的考察が必要となる。

② ユダヤ人（ユダヤ教信仰）に好意的な百人隊長

Lにおけるカファルナウムの百人隊長は、ユダヤ人に好意的な人物として描かれている（vv. 3–5）。彼は、病気になった奴隷[28]の癒しをイエスに懇願するためにユダヤの長老たちを遣わした。このことは百人隊長とユダヤの長老の関係が良好であったことを示唆している。実際、長老たちは、百人隊長がユダヤ人に対して極めて好意的であることをイエスに伝えている (v. 5)。

他方、Aにおける百人隊長コルネリオも、家族共々に信心深く神を畏れ[29] (εὐσεβὴς καὶ φοβούμενος τὸν θεὸν σὺν παντὶ τῷ οἴκῳ αὐτοῦ)、神に祈る

（δεόμενος τοῦ θεοῦ）者であったと紹介されている（使 10:2; vv. 22, 31 参照）。そういう意味で、二人の百人隊長はユダヤ人とその神信仰に対して好意的であるという点で共通している[30]。ただし「彼（百人隊長）は、われわれの民族を愛している（ἀγαπᾷ τὸ ἔθνος ἡμῶν）」（ルカ 7:5）と語るＬの記述に比べると、Ａの方がよりユダヤ人に近い存在として描かれている。なぜならコルネリオ自身がユダヤ教の信仰を持っているからである。

この場においてこの問題を論じることはしないが、とりあえず現時点では「ユダヤ人に好意的な百人隊長」という類似点を指摘するにとどめたい。

③　ユダヤ人に財産を提供する百人隊長

前述した②の類似点との関連になるが、ＬとＡの百人隊長はユダヤ人に財産を提供する存在として描かれている。Ｌの百人隊長は、彼から遣わされた長老たちの口を通して、ユダヤ人のためにシナゴーグを建てた人物であることが明らかとされている（v. 5）。他方、Ａの百人隊長コルネリオの場合もユダヤ人に対する財産の提供者であることが示されている（使 10:2, 31）[31]。

ただしＡの場合、何が提供されたかについては触れられていない。Ｌの場合はユダヤ人の礼拝に必要なシナゴーグと明記されているが、Ａの場合は財産の提供が示唆されているにすぎない。いずれにせよＬとＡの物語の共通点として、百人隊長がユダヤ人（ユダヤ教信仰）への好意を具体的な財産提供という形で表しているのは確かである。

④　宣教者に面会を求める百人隊長

これまでＬとＡの共通点を確認してきたが、物語の場面設定には、ある程度の相違点も認められる。

Ｌの場合は、百人隊長の大切な奴隷が死に至る病気にかかっていたので、イエスの助けを必要としていたとされている。そういう意味でＬは、百人隊長の個人的な出来事がきっかけとなって物語が進行している。それに対してＡの場合、コルネリオと宣教者の出会いに実質的な必然性はない。彼は神か

ら啓示を受けてペトロを招くように促される（使 10:1–8）。他方、ペトロにも幻が与えられ、異邦人コルネリオを受け入れる心の備えが整えられていく（vv. 9–16）。

このように、百人隊長と宣教者の出会いが引き起こされる理由が相違している。しかしそれでも、異邦人とユダヤ人の交際に大きな障壁があるため、その実現には困難が伴っているとする物語の場面設定が一致している（ルカ 7:6; 使 10:28）。そのため、ユダヤ教徒に好意的な異邦人の百人隊長がユダヤ人との交際を躊躇せざるをえないという、極めて具体的な問題がLとAの共通する主題となっている。

⑤　宣教者に人を派遣する百人隊長
　宣教者との面会を決意したLとAの百人隊長は、宣教者のもとに直接赴くよりも前に、まず複数の関係者を遣わしている。Lでは長老たち（ルカ 7:3）、Aでは二人の召使いと一人の兵卒が（使 10:7）その任にあたっている。

　ただしAとLでは派遣の動機に相違が認められる。AはLと異なり、神の使いの指示によって行われている（使 10:5, 32）。この描き方は上記④の延長線上にあり、Aにおいては神の主導によるユダヤ人と異邦人の出会いの実現という方向性で構成されている。それゆえ基本的な物語の筋が類似しているとはいえ、Aの場面設定はLよりもさらに発展していると言えよう。

⑥　百人隊長と宣教者の出会い
　物語の顛末として、Lの百人隊長は結局イエスに出会うことはなかった[32]。百人隊長から遣わされた長老たちの意向を聞き入れたイエスは、彼の家に向けて出発する（ルカ 7:6）。ところが、百人隊長による後発の使者である友人たちもイエスのもとに遣わされる。彼らは、百人隊長がイエスを家に迎えるにふさわしくないと自覚していることに加え、イエスの言葉をもらうだけで自分の奴隷が癒されると確信していることを伝えた（ルカ 7:6–7）。

百人隊長がイエスとの面会を躊躇した理由は、異邦人との交際を禁じるユダヤ教徒の習慣を知っていたからであろう。その問題は、Ａの物語の主要なテーマとして強調されており（使 10:28）、神の導きによって民族間の壁が克服され両者の面会が実現するという結果になる（使 10:23b–27）[33]。

⑦　物語の結論
　Ｌでは宣教者との面会が実現しないが、民族の壁を越えた癒しの業はイエスの意志一つで実現するという百人隊長の信仰がイエスによって称賛される（ルカ 7:7b–9）。ただし、その結果としてカファルナウムの百人隊長がキリスト教徒になったかどうかについては何も触れられていない。
　一方、Ａでは上記⑥のように、百人隊長コルネリオと宣教者ペトロの面会が実現する。さらに、コルネリオの家に集まってきた人々がバプテスマを授けられるという展開になる（使 10:44–48）。当然のことながら、コルネリオもバプテスマを受けたに違いない。しかし、使徒言行録 10 章 34 節以下におけるペトロの説教以降になると「コルネリオの物語」という側面は一気に後退し「異邦人もまた神の言葉を受け入れた（καὶ τὰ ἔθνη ἐδέξαντο τὸν λόγον τοῦ θεοῦ）」（使 11:1）という形で「異邦人のキリスト教信仰への改宗」という普遍的な側面が強調されるようになる。

　以上のように、ＬとＡの類似点を確認することができた。これには若干の相違点も認められるが、それらは矛盾や対立を示すものではなく、物語の進行と展開上に生じる必然的なものにすぎない。これらの点は具体的な考察をする上で重要な前提となるので、ルカ版とマタイ版との比較も含めて一瞥できるよう次頁の表にまとめておいた。

2.2. ルカの編集意図に関する考察

　はたしてＬとＡの類似するモティーフは、ルカの編集意図に基づくものなのであろうか。それを確認するためには、マタイ版の「カファルナウムの百

《LとAの類似点と相違点》

分類	LとAのモティーフの類似点と相違点	ルカ版とマタイ版の比較
ⓐ	主要な登場人物の職業（百人隊長）	一致（Qに由来）。
ⓑ	ユダヤ人（ユダヤ教信仰）に好意的な百人隊長	マタイ版には欠けている。
ⓒ	ユダヤ人に財産を提供する百人隊長	マタイ版には欠けている。
ⓓ	宣教師に面会を求める百人隊長の動機が相違	ほぼ一致（Qに由来）。ただし、ルカ版の方が切迫感がある。
ⓔ	百人隊長による宣教者への使者の派遣	マタイ版には欠けている。
ⓕ	百人隊長と宣教者の出会い――Lでは実現しないがAでは実現	マタイ版と異なる。ルカ版では百人隊長とイエスの面会は実現しない。
ⓖ	物語の結論	一致（Qに由来）。

人隊長」（8:5–13）が有力な手がかりとなる。前項の《LとAの類似点と相違点》の「ルカ版とマタイ版の比較」欄を参照して頂きたい。

　物語の中核となる分類記号ⓑⓒⓔはマタイ版に欠けている。ⓓはルカとマタイに類似点が認められるが、百人隊長の奴隷が死に直面している点において、ルカ版の方が切迫感を感じさせる。ⓕはマタイとルカで異なる描き方となっている。しかしルカ版で実現しなかった宣教者と百人隊長の出会い（＝ユダヤ人と異邦人の交わり）は使徒言行録において実現する。

　以上のような描き方の類似点と相違点があることを踏まえた上で、ルカ版とマタイ版の相違点に関する資料分析を行いたい。両テキストが描く「カファルナウムの百人隊長の物語」はQ資料の編集作業によって構築されたものであると考えられるが、ルカとマタイはそれぞれに独自の思想に基づく編集作業を行っているので、オリジナルのQ資料と比較検討できるわけではない。とはいえ、使徒言行録のテキストを参照することにより、ある程度、ルカに特徴的な傾向を推測することは可能であろう[34]。

　そこで以下においては、LとAの類似点と相違点に関するルカの編集意図を解明する手がかりとして、ルカ版とマタイ版の「カファルナウムの百人隊長」に関する比較と分析を行うことにしたい。テキストの私訳を参照しながら編集の痕跡をたどることにする。

《マタ 8:5–13 とルカ 7:1–10 の私訳による比較》

マタ 8:5–13	ルカ 7:1–10
⁵ 彼（イエス）がカファルナウムに入って来たとき、	¹ 彼（イエス）は、自分のすべての言葉を民の聴衆に行き渡らせた後、カファルナウムに入った。² さて、ある ⓓ百人隊長の奴隷が病のゆえに死に直面していた。彼（奴隷）は、彼（百人隊長）にとって大切な存在だったのである。
	ⓔ ³ そこで、イエスのことを聞いた彼（百人隊長）は、彼（イエス）のもとにユダヤの長老たちを遣わし、自分の奴隷を救うために来てくれるよう彼（イエス）に求めた。
一人の百人隊長が彼のもとにやって来て、彼に懇願し、⁶ そして言った。「主よ、私の僕が中風で床に伏しています。ひどく苦しんでいるのです」。	
	ⓑ ⁴ こうしてイエスのもとにやって来た者たちが、熱心に彼に懇願して言うには、「彼（百人隊長）は、このことをしてやるのにふさわしい者です。
	ⓒ ⁵ なぜなら彼は、われわれの民族を愛しており、その彼がわれわれのためにシナゴーグ（会堂）を造ってくれたからです」（ということであった）。

7 そこで彼（イエス）は彼に言った。「私が行って、彼（あなたの僕）を癒そうではないか」。8 ところが百人隊長は答えて言った。

「主よ、私はあなたを自分の屋根の下に迎え入れるにふさわしい者ではありません。

しかし言葉で言って下さるだけで、私の僕は癒されるでしょう。9 私は権威の下にいる人間であり、私の下には兵士たちがいます。そして私がこの者に『行け』と言えば行き、他の者に『来い』と言えば来て、私の奴隷に『このことをせよ』と言えばするからです」。10 イエスは聞いて驚き、そして従者たちに行った。「その通りだ。私はあなたたちに言う。私はイスラエルの中の誰にも、これほどの大いなる信仰を見出さなかった。
11 そこで私はあなたたちに言う。多くの者が東と西からやって来て、アブラハム、イサク、ヤコブと天の王

6 さて、イエスは彼らと共に出発した。⒡**ところが、彼がその家からそれほど遠くないところに来たとき、百人隊長が友人たちを彼（イエス）に遣わして言うには、**

「主よ、お心遣いには及びません。なぜなら、私はあなたを自分の屋根の下に迎え入れるにふさわしい者ではないからです。7 それゆえ私は自分のことを、あなたのもとに来るにふさわしい者とも思いませんでした。

しかし言葉をお語り下さい。私の僕が癒されますように。8 私は権威の下に据えられている人間で、私の下には兵士たちがいます。そして私がこの者に『行け』と言えば行き、他の者に『来い』と言えば来て、私の奴隷に『このことをせよ』と言えばするからです」。9 これを聞いてイエスは彼（百人隊長）に驚いた。そして、自分に従う群衆に振り向いて言われた。私はあなたたちに言う。私はイスラエルの中で、これほどの大いなる信仰を見出さなかった。

122

国で共に座すことになる。¹²だが、その王国の子らは外の闇に放り出される。そこでは嘆きと歯ぎしりがあるだろう」。¹³そこでイエスは百人隊長に言った。「あなたが信じたように、あなたに起こるように」。すると僕は、その時に癒された。

¹⁰そして、遣わされた者たちが家に帰ると、健やかになっている奴隷を見出した。

a．ルカ版の「カファルナウムの百人隊長」だけに存在する（＝マタイ版に欠けている）テキストの分析〈分類ⓑⓒⓔ〉

　ルカ福音書7章3–6節の概要は次のように要約できる。物語の主要な登場人物である百人隊長は、死にかけた自分の奴隷の癒しを求めるためにユダヤの長老たちをイエスに遣わした。そして長老たちは、百人隊長がユダヤ人を愛する者であることとシナゴーグの寄贈者であることを告げて、イエスの癒しの業を受けるにふさわしい人物であることを強調した。これを聞いたイエスは百人隊長に会うために出発するが、間もなく百人隊長から遣わされた彼の友人たちにより、「私はイエスを迎えるにふさわしい者ではない」との意向が伝えられる。下線部についてはマタイ福音書8章8節に並行箇所があるのでQ資料であると判断できるが、それ以前の部分はマタイ版に欠けている。マタイ版の百人隊長はルカ版と異なり、イエスと直接語り合っている。

　はたして、ルカ版だけに存在するこれらのエピソードは、ルカの編集意図によるものなのだろうか。すでに確認したように、「コルネリオ物語」（使10章）と「カファルナウムの百人隊長」（ルカ7:1–10）の類似するモティーフを考えれば、その可能性は高いように思われる。

　しかし、マタイがQ資料にあったエピソードを削除した可能性もないとは言えない。そこで当該テキストを分析してみると、マタイ版に欠けている

一連のテキスト（分類ⓑⓒⓔ）をQ資料であると判断することはできない。つまりルカの挿入句であると見なせる理由がある[35]。その根拠を列挙すると以下の通りである。

① 「διασῴζειν（救う）」（v. 3）は、新約聖書の中でもルカ文書に特徴的な語である[36]。使徒言行録23章24節、27章43節及び44節、28章1節及び4節にその使用が確認できるからである。ルカ文書以外では、わずかにマタイ福音書14章36節及びⅠペトロ書3章20節で用いられているにすぎない。
② 「παραγίνεσθαι（来る）」（v. 4）もまた、ルカが好んで用いる動詞である。新約聖書中の全用例37箇所のうち、ルカ文書中においては、福音書8回、使徒言行録20回の使用が確認できる。それ以外では9箇所で使用されているにすぎない[37]。
③ 「οὐ μακράν（遠くない）」（v. 6）の表現は、ルカが好む形式である。これと全く同じ表現は使徒言行録17章27節で用いられているだけであるが、ルカはοὐ+ adj. / adv.の形を用いることが多いので、ここにもルカの特徴を認めることができる[38]。

また、これらの語彙的な傾向だけでなく、Lの物語展開が列王記下5章のナアマン物語に類似しているとするJ. B. Greenの指摘も重要である[39]。具体的には、「評判の良い軍隊長ナアマン（// 百人隊長）」（王下5:1）、「ユダヤ人の少女（// ユダヤ人の長老たち）による癒しのための執り成し」（vv. 2–3）、「エリシャ（// イエス）に出会えないナアマン（// 百人隊長）」（vv. 5–10）、「離れた場所で起こる癒し」（v. 14）といった物語展開が、Lのそれと類似している。しかもナアマンについては、福音書著者の中でもルカだけが言及している（4:27）ので、これらの類似点がルカの意図によるものである可能性は極めて高いと言えよう。

b．ルカ版とマタイ版の「カファルナウムの百人隊長」の相違点について〈分類ⓓⓕ〉

上述したように、マタイ版には欠けておりルカ版にのみ存在するエピソードは、使徒言行録の「コルネリオ物語」に通底するものとなっている。さらに、われわれがⓓⓕとして分類している箇所において、物語の進行上の相違点を確認することができる。

分類ⓓは、マタイ福音書8章6節 // ルカ福音書7章2節に描かれている百人隊長の僕／奴隷の病状である。マタイ版は「中風」であるが、ルカ版では「死に至る病」とされている。はたして、この箇所にルカの編集の手が加わっているのだろうか。

資料がQであるため判断は難しいが、次のように推測することができる。カファルナウムの百人隊長の奴隷は「死に直面していた（ἤμελλεν τελευτᾶν）」とされているため、マタイ版よりも差し迫った印象を与えられる。そして、この場面設定はユダヤ人と、その敵対民族であるサマリヤ人との関係構築を描く通称「よきサマリヤ人の譬え話」（10:30–37［ルカ特殊資料］）に通底するものがあると言える。なぜなら、使用されているギリシア語表現が異なってはいるが、この譬え話に登場するユダヤ人は「半殺し（ἡμιθανής）」の目に遭わされていたという設定になっているからである。つまり死に直面しているという状況が、ユダヤ人と異邦人の関係を構築する状況として機能しているのである。

それゆえ、オリジナルのQ資料においては「中風」とされていた百人隊長の僕／奴隷の病気を、ルカが「死に至る病」に変えたとしても不思議ではない。あるいは逆に、オリジナルのQ伝承の僕／奴隷が死に至る病の患者であったものを、マタイが中風患者に修正する必然性を想定することは難しい。

ただし、この推測通りの編集が行われていたとしても、それでコルネリオ物語との直接的な関係性が認められることにはならない。とはいえ、ルカ版のカファルナウムの百人隊長物語においては、ユダヤ人と異邦人の交際とい

う主題が強く意識されていると見なされうるし、このことがコルネリオ物語の布石として機能していると考えられる。

次に、分類⑤として示した相違点に触れておきたい。マタイ福音書8章5節においては百人隊長とイエスが早々と面会する。それに対し、ルカ版においては最後まで両者の面会が実現することはない。それゆえ百人隊長と宣教者の面会というモティーフを「面会の実現」という結果だけで比較すれば、マタイの方が使徒10章の描き方に一致しているように見える。

しかし、使徒言行録におけるユダヤ人ペトロと異邦人コルネリオの交際の実現は、マタイ福音書8章5節ほど簡単なものではなかった。むしろ使徒言行録が伝える両者の出会いには紆余曲折があり、その実現までには25節にわたる長い物語がある（使10:1–25）。しかも両者が出会うまでの間に、派遣される人物が重要な役割を果たしていることは、すでに指摘した通りである。

このことから、ルカ福音書における百人隊長とイエスの面会不成立を、使徒言行録との相違点であると見なすことはできない。むしろこの編集により、結果としては「カファルナウムの百人隊長」の物語が「コルネリオ物語」の布石として機能するようになったと言えよう[40]。

3．結論

以上の考察結果が示すように、ルカは「カファルナウムの百人隊長（Q）」と「コルネリオ物語」の内容に並行関係をもたらすことを意図して編集したと判断できる[41]。オリジナルのQ資料は、百人隊長の僕に対するイエスの癒しの業を伝える素朴な内容であった。しかしルカは、異邦人を信仰の仲間として加える初期キリスト教の宣教理解をQに盛り込んだ。つまり、ユダヤ教信仰に格別の好意を寄せる異邦人の物語として、「カファルナウムの百人隊長」と「コルネリオ物語」に関連性を与える編集を施したのである。

これらのテキストにおいて百人隊長は、ユダヤ人たちに財産を提供する評

判の良い人として描かれている。しかしそれでも彼らは正式のユダヤ人ではなかった。彼らはユダヤ人に対する民族的・宗教的な劣等意識を抱きつつ、ユダヤ人との間にある壁を乗り越えられない人々として描かれている。ルカはこの点を強調することにより、異邦人の百人隊長が福音の宣教者と出会い、キリスト教信仰によって異邦人とユダヤ人が差別なく同じ神を信じることができるという結末を用意したのである。

そういう意味でルカは、当時のユダヤ教信仰の限界を示唆しているように見える。しかしそれと同時にルカは、マタイのようにユダヤ教とキリスト教を対立的に描くことはしなかった（マタ 8:11–12 参照）。むしろ、ユダヤ教信仰とキリスト教信仰に連続性をもたらそうとしている[42]。そのためにルカは、ユダヤ教と無縁な異邦人の改宗物語ではなく、限りなくユダヤ人に近い異邦人（百人隊長）の物語を構築したのだろう。そう意識していたからこそ、Q 版のカファルナウムの百人隊長に編集の手を加えたと考えられる。

さらにもう一つの重要な点として、ルカ─言行録の百人隊長がユダヤ人に対する財産の提供者として描かれている意味について述べておきたい。ルカ文書において財産提供の行為が極めて重視されていることは周知の事実であり[43]、われわれのテキストはこの点についても大いなる示唆を与えている。

しかしながら、彼らの財産提供の行為自体がキリスト教的救済の根拠となっているわけではない。カファルナウムの百人隊長の場合はイエスへの信頼が重視されており（ルカ 7:9 参照）、コルネリオ物語の場合は聖霊を通しての神の業が決定的な意味を持っている（使 10:44–48 参照）。つまり二つの百人隊長の物語は、ユダヤ人に対する友好的振舞いという人間の努力によっては乗り越えられない「民族の壁」があることを示しており、それと同時に、断絶した民族の和解をもたらす神的存在による救済の業を強調して描いているのである。

もちろん、こうしたルカの描き方が史的事実であるとは言えない（そうではないとも断定できない）。少なくともルカの思想として、ユダヤ教を全否定して成り立つキリスト教ではなく、「神を畏れる者」に代表されるような

ユダヤ教に好意を抱く存在を通して徐々に民族の壁を越え、世界に拡散していくキリスト教のイメージを描こうとしているとは言えるであろう。

注

1) Cf. F. Bovon, *Das Evangelium nach Lukas*, EKK III/1 (Zürich: Neukirchen-Vluyn, 1989), 346.
2) Cf. Bovon, *Lukas*, III/1, 347; 三好迪「ルカによる福音書」(高橋虔／B・シュナイダー［監修］、川島貞雄／橋本滋男／堀田雄康［編集］『新共同訳 新約聖書注解 I マタイによる福音書―使徒言行録』日本基督教団出版局、1991年、260–391頁)、300頁参照。
3) A. T. Kraabel, "The Disappearence of the 'God-Fearers'," *Numen* 28 (1981): 113–126.
4) M. Wilcox, "The 'God-Fearers' in Acts: A Reconsideration," *JSNT* 13 (1981): 102–122.
5) T. M. Finn, "The God-Fearers Reconsidered," *CBQ* 47 (1985): 75–84.
6) J. A. Overman, "The God-Fearers: Some Neglected Features," *JSNT* 32 (1988): 17–26.
7) I. Levinskaya, *The Book of Acts in Its Diaspora Setting* (Grand Rapids: Wm. B. Eerdmans, 1996), 51–126.
8) K. Lake/ H. J. Cadbury, *The Beginnings of Christianity pt. 1: The Acts of the Apostles, vol. IV: English Translation and Commentary* (London: Macmillan, 1933).
9) E. Haenchen, *Die Apostelgeschichte*, 7th ed., KEK (Göttingen: Vandenhoeck und Ruprecht, 1977).
10) G. Lüdemann, *Das frühe Christentum nach den Traditionen der Apostelgeschichte: ein Kommentar* (Göttingen: Vandenhoeck und Ruprecht, 1987).
11) R. Pesch, *Die Apostelgeschichte*, EKK V/1 (Zürich: Neukirchen-Vluyn, 1986).
12) G. Schneider, *Die Apostelgeschichte*, Herders theologischer Kommentar zum Neuen Testament, 2. Teil: Kommentar zu Kap. 9, 1–28, 31 (Freiburg im Breisgau: Herder, 1982).
13) J. Jervell, *Die Apostelgeschichte*, 17th ed., KEK (Göttingen: Vandenhoeck und Ruprecht, 1998).
14) カイサリアに駐留したとされるイタリア隊の百人隊長に関する歴史的背景の研究史については、荒井献『使徒行伝 中巻』新教出版社、2014年、135–136頁参照。
15) M・ヘンゲル「歴史家ルカと使徒行伝におけるパレスチナの地理」『イエスとパウロの間』新免貢訳、教文館、2005年、409頁、註109 (M. Hengel, "Der Historiker Lukas und die Geographie Palästinas in der Apostelgeschichte," *ZDPV*

99 [1983]: 147–183)。
16) F・F・ブルース『使徒行伝』聖書図書刊行会訳、新教出版社、1958 年（F. F. Bruce, *The Book of the Acts*, NICNT [Grand Rapids: Eerdmans, 1955]）。
17) J. Zmijewski, *Die Apostelgeschichte*, Regensburger Neues Testament (Regensburg: Pustet, 1994).
18) J. A. Fitzmyer, *The Acts of the Apostles: A New Translation with Introduction and Commentary*, AB 31 (New York: Doubleday, 1998).
19) 荒井『使徒行伝』136 頁参照。
20) G・シュテーリン『使徒行伝：翻訳と注解』大友陽子他訳、ATD・NTD 聖書注解刊行会、1977 年、298–299 頁（G. Stählin, *Die Apostelgeschichte*, NTD [Göttingen: Vandenhoeck und Ruprecht, 1962], 149–150)。
21) R. E. Brown, *An Introduction to the New Testament* (New Haven: Yale University Press, 1997), 240.
22) 嶺重淑『NTJ 新約聖書注解 ルカ福音書 1 章～9 章 50 節』日本キリスト教団出版局、2018 年、299 頁も、ルカ 7:1–10 の注解において「ここでは異邦人の百人隊長の僕の癒しについて語られているが、その百人隊長の信仰が高く評価されることにより将来の異邦人宣教が暗示されている」（傍点筆者）としている。ただし、使 10 章への直接的な言及はない。山田耕太『Q 文書―訳文とテキスト・注解・修辞学的研究』教文館、2018 年、180 頁は、ルカ 7:3–6a, 7a を「異邦人宣教の伏線」と判断した上で使 10:1–2 を参照箇所としている。
23) 何をもって「キリスト教」を定義し、この呼称を用いるべきであるかについては議論の分かれるところであろう。とりあえず本論文においては、「当初はユダヤ人のみで構成されていたイエス信奉者の信仰者集団に、異邦人が異邦人のままで加入できるようになった共同体」を指すものとしておく。したがって、筆者が「キリスト教」という呼称を用いる場合には、現代の制度化されたキリスト教会を意味することはなく、常にこの意味での共同体を指し示している。
24)「カファルナウムの百人隊長」は、教父の時代以降、ヨハ 4:46–53 との類似性が指摘されてきた。しかし類似点と共に相違点も多く、共観福音書伝承との依存関係を認めることはできない。詳しくは、J. A. Fitzmyer, *Gospel According to Luke I–IX*, AB 28 (New York: Doubleday, 1981), 648 を参照されたい。
25) 嶺重『ルカ福音書』299 頁参照。
26) マルコ福音書の百人隊長（κεντυρίων）は、十字架にかけられたイエスを見て「神の子」と呼ぶ逆説的な信仰告白者として登場している（青野太潮『「十字架の神学」の展開』新教出版社、2006 年、136 頁; 同『「十字架の神学」をめぐって』新教出版社、2011 年、210–216 頁参照）。一方でルカは、後述するように、異邦人キリスト教徒の先駆的位置づけとして百人隊長（ἑκατοντάρχης）を描いていると見られ

る。
27）「福音の宣教者」は、ルカ福音書の場合はイエス、使徒言行録の場合はペトロを指し示す。本論文においては両者を指示する際、便宜的に「宣教者」という呼称を用いる。
28）並行記事のマタ 8:6 は「παῖς（僕）」であるが、ルカ 7:2 は δοῦλος となっているので、両者の違いを示すため「奴隷」と訳した。ただし、ルカ 7:7 では παῖς が使われている。
29）「神を畏れる者」はディアスポラのユダヤ人共同体の周縁に存在していた「ユダヤ教信仰に生きる異邦人」である。それゆえ彼らの生き方はユダヤ人であっても、改宗者ではない。詳細については、『新約聖書［机上版］』新約聖書翻訳委員会訳、岩波書店、2004 年、13–14 頁の「かみをおそれる（うやまう）（もの）」の用語解説および、加山久夫『ルカの神学と表現』教文館、1997 年、211–213 頁; 上村静『宗教の倒錯 ユダヤ教・イエス・キリスト教』岩波書店、2008 年、233–235 頁; F. F. Bruce, *The Book of the Acts*, rev. ed., NICNT (Grand Rapids: Eerdmans, 1988), 203f. を参照されたい。
30）P. F. Esler, *Community and Gospel in Luke-Acts: The Social and Political Motivations of Lucan Theology*, SNTSMS 57 (Cambridge: Cambridge University Press, 1987), 36f. も、ルカ―言行録の百人隊長はキリスト教信仰に関心を寄せる役人の典型であると述べて、この類似点を指摘している。また Esler は、イエスの死を見届けた百人隊長の姿を描く福音書の記述の中で、ルカだけが「彼は神を崇めた」（ルカ 23:47 // マコ 15:39 // マタ 27:54）としている点に注目し、ルカの百人隊長が神との個人的な関係に入る人物として描かれているとも述べている。
31）Cf. W. S. Kurz, *Reading Luke-Acts: Dynamics of Biblical Narrative* (Louisville: John Knox Press, 1993), 87; C. K. Rothschild, *Luke-Acts and the Rhetoric of History: An Investigation of Early Christian Historiography* (Tübingen: Mohr Siebeck, 2004), 279.
32）Cf. I. H. Marshall, *The Gospel of Luke: A Commentary on the Greek Text*, NIGTC (Grand Rapids: Eerdmans, 1978), 277.
33）ユダヤ人に好意的な百人隊長の振舞いをもってしても民族の壁を打ち破ることはできなかった。ルカの物語は、神こそがユダヤ人と異邦人を一つの民として呼び集める決定的な力を持っていることを告げる。この描き方の特徴については、A. J. Thompson, *One Lord, One People: The Unity of the Church in Acts in Its Literary Setting* (London: T. & T. Clark, 2008), 98–101 が詳細に論じている。
34）嶺重『ルカ福音書』299–300 頁は、当該テキストのマタイ版とルカ版全体を Q 資料に由来するとした上で、ルカの拡大部分についてはルカの編集だけでなく、伝承（ルカ版 Q）に起因するものがあると想定している。しかし Q 資料はあくまでも仮

説であるため、さらなる別バージョンの存在を想定すれば仮説の上に仮説を積み重ねることになる。もちろん可能性を排除できるものではないが、われわれは当該箇所と類似する使徒10章との関連性から、ルカ自身の編集と判断できる根拠を見出せると考えている。

35) Cf. W. Eckey, *Das Lukasevangelium: Unter Berücksichtigung seiner Parallelen*, 2nd ed., Teilband 1: Lk1,1–10,42 (Zürich: Neukirchen-Vluyn, 2006), 331.
36) Cf. A. Plummer, *A Critical and Exegetical Commentary on the Gospel according to St. Luke*, 5th ed., ICC (Edinburgh: T. & T. Clark, 1922), 195.
37) Plummer, *St. Luke*, 195.
38) οὐ+ adj. / adv. の多数の用例については Plummer, *St. Luke*, 195 を参照されたい。
39) J. B. Green, *The Gospel of Luke*, NICNT (Grand Rapids: Eerdmans, 1997), 284.
40) これまで、ルカによる Q 資料の編集意図を想定した上で分析を行った。しかしマタイ版「カファルナウムの百人隊長」にも、マタイの神学に基づく編集の手が加わっている。マタ 8:11–12 はルカ版に欠けているが、次の二つの根拠によりマタイの挿入句であると判断できるからである（cf. Fitzmyer, *Luke*, 649)。《根拠①》当該箇所に見られる表現はマタイが好むものであり、他の箇所でも繰り返し引用されている（マタ 13:42, 50, 22:13, 24:51, 25:30)。《根拠②》「外の暗闇（τὸ σκότος τὸ ἐξώτερον)」（v. 12) も、マタイによって複数の箇所で引用されている（22:13, 25:30)。これらの指摘については、U・ルツ『EKK 新約聖書注解 I/2 マタイによる福音書（8–17 章）』小河陽訳、教文館、1997 年、28 頁（U. Luz, *Das Evangelium nach Matthäus*, EKK I/2 [Zürich: Neukirchen-Vluyn, 1990], 13); W. C. Allen, *A Critical and Exegetical Commentary on the Gospel According to S. Matthew*, ICC (Edinburgh: T. & T. Clark , 1907), 78 を参照されたい。
41) ルカがコルネリオ物語にも、ルカ版カファルナウムの百人隊長と同様の編集作業を施した可能性も考えられる。しかしコルネリオ物語の方は伝承であろう。cf. Pesch, *Die Apostelgeschichte*, 336.
42) Cf. J. B. Tyson, *Images of Judaism in Luke-Acts*, Columbia (South Carolina: University of South Carolina Press, 1991), 123; C. Schaefer, *Die Zukunft Israels bei Lukas: biblisch-frühjüdische Zukunftsvorstellungen im lukanischen Doppelwerk im Vergleich zu Röm 9-11* (Berlin: De Gruyter, 2012), 379–384.
43) 嶺重淑『ルカ神学の探求』教文館、2012 年、89 頁以下参照。

「愚かな金持ち」は貪欲か
—— ルカ 12:13–21 の釈義的考察 ——

嶺重　淑

Ist der reiche Tor habgierig?
Eine exegetische Untersuchung zu Lk 12:13–21

Kiyoshi Mineshige

Abstract

Wie die Exegese vom Lk 12:13–21 zeigt, versteht Lukas das Gleichnis vom reichen Kornbauer (Lk 12:16–20) als Warnung vor der Habsucht und im Zusammenhang mit der Aufforderung zum Almosengeben. Es geht jedoch im ursprünglichen Gleichnis weder um die Habsucht noch um das Almosengeben. Vielmehr zeigt es die Nutzlosigkeit der Anhäufung des Vermögens auf Erden auf, indem es die Vergänglichkeit des irdischen Lebens betont.

1. 序

　ルカ福音書に含まれる「愚かな金持ちの譬え」（ルカ 12:16–20）は、福音書のイエスの譬えのなかでもよく知られている譬えであり、通常は、貪欲を戒め、貧しい人々への施しを勧告する譬えとして理解されている。しかしながら、これはあくまでもルカ福音書の文脈における理解であり、この理解をそのまま、この譬えの元来の意味と見なすことはできない。その意味でも、この譬えの本来の意味を見極めるためには、元来の譬えとルカ福音書の文脈における譬えとの意味上の差異を念頭におきつつ、厳密に検討していく必要がある。そしてその際、特に注目したいのは、譬えの主人公の金持ちのどこが愚かだったのかという問いと、この金持ちは果たして貪欲だったのかという問いである。

　そこで本稿では、これらの問いを念頭におきつつ、まずルカ福音書 12 章 13–21 節のテキスト全体を取り上げて釈義的に検討し、その上でこの譬えの元来の意味を探求していきたい。

2. ルカ福音書 12 章 13–21 節：私訳

　[13] すると、群衆の中のある人が彼（イエス）に言った。「先生、私の兄弟に、遺産を私と分けるようにおっしゃってください」。[14] しかし彼はその人に言った。「人よ、誰が私を裁判官や分配人としてあなたたちの上に立てたのか」。[15] そこで彼は彼らに言った。「あらゆる貪欲に注意し、警戒しなさい。ある人に〔財産が〕有り余っていても、彼の命は彼の所有物から生じないからである」。

　[16] そこで彼は彼らに譬えを語って言った。「ある金持ちの土地が豊作だった。[17] それで彼は彼自身の中で思案して言った。『どうしようか。私には私の収穫〔物〕をしまっておく場所がない』。[18] そして彼は言った。『こうし

よう。私の倉を壊して、もっと大きなものを建て、そしてそこに私の穀物すべてと財産（良いもの）をしまっておこう。[19] そして自分の魂に言おう。「魂よ、お前は〔これからの〕多くの年〔月〕のための多くの財産（良いもの）を蓄えている。ひと休みして食べたり飲んだりして楽しめ」と』。[20] しかし神は彼に言った。『愚か者よ、今夜、彼らはお前からお前の命を取り上げる。そうなるとお前が用意したものはいったい誰のものになるのか』。[21] 自分自身のために宝を積んでも、神に対して豊かにならない者はこのようになる」。

3. 文脈と構成

　ルカ福音書 12 章 13–21 節のテキストは、9 章 51 節から始まるエルサレムへのイエスの旅行記事（19:27 まで）の前半部分に位置している。この段落は、弟子たちの迫害状況を前提とする恐れなき信仰告白の要求（12:1–12）の直後に続いており、ここから倫理的な問題に主題が移り、最初にこの世の富の用い方に関する勧告が述べられる。直前の段落が偽善に対する警告（12:1）によって導入されているのに対し、ここでは貪欲に対する警告（12:15）が段落の中心に位置する譬え本文を導入している。また、この段落の結語（12:21）は、直後に続く思い煩いの放棄と施しを要求する段落の結論部分（12:33–34）と明らかに対応している。この愚かな金持ちの譬えの段落（12:13–21）は、①遺産相続をめぐる問答（13–14 節）、②貪欲に対する警告（15 節）、③譬え本文（16–20 節）、④適用句（21 節）から構成されており、12 節の εἶπεν δέ 及び 15–16 節の εἶπεν δέ (...) πρὸς αὐτός が、①、②、③を相互に結合している[1]。

4. 資料と編集

　この段落はマルコ福音書にもマタイ福音書にも並行記事が見られず、また

非ルカ的用語が比較的多く含まれていることから[2]、全体としてルカ特殊資料に由来すると考えられる。おそらくルカは、地上の富という共通の主題のもとに、この段落を思い煩いの放棄を求める段落（12:22–34）の直前に位置づけたのであろう。

　冒頭の13節aは、後続の15節a、16節a、22節aと同様、εἶπεν δέ (πρὸς ...) というルカに特徴的な導入句[3]で始まっていることからも、ルカの編集句と考えられる。これに続く13b–14節はルカ的語彙を含んでおらず、伝承（ルカ特殊資料）に遡ると考えられるが、14節の τίς με κατέστησεν κριτὴν ἢ μεριστὴν ἐφ' ὑμᾶς;（誰が私をあなたたちの裁判官や分配人に任命したのか）という表現は、LXX出エジプト記2章14節の τίς σε κατέστησεν ἄρχοντα καὶ δικαστὴν ἐφ' ἡμῶν（誰があなたを私たちの指導者や裁判官に任命したのか）に近似している。この出エジプト記の記述は使徒言行録7章27節及び同35節にも（逐語的に）引用されていることから、この箇所はこの旧約章句をもとにルカ以前に（もしくはルカ自身によって）構成されたのであろう[4]。15節aは、前述したように、ルカの編集句であろう。それに続く15節bcについても多くの研究者はルカに帰しているが[5]、この警告の言葉にはルカ的語彙は含まれておらず、文体もルカ的でないことから、伝承に由来すると考えるべきであろう。おそらくルカは、末尾の ἐκ τῶν ὑπαρχόντων αὐτῷ（[τὰ ὑπάρχοντα ＋人称代名詞与格形]は新約ではルカ文書にのみ使用）のみ付加したのであろう[6]。

　愚かな金持ちの譬え本文（16–20節）は全体としてルカ特殊資料に由来するが[7]、冒頭の16節aは多くのルカ的語彙を含んでおり[8]、ルカの編集句と考えられ、16b節の ἀνθρώπου τινὸς πλουσίου もルカが編集的に構成したのであろう[9]。その他、17節の τί ποιήσω（新約ではルカ12:17; 16:3; 20:13にのみ使用）や19節の εὐφραίνω（共観福音書ではルカ15:23, 24, 29, 32; 16:19にのみ使用）もルカの編集語と考えられる。なお、この譬え（16b–20節）の真正性について確認することは極めて難しいが、その核においてイエスに遡る可能性は否定できないであろう。

段落末尾の適用句（21節）は、譬え部分と必ずしもスムーズにつながらないことからも原初的には譬えと結合していなかったと考えられるが、この結語はすでにルカ以前に付加されていたのか[10]、それともルカ自身が付加したのかが問題となる。確かにここにはルカ的語彙は僅かしか認められないが、譬えの適用を導く οὕτως はルカ福音書14章33節、15章7節及び同10節、17章10節にも用いられ、θησαυρίζω（積む）はルカ福音書12章21節以外には共観福音書ではマタイ福音書6章19節及び同20節にしか用いられていないことからも、ルカがマタイ6章19–20節（＝Q）をもとに編集的に構成した可能性は十分に考えられるであろう。

　いずれにせよ、先行する13–14節及び15節とこの譬え（16–20節）は、元来はそれぞれ異なる伝承に由来し、ルカ以前には結合していなかったと考えられる[11]。その意味でも、おそらくルカは、三つの伝承句（13b–14, 15bc, 16b–20節）を自ら構成した移行句（15節a, 16節a）で接合し、譬え本文（16b–20節）を貪欲に対する警告（15節bc）の範例として言語的・文体的に編集し、それらを導入句（13節a）と結語（21節）によって枠付けることによってこの箇所全体を構成したのであろう。なお一部の研究者は、前後の段落（ルカ12:1–12, 22–34）と同様、この箇所全体（13–21節）をQ資料に帰しているが[12]、マタイがこの段落を削除した理由が説明できないことからもこれは考えにくい。

5. テキスト（12:16–21）の検討

13–14節

　ルカ福音書12章1節以降の弟子に対するイエスの教えは、その場に居合わせた群衆の中からある人物が進み出てイエスに語りかけることによって一旦中断させられ、ここからは群衆が前面に現われることになる。その人物はイエスに「先生」と呼びかけ、自らが関わる遺産相続問題について、遺産を分けるように彼の兄弟を諭してくれるように依頼する。διδάσκαλος（先生）

は、ルカにおいてはしばしば弟子以外の人物がイエスに対して用いている（ルカ 2:46; 3:12; 7:40; 8:49; 9:38; 10:25; 11:45; 12:13; 18:18; 19:39; 20:21, 28, 39; 21:7)。また、ユダヤ教のラビは宗教的な事柄のみならず、法的な問題をも扱っていたことからも（民 27:1–11; 申 21:15–17 参照）、この依頼人はイエスをラビと見なしていたと考えられ、その意味でこのエピソードは、紀元一世紀のパレスチナの状況を反映している[13]。ここでは兄弟間の遺産相続争いが問題になっているが、詳細については記されていない。おそらく年下の弟と想定されるこの依頼人は、ラビの権威を借りて、彼に財産を分け与えようとしない兄の態度を何とか軟化させようと考えたのであろう。

　これに対してイエスは彼に「人よ」（ἄνθρωπε）と呼びかけ、「誰が私を裁判官や分配人としてあなたたちの上に立てたのか」と問いかけるが（14 節）、この「人よ」との呼びかけは、すでにイエスの拒絶の態度を示しているのかもしれない（ルカ 22:58, 60 参照）。また「分配人」（μεριστής）は、明らかに直前の「分ける」（μερίζω）に関連づけられている。モーセはこれと類似した訴えを取り扱ったが（民 27:1–11）、イエスはここで、この二人の兄弟のどちらが正当であるかについて彼自身の判断を明らかにすることなく、彼の依頼を明確に拒絶している。それは何より、そのような財産をめぐる営みが、神の国を宣教するという彼の本来の任務と無関係であるという理由によるのであろう。なお、この直後には貪欲に対するイエスの警告（15 節）が続いていることからも、イエスはこの依頼人の態度を貪欲の表現と見なしている。

15 節

　そこでイエスは群衆に目を向け、あらゆる貪欲に警戒するように彼らに警告する。ここでは ὁράω（注意する）及び φυλάσσω（警戒する）という同趣旨の動詞の命令形が重ねられているが、この二重の命令文は、πλεονεξία（貪欲）の直前の πάσης（すべての）と共にこの警告を強調している。「貪欲」と訳される πλεονεξία は「所有物の増大に対する（飽くなき）欲求」を

意味し[14]、新約聖書の悪徳表に頻出し（マコ 7:22; ロマ 1:29; エフェ 5:3; コロ 3:5)、偶像礼拝ともしばしば関連づけられている（エフェ 5:3; コロ 3:5; ユダ遺 19:1）。

イエスはさらに、「ある人に〔財産が〕有り余っていても、彼の命は彼の所有物から生じないからである」（15 節 c）と述べ、この貪欲に対する警告を根拠づける。ルカはここで $περισσεύω$ を通常の「豊かである」（ルカ 15:17 参照）という意味を越えて「有り余っている」（ルカ 9:17; 21:4 参照）の意で用いており、$τὰ\ ὑπάρχοντα$（所有物）は明らかに地上の富を意味している（ルカ 14:33; 19:8）。すなわち、人の「命」（$ζωή$）は地上の富には基づかず、どれだけ多くの財産もその人の命を満たすことも保証することもできないことからも、所有への欲求は人間の生の本質ではありえないというのである（ルカ 9:25 参照）。その意味でこの箇所は、自らの命の保証を財産に求めようとした金持ちを主人公とする後続の譬えへの導入となっている[15]。

16–20 節

貪欲の警告に引き続き、イエスは譬えを語り出す[16]。ここには、自らの畑が大豊作だったある金持ちの男が主人公として登場する。特に説明がないことからも、彼の財産は不正な手段を用いて獲得されたものであったと見なすことはできないであろう（エレ 17:11; エチ・エノ 97:8–10 参照）。彼はまた、その大豊作以前にすでに金持ちであったことから、ここでは生活に必要な資産ではなく余剰の富が問題になっている。もっとも、後続部分からも明らかなように、彼自身はこの時点では生涯安泰であることを見込めるほどの大金持ちではなかったと考えられる[17]。

この譬えの中心に位置しているのは、この男が彼の考えと計画について語る独白部分（17–19 節）である。このような独白（モノローグ）はルカに特徴的であり、特に譬えにおいて、登場人物の心の中の考えを明らかにする重要な機能を果たしている（ルカ 15:17a; 16:3–4; 18:4; 20:13 参照）。予想外の大豊作にこの金持ちは当惑し、「どうしようか。私には私の収穫〔物〕を

しまっておく場所がない」[18]と、自分の倉の容量を越える収穫にどのように対処すべきかと心の中で思案し始める。

　そして彼は、現在の彼の倉（複数形）を壊して新たに大きなもの（複数形）を建て、「私の穀物すべてと財産（良いもの）」をそこに収めようという考えに至り（18節）[19]、さらに自分の魂に、「お前は〔これからの〕多くの年のための多くの財産（良いもの）を蓄えている。ひと休みして食べたり飲んだりして楽しめ」と語りかける（19節）。「魂」（ψυχή）はここでは直後の 20 節とは異なり、「命」ではなく人格的主体の意で用いられている（LXX 詩 106:9; LXX エレ 29:8; 32:6; ソロ詩 3:1; 4:17 参照）[20]。

　この金持ちが現在の倉を残したまま、新たに大きな倉を増築するのではなく、（余分に時間を要するにも拘わらず）現在の倉を壊してから新しい倉を建てようとした点はやや不自然に思えるが[21]、手狭になった自分の倉を改築しようとしたこと自体は常識的な経済行為であり、特に非難されるべき行為ではない。比較的多くの研究者は、この金持ちが大きな倉庫に収穫物をしまっておこうと考えたのは、凶作時にずっと割のよい価格でそれを売りさばくという貪欲な計算が背後にあったためと主張するが[22]、テキストからはそのような動機は読み取れない。ルカにおいてはまた、イエスが罪人たちと食事し、会食や宴会に参加していた様子が頻繁に記されており（ルカ 5:30; 7:34, 36; 11:37; 14:1; 15:3）、飲み食いすること自体は決して否定的に捉えられていないことからも（Ⅰコリ 15:32［cf. イザ 22:13］のみ参照）、この金持ちが「食べて、飲んで、楽しもう」と考えたことに特に問題があったとも考えられない[23]。

　その意味でも、彼の過ちは何より、自らの命の保障をこの世の富に求め、生と死を支配する神の存在を忘れていた点にある[24]。さらにルカ福音書の文脈においては、この金持ちが自分のことのみを考えて他の人々のことをまったく考慮に入れなかった点もこれに加えられるであろう。事実、彼は独白の中で、「私の収穫〔物〕」、「私の倉」、「私の穀物すべてと財産」というように、彼の所有物にしばしば「私の」という所有形容詞を付して語っており、

これらのものは彼自身の所有物でしかなかった。つまり、それらが神から受けたものという発想は彼にはなく、彼にとっては自分以外の存在は視野に入っていなかったのであり、そのような彼の姿勢が15節との関連から貪欲と見なされているのである[25]。

ところが、ここで突然、神が登場し、金持ちに「愚か者よ」（ἄφρων）と呼びかけて「今夜、彼らは、お前からお前の魂を取り上げる」と告げる（20節; ヤコ 4:14 参照）。「愚か者よ」という呼びかけは、背後に知恵文学的思想があることを示唆する。また、神の告知における「今夜」は、「〔これからの〕多くの年〔月〕のための」という直前の金持ちの目論見とコントラストをなしており、彼の思惑が完全にはずれたことを強調している。なお、「取り上げる」と訳出した ἀπαιτέω の本来の意味は「返還要求する」であり、命が（神の）借り物であるという理解を反映している[26]。ここではまた動詞の現在三人称複数形（ἀπαιτοῦσιν）が用いられ、「彼ら」が動詞の形式上の主語になっているが、それは「死の天使」[27]を指しているわけでも（ヘブ 2:14）、「搾取されてきた農民たち」[28]等の特定の人物を指しているわけでもなく、神的受動態の書き換えと見なすべきであり[29]、彼の命を取り上げる主体は神であろう。

いずれにせよ、自分の死後には自分の財産は役にたたないということに思い至らなかったこの愚かな金持ちは、自分の財産を自ら活用する前に生涯を終えることになり、彼が蓄えたその富は彼には何ももたらさなかったという皮肉な結末を迎えることになる。最後の「お前が用意した物はいったい誰のものになるのか」という疑問文は、彼は生前蓄えた富を保持したままでこの世を去ることはできず（Ⅰテモ 6:7 参照）、その富は見知らぬ他人の手に渡ることを示しているが、このモチーフは詩編や知恵文学においてしばしば主題化されている（詩 39:6–7; 49:11, 18; コヘ 2:18–19; 6:2; シラ 14:4, 15）。さらにこの結語は、遺産相続のモチーフ（13–14節）とも、人の命はその所有物から生じないという 15節 c の言葉とも響き合う[30]。

21節

　最後に譬えの適用句が述べられるが、この結語は、冒頭のοὕτως（このように）が示しているように（ルカ 14:33; 15:7–10; 17:10 参照）、先行する譬えに対する倫理的適用句と見なすことができ、ここでは神の前の豊かさという新しい主題が導入されている。すなわちこの金持ちは、獲得したこの世の富を自らのためにだけ積み上げるのではなく、神の前に豊かになるべきだったというのである。

　「自分自身のために宝を積む」（θησαυρίζω ἑαυτῷ）という表現は、マタイ福音書6章19節の「宝をあなたたちのために地上に積んではならない」（μὴ θησαυρίζετε ὑμῖν θησαυροὺς ἐπὶ τῆς γῆς）という表現を思い起こさせる。また、これと対立する「神に対して豊かになる」（εἰς θεὸν πλουτῶν）[31] という表現は、後続のルカ福音書12章33節bの「天に宝を積む」（θησαυρὸν ... ἐν τοῖς οὐρανοῖς）という表現に対応しており、その意味でも、施しによって天に宝を積む（ルカ 12:33a 参照）ことを暗示している。すなわち、ルカは最終的にこの譬えの強調点を、貪欲に対する警告を前提とする富を正しく用いるようにとの要求へと移行させており、人は富を利己的に自分のためだけに用いるべきではなく、貧しい人々に対する施し行為を通して神の前に豊かにならねばならず、この譬えの金持ちは、何より彼の財産を自分自身のためだけに用いようとしたために裁かれたのである。

6. 元来の譬えの意味

　以上のルカのテキストの釈義的検討からも明らかなように、ルカは特殊資料から得たこの譬えを貪欲に対する警告（15節）と結びつけることにより、貪欲にこの世の富を蓄財することが自らの命の保証に繋がらないことを強調し、さらに結部（21節）でこの金持ちが自分のためだけに宝を積んで神の前に豊かにならなかったために断罪されたと結論づけることにより、余剰

の富を他者のためにも用いるように要求しようとしている（ルカ 11:39–41; 16:19 以下; 18:22; 19:8; 使 20:35 参照）。すなわちルカは、この譬えを貪欲に対する警告（15 節）と施しの勧告（21 節）によって枠付けることによって、貪欲に対する警告の実例として示すと共に施しを要請しようとしたのである。このようにルカ福音書の文脈においては、この譬えは、貪欲を戒め、この世の富の蓄財によって将来を確保しようとする生き方を批判し、貧しい人々に対する施し行為によってもたらされる真に豊かな命について語ろうとしている。

　その一方で、ルカの編集箇所（15, 21 節）を除いた元来の譬え（16–20 節）においては貪欲や施しのモチーフは特に強調されていない。そしてまた、譬えの中の金持ちの振る舞いに注目してみると、彼は決して不正を働いたわけではなく、たまたま大豊作で収穫した穀物を将来に備えて蓄えるために自分の倉を増築しようとしただけである。いやむしろ、思いがけず獲得した財産をいたずらに浪費することなく、しっかりと将来に備えて蓄えようとした彼の行為は、現代人の目から見れば、堅実で賢明な態度として賞賛されるべきかもしれない。あるいはまた、思わぬ収穫を手にした彼が一休みしようと考えていたのなら、自分の富を増大させることを常に考えていたほど貪欲だったわけではなく、むしろ彼の欲求は自己保存的なものであり[32]、自分の将来のための財産を確保できたら、あとは休んで楽しもうとする享楽主義者であったと見なすべきであろう[33]。その意味では、元来の譬えにおいては貪欲のモチーフも施しの勧告も強調されておらず、むしろこの譬えは、この世の命のはかなさを語ることによりこの世の富を蓄財することの愚かさを強調していたと考えられる。それゆえ、この金持ちの愚かさは何より「彼の誤った現実認識」[34]、すなわち、人間の生死を支配する神の存在を忘れ、どんな財産も死の前に無力であることを忘れ、自らの命の保障をこの世の富に求めたこと、さらには、自分の財産が神から与えられたものであることを忘れていた点にあったと見なすべきであろう。

　これと同様のモチーフはユダヤ知恵文学やユダヤ黙示文学に見出される

が、例えばシラ書 11 章 18–19 節には以下のように記されている。

> （金の出し入れに）用心し、切り詰めることによって富を積む者があるが、その労働に対する報いはこれである。やれやれこれで安心、自分の財産で食っていける身分になった、と言ってみても、それがいつまで続くのやら知りようもなく、死んだら他人の手に渡るのである[35]。

愚かな金持ちの譬えとこのシラ書 11 章 18–19 節との間には、内容のみならず、τὰ ἀγαθά（18 節／シラ 11:19）、ἀναπαύω（19 節）と ἀνάπαυσις（シラ 11:19）、ἐσθίω（19 節／シラ 11:19）、πλουτέω（21 節／シラ 11:18）等、言語的にも共通点が見られ、シラ書に登場する金持ちも、一息ついて自分の財産の恩恵に与ろうという考えを独白の中で吐露するが、結局は自分の財産を見知らぬ他人に引き渡すことになる。確かに、シラ書においては、ルカ福音書の譬えとは異なり、その金持ちは用心と倹約（吝嗇）によって富を得ており、また、誤った振る舞いに対する裁きについては問題にされているという点で異なっているが、この世における人間の生命が限られたものであることを忘れてこの世の富を積み上げることの空しさを強調している点において両者は明らかに一致している[36]。

7. 結語

愚かな金持ちの譬えは、その元来の形においては、貪欲のモチーフも施しの勧告も強調されておらず、むしろこの世の命のはかなさを語ることにより、この世の富を蓄財することの愚かさを強調していた。それに対して、この譬えを伝承から受け取ったルカは、教会内に貧富の格差が拡大しつつある状況の中で[37]、特に富める信徒たち対して、貪欲を戒め、貧しい人々への施しを勧告する意図をもって、この譬えを再構成したのであろう。

この譬えに登場するこの金持ちはそれほどの大金持ちではなかったと考え

られ、その意味では彼の姿は今日の私たち自身の姿とも重なってくる。寿命100歳時代に突入したと言われる今日、私たちの多くは自分たちの老後の生活を経済的にどう成り立たせていくべきかといろいろと思案し、将来に対して不安を抱きつつ生きている。しかし、まさに将来の保障を求めて、あれこれ思い悩む現代人に対して、この譬えは「愚か者」と語りかけ、生死を越える神の存在を指し示そうとしているのであろう。

注

1) このように、譬え本文に問答が先行し、最終的に譬えの適用句によって結ばれる構成は、先行するサマリア人の譬え（10:25–37）のそれと近似している（G. Eichholz, *Gleichnisse der Evangelien. Form, Überlieferung, Auslegung* [Neukirchen-Vluyn: Neukirchener 1979], 181）。さらに16節以降の譬え部分は、導入句（16節a）、状況設定（16節b）、問題の発生（17節）、行動への決断（18–19節）、神の反応（20節）、そして末尾の適用句：神の前の豊かさ（21節）から構成されているが、これと同様の構成は、不正な管理人の譬え（ルカ 16:1–9）や不正な裁判官の譬え（ルカ 18:1–8）においても確認できる（導入句［16:1a/18:1］、状況設定［16:1b/18:2–3a］、問題の発生［16:2–3/18:3b］、行動への決断［16:4/18:4–5］、主人／イエスの反応［16:8a/18:6］、適用句［16:8b–13/18:7–8]）。

2) J. Jeremias, *Die Sprache des Lukasevangeliums*, KEK Sonderband (Göttingen: Vandenhoeck & Ruprecht, 1980), 215f.

3) εἶπεν δέ はヨハ 12:6 以外はすべてルカ文書に使用され、［言述の動詞＋前置詞 πρός＋対格］は新約用例 169 回中ルカ文書に 149 回使用されている。

4) E. Schweizer, *Das Evangelium nach Lukas*, NTD 3 (Göttingen: Vandenhoeck & Ruprecht, 1986), 136 参照。

5) R・ブルトマン著『共観福音書伝承史 I』ブルトマン著作集 1、加山宏路訳、新教出版社、1983 年、329 頁（R. Bultmann, *Die Geschichte der synoptischen Tradition*, 9 Aufl., FRLANT 29 [Göttingen: Vandenhoeck & Ruprecht, 1979]）; F. W. Horn, *Glaube und Handeln in der Theologie des Lukas*, GTA 26 (Göttingen: Vandenhoeck & Ruprecht, 1983), 60; J. A. Fitzmyer, *The Gospel according to Luke X–XXIV*, AB 28A (New York: Doubleday, 1985), 968.

6) F. Bovon *Das Evangelium nach Lukas, II*, EKK III/2, 2. Teilband: Lk 9,51–14,35 (Zürich:Benziger/Neukirchen-Vluyn: Neukrichener, 1996), 280; H.-J. Degenhardt, *Lukas—Evangelist der Armen. Besitz und Besitzverzicht in den lukanischen Schriften. Eine traditions- und redaktionsgeschichtliche Untersuchung* (Stuttgart: Katholisches Bibelwerk, 1965), 73f.

7) これに対して、M. Sato, *Q und Prophetie. Studien zur Gattungs- und Traditionsgeschichte der Quelle Q*, WUNT II/29 (Tübingen: J. C. B. Mohr, 1988), 56f. や廣石望「ルカ版Q資料（Qルカ）におけるイエスのたとえ」（佐藤研編『聖書の思想とその展開』荒井献先生還暦・退職記念献呈論文集、教文館、69–90 頁）、74–77 頁はQルカに帰している。

8) εἶπεν δὲ πρός ... という表現については上記注 3 参照。εἶπεν (ἔλεγεν) παραβολήν

をルカは譬えの冒頭に頻繁に使用（ルカ 5:36; 6:39; 13:6; 14:7; 15:3; 18:1, 9; 19:11; 20:9, 19; 21:29）、［言述の動詞＋λέγω の分詞］はルカ 5:21, 30; 9:38; 18:18; 20:2; 21:7; 22:59 にも使用（cf. Jeremias, *Sprache*, 67–70）。

9) ἄνθρωπός τις ... πλούσιος という表現はルカ 16:1, 19 にも使用され、ἄνθρωπός τις はルカ文書にのみ使用（ルカ 10:30; 12:16; 14:2, 16; 15:11; 16:1, 19; 19:12; 使 9:33）。

10) Horn, *Glaube*, 64; H. Klein, *Barmherzigkeit gegenüber den Elenden und Geächteten. Studien zur Botschaft des lukanischen Sonderguts*, BThSt 10 (Neukirchen-Vluyn: Neukrichener, 1987), 85.

11) これに対して T. W. Manson, *The Sayings of Jesus as Recorded in the Gospels according to St. Matthew and St. Luke Arranged with Introduction and Commentary* (London: SCM, 1949), 270; Bovon, *Lukas*, 274; H. Klein, *Das Lukasevangelium*, KEK (Göttingen: Vandenhoeck & Ruprecht, 2006), 443 はルカ以前に結合していたとする。

12) H. Schürmann, *Traditionsgeschichtliche Untersuchungen zu den synoptischen Evangelien*, KBANT (Düsseldorf: Patmos, 1968), 119f., 232; I. H. Marshall, *The Gospel of Luke. A Commentary on the Greek Text,* NIGTC (Exeter: Paternoster, 1995), 522.

13) Degenhardt, *Lukas*, 71; Bovon, *Lukas*, 276.

14) G. Delling, "πλεονέκτης κτλ.," *ThWNT* 6:270 参照。

15) 一部の研究者はここでの「命」を「永遠の命」と解しているが（D. P. Seccombe, *Possessions and the Poor in Luke-Acts*, SNTU.B 6 [Linz: A. Fuchs, 1982], 140f.; G. Maier, "Verteilt Jesus die Güter dieser Erde? Eine Untersuchung zu Luk. 12,13–15," *ThBeitr* 5 [1974]: 153）、この理解は後続の譬えの内容に適合していない。

16) A・ユーリッヒャー以来、この愚かな金持ちの譬えは、実例を直接示しつつ誤った行為を戒めて正しい行為へと勧告しているという意味で、ルカ 10:29–37; 16:19–31; 18:9–14 と同様、伝統的に「例話」（Beispielerzählung）と見なされてきた（A. Jülicher, *Die Gleichnisreden Jesu*, 2. Teil: Auslegung der Gleichnisreden der drei ersten Evangelien [Tübingen: J. C. B. Mohr, 1910], 112–115 参照）。

17) この金持ちを「大金持ちの不在地主」と見なす山口里子『イエスの譬え話 1―ガリラヤ民衆が聞いたメッセージを探る』新教出版社、2014 年、143 頁に反対。

18) τί ποιήσω（ルカ 12:17; 16:3; 20:13 参照）は、τί ποιήσωμεν（ルカ 3:10, 12, 14; 10:25; 18:18; 使 2:37; 16:30; 22:10）と同様、ルカに特徴的な表現である。

19) 一部の写本（א, D, A, W, Θ）では πάντα τὸν σῖτον（穀物すべて）の代わりに πάντα τὰ γενήματά μου（私の産物すべて）と記載している。

20) LXX コヘ 8:15 にも、食べること（φαγεῖν）と飲むこと（πιεῖν）と楽しむこと

(εὐφρανθῆναι) 以上のものはないという主旨の発言が見られる。なお、φαγεῖν と πιεῖν の組み合わせについては、コヘ 2:24; 3:12–13; 5:17; 9:7; イザ 22:13; トビ 7:10 参照。

21) Klein, *Lukasevangelium*, 447.
22) Eichholz, *Gleichnisse*, 184; W. Pilgrim, *Good News to the Poor: Wealth and Poverty in Luke-Acts* (Minneapolis: Augsburg, 1981), 111; L・ショットロフ／W・シュテーゲマン『ナザレのイエス―貧しい者の希望』大貫隆訳、日本キリスト教団出版局、1989 年、204–205 頁 (L. Schottroff/W. Stegemann, *Jesus von Nazareth. Hoffnung der Armen*, 3 Aufl., KUT 639 [Stuttgart: Kohlhammer, 1990]); G. Petzke, *Das Sondergut des Evangeliums nach Lukas*, ZKB (Zürich: TVZ, 1990), 118 他。
23) Eichholz, *Gleichnisse*, 185f. に反対。
24) Jülicher, *Gleichnisreden*, 616.
25) J. D. M. Derrett, "The Rich Fool: A Parable of Jesus Concerning Inheritance," *HeyJ* 18 (1977): 131–151 は、この金持ちの過ちは何より、彼が自分の財産を貧しい人々に分け与えることを怠った点にあったと主張するが、この譬えそのものの内容からはそこまで読み取ることはできないであろう。
26) M. Wolter, *Das Lukasevangelium*, HNT 5 (Tübingen: Mohr Siebeck, 2008), 450.
27) W. Grundmann, *Das Evangelium nach Lukas*, ThHK 3 (Berlin: Evangelische Verlagsanstalt, 1961), 258; Bovon, *Lukas*, 286; Klein, *Lukasevangelium*, 448.
28) 山口『譬え話』150–153 頁。
29) Schweizer, *Lukas*, 136; R・A・カルペパー『ルカ福音書』NIB 新約聖書註解 4、太田修司訳、ATD・NTD 聖書註解刊行会、2002 年、331 頁。
30) J・エレミアス『イエスの譬え』善野碩之助訳、新教出版社、1969 年、182 頁 (J. Jeremias, *Die Gleichnisse Jesu*, 10 Aufl., [Göttingen: Vandenhoeck & Ruprecht, 1988]) は、この譬えに「切迫した終末的破局と切迫した審判」を見ようとするが、ここではその金持ちの愚かさのゆえに神による裁きが与えられているのであり、終末の裁きと関連づけるべきではないであろう (E. W. Seng, "Der reiche Tor: Eine Untersuchung von Lk 12,16–21 unter besonderer Berücksichtigung form- und motivgeschichtlicher Aspekte," *NT* 20 [1978]: 139f. 参照)。
31) εἰς θεόν(神に対して)の εἰς は関係を意味し、「神のもとで」の意にも解しうる。
32) 廣石「イエスのたとえ」76–77 頁。
33) Wolter, *Lukasevangelium*, 450.
34) 廣石「イエスのたとえ」76 頁。
35) 村岡崇光訳「ベン・シラの知恵」(『聖書外典偽典 2 旧約外典 II』教文館、1977 年、85–207 頁)、108 頁。
36) エチ・エノ 97:8–10 においても金持ちの運命について語られ、ここでも金持ちた

ちが独白のなかで思案し、倉は満ち、宝があふれているという理由から自分たちの計画を実行しようとしている。ここでもまた、ルカ 12:20 と同様、裁きの言葉が金持ちたちの運命を明らかにし、彼らも自分たちの財産を他人の手に渡すことになる。もっとも、ここではルカの譬えとは異なり、明らかに不正に獲得された財産が問題にされており、また、即座の死ではなく、大きな呪いに引き渡されると告知されている。さらにまた、ルキアヌス「死者の対話集」1:3 においては、キュニコス派のディオゲネスが、死者の国から金持ちたちに「なぜ、愚か者たちよ、黄金を守ろうとするのか。なぜ利息を数えたり、何タラントンもの金貨に金貨を重ねたりして自分を苦しめるのか。そのうちお前たちは、一オボロス〔三途の渡し賃〕を所持金にしてこちらへ来ねばならないのだ」(内田次信訳『ルキアノス選集』国文社、1999 年、207 頁) と伝えさせたと記されており、ここでも、この世の富がその人の死後にはまったく役に立たないことが示されている。その他の並行例については、Seng, "Der reiche Tor," 141–150; V. Petracca, *Gott oder das Geld: Die Besitzethik des Lukas*, TANZ 39 (Tübingen: francke, 2003), 120–130 参照。

37) この点については、嶺重淑『ルカ神学の探究』教文館、2012 年、101–108 頁参照。

ファリサイ派の人と徴税人の
祈りの譬の釈義的研究

大宮 有博

An Exegetical Study on the Parable of the Pharisee and the Toll Collector

Tomohiro Omiya

Abstract

　The purpose of this article is to clarify the Pharisee and the toll collector in the parable of Luke 18:9–14 caricature. I argue that Luke sought to instruct his community. The Pharisee in the parable caricatures not "historical" Pharisees but the Christians in Luke's community who arrogantly believed themselves to be righteous and despise others. The toll collector is the ideal person who enters the kingdom of God because he confesses his sin and converts.

1. はじめに

　論者はこれまで、1世紀ユダヤ世界の貧しい人、サマリア人、皮膚病を患う者、羊飼いといった人々がその時代どう見られていたか、そして彼らがルカ文書の中でどのような役割を果たしたかを検討してきた。ルカ福音書において徴税人はイエスに従う者のモデルであるが、同時にイエスは「徴税人や罪人」の歓待を受け食卓を共にしたことをファリサイ派のみならず周囲の人々から非難された。本稿ではそのファリサイ派と徴税人が同じ場面に登場し対照的な祈りを献げるファリサイ派の人と徴税人の祈りの譬（ルカ18:9–14）を検討する。

　本稿の目的は、この譬がファリサイ派と徴税人を対照的に描写することを通して何を伝えようとしているかを明らかにすることにある。登場人物の文学的役割に注目することで大きな成果をあげている近年のルカ福音書研究は、ルカの描く物語世界において「徴税人は、回心（メタノイア）する人物の代表的立場」[1]という点を明らかにした。本稿ではこの方法による成果を、旧約聖書や1世紀の文献を手がかりとして、もう一歩踏み込んでいくことを試みる。

　本稿では以下のことを明らかにする。まず、ルカは他者を見下し自分を義人とするキリスト者こそ回心をする必要があることを教えるためにこの譬を福音書に採用した。次に、この譬に登場するファリサイ派の人が自分は義人であると認め他の仲間を見下す高慢なキリスト者を表しているのに対して、徴税人は義と認められるであろう人の姿を表している。これらの点を明らかにするために本稿では以下の手続きを取る。まずルカの編集の手を検討する。次に譬がどのようにファリサイ派の人と徴税人の祈りとふるまいを描写するかを検討する。

2. ルカによる編集の分析

　この節ではルカがこの譬をどのように福音書の中に編集したかを考察する。まず、このテクストの枠組み（9節と14節b）に注目する。次にルカがこの譬を前後の文脈にどのように結びつけたかを検討する。

2.1. ルカによる編集句

　このテクストの枠部分である9節および14節bは、この譬を福音書に編集する際にルカが付け加えた編集句である[2]。というのも9節の「また彼はこの譬を〜に話した εἶπεν δὲ καὶ πρός ... τὴν παραβολὴν ταύτην」は、ルカが好んで用いる表現だからである[3]。そしてルカは、イエスがこの譬を語りかけている相手は、「自分たちは義人であることを自分自身により頼んで確信し、他人を見下す人々 τινας τοὺς πεποιθότας ἐφ᾽ ἑαυτοῖς ὅτι εἰσὶν δίκαιοι καὶ ἐξουθενοῦντας τοὺς λοιπούς」であるとしている。ここでルカが念頭に置いているのは誰のことだろうか。

　この場面でイエスの前には、ファリサイ派に属しながらもイエスと対話する人々（17:20）と弟子たち（18:1）がいる[4]。このことから、イエスの前にいるファリサイ派の人々とこの譬に登場するファリサイ派の人とを同一視することが可能である。しかしルカは周到に、イエスがこの譬を語る相手をイエスの前にいるファリサイ派と同定していない[5]。

　確かにルカは福音書の中でファリサイ派を、自分を義人であると確信し、他人を見下す人々の様に描くことがある（ルカ16:14–15）。しかしルカは使徒言行録の中では、一部のユダヤ人キリスト者が異邦人と共に食事をしたペトロを非難したり、異邦人キリスト者に割礼と律法の遵守を求めたりしたことを報告するが[6]、このような要求をする者を「ファリサイ派から信者になった人」と同定するのは1箇所のみである（使15:5）。そもそもルカの描くファリサイ派の姿は一様ではない[7]。ましてやその姿は「史的」ファリサイ派の姿とは程遠いことは、もはや言うまでもない[8]。したがって、「自分

たちは義人であることを自分自身により頼んで確信し、他人を見下す人々」とは、ファリサイ派のことではない。

　この譬に登場する高慢なファリサイ派の姿は、福音書では「罪人の女」がイエスに触れること（ルカ 7:39）や徴税人と共に食事をすること（ルカ 5:30; 15:2）を非難するファリサイ派の姿と重なる。しかし、その姿は使徒言行録では割礼や律法遵守——とりわけ食物規定と「みだらな行い」の禁止（使 15:29）——を全てのキリスト者に求めるキリスト者の姿と重なる。したがってルカがこのような人々として念頭に置いていたのは、キリスト者の中にもいた自分の行いを誇り、他人を見下す人々のことである。

　14 節 b の「なぜならば、全て自分自身を高くする者は低くされる。しかし、自分自身を低くする者は高くされる ὅτι πᾶς ὁ ὑψῶν ἑαυτὸν ταπεινωθήσεται, ὁ δὲ ταπεινῶν ἑαυτὸν ὑψωθήσεται」は、上席を取ろうとする人々の譬（14:7–11）の結びの言葉の繰り返しである。この言葉はマタイ福音書 23 章 12 節で、律法学者たちやファリサイ派の人々の高慢な態度をイエスが非難する一連の言葉の中に出てくるが、マルコ福音書の並行箇所（マコ 12:38–40）にはない。おそらくこの文はマタイとルカが共通に用いた資料に由来する。また、この文は LXX エゼキエル書 21 章 31 節の「高いものは低くし、低いものは高くする ἐταπείνωσας τὸ ὑψηλὸν καὶ τὸ ταπεινὸν ὕψωσας」という言葉が共鳴している[9]。よく似た文が LXX 箴言 29 章 23 節や LXX ヨブ記 22 章 29 節にもある。この文は聖書に日頃から親しんでいる人々が一度はどこかで聞いたことのある文ではなかっただろうか。なお、I ペトロ書 5 章 6 節で、この手紙の著者はこれと似た文を用いて、宛先の共同体の若い人々に謙遜を勧める。ルカは 14 節 b で福音書の読者に馴染みのある文を用いて、ルカも属しているキリスト者共同体の内部にいる「自分を義人として、他人を見下す者たち」に対して、「認識の転換」としての回心を勧める[10]。このように 9 節および 14 節 b は、この譬が誰に何を勧めるものか示す「手引き」[11]あるいは「概括的注釈」[12]と言える。

2.2. ルカによる福音書の文脈

　この譬の置かれたルカ福音書の文脈を考察する。多くの研究者がこの譬を直前のやもめと裁判官の譬（ルカ 18:1–8）と結びつけて、これらの譬のテーマを祈り[13]あるいは終末論[14]とする。他方、この譬に続く「子どものように神の国を受け取れ」という教え（18:15–17）と結びつけて、神の国の受容をテーマと考えることもできる。I. Howard Marshall は、この譬からザアカイ物語まで（ルカ 18:9–19:10）までを「救済の射程」を示す一つの単元（unit）と考え、この単元でルカは神の国を開く鍵として神の恵みを示しているとする[15]。Joel B. Green はさらにその単元の範囲を拡大し、この譬から旅行報告の終わりまで（ルカ 18:9–19:27）が神の国にいかにして入るかをテーマにした単元であると考え、ここでは、熱心に信仰しその信仰に基づいて行動する人々と、名誉と地位のみを追求し貧しい人を蔑む人々とが対置されているとする[16]。

　論者は、この譬は直前の譬とも直後のエピソードとも結びついており、どちらか一方との結びつきを絶つ必要はないと考える。ルカは神の国と人の子の到来に関するイエスの言葉を配置した後（17:20–37）、やもめと徴税人、子どもが登場する譬や場面を配置する（18:1–17）。ルカの描く社会世界では、十分な権利を持たない人々（やもめや子ども）や見下された人々（徴税人）が神の国に受け入れられる一方で、金持ちの議員という富も権力も持つ者が自ら神の国から遠ざかる（18:18–30）。そして 3 回目の受難予告（18:31–34）が単元を区切る。したがって、18 章 1–30 節は誰が神の国に受け入れられ、誰が神の国から遠ざかるかが明らかにされる一つの単元である。ルカは、ファリサイ派の人と徴税人の譬をこの大きな文脈の中に置くことで、自らの属す共同体の者に対して、「自らを高くする者」は神の国から遠ざかり、「自らを低くする者」が神の国に受け入れられることを認めるように勧める。

　ルカの編集部分のみに着目すると、ここでルカが読者に神の国に入るため

に求めていることとは、単に高慢を避け謙遜に生きることを意味しているように思われる。しかしこの譬の言わんとしていることは本当にそれだけなのだろうか。次節では譬そのもののメッセージを検討し、その点を検証する。

3. 伝承の分析：ファリサイ派と徴税人の神殿での祈りとふるまい

前節ではこのテクストのルカによる編集部分に注目したので、ここではルカに伝承された譬の部分（18:10–14a）に焦点を置く。まず伝承部分の文学類型について考察する。次にこの譬に登場するファリサイ派と徴税人が神殿でどのようにふるまい、何を祈ったかを考察する。

3.1. 伝承部分の言語様式

Adolf Jülicher がこのテクスト（18:9–14）を「例話」（Beispielerzählung）として以来[17]、多くの研究者がこれに従った。しかし Luise Schottroff は、例話と譬を明確に分ける必要を認めない[18]。

Robert Doran はこの物語を例話ではなく「対抗物語」（agonistic story）とする[19]。対抗物語とは、ある主題について 2 人の人が比較され、選ばれるとは思われない意外な人の方が選ばれるというものである。前 5 世紀のギリシア・ローマ世界から後 5 世紀頃の修道院文学まで広くこのジャンルの物語の例が発見される[20]。Doran によると、ルカ福音書の金持ちとラザロの物語（ルカ 16:19–31）ややもめの献金（マコ 12:41–44// ルカ 21:1–4）もこのタイプの物語である。

対抗物語としてこの物語を読むならば、これは「この 2 人のうちどちらが義とされたか」を問うている。そして、誰もが義人と認めるはずもない徴税人が「義とされて家に帰る」のである。とはいうものの、この譬には、自分を罪人と認識し神の怒りからの赦しを求めることこそが、誰にとっても義とされる条件であるという倫理的勧告という例話としての側面もある。ま

た、対抗物語は話が伝えようとしていることに注目したものであり譬あるいは例話といった文学の様式とはやや違う。このことから、この譬には例話と対抗物語の要素が含まれていると考える。

3.2. ファリサイ派の神殿での祈りとふるまい

10節の「2人の男が祈るために神殿に上った。1人はファリサイ派の人で、もう1人は徴税人である」は場面設定である。エルサレムの神殿では夜明け時と午後3時に「贖罪の供儀」が行われた（民 28:2–8; ミシュナ・タミード 5:1）。この時刻に神殿の内部で祭司たちが香を焚き、その間、人々は神殿の庭（ἱερόν）[21]で思い思いに声を出して祈った[22]。この譬の場面設定はエルサレム神殿の日常である。ルカは福音書と使徒言行録の中で神殿での祈りの時について言及していることから[23]、この伝承の場面設定を容易に受け入れられた。

11–12節ではファリサイ派のふるまいと祈りの内容が述べられている。11節 a の ὁ Φαρισαῖος σταθεὶς πρὸς ἑαυτὸν ταῦτα προσηύχετο の πρὸς ἑαυτόν がどこにかかっているかについて研究者の判断が分かれている。直前の σταθείς にかけると「独り立って（声を出して）祈る」と訳せる。このように訳すと、「遠く離れて立った」（13節）後に述べる徴税人の立ち位置とのコントラストがはっきりする。他方、後ろの προσηύχετο にかけた場合、幾通りかの解釈が可能となる[24]。すなわち、（1）静かに声を出さずに「自らのうちに」祈る[25]。（2）「自分自身のことについて」祈る[26]。（3）神に対して祈るのではなく、自分自身に対して祈る[27]。このうち、（1）の立場を支持する研究者が多い。しかし、神殿で声を出さずに祈るのはやや不自然である。例えば、ユディトは大きな声で祈っている（ユディ 9:1）。それに対して、ハンナは声を出さずに長く祈ったため、祭司エリに不審がられて声をかけられる（サム上 1:12–14）。したがって論者は（1）の見解に疑問を持つ。また（2）と（3）の見解は、11–12節の祈りの言葉に鑑みて支持できない。論者は πρὸς ἑαυτόν を σταθείς にかけて「このファリサイ派の人は独り立ってこ

のように祈った」と訳す。つまり、このファリサイ派の人は祈る群集の先頭に離れて立っているのである。

「神よ、あなたに感謝します…」で導入されるファリサイ派の人の祈り（11b–12節）は、詩編に見られる伝統的な神への感謝の形式を用いている（詩18:1–3; 118:1）。多くの研究者がこのファリサイ派の人の祈りと、クムラン文書の感謝の詩篇[28]や、パレスチナ・タルムード・ベラホート[29]、バビロニア・タルムード・ベラホート[30]の祈りとの類似を指摘する[31]。しかし、これらのユダヤの祈りは自分が（律法を学ぶことのない）無教養な人や異邦人ではなく、律法を学べるという恵まれた出自（ascribed status）についての感謝である。決して自分がこれまで成し遂げたことを誇るものではない。しかし、この11b–12節のファリサイ派の人の祈りは努力によって達成した地位（achieved status）を誇っているのである[32]。この点でこのファリサイ派の人の祈りは、詩編や初期ユダヤ教文学の祈りとは決定的に異なっている。このことから、このファリサイ派の人の祈りは実在のファリサイ派たちがそう祈ったことを記したものではない。むしろ伝承と編集の過程で、キリスト者共同体の集会に属す「他人を見下す者」の祈りを風刺したものとして伝えられたと考える。

このファリサイ派の人の祈りは「私は～ではない」という否定的な表現と「私は～をしている」という肯定的な表現を用いて、自分が「他の人々」と違うことを誇張する。まず否定的な表現として彼は、自分が略奪する者[33]、不正を働く者、姦通する者でもないと述べる。この3つの悪行はおそらく十戒に由来する[34]。彼はこれらの点で「他の人々」との違いを神の前で主張する。

それから彼は、「ましてやこの徴税人のようなものでもない ἢ καὶ ὡς οὗτος ὁ τελώνης」という言葉で、視点をその他の人々から遠く離れたところに立つ徴税人に移す。福音書が物語る世界において徴税人は、人々の嫌悪の対象であり共に食事することを拒まれた。ファリサイ派は、このように皆から嫌われている徴税人を引き合いに出して、自分を義人であることを決定

的なものにした。

　次に積極的な表現で彼は、週に2回ほど断食していることと「十分の一」を納めていることを挙げる。まず「断食」について考察する。贖罪日の断食が律法に定められた唯一の断食日である[35]。これに加えて旧約聖書には、罪の赦しの嘆願（ネヘ 9:1–2）や亡くなった者への哀悼（サム下 1:12）、嘆きの表明（エス 9:31）といった理由で人々は断食したとある[36]。

　第二神殿時代、特定のグループだけでなくユダヤ人の多くが定期的な断食を実践した。マタイ福音書やディダケー、スエトニウス『ローマ皇帝伝』は、その重要な根拠を提供する[37]。またいくつかの資料が、洗礼者ヨハネのグループや、エッセネ派、アレクサンドリアのテラペウタイ派といった集団が断食を実践していたことを伝える[38]。

　では実在のファリサイ派はどうであっただろうか。ファリサイ派が週2回断食したことを示す70年以前の文献は福音書のみである（この箇所とマコ 2:18 並行）。また、ファリサイ派は断食を大切にしたであろうが、同じ様に共に食べる食卓の清めも大切にしていた[39]。したがって断食は、彼らを他から分ける特徴ではなかった。むしろユダヤ世界の外の人々の目には、ユダヤ人なら誰もが断食をしていると見えた。

　では、この箇所でファリサイ派の人が断食をしていることを誇ることの何が問題なのだろうか。イエスも使徒たちも何かを真剣に祈り求める時に断食した（マタ 4:2; 使 13:2–3）。しかし、彼らはそれほど頻繁に断食することはなく（マコ 2:18–20// マタ 9:14–15// ルカ 5:33–35）、それどころか誰かにわかるように断食することを批判した（マタ 6:16–18）。

　イザヤ書58章がここに述べられている断食に対する否定的な見解を解明する手がかりになる[40]。ここでイザヤはユダヤ人が偽善的に行う断食を批判し、神の選ぶ断食とは、「悪による束縛を断ち、軛の結び目をほどいて虐げられた人を解放し、軛をことごとく折ること」（6節、新共同訳）であり、「飢えた人にあなたのパンを裂き与え、さまよう貧しい人を家に招き入れ、裸の人に会えば衣を着せかけ、同胞に助けを惜しまないこと」（7節、新共

同訳）と主張する。すなわち、神が求める断食は正義の回復である。このファリサイ派の人は、正義の回復のためではなく自分を義人とするために断食している。このような断食は神の前には無意味である。

次に「十分の一」[41]について考察する。ファリサイ派の人は、「全て得たものから十分の一を献げている」と誇らしげに祈る。この「十分の一」は、農作物や家畜の十分の一を神への感謝として献げる慣習である。聖書は「十分の一」の制度が時代を経て発展していることを示す[42]。それを「第一の十分の一」、「第二の十分の一」、「貧者のための十分の一」に整理したのは、後のラビたちである[43]。「第一の十分の一」は、土地を持たないレビ人へ配分され、そこからさらに十分の一を祭司に配分するというものである。「第二の十分の一」はエルサレム巡礼に持って行くもので、安息年周期（7年）の第1、第2、第4、および第5の年に限定された。第3と第6の年には、「第二の十分の一」に相当するものは貧者に与えられる。これを「貧者のための十分の一」と呼ぶ。そもそも「十分の一」は、嗣業地を持たないレビ人や祭司、貧しい人に分配される「伝統的な再分配経済に根ざしていた」[44]。

イエスは正義の実行と神への愛をないがしろにした「十分の一」は何の意味もないと述べる（マタ23:23// ルカ11:42）。確かに福音書はファリサイ派が安息日や「十分の一」といった律法を厳格に遵守したと述べる[45]。他方で貧しい農民の中には不作の年など厳格に「十分の一」を厳格に遵守できなかった者もいたことは想像に難くない[46]。先に断食について述べたのと同じ様に、イエスにとって正義の回復こそが真の「十分の一」であることがわかる。

ファリサイ派の人の祈りは「私は〜ではない」という否定的表現で「他人を見下す」ものである。また「私は〜をしている」という肯定的表現は「自分たちが義人であることを自分自身により頼んで確信する」ものである。しかし、神の前では断食も「十分の一」も正義の回復を目指すものでなければ、彼を義人とする根拠にはならない。

3.3. 徴税人の神殿での祈りとふるまい

まず、福音書に登場する徴税人に関する古典的研究を概観する。Norman Perrin は共観福音書には、(1) 天におられる父のもとに立ち返ることのできる「ユダヤ人の罪人」、(2) 赦しに至らないであろう「異邦人の罪人」、(3) 異邦人の様にふるまうユダヤ人の罪人——すなわち外国の圧政者の手先となってユダヤを裏切る人々——の3つの「罪人」のカテゴリーがあり、徴税人はこの第3のカテゴリーに含まれると主張する[47]。次に Joachim Jeremias は、ラビ文献に関する知識をもとにして、「卑賤視された特定の職業があり、それに従事した人は多かれ少なかれ社会的差別の対象となった」[48]が、その差別は彼らが不道徳な生活を送っているという偏見によるものであったと主張した。

Perrin はまず罪人のカテゴリーを決定し、そのカテゴリーのいずれかに徴税人を位置づけようと試みる。しかし研究の手続きとしては、Jeremias の様にまず様々な史料を用いて1世紀の徴税人像にアプローチしてから、罪人という概念との関係を検討すべきである。他方、多くの研究者が Jeremias の問題点として彼がラビ文献を主たる史料として用いている点を挙げる[49]。

John R. Donahue は、権力者のために直接税を集める徴税人（ラテン語：publican; 英：tax collector）と間接税（売上にかかる税、通行税など）を集める徴税人（toll collector）とを分ける。そして新約聖書に出てくる徴税人（τελώνης）は、間接税を集める徴税人であると主張する。なぜならローマの徴税請負制度はイエスの時代のユダヤには存在しなかったからである[50]。このダナヒュー説は、今では英語圏で広く受け入れられている。

1世紀のユダヤ世界に関する文献で、徴税人を「罪人」あるいは「卑賤視された職業」であると述べる文献は新約聖書だけである。ヨセフスは2人の徴税人——前3世紀の終わり頃に生きたトビヤの子ヨセポス（大祭司オニアスの甥）とローマ時代のカイサレイアの徴税人ヨアンネス（Ἰωάννης ὁ τελώνης）——について、この2人がその地域のユダヤ人社会の庇護者で

あったと述べる（『古代誌』12.175–185;『戦記』2.285–292）[51]。フィロンはユダヤ地方において税を集める仕事をしていた（φόρων ἐκλογεύς）カピトーン[52]という人物について、ユダヤ人から強欲に税を取り立てることで富を築いたと報告する（『ガイウス』199）。しかしヨセフスもフィロンも、徴税人という職業がユダヤの清めと汚れの慣習との関係で汚れた職業であるとは言っていない。Jeremias が根拠として挙げるラビ文献はより後代に書かれたもので、どこまでイエスの生きた時代のユダヤの状況を反映しているか不明である。

　むしろ徴税人という職業を一段見下していたのは、1世紀のローマ世界である。キケローは『義務について』1.150 で「職とその他の生業」のうち、どれが自由人にふさわしく、どれが卑しいかを論じる。その最初に「第一に、人々の憎しみを買う職業は褒められない。たとえば、徴税吏（portitor）[53]や貸金業（faenerator）である」[54]と述べている。ディオン・クリュソストモスは『弁論集』14.14 で法が禁じてはいないが下品かつ低劣なことの例として、税を取り立てること（τελωνεῖν）と売春宿を経営すること（πορνοβοσκεῖν）を挙げている。このローマ世界における徴税人を見下す見方は、ルカとその最初の読者が持っていた前理解であると言える。言い換えると、この譬に登場する徴税人を一段劣った職業と見ていたのは、ローマ世界の住人であるルカとその最初の読者であって、イエスやイエスの言葉の伝承者ではない。

　ルカ福音書 18 章 13 節で徴税人は「遠く離れて立ち、目を天に上げず、自分の胸を打ち続けながら」祈ったとされる。人々から汚れていることを疑われた人たちはおそらく、神殿の祈りの時に人々から「遠く離れて立った」。なぜなら祭司が香を焚くために神殿に入る時間になると、「祭司の頭」は汚れた者を東門口に追いやったからである（ミシュナ・タミード 5:6）。したがって汚れていることが疑われている人々は、そのような嫌な思いをする前に人々から離れ、祈りが終わると誰にも気づかれずに出られる東門の近くに立ったのではないかと、多くの研究者が想定する[55]。しかし、この譬がこの

ようなエルサレム神殿の実際の慣習を背景にして伝承されたのか、またエルサレム神殿でこのようなことが本当にあったかを確信できるほどの史料もない。

ただこの譬における演出のねらいは、ファリサイ派の人の立ち位置とのコントラストである。神の前に祈る群集が立っている。その神と群集の間にファリサイ派が立っている。そして、その群集のはるか後ろにこの徴税人が立っている。しかし、読者は 14 節 b の「全て自分自身を高くする者は低くされる。しかし、自分自身を低くする者は高くされる」に至ると、ファリサイ派と徴税人の立ち位置が逆転したことに気づくのである。つまり、同じ言葉で結ばれているルカ福音書 14 章 7–11 節の上席に座った者が末席に座った者に席を譲らなければならなくなるという譬と同じことがここで起きている。このファリサイ派の人と徴税人の立ち位置は神殿の実態を反映しているのではなく、譬のメッセージを伝えるための図式的な表現である。

さて、徴税人は「目を天に上げず、自分の胸を打ち続けて」祈ったとある。「目を上げる」のは嘆願や感謝の祈りを献げる時のポーズである（詩 123:1; マコ 6:41; 7:34; ヨハ 11:41; 17:1)。それに対して「目を天に上げない」のは、自分の罪を神の前に恥と認識し、自分に対する神の怒りに怯えていることを表すポーズである[56]。また「胸をたたき続ける」は自己処罰のしるしであり、後悔や悲嘆、痛みを表す動作である（ルカ 23:48 など）[57]。「目を上げず」「胸をたたき続ける」という動作を通して彼は、自分の罪深さを認識し、神の怒りへの恐れを表している。

「神よ、罪人である私に対する怒りをなだめて下さい ὁ θεός, ἱλάσθητί μοι τῷ ἁμαρτωλῳ」という徴税人の祈りは、「贖罪の日（ヨーム・キッ—ル）」に献げる祈りの典型である[58]。この徴税人は自分のことを罪人と同定する。これは自分を罪人と同定するペトロの告白（ルカ 5:8）と似ている[59]。明らかに、いずれの場合も「罪人」という社会階級に属していると言っているのではなく、自分の罪深さの告白である[60]。ἱλάσκομαι は「怒りをなだめる」と訳せる。これは彼が自分があまりにも罪深く、それ故に神の怒りを買って

いることを自認していることを示す（エチ・エノ 13:5 参照）。この徴税人のふるまいは、その祈りの言葉と共に、先のファリサイ派の人とは対照的である。徴税人は、ファリサイ派の人のように自分を義人であるとは誇らず、むしろ罪人であると嘆いた。それ故に彼は神によって義とされた。

4. まとめ

　本稿の成果は以下のように要約される。
　ルカによる編集部分（9節・14節b）に着目することによって、2つの点を明らかにした。まず、ルカはこの譬を通して、キリスト者共同体の中にもいる「自分たちは義人であることを自分自身により頼んで確信し、他人を見下す人々」に対して、「自分自身を高くする者は低くされ、自分自身を低くする者は高くされる」という認識の転換を勧めている。次に、ルカはこの譬を権利を持たない人々（やもめや子ども）や嫌悪された人々（徴税人）が神の国に入りファリサイ派や金持ちが遠ざかっていくことを示す大きな文脈（18:1–30）に置くことで、「自らを高くする者」が神の国から遠ざかり、「自らを低くする者」が神の国に受け入れられことを教えようとする。
　伝承に描かれるファリサイ派の人と徴税人の対照的なふるまいと祈りの分析を通して、以下のことを明らかにした。ファリサイ派の人は、神と祈る群集の先頭に立って、祈りの中で悪行を行わず断食と十分の一を遵守していると誇る。しかし断食も「十分の一」も正義の回復のための手段であって、これを実践する人を義とする手段ではない。したがって彼は神の前で義とされなかった。それに対して徴税人は、祈る群集のはるか後ろに立って、自分の罪を認め、神への恐れを表明する。このように自分が罪人であることを認め贖罪を求めることこそが、義となる手段なのである。
　この譬で描かれているファリサイ派の人の姿はルカにとってもルカの読者にとっても、実在のファリサイ派ではなく、むしろ自分たち共同体の集まりでよく見かける「他人を見下し自分を高くする人々」と重なったと考えられ

る。また徴税人は到底回心して義とされるような人ではないことが前提とされている。このように徴税人を見下げる見方は、イエスの時代のパレスチナ・ユダヤ世界ではなく、ルカ文書が執筆され最初に読まれたローマ支配下の地中海の都市のエリートの見方を反映している。しかし譬の読者にとって意外なことに、このような徴税人のふるまいと祈りこそが、キリスト者が倣うべきモデルとして示さている。

　　　本研究は JSPS 科研費 15K 02425（課題名『新約聖書のなかの差別と共生―ルカによる福音書の「罪人」テクストの社会科学的解釈』）の助成によるものである。

注

1) 例えば木原桂二『ルカの救済思想　断絶から和解へ』日本キリスト教団出版局、2012 年、186 頁。
2) この点は多くの研究者が同意する。例えば嶺重淑「ファリサイ派と徴税人の譬え：ルカ 18:9–14 の編集史的考察」(『神学研究』55 号、関西学院大学、2008 年、17–25 頁)、19–20 頁。
3) 嶺重「ファリサイ派と徴税人の譬え」19 頁注 7 の分析が最も詳細である。他にも Michael Wolter, *Das Lukasevangelium*, HNT (Tübingen: Mohr Siebeck, 2008), 592 を参照。
4) 十人の皮膚病を患う者たちの癒しの場面（ルカ 17:11–19）の後からエリコの近くで目の見えない人を癒す場面（18:35–43）の間（17:20–18:34）、イエスはまずファリサイ派の人々の問いに答え（17:20–37）、次に弟子たちにやもめと不正な裁判官の譬を語る（18:1–8）。そして、このファリサイ派と徴税人の譬を語った後、イエスの前に乳飲み子を抱えた人々（18:15–17）、金持ちの議員（18:18–30）が次々と登場し、最後にイエスは、弟子たちだけを集めて、三度目の受難予告をする（18:31–34）。この間にイエスが場を変えていないことから考えて、イエスが弟子だけを呼び集めるまで（18:31）、イエスの前にはファリサイ派の人々と「弟子たち」がいたように読める。
5) イエスと対話する相手がルカ 7:20–37 ではファリサイ派、18:1–8 では弟子たちと明示されているのに対して、この箇所では具体的に誰かがあいまいである。
6) 「割礼のある者」（使 11:1）はペトロが無割礼の者と食事をしたことを非難した。「ユダヤから下って来た人々」（使 15:1）は割礼を受けなければ救われないと教えた。「ユダヤ人ですでに信仰に入った者」（使 21:20）は自分たちが律法を守って正しく生活していると主張した。このように福音書のファリサイ派の役を、使徒言行録ではユダヤ人キリスト者が演じている。
7) 嶺重淑『ルカ神学の探求』教文館、2012 年、170–89 頁。彼らはある場面では高慢だが、別の場面ではイエスの教えに耳を傾けている。
8) E. P. Sanders, *Judaism: Practice and Belief 63BCE-66CE* (London: SCM, 1992), 409–411, 417.
9) Wolter, *Lukasevangelium*, 594; Mikeal C. Parsons, *Luke*, Paideia Commentaries on the New Testament (Grand Rapids: Baker Academic, 2015), 267.
10) 回心（メタノイア）を「自己認識の転換」とする見解の例として、木原『ルカの救済思想』135 頁。しかし論者の立場は、福音書の回心が読者に対して、低くされている者の視点から世界を見直すことと同時に、今低くされている者との連帯を勧め

ていると考える。この点は本田哲郎『小さくされた人々のための福音　四福音書および使徒言行録』新世社、2001 年、15–6 頁を参照。

11) Wolter, *Lukasevangelium*, 592.

12) François Bovon, *Luke*, trans. Christian M. Thomas, Donald S. Deer, and James Crouch, Hermeneia, 3 vols. (Minneapolis: Fortress, 2002–2013), 2:542.

13) Eduard Schweizer (*The Good News According to Luke*, trans. David E. Green [Atlanta: John Knox, 1984], 281) はルカ 18:1–14 までがルカ特殊資料による一つの伝承であったと主張する。Thomas W. Manson (*The Sayings of Jesus as Recorded in the Gospels according to St. Matthew and St. Luke Arranged with Introduction and Commentary* [London: SCM, 1949], 202) は「やもめと不正な裁判官の譬」（18:1–8）と結びつけて「聞き届けられる祈り」とは何かを扱う教えであると主張した。Joachim Jeremias (*The Parable of Jesus* [Upper Saddle River: Pretince-Hall, 1972], 93) も「祈りは粘り強くかつ謙虚であるべきである」という教えとしている。比較的最近の註解書では Luke Timothy Johnson (*The Gospel of Luke*, SP 3 [Collegeville: Liturgical, 1994], 274) が、この 2 つの譬を一括して、行いにおける信仰である祈りについての教えとした。

14) E. Earle Ellis (*The Gospel of Luke*, NCB [London: Oliphant, 1966], 214) はルカ 18:1–14 が神の国の到来についてであると主張する。Frederick W. Danker (*Jesus and the New Age* [St. Luis: Concordia, 1969], 296) は 18:1–14 が神の国の原理——すなわち力は低い者にもたらされ、謙虚な者は高くされる——を教えていると主張する。

15) I. Howard Marshall, *The Gospel of Luke*, NIGTC (Grand Rapids: Eerdmans, 1978), 677.

16) Joel B. Green, *The Gospel of Luke*, NICNT (Grand Rapids: Eerdmans, 1997), 643.

17) Adolf Jülicher, *Die Gleichnisreden Jesu*, 2 vols (Tübingen: Mohr Siebeck, 1910), 1:112.

18) Luise Schottroff, "Die Erzählung vom Pharisäer und Zöllner. Als Beispiel für die theologische Kunst des Überredens," in *Neues Testament und Christliche Existenz* (FS H. Braun), ed. H. D. Betz und L. Schottroff (Tübingen: Mohr Siebeck, 1973), 439–61 (esp. 441–6); 嶺重「ファリサイ派と徴税人の譬え」17 頁注 1。

19) Robert Doran, "The Pharisee and the Tax Collectors," *CBQ* 69 (2007): 259–70 (esp. 263)。

20) ギリシア・ローマの対抗物語の例は、Doran, "The Pharisee," 263–5 を参照。（1）デルフォイの神殿に多大な捧げものをする金持ちが、自分よりも神をあがめる者がいるかとデルフォイに託宣を求めたところ、託宣は彼ではなく彼の町に暮らす最も貧しい人の名を挙げて、家族と家に伝わる神を大切にするこの者こそ最も神

をあがめていると告げた。テュロスのポルピュリオスの『節制論』2.16 (= Felix Jacoby, ed., *Die Fragmente der griechischen Historiker* [Leiden: Brill, 1954–1964], 115, Fragment 344)、あわせて Doran, "The Pharisee," 263 参照。(2) リディアの王ギュゲスはアポローン神に一番幸せな人間は誰かとたずねると、アポローンはそれはこの土地で一番貧しいアグラウスであると答えた。アグラウスは自分の土地に境界を残さず、自分の持つわずかな土地から取れるものだけで満足しているからである（ヴァレリウス・マクシムス『著名言行録』7.1.2.; プリニウス『博物誌』7.151)。(3) アナカルシスがピュティアの巫女に自分より賢い人が誰かいるかと神託を伺ったところ、「オイテーの地のケーンに住むミュソンなる者」という意外な託宣を得た（ディオゲネス・ラエルティウス『列伝』1.106–8)。

21) ἱερόν は神殿そのものと神殿の「境内」「庭」を特に指すことがある。ἱερόν が神殿と神殿の庭を指す例としてマコ 11:15// マタ 21:12// ルカ 19:45 を参照。おそらくこの箇所の ἱερόν は聖所の前のイスラエル人の庭を指す。

22) ユディト記には、ユディトが神殿で夕べの香が焚かれる時に、大きな声で自分の胸中を祈る場面がある (9:1)。Kenneth E. Bailey, *Jesus through Middle Eastern Eyes: Cultural Studies in the Gospels* (Downers Grove: IVP Academic, 2008), 346 n.6.

23) ザカリアがヨハネの誕生について告知されたのは、この最中と考えられる（ルカ 1:8)。また、使徒言行録にはペトロとヨハネが午後 3 時の祈りに神殿に上ったとある（使 3:1)。

24) Johnson, *Luke*, 272.

25) 嶺重「ファリサイ派と徴税人の譬え」21 頁。

26) John Nolland, *Luke*, WBC, 3vols. (Waco: Word, 1989), 2:876.

27) Hans Klein, *Das Lukasevangeium*, KEK (Göttingen: Vanden-Ruprecht, 2005), 584.

28)「主よ、私はあなたに感謝します。まことに、あなたはあなたの真実によって賢明にされました。あなたの驚くべき秘義によって私に知識を授けられました。[] […] の人には、あなたの慈愛によって、心のひねくれた者には、あなたの大いなる慈しみによって」(1QH^{a}15:29–30)。訳は勝村弘也・上村静訳『死海文書 VIII　詩篇』ぷねうま舎、2018 年、80 頁。

29)「わたしは、ヤハウェ、わが神、わが先祖の神に感謝します。あなたはわたしにシナゴグの書斎に座って律法を研究する身分をお与えくださったことに感謝します。あなたはわたしに恐ろしい状況や劇場において曲芸する身分をお与えにならなかったことに感謝します。わたしはエデンの園を手に入れるために働いています」(*t. Ber.* 4:7; 6:18)。訳は坂口吉弘『ラビの譬え　イエスの譬え』日本基督教団出版局、1992 年、179–80 頁。

30)「わたしの神であり主であるあなたに感謝します。あなたがわたしの居場所を、通

りの角に座す者たちの間ではなく学塾に座す者の中に与えられたことを。わたしも彼らも早起きしますが、わたしはトーラーの言葉のために早起きするのであり、彼らは下らない用事のためにそうするのです。わたしは労苦して報いを受けますが、彼らは労苦しても何も得ることはありません。わたしも彼らも急いでいますが、わたしは来たる世の命のために急いでいるのであり、彼らは崩壊の地獄のためにそうするのですから」(b.Ber. 28b)。 訳はアダ・コーヘン『タルムード入門 3』市川裕・藤井悦子訳、教文館、1998 年、184 頁。

31) 例えば嶺重「ファリサイ派と徴税人の譬え」22 頁。
32) パーソンズ社会学の概念である「生得的地位」(ascribed status)と「達成された地位」(achieved status)を古代ユダヤ社会の分析に用いた例として Howard Eilberg-Schwartz, *The Savage in Judaism: An Anthropology of Israelite Religion and Ancient Judaism* (Bloomington: Indiana University Press, 1990), 195–216, esp. 195–8 を参照。生得的地位とは、性、家柄、年齢、体の特徴など生来のものによる社会的地位のことであり、「達成された地位」とはおもに努力によって達成された社会的地位のことである。福音書の物語の背景にある社会では、個人の地位は努力によって達成される場合よりも、生得的に得られる場合の方が圧倒的に多い。したがって、貧困や職業もその人の努力あるいは怠惰によってではなく、ほとんどの場合、生得的に決められたものである。Eilberg-Schwartz は、1 世紀パレスチナ社会において浄・不浄は自分の努力によって獲得するものではなく生得的地位のようなものであると考える。
33) 後述の J. A. Fitzmyer が言うように、この 3 つの否定的表現が十戒に由来するならば、ἅρπαγες を「むさぼる者」と訳すこともできる。しかし十戒の「むさぼるな」は七十人訳では ἅρπαξ/ἁρπάζω ではなく ἐπιθυμέω が用いられている (οὐκ ἐπιθυμήσεις [LXX 出 20:17]; οὐκ ἐπιθυμήσεις [LXX 申 5:21])。したがってこの箇所と十戒を直接結びつけて ἅρπαγες を「むさぼる者」と訳すことはできない。むしろ LXX 創 49:27 とその引用であるマタ 7:15 に出てくる λύκοι ἅρπαγες「貪欲なおおかみ」という言葉を参照して、この箇所の ἅρπαγες を訳す。この形容詞 ἅρπαξ と同じ意味領域である動詞 ἁρπάζω は「力づくで取り上げる」「つかみとる」などと訳され、強盗行為も指す(例:マタ 11:29; 13:19)。したがって、ここでは ἅρπαγες を「略奪する者」と訳す。
34) Joseph A. Fitzmyer, *The Gospel according to Luke*, AB, 2 vols. (Garden City: Doubleday, 1981–85), 2:1187.
35) 例えばレビ 16:29–31; 23:27–28; 民 29:7 を参照
36) 他にもゼカ 8:19; ユディ 4:13; 8:6 など。あわせてミシュナ・タニート 1:4 を参照。
37) マタ 6:16–18 でイエスは、これ見よがしに断食をする人々を「偽善者」と断じる。ディダ 8:1 は「偽善者たち」は安息日後 2 日目(=月曜)と 5 日目(=水曜)に断

食するが、キリスト者は4日目（＝水曜）と準備の日（＝金曜）に断食するように教えている。ここで言う「偽善者」とはキリスト者と敵対するユダヤ人のグループのことであろう。また、スエトニウスはアウグストゥスの自制された生活を称えるにあたって、「ユダヤ人といえども…今日私が守ったほど熱心に安息日の絶食を守ることはあるまい」（『アウグストゥス』『ローマ皇帝伝』76。訳はスエトニウス『ローマ皇帝伝 上』国原吉之助訳、岩波書店、1986年、174頁）と述べている。このような記述が残るほど、断食を厳格に守るユダヤ人が多くいたということである。

38) 洗礼者ヨハネ集団についてはマコ 2:18// マタ 9:14// ルカ 5:33; マタ 11:18、エッセネ派についてはヨセフス『戦記』2.128–9、アレクサンドリアのテラペウタイ派についてはフィロン『観想的生活』34 を参照。

39) Doran, "The Pharisee," 267.

40) イザ58章をここで「手がかり」とすることは何ら唐突ではない。イエスの宣教の目指すことが綱領的に述べられているルカ 4:18–19 は、イザヤ 61:1–2 に 58:6 を混合した引用である。少なくともルカがイザ 58 章の正義の回復としての断食を知らなかったとは考えられない。

41) ルカ 18:12 では「十分の一を献げる」という意味の ἀποδεκατόω が用いられている。ヘブライ語 מַעֲשֵׂר・ギリシア語 δέκατος は単に「10分の1」を意味している。この語がユダヤの古代からの習慣を指している場合、「十分の一税」と訳すことが多い。しかし、これは政治的権力が徴収する「税」とは性格が違う。「十分の一の献げ物」「十分の一奉献」といった訳もあるが、本稿では単に「十分の一」と訳す。

42)「十分の一」の原因譚としては創 14:18–20 および 28:22。紀元前8世紀頃に書かれたアモ 4:4 が最も古い言及である。申命記では祭りの時、聖所に収穫の十分の一を携えて行き、嗣業地を持たないレビ人、寄留者、孤児、やもめのために用いられた（申 12:6–18; 申 14:22–29）。民数記によれば、「十分の一」はレビ人にまず配分され、そこからさらに十分の一が祭司に配分されたとある（民 18:21–32）。レビ記は収穫の十分の一が家畜まで拡大している（レビ 27:32–33）。マラキは「十分の一」を献げない者たちを強く非難する（マラ 3:7–12）。

43) こういった点は『ミシュナー 1　ゼライーム』（石川耕一郎・三好廸訳、教文館、2003年）に所収のミシュナのマアセロート、マアセル・シェニーを参照。

44) Bruce J. Malina and Richard L. Rohrbauch, *Social-Science Commentary on the Synoptic Gospels* (Minneapolis: Fortress, 1992), 382–3.

45) こういった点は歴史的に実在したファリサイ派も厳格であったと考えられる。Sanders *Judaism*, 429; Steve Mason, *Josephus and the New Testament* (Peabody: Hendrickson, 2003) ＝『ヨセフスと新約聖書』浅野淳博訳、リトン、2007年、270頁。

46）William R. Herzog II, *Parable as Subversive Speech: Jesus as Pedagogue of the Oppressed* (Louisville: Westminster/John Knox, 1994), 181.
47）Norman Perrin, *Rediscovering the Teaching of Jesus* (New York: Harper & Row, 1967), 93–102.
48）Joachim Jeremias, *Jerusalem in the Time of Jesus: An Investigation into Economic and Social Conditions during the New Testament Period*, trans. C. H. and F. H. Cave (Philadelphia: Fortress, 1972), 303.
49）例えば E. P. Sanders, *Jesus and Judaism* (Philadelphia: Fortress, 1985), 178.
50）John R. Donahue, "Tax Collectors and Sinners: An Attempt at Identification," *CBQ* 33 (1971): 39–61 によると、ユダヤにおいて直接税はローマ人の官吏または総督府に雇われたユダヤ人が集め、ガリラヤではアンティパスの手下が直接税を集めた。ユダヤにおいてもガリラヤにおいても間接税は請負とされた。
51）「庇護者（*patronus*）・被護者（*clientele*）」については Malina and Rohrbaugh, *Social-Science Commentary*, 326–9 を参照。
52）秦は、ヨセフスがこのカピトーンなる人物については何も言及していないことから、この男がこの時期にユダヤの地の徴税人であったかどうか不明であることを認める（フィロン『フラックスへの反論 ガイウスへの使節』秦剛平訳、京都大学学術出版会、2000 年、159 頁）。これに対して、ローマ支配化のパレスチナの税について詳しく述べる Fabian E. Udoh, *To Caesar What Is Caesars: Tribute, Taxes, and Imperial Administration in Early Roman Palestine 63B.C.E.-70C.E.*, Brown Judaic Studies 343 (Province: Brown University, 2005), 240 によると、このフィロンの言うカピトーンはヨセフス『古代誌』18.158 に登場するヤムニアの代官エレンニオス・カピトーン（Ἐρέννιος Καπίτων ὁ τῆς Ἰαμνείας ἐπίτροπος）のことであり、カピトーンを徴税人としたのはフィロンの誤解とも考えられる。いずれにしても、ユダヤの同胞から税を貪り取って財を成した者に対する嫌悪を、フィロンから読み取ることができる。
53）ラテン語 *portitor* は国原吉之助『古典ラテン語辞典』（大学書林、2016 年）では「輸入税・輸出税・関税の徴収人、税関吏」となっている。
54）訳はキケロー「義務について」『キケロー選集 9』中務哲郎訳、岩波書店、1999 年、214 頁。ただしカッコ内は大宮。
55）Bailey, *Jesus through the Middle Easter Eyes*, 149; John R. Donahue, *The Gospel in Parable: Metaphor, Narrative and Theology in the Synoptic Gospels* (Philadelphia: Fortress, 1988), 587; Herzog, *Parable as Subversive Speech*, 185.
56）エチ・エノ 13:5 でアザゼルは自分の罪が恥ずかしく、神に語りかけることも、目を天にあげることができないと述べている。アザゼルは神が自分に怒っていることを心から恐れている。「というのも、彼ら自身、さばきのすでにくだったその罪過

が恥ずかしくて、もはや（神に）語りかけることも、目を天にあげることもできないからである」。訳は「エチオピア語エノク書」『聖書外典偽典 4　旧約偽典 II』村岡崇光訳、教文館、1975 年、182 頁。またヨセフス『古代誌』11.143 でエズラは罪の赦しを求める祈りの冒頭で、「神よ。わたしは民の犯した罪のために天を仰ぐのが恥ずかしくてなりません」と述べている。訳は『ユダヤ古代誌 3』秦剛平訳、筑摩書房、348 頁。

57)「胸をたたき続ける」動作を描くユダヤ文献については Wolter, *Lukasevangelium*, 594 を参照。Bailey, *Jesus through the Middle Easter Eyes*, 348–9 によると、中東の男たちは今でも悲嘆を表すために胸をたたく。

58)『レビ記ラッバー』3.3 の祈りを見ると、徴税人の祈りがヨーム・キップールの祈りであることがわかる。R. Bibi b. Abye said: How should a person confess on the eve of the Day of Atonement? He should say: "I confess all the evil I have done before Thee; I stood in the way of all evil; and as for all the evil I have done, I shall no more do the like; may it be Thy will, O Lord my God, that Thou pardon me for all my iniquities, and forgive (תסלח) me all my transgressions, and grant me atonement for all my sins." (*Lev. Rab.* 3.3) 訳は *Midrash Rabbah Leviticus*, trans. J. Israelstam and Judah J. Slotki (London: Soncino, 1983), 37 を引用、ただしカッコ内は大宮。

59) 他にもルカ福音書では放蕩息子（15:18）や十字架の盗賊（23:40–41）が自分の罪深さを告白している。

60) この点は木原『ルカの救済思想』23、131 頁に同意。Parsons, *Luke*, 267 によると、ἁμαρτωλός に定冠詞がついているのは、自分が最も重い罪人であると告白しているためである。

神の所有としての生
―― ルカ福音書 20 章 27–40 節についての考察 ――[1)]

大澤　香

Life in God's Power: A Study on Luke 20:27-40

Kaori Ozawa

Abstract

　Among the synoptic accounts of the woman who married seven brothers, Luke makes several changes to the Markan text. Luke adds the contrast between the two groups in 20:34-36. And in v. 38 he adds the expression "for all live [/are living] to Him." Previously, these changes have been discussed from the perspective of Lukan eschatology. But why did Luke accept the concept of spiritual immortality? A clue is in the expression of ζῆν τινι which is dative in v. 38. By tracing the tradition of ζῆν τινι especially with the usages of Philo and Paul, we can see that this expression relates to a possessive relationship. This study suggests that with these textual changes, Luke focuses on the importance of living in the power of God who is the true possessor of one's life.

1. 序

　共観福音書は、復活についてイエスとサドカイ派の人々が交わす問答を記している。7人の兄弟に嫁いだ女性は復活の時には誰の妻になるのか、とのサドカイ派の質問にイエスが答える場面である。共観福音書テキストを比較すると、マタイがマルコのテキストを踏襲しているのに対して、ルカは特にイエスの応答の言葉において、マルコのテキストを改変していることが窺える[2]。

　ルカ福音書20章34–36節に見られる改変の第一は、マルコ12章24節が削除され、それに代えて「この世の子ら（οἱ υἱοὶ τοῦ αἰῶνος τούτου）」と「かの世と死者の中からの復活を得るのにふさわしいと考えられる人々（οἱ καταξιωθέντες τοῦ αἰῶνος ἐκείνου τυχεῖν καὶ τῆς ἀναστάσεως τῆς ἐκ νεκρῶν）」の対比が持ち込まれている点である。そして第二の大きな変更点は、「神は死んだ者の神ではなく、生きている者の神である」[3]との言葉の後に、「彼らは皆、彼（神）のものとして生きているからである（πάντες γὰρ αὐτῷ ζῶσιν）」(20:38) との句が挿入されている点である。

　本稿では、従来、ルカの終末論の観点から論じられてきた上記の二つの変更点を検討し、後に述べるように、ルカが魂の不死性の概念を取り入れた理由を考察する。上で訳出したように、本稿は、38節のζῆν τινιの与格が所有者を表していると考え、ルカが、終末論的事柄とは別のところにある自身の関心を効果的に表現するために、テキストを改変したことを論じる。考察において、38節のζῆν τινιの与格の伝統を跡付けることが手掛かりとなる。

2. ルカの第一のテキスト改変について

　まずルカの第一の変更点について多くの議論がなされてきているが、それらの議論の争点は、ルカの変更によって生じる意味の違いが、ルカのテキス

ト改変の主要な目的なのかどうかという点である。マルコとマタイのテキストは、(将来) 復活する時に、人々はめとることも嫁ぐこともなく天使のようになると言っているのに対して、ルカのテキストは、「かの世と死者の中からの復活を得るのにふさわしいと考えられる人々は……天使に等しい者であ」る (20:35–36) と言っている。この違いがルカの特別の意図によるものかどうか、との議論である[4]。

2.1.「終末の時」の現在的意味への移行

H. Conzelmann[5] 以来、ルカの終末観について多くの議論がなされてきた[6]。T. K. Seim は、マルコのテキストに変更を加えたルカのテキストにおいても、時間的範疇は放棄されていないが、「時間的範疇が部分的に置き去りにされるような仕方で時間の図式が展開されている」と指摘する[7]。Seim は、「人間の通常の活動——食べること、飲むこと、結婚における出産——に関する禁欲的な拒否に光を投じる概念」として、ユダヤ文献に見られる天使との類似性の概念について報告し[8]、一方ルカのテキストについては、「かの世と死者の中からの復活を得るのにふさわしいと考えられる人々」の選びが既になされつつあることと、現在の時を終末の視点から倫理的に生きることの重視との関連を論じている[9]。C. H. T. Fletcher-Louis は、Seim の議論に基づきつつ、当時の人々が抱いていた霊的な「現在の復活」思想にまで論を進める[10]。M. Wolter は、Seim 及び Fletcher-Louis の主張について、テキストの議論からの逸脱を批判する[11]。Seim 及び Fletcher-Louis、そして Wolter の議論の違いは顕著であるが、三者とも終末の現在における重要性を指摘している点では共通している。

2.2. 初期ユダヤ教の終末観の伝統とルカの強調点

ルカによるマルコテキストの変更を、彼の終末論的概念や、死後の生についての初期ユダヤ教の伝統との関連で解釈することは理に適っていると思われるが、その一方で、それらの要素をより広い視野の下で理解することが可

能であるだろう。

　O. Lehtipuu は、ルカのテキストには「最後の復活」の概念と「死直後の昇天／魂の不死性」の概念とが並存していることを指摘し、「終末論的教えとその首尾一貫性はルカにとって主要な関心でもなければルカの著作の目的を理解するための鍵でもない」と述べる[12]。

　初期ユダヤ教における復活概念の変化について G. W. E. Nickelsburg は、宮廷の賢者である主人公が、敵によって不当に訴えられた後に弁護され、命を救われ、高い地位へと上げられるという物語的モチーフを指摘し、この物語の型に上昇シーンの拡大、主人公の実際の死、天の宮廷への高挙と天的な王の副執政への就任、という要素が加えられ、義人の死を彼の天への上昇と考える解釈が成立したと述べる。更にその後、義人への祝福としての復活概念の更なる発展が起き、ついには裁きの場面が最後の時の出来事の普遍的な描写方法となり、復活はその描写の中での形式化されたトポスとなった、と分析している[13]。Nickelsburg は、復活神学が迫害や苦難との結びつきを失い、「二路神学（two-ways theology）」との調和が起こった過程を指摘している[14]。二路神学においては、行いの義と不義がそれぞれ永遠の命と永遠の死へとつながる。時間の経過の中で、「死後の昇天」や「魂の不死性」、「最後の審判」、「永遠の命／永遠の死」等の概念と復活概念との間に整合性が生じたことが考えられる。

　このような過程を想定すると、ルカの時代の復活概念は、その複合的な統合の結果、複数の要素を含むものとして受容されていたことが考えられ、先の Lehtipuu の指摘のように[15]、ルカが異なる終末論的見解の並存を矛盾と考えなかったことの背景を窺うことができるだろう。第一の改変において、ルカは「最後の復活」を否定する意図なく、マルコとマタイのテキストにはない「不死性」の伝統からの要素を導入している、というのが、従来の議論に対するより妥当な指摘ではないかと考える[16]。

3. ルカの第二のテキスト改変について

　終末論的教義とその一貫性がルカの主要な関心でないならば、テキスト変更における彼の意図は何であるのか。第二のテキスト変更を検討し考察する。

　ルカの第二の変更点である πάντες γὰρ αὐτῷ ζῶσιν（ルカ20:38）についても、従来は第一の改変についての議論と重ねられながら、終末論との関連で議論がなされてきた。Lehtipuu も指摘するように、38節のこの句は不死性を述べる言葉であるのか、あるいは最後の復活について述べているのか、どちらであるのかとの議論がなされてきたのである[17]。第二の変更点が第一の改変同様、ルカによる不死性概念の導入であるのかどうかが問われてきた。このことを問う際には、ルカがこの概念を導入する理由を共に考察することが重要であるだろう。

3.1. ζῆν τινι の伝統
3.1.1. ζῆν τινι のルーツ

　ルカ20章38節の編集句 πάντες γὰρ αὐτῷ ζῶσιν では、与格の代名詞が動詞 ζῆν と共に用いられており、特殊な表現であると考えられる。この ζῆν と与格名詞の表現は、七十人訳聖書では、詩編21編30節[18]を除けば、Ⅳマカバイ記7章19節[19]と16章25節[20]に用例があるが、近年Ⅳマカバイ記についてはルカよりも後の年代が示唆されている[21]。MT 詩編22編30節（נפשו לא חיה）にはLXX 詩編21編30節に現れる αὐτῷ ζῇ に相当する句が見当たらないことからも、この表現のルーツを、まずはヘブライ語・アラム語でなくギリシャ語圏に跡付けることが適当であると考えられる。新約聖書では10回の用例があり、その内7回がパウロ書簡の用例である（ロマ 6:10, 11; 14:7, 8; Ⅱコリ 5:15; ガラ 2:19; 5:25）。

3.1.2. フィロンの用例

ζῆν τινι の用例の内[22]、ルカ以前の用例として確認できたものは、上記の LXX 詩編とパウロの用例の他にはフィロンの用例のみである。フィロンの著作に現れる ζῆν τινι は、以下のとおりである。

> 『相続人』57　かくして人間には二つの種類がある。一方は神的な霊、理性によって生きる人々の種（τὸ μὲν θείῳ πνεύματι λογισμῷ βιούντων）、そして血と肉の楽しみによって生きる人々の種（τὸ δὲ αἵματι καὶ σαρκὸς ἡδονῇ ζώντων）[23]。
> 『相続人』82　（その人が）魂においてのみ生きる（τῇ ψυχῇ μόνῃ ζῆν）[24] ことができる時、（彼は）故郷に留まっていると考えるのである。
> 『相続人』111　もしある人が全ての部分において彼自身に対してよりも神に対して生きること（ζῆσαι θεῷ μᾶλλον ἢ ἑαυτῷ）[25] ができるならば……彼は幸福で祝福された人生を送るだろう。
> 『名前』213　人間の営みをのがれ、神のみに対して生きること（θεῷ μόνῳ ζῆσαι）[26]。
> 『アブラハム』236　体においてよりも魂において生きる人々（οἱ ψυχῇ μᾶλλον ἢ σώματι ζῶντες）[27]。
> 『モーセの生涯』1:29　彼（モーセ）は体のためにではなく、魂のためにのみ生きること（ψυχῇ γὰρ ἐπόθει μόνῃ ζῆν, οὐ σώματι）[28] を願っていたので。

これらフィロンの用例からは、「自分自身に対して／のために生きる」ことと「神に対して／のために生きる」ことの対比、「体において／のために生きる」ことと「魂において／のために生きる」ことの対比が見られ、それぞれの対比において前者が否定的に、後者が肯定的に述べられている[29]。

これまでに言及した ζῆν τινι の用例では「〜において生きる」「〜に対して生きる」「〜のために生きる」「〜によって（に従って）生きる」など複数の訳が見られたが、文法的には与格には「利害関係の与格（dative of advantage or disadvantage)」「関与の与格（dative of relation)」「所有の与格（dative of possession)」「類似と結合の与格（dative of resemblance and union)」「原因／手段の与格（causal and instrumental dative)」「付随の与格（dative of accompaniment)」「場所の与格（dative of place)」など複数の可能性がある[30]。どの意味の与格として訳出するのかということとテキストの解釈は不可分の関係にあるが、分類の背後の意味を捉えることがより重要であるだろう。

3.2. パウロにおける ζῆν τινι
3.2.1. フィロンとパウロ

　パウロとフィロンは、同時代のヘレニズム・ユダヤ的背景を共有している可能性が高い。それゆえに、パウロはフィロンと同様の意味で ζῆν τινι を用いている可能性は大いに考えられる。フィロンもパウロも、ζῆν τινι の用例において「自分自身に対して／のために生きること」と「神に対して／のために生きること」に対比的に言及している。

3.2.2.「利害関係の与格」と「所有」の意味への近接

　多くの訳が、パウロの ζῆν τινι を「利害関係の与格」として訳出している。Blass/Debrunner/Rehkopf は、「利害関係の与格」の項目で以下のように述べている。

> パウロは、いくつかの組み合わせを（しばしば θεῷ や κυρίῳ)、Ⅱコリ5:13 に見られるように、特に自由に用いている。……ロマ 6:10 のようないくつかの場合に[31]、与格はむしろ所有者を表現している。[32]

Blass/Debrunner/Rehkopf は、この表現が εἶναι や γίνεσθαι の動詞と共に用いられる所有の与格と関連していることをも指摘している。そして、所有の与格に関して、「通常、属格に対する古典的な差異が保持されており、属格は所有者を、他方で与格は所有を強調する」と述べる[33]。これらの説明は、利害関係の与格と所有の意味が近接する場合があることを示しているだろう[34]。

更に、パウロの用法は重要な事実を示唆する。パウロは所有の意味と近接している可能性のある与格表現を、結婚のイメージと共に使っている。ロマ書7章で、パウロは律法による人間の支配の比喩として男性と女性の結婚に言及している。

> ロマ 7:4　かくして、私の兄弟たちよ、あなたがたもまたキリストの〔死の〕からだをとおして、律法に対して死んだのである（ὑμεῖς ἐθανατώθητε τῷ νόμῳ）。それは、あなたがたが他者、〔すなわち〕死者たち〔の中〕から起こされた方のものとなる（τὸ γενέσθαι ὑμᾶς ἑτέρῳ, τῷ ἐκ νεκρῶν ἐγερθέντι）ためである。〔それによって〕私たちは神に対して実をもたらす（καρποφορήσωμεν τῷ θεῷ）ようになるのである。

パウロは、律法に対して死に、キリストの所有となることの比喩として、律法によって夫が生きている間は夫に拘束されているが、夫が死んだときには別の男性と結婚することができる既婚女性に言及する。ここでパウロは、与格形を頻繁に使用している[35]。

これらのことから、キリストが罪／律法に対して死に、神に対して生きているように、キリストを信じる者もまた、罪に対して死に、キリストにおいて神に対して生きている、と述べるパウロの言葉（ガラ 2:19; ロマ 6:10–11）、私たちは自分自身に対して生きる／死ぬのではなく、生きるにしても死ぬにしても、私たちは主に対して生きる／死ぬのである（Ⅱコリ 5:15; ロマ 14:7–8）とのパウロの言葉の意味が明らかになってくる[36]。これ

らの表現の背後には、所有の関係、すなわち、誰／何がその人の命の所有者であるのか、誰／何がその人の命を支配しているのか、との視点があると考えられる。

4.「神の所有としての生」—ルカにおける ζῆν τινι

4.1. ルカテキストにおける対比

再びルカのテキストに戻ろう。これまでの考察に基づきつつ改めて見ると、ルカ福音書20章27–40節が、ロマ書7章と同じく結婚のテーマを扱いつつ ζῆν τινι の表現を使っていることに気付く。これまでの議論から、ルカ福音書20章38節における ζῆν τινι の与格は、フィロンとパウロの場合と同様、所有者を表している可能性が考えられる。

ルカ福音書20章38節には、フィロンやパウロで見られたような「自分のために生きる／肉において生きる」ことと「神のために生きる」こととの対比は見られない。しかし今一度このペリコーペ全体を注意深く見る時、一つの対比的状況があることに気づく。それはルカ福音書20章の28節と38節との間にある対比である。28節はマルコ福音書12章19節に対応するモーセの掟への言及であるが、ここでルカはマルコが記していない「ある人の兄が妻を持っていて（ἔχων γυναῖκα）」という言葉を記している。この言葉は、生前のこの女性についての最初の言及となっている。すなわちルカのテキストでは、この女性への言及は「男性による所有」として語り始められている。女性についてのこの前提の上で、サドカイ派による問いが投げかけられる。「復活の時、彼女は誰の妻になるのでしょうか？」すなわち「誰が彼女を所有するのでしょうか？」と。

ヘブライ語聖書によると、היה לאיש は婚姻関係を示す表現であり[37]、フィロンとパウロの用例の与格表現の中には、所有の意味との近接が窺われる。ルカ福音書20章38節でルカもまた、その人の命の本当の所有者／支配者が誰であるのかを問題にしていることが考えられるのではないだろうか。図

1に示すように、ルカはこの点を、文法的な移行によって強調している可能性がある。28節において、女性は男性の所有であった。すなわち所有という行為の対象（客体）であった。その女性が38節では、神に所有される命の主体[38]となっているのである。

図1

4.2. ルカの関心

女性がこの世で生きていた時、彼女は7人の男性の所有として生きた。しかしこの女性が誰の所有になるのかとの質問への答えの中でイエスは、彼女の所有者は男性ではなく神であると述べる。これが、20章38節の πάντες γὰρ αὐτῷ ζῶσιν をルカが加えた理由であると考える。

ここには、その人の命の真の所有者／支配者は誰／何であるのかを述べる、パウロと同様の手法を見ることができるだろう。フィロンとパウロの用例で見た対比には、自分自身を自分の命の所有者／支配者とする状態から、神を自分の命の所有者／支配者とする状態へと移行することへの奨励を確認することができる。ルカのテキストで前提されている状態は、この女性が男性の子孫を残すために男性によって所有されて生きたということであった[39]。しかし復活の際、彼女はもはやそのような関係の中にはなく、神との関係において、神の所有として生きるのだと述べられる。

一見、マルコと同様に復活についての議論のように見えるこのテキストにおいて、ルカの真の関心は、神が人の真の所有者／支配者である、との主張にあると考えられる。38節の与格を所有者を示す与格として解釈すると、マルコにおいては復活が存在することを証明することが焦点であったテキス

トが、ルカにおいては、神以外の所有のもとに生きていた女性が、神の所有へと移行されることに焦点を当てたテキストとなっていると考えられる。

5. 結

　本稿は、ルカによるマルコテキストへの二つの変更点について考察した。ルカの第一と第二の変更点について、ルカが不死性の概念を導入しつつ、最後の復活と死直後の報いの両方を保持していることを確認した。ルカは不死性の概念を、初期ユダヤ教時代に発展した復活についての多様な概念の中から受け取っていることが考えられる。しかしルカの変更点の検討から、ルカの真の関心は不死性や終末論についての議論にはない、と言うべきであるだろう。

　ζῆν τινι のルーツを、特にフィロンとパウロの用法と共に跡付けることにより、この表現が、「自分自身に対して／のために生きる」ことと「神に対して／のために生きる」こととの対比と共に、命の真の所有者／支配者を問う表現であるとの考察に至った。男性の所有として生きた女性が神の所有として生きる状態へと変えられることを、所有者を示す与格を使いながら描くことによって、ルカが、人が本来神の所有であるということを、πάντες γὰρ αὐτῷ ζῶσιν の句と共に表現していることが考えられる[40]。ルカのこの視点は、ルカ福音書16章13節で、「二人の主人に仕えることはできない」「神と富とに仕えることはできない」[41]と述べられているように、真の支配者である神のみを信頼するべきであるとの主張に裏付けられた、ルカの所有関係への特別の関心とも結びついていると考えられる[42]。ルカは、このルカ福音書20章27–40節のテキストにおいても、人間の命の真の所有者／支配者である神の所有として生きることの重要性に焦点を当てていると考えられる。

注

1) 本論文は Japanese-Swiss Science and Technology Program (Young Researchers' Exchange Program between Japan and Switzerland 2014) においてチューリヒ大学神学部 Samuel Vollenweider 教授の指導のもと執筆した英文原稿をもとにしている。その一部は 2015 年 6 月 29 日の第 56 回関西新約聖書学会で発表した。その質疑等を受け、再検討を加えて書き改めたものを 2016 年 7 月 7 日の SBL 2016 International Meeting で発表した。本稿は、それらの議論を経て新たな問題意識のもとで書き起こし、初めて論文として公にするものである。本稿の執筆には JSPS 科研費 JP19K12963 の助成を受けている。本稿においてパウロ書簡の日本語訳は、『新約聖書』(岩波書店、2004 年) の青野訳から引用させていただいた。記してご業績を通しての導きに謝意を表します。

2) ルカ 20:27–40 がマルコテキストに基づきつつ編集を加えていることは、後述のルカによる複数の変更点に加えて、ルカ 20:39 とマコ 12:28、ルカ 20:40 とマコ 12:34 の表現の部分的対応が、ルカがマコ 12:28–34 を省略した際の補充部分としてルカ 20:39–40 を置いたと考えられる点からも明らかである (J. Nolland, *Luke 18:35-24:53*, WBC 35C [Grand Rapids: Zondervan, 1993], 963; J. A. Fitzmyer, *The Gospel According to Luke X-XXIV*, AB [New Haven: Yale University Press, 1974], 1299 参照)。

3) これはユダヤ思想に伝統的な見解である。詩 6:6、115:15–18、イザ 38:18 等を参照。

4) F. Bovon, *Luke 3: A Commentary on the Gospel of Luke 19:28-24:53,* Hermeneia, trans. J. Crouch (Minneapolis: Fortress Press, 2012), 67 は、ルカのこの表現が、このロギアを復活論争により密接に関連させることと、「その時」の意味を彼の読者に明確にするというルカの二方面の目的によると述べる。

5) H. Conzelmann, *Die Mitte der Zeit: Studien zur Theologie des Lukas*, Beiträge zur historischen Theologie 17 (Tübingen: J.C.B. Mohr, 1954), 80–116.

6) 具体的な議論については、O. Lehtipuu, *The Afterlife Imagery in Luke's Story of the Rich Man and Lazarus*, SNT 123 (Leiden: Brill, 2007), 250 を参照。

7) T. K. Seim, *The Double Message: Patterns of Gender in Luke-Acts* (Edinburgh: T. & T. Clark, 1994), 216.

8) Seim, *Message*, 210–211. クムラン共同体における天使との類似と禁欲主義との関係について、拙論「第二神殿時代ユダヤ教の多様な聖書解釈――クムラン共同体における天使との共同の意識について」(『神戸女学院大学論集』第 65 巻第 2 号、2018 年、51–63 頁)、58–60 頁を参照。その中で、Seim と Fletcher-Louis が指摘

する資料についてより詳しく言及している（58–59頁）。
9) Seim, *Message*, 217.
10) C. H. T. Fletcher-Louis, *Luke-Acts: Angels, Christology and Soteriology*, WUNT2/94 (Tübingen: Mohr Siebeck, 1997), 88.
11) M. Wolter, *Das Lukasevangelium*, HNT 5 (Tübingen: Mohr Siebeck, 2008), 658.
12) Lehtipuu, *The Afterlife*, 237. 彼女はまた、「ルカの終末論的思考の異なる諸相を首尾一貫した一つの全体へと結合するような単一のモデルは存在しない」とも述べている（Lehtipuu, *Afterlife*, 263–264）。
13) G. W. E. Nickelsburg, *Resurrection, Immortality, and Eternal Life in Intertestamental Judaism and Early Christianity* (Massachusetts: Harvard University Press, 2006), 211–214.
14) Nickelsburg, *Resurrection*, 214–215.
15) O. Lehtipuu, *Debates over the Resurrection of the Dead: Constructing Early Christian Identity*, OECS (Oxford: Oxford University Press, 2015), 23–66 をも参照。
16) Fitzmyer, *Luke X-XXIV*, 1301 をも参照。
17) Lehtipuu, *Afterlife*, 259–260. 後述するルカ以外の文書ではこの表現に魂の不死性との関連が窺われる場合が多い。
18) 「地の富むものは全て食べ、そしてひざまずいた。地へと倒れるものは全て、彼の前にひざまずくだろう。そしてわたしの魂は彼に対して生きる／生きている（ἡ ψυχή μου αὐτῷ ζῇ）」。
19) 「我らの族長アブラハム、イサク、ヤコブのように、彼らは神に対して死ぬことはなく、彼らは神に対して生きる（ζῶσιν τῷ θεῷ）と信じている」。
20) 「アブラハム、イサク、ヤコブおよびすべての族長たちのように、神に対して生きる（ζῶσιν τῷ θεῷ）」。
21) IVマカバイ記の年代については議論が一致しておらず、近年、より遅い年代が提案されている。神殿についての言及が全てIIマカバイ記から引用された箇所に見られるため、Breitenstein は IVマカバイ記は後70年以降に書かれたと想定する。後100年あたりや更には2,3世紀というより遅い年代が、昨今では擁護されている（J. W. V. Henten, *The Eerdmans Dictionary of Early Judaism*, ed. J. J. Collins and D. C. Harlow (Grand Rapids: W.B. Eerdmans, 2010), 909; J. W. V..Henten, *The Maccabean Martyrs as Saviours of the Jewish People: A Study of 2 and 4 Maccabees* [Leiden: Brill, 1997], 73–81）。一方 E. Schürer は後1世紀半ばを強く主張している（E. Schürer, *The History of the Jewish People in the Age of Jesus Christ [175 B.C.–A.D. 135]*, A New English Version, rev. and ed. G. Vermes, F. Millar, and M. Goodman, vol. 3, part 1 [Edinburgh: T. & T. Clark, 1986], 591）。

22) 2 世紀中頃の成立が想定される使徒教父文書『ヘルマスの牧者』には ζῆν τῷ θεῷ の表現は 36 回現れる。
23) C. D. Yonge の 訳 (*The Works of Philo: Complete and Unabridged*, trans. C. D. Yonge [Peabody: Hendrickson Publishers, 1995], 280) は、前者の与格を "by"、後者を "according to" で訳している。
24) 与格は "in" で訳されている (Yonge, *Works*, 283)。
25) 与格は "to" で訳されている (Yonge, *Works*, 285)。
26) 与格は "to" で訳されている (Yonge, *Works*, 359)。
27) 与格は "in" で訳されている (Yonge, *Works*, 431)。
28) 与格は "for" で訳されている (Yonge, *Works*, 462)。
29) フィロンには『アブラハム』『イサク』『ヤコブ』といった父祖たちに関する 3 つの伝記があったと考えられ (現存は『アブラハム』のみ)、ルカ及びⅣマカで、アブラハム、イサク、ヤコブと関連して ζῆν τῷ θεῷ が使われていることは、フィロンあるいはフィロンと共通の伝承に遡るのかもしれない (3.2.1. を参照)。
30) W. W. Goodwin, *A Greek Grammar* (London; Tiger Xenophon, 2008), 245–254. しかし分類方法は文法書によって異なる。
31) 注においてロマ 6:11、7:4、14:7f.、Ⅱコリ 5:15、ガラ 2:19、Ⅰペト 2:24、ヘルマス「たとえ」8.6.4 が列挙されている。
32) F. Blass / A. Debrunner / F. Rehkopf, *Grammatik des neutestamentlichen Griechisch*, 16th ed. (Göttingen: Vandenhoeck und Ruprecht, 1976), 152.
33) Blass/Debrunner/Rehkopf, *Grammatik*, 153. 例外としてロマ 7:3–4 について、LXX レビ 22:12 などのように、הָיָה לְאִישׁ に基づくヘブライズムであることが指摘されている。
34) ヴィルケンスは、ロマ 6:2 の τῇ ἁμαρτίᾳ について、この「与格はわれわれの主人としての〈罪〉とわれわれとの間の所有関係を言い表し」ており、この節は「われわれと罪との間の支配関係が終焉している、ということを意味する」と述べている。そして 6:10 の説明においても、「τῇ ἁμαρτίᾳ（罪に）と τῷ θεῷ（神に）の与格は 2 節のように、それぞれの場合の所有者を指し示す」と指摘している（ウルリッヒ・ヴィルケンス『EKK 新約聖書註解 VI/3 ローマ人への手紙 (12—16 章)』岩本修一訳、教文館、2001 年、33 頁。ヴィルケンスはまた、ロマ 14:8 の説明においても「キリストとの唯一の所属関係」を想定している（同書、122 頁）。「～のために生きる／死ぬ」ということが徹底すると、その人の全存在が与格で表されている者に所属していることと同じ状態を意味すると言えるだろう。
35) 先述（注 33）のヘブライ語テキスト（レビ 22:12）も結婚について述べている。3.1.1. で見たように、ヘブライ語聖書は חיה לאל の概念を知らないが、婚姻関係について述べる היה לאיש の表現は存在しているのである。

36) これは 3.1.2. で見たフィロンにおける対比と類似している。M. Wolter, *Der Brief an die Römer*, EKK, VI/1 (Neukirchen-Vluyn: Neukirchener Theologie, 2014), 369–370 はパウロの ἀποθνῄσκειν + 与格の表現が、与格で表現された対象との関係が決定的に終わることを意味していると述べている。パウロはこの表現を罪から離れることの比喩として使っている。
37) 注 33、35 参照。
38) 「所有物は主体としてそのそばに主格において立つ」(R. Kühner, *Ausführliche Grammatik der griechischen Sprache*, Vol. 2 [Leipzig: Hahnsche Buchhandlung, 1898], 416)。
ルカ 20:35b は「嫁を取る (γαμοῦσιν) ことも、嫁として与えられる (γαμίζονται) こともない」と訳すことが可能である。γαμίζονται は γαμίζω ([家父長が娘を]嫁として与える) の受動態で、「(娘が父親から夫となる男性に) 嫁として与えられる」という意味である。女性が男性によって所有物のようにやり取りされる様が表現されており、そのような状態の終結が述べられていると考えられる。
39) ルカ 20:36 の「神の子 (υἱοί θεοῦ)」と「復活の子 (τῆς ἀναστάσεως υἱοί)」という「子」への二重の言及も、レヴィラート婚により子どもを残す荷を負っていた女性自身が神の「子」として神の所有であることを強調しているのかもしれない。
40) Smyth は「所有者の与格」が εἶναι, γίγνεσθαι, ὑπάρχειν, φῦναι (poet.) 等の動詞と共に使われると指摘しており (H. W. Smyth, *Greek Grammar,* rev. G. M. Messing [Cambridge: Harvard University Press, 1956, rev. 1984], 341. 3.2.2.[注 33]で示した文献箇所をも参照)、この場合の ζῆν も主体的「行為」というよりも、より「存在」の意味に近いものであることが考えられる。このことからも、人間の主体的行動としての禁欲主義はテキストの文脈に当てはまらないだろう。
41) これらの箇所においても、「主人」「神」「富」はそれぞれ与格で表現されている。
42) ルカの富理解についての考察は、嶺重淑『ルカ神学の探求』(教文館、2012 年) 第 II 部に詳しい。その中で嶺重は、所有放棄に関する記述を通してルカが「彼の時代のキリスト者に対して、彼らの信仰生活を危うくするこの世的なもの (財産、家族、故郷) への執着を内面的に断ち切ることを要求しようとした」(116 頁) こと、ルカの強調点が「イエスの使者たちが、ただ神の助けを信頼して旅立つべきである点」(117 頁) にあることを指摘し、「ルカにおける所有放棄は生き方の転換を示すもの」であると述べる (113 頁)。

イエスの胸に横たわる弟子
――クィア理論とホモソーシャリティ理論による
ヨハネ福音書 13 章 21–30 節の読解――

小林　昭博

Disciple Leaning on Jesus' Bosom:
Reading John 13:21-30 through Queer Theory
and Homosocial Theory

Akihiro Kobayashi

Abstract

  In John 13:21–30 the beloved disciple appears as a figure leaning on Jesus' bosom (13:23, 25), and it seems that the physical intimacy of Jesus and the beloved disciple is emphasized. According to the historical-critical method, it can be understood as the intimacy of God and the only son in John 1:18. However, according to the queer theory, it can be understood as the physical intimacy of a lover and a beloved in Greek pederasty. These two interpretations are mutually contradictory, but it can be solved using the homosocial theory. In short, the physical intimacy of Jesus and the beloved disciple is fundamentally linked to the love between a teacher and a disciple that embodies homoeroticism and homosociality in the Hellenistic world. Hence, the disciple whom Jesus loved is portrayed as a figure leaning on Jesus' bosom.

1. 問題の所在

　ヨハネ福音書には「イエスが愛した弟子」と呼ばれる謎の人物が登場する。この人物はヨハネ福音書にしか登場せず、しかもこの弟子が「イエスが愛した者」（イエスが愛した弟子）という特別な呼び名を伴って最初に登場するのは、ヨハネ福音書 13 章 21–30 節の「最後の晩餐」の場面からである。最後の晩餐でイエスはユダによる自らの引き渡しを預言しつつ激しく混乱し、弟子たちはイエスが誰のことを言っているのか分からずに困惑している。イエスの混乱によって過越祭前夜の祝祭の雰囲気は一変し、華やいだ祝宴の空気は急転直下に極度の緊張状態に陥っている。弟子たちは食事の席に横たわって寛いでなどいられなくなっているにもかかわらず、そこに突如として現れるイエスが愛した弟子はイエスの胸に横たわったままの姿で登場する。しかも、その姿は 13 章 23 節と 25 節で二度繰り返し描写されることで強調されている。しかし、最後の晩餐の極度の緊張状態を考えると、イエスが愛した弟子がイエスの胸に横たわって寛いでいる姿は著しく緊張感を欠いており、弟子によるイエスの引き渡しの宣告とその「犯人」捜しを描写するこの場面には似つかわしくない。では、なぜヨハネ福音書はこの緊迫した場面に敢えてこのような状況描写を差し挟んで強調したのであろうか。

　この疑問を解決する試みとして、「歴史批評学」を用いた研究では、イエスが愛した弟子が「イエスの胸」に横たわる描写は、ロゴス讃歌を締め括るヨハネ福音書 1 章 18 節において、独り子が「父の胸」にいる描写をモデルとして、最終編集者（教会的編集者）によって書き加えられた編集であるとの指摘がなされている。すなわち、最終編集者はヨハネ福音書 13 章 23 節と 25 節のイエスとイエスが愛した弟子の関係性をヨハネ福音書 1 章 18 節の神とイエスの関係性とパラレルなものとして描くために、イエスが愛した弟子を「イエスの胸」に横たわらせた姿で登場させていると解されているということである。

このような歴史批評学を用いた解釈には一定の真理契機があるものと思われるが、神とイエスの関係性との相似性を示すことだけが目的だとすれば、このふたりの男性の身体的・物質的な親密さをここまで前面に押し出す必要はない。そう考えると、イエスとイエスが愛した弟子の身体的・物質的な親密さが強調されているのには別の理由があるものと思われる。私見では、「クィア理論」を用いることで、この理由を詳らかにできるものと考えられる。すなわち、クィア理論に基づけば、イエスとイエスが愛した弟子の身体的・物質的な親密さはギリシャ・ローマ世界の少年愛を体現するものとして理解できるからである。

このようなクィア理論を用いた解釈はこのふたりの男性の親密な関係性を読み解くうえで有用な批評装置だと思われるが、ヨハネ福音書がイエスとイエスが愛した弟子の関係性を男性間のホモエロティシズムとして描くことだけを目的としているのであれば、ロゴス讚歌の哲学的・神学的表象を借用するといった回りくどい表現ではなく、よりダイレクトにふたりの男性の親密さを描くこともできたはずである。そう考えると、クィア理論のみを用いてイエスとイエスが愛した弟子の関係性を理解することにも限界がある。

このように歴史批評学による読解とクィア理論を用いた読解には、双方ともに長所と短所がある。そして、一見すると双方の読解は水と油のように相容れないもののように受け取られがちである。私見では、ここに「ホモソーシャリティ理論」を援用することによって、歴史批評学による読解とクィア理論による読解とを有機的に結び付けることが可能となり、双方の読解が抱えているアポリアに道を拓くことができると考えられるのである。

そこで、本論文では「歴史批評学」による知見と「クィア理論」による知見を活かしつつ、そこに「ホモソーシャリティ理論」を援用してヨハネ福音書13章21–30節のテクストを繙き、ユダによるイエスの引き渡しが預言される最後の晩餐の極度に緊迫した場面において、イエスとイエスが愛した弟子の身体的・物質的な親密さがことさらに強調され、この弟子がイエスの胸に横たわった姿で描かれていることの意味を詳らかにすることを試みたい。

2. 歴史批評学によるヨハネ福音書 13 章 21–30 節の読解 [1]

【翻訳（私訳）】

21 こう言いながら、イエスは霊で混乱し、証言して言った、「アーメン、アーメン、わたしはあなたたちに言う、あなたたちの内のひとりがわたしを引き渡すであろう」。22 弟子たちは互いを見遣って、彼が誰のことを言っているのか困惑していた。23 彼の弟子たちの内のひとりが〔食事の席で〕イエスの胸に横たわっていた。イエスが愛した者である。24 そこで、シモン・ペトロはこの者に彼が誰のことを言っているのか訊くように〔頷いて〕合図する。25 そこで、その者はイエスの胸の上にもたれかかったまま彼に言う、「主よ、それは誰のことですか」。26 イエスが答える、「わたしが一片〔のパン〕を浸して与える者だ」。そこで、一片〔のパン〕を浸して、〔取って〕イスカリオテのシモンの息子ユダに与える。27 そして、その一片〔のパン〕と一緒に、そのときサタンがその者のなかに入った。そこで、イエスは彼に言う、「あなたが行うことをすぐに行え」。28〔だが〕このことを〔食事の席で〕横たわっていた者たちの誰ひとりとして、彼が彼に何のために言ったのか認識していなかった。29 なぜなら、ある者たちは、ユダが財布を持っていたので、イエスが彼に祭りのためにわたしたちに必要なものを買えと言っているのか、あるいは貧しい者たちに何かを与えるように言っているのだと思っていたからである。30 そこでその一片〔のパン〕を受け取ると、その者はすぐに出て行った。さて、夜だった。

ヨハネ福音書の最後の晩餐（13:21–30）の場面は、共観福音書の最後の晩餐（マコ 14:18–21; マタ 26:21–25; ルカ 22:21–23）を資料として用いており[2]、原著者（ヨハネ）の著した福音書（基礎文書）が幾つかの編集段階

を経て[3]、最終編集者が大がかりな編集を施して現在のテクストに生成したものと考えられる[4]。最後の晩餐のテクストの「資料」（共観福音書）、「原著者」（ヨハネ）、「最終編集者」（教会的編集者）に帰されると想定される部分は以下の通りである[5]。

資　　　料（共観福音書）	21節b、22節、26–27節、30節
原　著　者（ヨハネ）	21節a、28–29節
最終編集者（教会的編集者）	23–25節

ヨハネ福音書と共観福音書との資料上の依存関係については未解決の問題ではあるが[6]、最後の晩餐のテクストの分析からは、ヨハネが共観福音書を資料として用いていた可能性が高いと思われる[7]。最後の晩餐に関するヨハネ福音書と共観福音書との内容上の相違は、原著者に帰されるヨハネ福音書13章21節aの「導入句」と同28–29節の「弟子たちの無理解」、そして最終編集者に帰される同23–25節の「イエスが愛した弟子が登場する場面」である。原著者に帰される部分は、共観福音書の内容から大きく逸脱するものではない。したがって、最大の相違点はやはり最終編集者に帰されるイエスが愛した弟子が突如として姿を現すヨハネ福音書13章23–25節のテクストである[8]。

ヨハネ福音書の最後の晩餐の場面には、ユダによる自らの引き渡しを預言するイエスが「霊で混乱し」（21節）、弟子たちが「困惑していた」（22節）様子が描かれている[9]。過越祭前夜の食事の席に横たわり、洗足後に再び食事に興じる弟子たちにとって、イエスのこの言動は祝祭前夜の雰囲気を台無しにし、和やかな晩餐の場を一瞬にして凍りつかせるものであった。最終編集者はこのような騒然としていた場面に突如としてイエスが愛した弟子を登場させる。しかも、23節でこの弟子が登場するさいに、彼は「イエスの胸に横たわっていた」（ἀνακείμενος ... ἐν τῷ κόλπῳ τοῦ Ἰησοῦ）と叙述されている。そして、24節でペトロに促され、彼は25節で「イエスの胸の上にもたれかかったまま」（ἀναπεσών ... ἐπὶ τὸ στῆθος τοῦ Ἰησοῦ）の状態で、「主

よ、それは誰のことですか」（κύριε, τίς ἐστιν;）とイエスに話しかけている。

ここで用いられている ἀνάκειμαι と ἀναπίπτω は、この文脈ではいずれも食事の席に「横たわる」ことを意味しており[10]、イエスが愛した弟子がイエスの胸に横たわる姿はヘレニズムの食事様式である横臥の姿勢で食事をしていることを描写するものである（ヨハ 13:1–2, 12, 28 参照）[11]。しかし、いくらヘレニズム風に横たわって食事をするという場面設定であったとはいえ[12]、イエスが激しく取り乱し、弟子たちが疑心暗鬼にかられている極度の緊張状態を考えると、イエスが愛した弟子がイエスの胸に横たわり、イエスにもたれかかったままでいる姿は著しく緊張感を欠いており、弟子によるイエスの引き渡しの宣告とその「犯人」捜しが描写されているこの場面には似つかわしくない。つまり、過越祭前夜の祝祭の晩餐がイエスの磔刑死前夜の最後の晩餐へと忽然とその姿を変え、弟子たちが食事の席で寛いでなどいられなくなっているのとは対照的に、イエスが愛した弟子がイエスの胸にもたれかかったままの状態で描かれていることに違和感を覚えざるを得ないということである。では、なぜ最終編集者はこの緊迫した場面に敢えてこのような状況描写を二度も繰り返して差し挟んで強調したのであろうか。

この疑問を解決する試みとして、歴史批評学を用いた研究では、ヨハネ福音書 13 章 23 節においてイエスが愛した弟子が「イエスの胸に」（ἐν τῷ κόλπῳ τοῦ Ἰησοῦ）横たわる描写は、ヨハネ福音書 1 章 18 節において独り子が「父の胸に」（εἰς τὸν κόλπον τοῦ πατρός）いる描写をモデルにしているとの指摘がなされている[13]。すなわち、イエスが愛した弟子がイエスの胸に横たわっているのは、ロゴス讃歌を締め括るヨハネ福音書 1 章 18 節において、先在（受肉前）──ないし後在（高挙後）[14]──の独り子が「父の胸に」いる姿を想起させるために、最終編集者（教会的編集者）によって書き加えられた編集だと考えられるということである。つまり、最終編集者はヨハネ福音書 13 章 23 節と 25 節のイエスとイエスが愛した弟子との関係性をヨハネ福音書 1 章 18 節の父と独り子の関係性とパラレルなものとして描くことによって、父の「胸」（κόλπος）[15]にいる独り子だけが父の真理を明らかに

できるように、イエスの「胸」（κόλπος）にいるこの弟子だけがイエスの真理を明らかにできるという哲学的・神学的言説を述べているということである。

確かに、このような歴史批評学的解釈には一定の真理契機があるものと思われるが、ヨハネ福音書 13 章 23 節と 25 節にはイエスが愛した弟子がイエスの胸に横たわり、もたれかかっている様子が繰り返し描かれており、ヨハネ福音書 1 章 18 節の神とイエスの関係性との相似性を示すことだけが目的だとすれば、イエスとイエスが愛した弟子との身体的・物質的な親密さをここまで前面に押し出す必要はない。そう考えると、イエスとイエスが愛した弟子の身体的・物質的な親密さがことさらに強調されているのには別の理由があるものと思われる。そこで、このテクストにおけるイエスとイエスが愛した弟子との身体的・物質的な親密さを正面から論じることのできる「クィア理論による読解」へと議論を進めたい。

3. クィア理論によるヨハネ福音書 13 章 21–30 節の読解[16]

近年のクィア理論を用いた聖書解釈においては、ヨハネ福音書 13 章 23 節と 25 節で二度繰り返されるイエスとイエスが愛した弟子の身体的・物質的な親密さはホモエロティシズムを体現していると理解されることが多く[17]、このふたりの関係性をギリシャ世界のホモエロティシズムとして知られる「少年愛」に社会史的に位置づけて再読し、イエスとイエスが愛した弟子の関係性をクィアに読み解く作業も行われている[18]。

「ギリシャ的愛」[19] と呼ばれる古代ギリシャの「少年愛」（παοδεραστία）は、アルカイック期から古典期、さらにはヘレニズム期を通じて、ギリシャ社会が肯定し、是認していたものとして知られている[20]。少年愛は古代ギリシャ世界の男性間の「恋愛」（ἔρως）と「欲望」（ἐπιθυμία）の中心を占めるものであり[21]、年長者の「成人男性」（ἀνήρ）と年少者の「少年／若者」（παῖς／νεανίας）との間のホモエロティックな関係である[22]。少年愛では、

年長者の「成人男性」は「恋愛する者」（ἐραστής）と呼ばれ、年少者の「少年／若者」は「恋愛される者」（ἐρώμενος）と呼ばれており[23]、双方の関係は「能動と受動」や「支配と従属」といった非対等的で非相互的なものであったことが知られている[24]。

　イエスとイエスが愛した弟子の身体的な親密さをこのようなギリシャ世界の少年愛をモデルとして用いて再読すると、年長者の「恋愛する者」（ἐραστής）がイエスであり、年少者の「恋愛される者」（ἐρώμενος）がイエスが愛した弟子であると理解することができる。この弟子がイエスの胸に横たわる姿は、紀元前6世紀中葉のギリシャの酒杯に描かれている「酒宴の若者たち」の姿を彷彿とさせるものであり[25]、この弟子がイエスの胸に頭を置いて抱きかかえられているかのような想像が膨らむ。そして、このようなイエスとイエスが愛した弟子との身体的・物質的な親密さを描く最終編集者の筆致からは、古典期から連綿と受け継がれてきたギリシャの少年愛のイメージ世界が浮かび上がってくるのである。

　したがって、イエスとイエスが愛した弟子の身体的・物質的な親密さがことさらに強調されているのは、ギリシャ世界の少年愛のイメージに基づいてこのふたりの男性の絆が描き出されているからだと考えられるのである。このような背景を勘案すると、緊張が張り詰めた最後の晩餐の場面であるにもかかわらず、イエスが愛した弟子がイエスの胸に横たわっているのは、イエスとこの弟子が「恋愛する者」と「恋愛される者」という「恋人」としてこの場におり、ふたりだけの世界をつくっているかのような姿で描き出されているからだと考えられる[26]。

　しかし、このようなクィア理論を用いた解釈はイエスとイエスが愛した弟子の親密な関係性を読み解くうえで有用な批評装置ではあるが、最終編集者がイエスとイエスが愛した弟子の関係性を少年愛として描くことだけを目的としているのであれば、ロゴス讃歌の哲学的・神学的表象を借用するといった回りくどい表現ではなく、よりダイレクトにふたりの男性の親密さを描くこともできたはずである。そう考えると、クィア理論のみを用いてイエスと

イエスが愛した弟子の関係性を理解することにも限界がある。そこで次に、「歴史批評学による読解」と「クィア理論による読解」とを有機的に結び付けることを可能とする「ホモソーシャリティ理論による読解」へと議論を進めたい。

4. ホモソーシャリティ理論による ヨハネ福音書 13 章 21–30 節の読解[27]

「ホモソーシャリティ」（homosociality）は、家父長制による男性支配の社会構造が「男同士の絆」（male bonding）によって維持されていることを明らかにするための批評装置である[28]。家父長制社会には、男性支配による親族体系を維持するために、「義務として負わされた異性愛」（obligatory heterosexuality）が必然的に組み込まれ、「異性愛規範」（heteronormativity）を維持するための当然の帰結として、「ホモフォビア」（同性愛嫌悪）が組み入れられている[29]。したがって、家父長制社会では、男性支配を表象する「ホモソーシャリティ」（男同士の絆）は、男性の同性間の恋愛や性交を是認する「ホモセクシュアリティ／ホモエロティシズム」の文化を必然的に忌み嫌うホモフォビアを抱えていると理解され、両者は相容れないものとして徹底的に切り離されていると考えられてきた[30]。だが、ホモソーシャリティとホモセクシュアリティ（ホモエロティシズム）が分断されることのない社会も僅かながらだが存在してきた。その一例が古典期のギリシャ世界である。そこではホモソーシャリティとホモエロティシズムとが矛盾することなく共存することのできる「ホモソーシャルな連続体」（homosocial continuum）が構成されていたのである[31]。

だが、ホモソーシャリティとホモエロティシズムとが共存していたのは古典期のギリシャ世界だけではない[32]。先に言及したヘレニズム時代のギリシャ社会でも少年愛は是認されており[33]、古代ローマ社会もまた男性の同性間の恋愛や性交を当然のものとして受け入れていたことが知られている[34]。し

たがって、ヨハネ福音書が成立したと目される 1 世紀末から 2 世紀初頭のギリシャ・ローマ世界は[35]、ホモソーシャリティとホモエロティシズムが共存する「ホモソーシャルな連続体」を構成する社会だったと考えられるのである。

そして、「ホモソーシャルな連続体」はホモソーシャリティとホモエロティシズムを併せ持つ古典期ギリシャの師弟愛に典型的に立ち現れており、そこでは哲学的真理の授与と恋愛の受諾とが一体化し、「恋愛する者」（ἐραστής）と「恋愛される者」（ἐρώμενος）とが「真理」と「愛」（恋愛）を共有していたのである。そのことを端的に示すのがギリシャ古典学者のケネス・J・ドーヴァーの次のような指摘である。

> プラトンは、特に『饗宴』と『ファイドロス』の二作において、その形而上学理論を展開する糸口として、同性に対する愛と欲望を取り上げている。そして、殊にも重要なのは、プラトンが哲学というものを、孤独な瞑想のうちに追及され、師から弟子へと金科玉条の如くに伝えられるべき営みとは見ずに、肉体の美と「魂の美」とを兼ね備えた年下の男性が与える刺激に、年上の男性が反応することで始まるであろう弁証法的過程である、と考えたことである[36]。

ドーヴァーはプラトンが提示するギリシャ哲学者の師弟愛を「肉体の美」と「魂の美」を兼ね備えた少年愛における弁証法的過程として位置づけ、師弟愛が少年愛という「肉体の美」と哲学の教育という「魂の美」の両面を併せ持つものであると指摘している。そして、このようなドーヴァーの知見に基づき、ジェンダー・セクシュアリティ研究におけるホモソーシャリティ理論の提唱者であるイヴ・K・セジウィックは、古典期ギリシャの師弟愛がホモソーシャリティとホモエロティシズムとを兼ね備えたホモソーシャルな連続体を構成していたことを認識し、次のように述べている。

したがって、この恋愛関係は対象となる者にとって一時的に抑圧的なものではあったが、強く教育的な機能を持っていた。ドーヴァーはプラトンの『饗宴』に登場するパウサニアスの言葉を引用する。「彼［少年］を賢明かつ高邁にしてくれる者に対しては、どのような奉仕を彼がしようと、その奉仕は正しいという心得を抱いていた」。そうすると、これはその恋愛の構成要素に加えられたひとつの師弟の絆である。少年たちはアテナイの自由市民としての慣習と美徳を習得する弟子であり、自由市民の特権を受け継いだのである[37]。

セジウィックは古典期ギリシャの少年愛が恋愛と哲学教育の両面の機能を有していたことを手がかりとして、アテナイの少年愛が将来少年を自由市民とする目的を持ったホモソーシャルな連続体を構成する師弟愛であったことを強調しているのだが、それを最も適切に物語るのが——ドーヴァーが引用し、セジウィックが再現前させている——プラトンの『饗宴』においてアリストデモスが紹介するパウサニアスのエロース讃美の演説である。

　　それゆえ、これら二つの法、すなわち、少年愛に関するものと、哲学およびその他の徳に関するものとは、両者を結び付けて一体のものにする必要があるのだ。もし恋する者の意を恋されている側の者が満たす、という行為が結果として立派なものになるべきだとすればね。つまり、恋する者（エラステース）と恋される者（パイディカ）が、それぞれ自分の法をもちながら出会い、そのことによって、一方の恋する者は、自分の意を満たしてくれる恋人にはどのような奉仕をしようとも、正しく奉仕することになるだろうと考え、また他方の恋される者は、自分を知恵ある善き人にしてくれる者にはどのような手助けをしようと、正しく手助けすることになるだろうと考え、しかも一方の者は思慮やその他の徳に貢献しうる能力をもち、他方の者は教養やその他の知恵のためにそれらの徳を所有する必要があるようなとき、まさにこのような時にこ

そ、これらの法は結び付いて一体のものとなり、唯一この状況においてのみ、恋されている者が恋する者の意を満たす行為は立派なものとなるのであって、他のいかなる状況においてもそんなふうになることはないのである[38]。

　パウサニアスの演説は、ギリシャ哲学者の師弟愛において「少年愛」と「哲学」とが結び付けられて「一体のもの」となることを二度繰り返して強調しており、ギリシャ哲学者の師弟愛がホモソーシャリティとホモエロティシズムとを併せ持つホモソーシャルな連続体を構成するものであったことを物語っている。そして、このような古典期ギリシャの師弟愛はヨハネ福音書と同時代の1世紀末から2世紀初頭のギリシャ・ローマ世界にも受け継がれているものと考えられるのであり、最終編集者がギリシャ哲学者の師弟愛を理想的なモデルとしてイエスとイエスが愛した弟子の親密さを描写していると想定することによって、歴史批評学による読解とクィア理論による読解が抱えているアポリアに道を拓くことを可能にすると思われるのである。
　すでに論じたように、歴史批評学による読解のアポリアは、イエスとイエスが愛した弟子の親密さがヨハネ福音書1章18節における父と独り子の「霊的・象徴的な親密さ」を示していると理解しているために、このふたり男性の「身体的・物質的な親密さ」が二度繰り返されて強調されていることの意味を説明することができないことにある。それに対して、クィア理論による読解のアポリアは、イエスとイエスが愛した弟子の親密さがギリシャの少年愛の「恋愛する者」と「恋愛される者」との「身体的・物質的な親密さ」を描いていると理解しているために、ロゴス讚歌の哲学的・神学的表象を用いてこのふたりの男性の「霊的・象徴的な親密さ」が描かれていることの意味を説明することができないことにある。
　だが、ホモソーシャリティ理論を援用して、イエスとイエスが愛した弟子の関係性がギリシャ哲学者の師弟愛をモデルとするホモソーシャルな連続体を構成するものだと想定すれば、このふたりが「身体的・物質的な親密さ」

と「霊的・象徴的な親密さ」を併せ持っていることは謂わば当然の帰結であり、何ら不思議なことではない。すなわち、イエスとイエスが愛した弟子はパウサニアスが述べる「少年愛と哲学」およびドーヴァーが指摘する「肉体の美と魂の美」を結び付けて「一体のもの」となった最高最善の師弟愛を体現しているということである。そして、このような最高最善の師弟愛を最高最善の方法で伝えるために、最終編集者はヨハネ福音書1章18節の独り子が父の胸にいるという哲学的・神学的表象を用いて、イエスが愛した弟子をイエスの胸に横たわらせままの姿で描くことによって、独り子だけが父の真理を明らかにできるように、イエスが愛した弟子だけがイエスの真理を明らかにできるということを示していると考えられるのである[39]。

5. 結論

歴史批評学による読解では、イエスが愛した弟子が「イエスの胸」に横たわる姿で描かれているのは、ロゴス讃歌を締め括るヨハネ福音書1章18節において、「独り子」が「父の胸」にいるという哲学的・神学的表象に基づいて、イエスとイエスが愛した弟子が霊的・象徴的な親密さによって結ばれていることを示し、「神の胸」にいる独り子だけが神の真理を明らかにできるように、「イエスの胸」に横たわるこの弟子だけがイエスの真理を明らかにできるという哲学的・神学的主題が示されていると理解されている。

それに対して、クィア理論による読解では、イエスが愛した弟子が「イエスの胸」に横たわる姿で描かれているのは、ヘレニズム世界の「少年愛」における「恋愛する者」と「恋愛される者」というホモエロティシズムのイメージに基づいて、イエスとイエスが愛した弟子が身体的・物質的な親密さによって結ばれていることを示し、イエスとこの弟子が「恋人」という特別に親密な関係にあったというホモエロティックな主題が示されていると理解されている。

このように歴史批評学による読解とクィア理論による読解は相互に対立す

る相容れないものとして立ち現れているのだが、ここにホモソーシャリティ理論を援用することによって、双方の読解を有機的に結び付けることを可能とし、双方の読解が抱えているアポリアに道を拓くことをも可能とする。すなわち、ホモソーシャリティ理論による読解では、イエスが愛した弟子が「イエスの胸」に横たわる姿で描かれているのは、ホモソーシャリティとホモエロティシズムを併せ持つ「ホモソーシャルな連続体」を構成するギリシャ哲学者の「師弟愛」のイメージに基づいて、イエスとイエスが愛した弟子が「少年愛と哲学」および「肉体の美と魂の美」を結び付けて「一体のもの」となった最高最善の師弟愛を体現しているゆえに、ふたりの親密さには「身体的・物質的な親密さ」と「霊的・象徴的な親密さ」が矛盾することなく共存していると理解することが可能だということである[40]。

また、イエスが愛した弟子がイエスの胸に横たわって寛いでいる姿が著しく緊張感を欠いており、最後の晩餐という極度に緊迫した場面には似つかわしくないという印象を受けるのは、イエスの混乱によって困惑し、極度の緊張状態に陥っている彼以外の弟子たちとのコントラストを際立たせる最終編集者の筆致が功を奏し、文学的効果を十分に発揮しているためである。すなわち、最終編集者はペトロをはじめとする弟子たちがイエスの真理と運命を全く理解していないのに対して、イエスが愛した弟子だけがイエスの真理と運命を全て理解しているということをこのコントラストによって読み手（聞き手）に訴えかけているということである。

ヨハネ福音書において、「最後の晩餐」(13:21–30) は「洗足物語」(13:1–20) と「新しい愛の戒め」(13:31–35) の間に置かれている。両テクストはヨハネ福音書において愛の重要さを最も強く打ち出す最重要の物語であり、そのセンターに位置する最後の晩餐はこの福音書のまさに「センターステージ」とでも言えるテクストである[41]。最終編集者はイエスが愛した弟子を福音書のセンターステージに登場させ、ヨハネ福音書1章18節の父と独り子の結び付きとギリシャの師弟愛をモデルとして用いて、彼をイエスの胸に横たわらせる姿で描くことによって、この弟子とイエスが最高最善の師

弟愛で一体のものになっていることを示し、独り子だけが父の真理を明らかにできるように、イエスが愛した弟子だけがイエスの真理を明らかにできるということを示しているのである。最終編集者にとって、イエスとイエスが愛した弟子の「身体的・物質的な親密さ」と「霊的・象徴的な親密さ」こそが最高最善の師弟愛の徴であり、それゆえ最終編集者は父の胸にいる独り子のように、そして師の胸にいる弟子のように、イエスが愛した弟子をイエスの胸に横たわらせる姿で描いたのである。

※本論文は、JSPS 科研費 JP17K02622 の助成を受けたものである。

注

1) 本論文の主眼は、副題に示したように「クィア理論とホモソーシャリティ理論によるヨハネ福音書 13 章 21–30 節の読解」にある。したがって、以下の「歴史批評学による読解」はイエスとイエスが愛した弟子との関係性に的を絞った議論をするに留める。
2) Jean Zumstein, *Das Johannesevangelium*, KEK 2 (Göttingen: Vandenhoeck & Ruprecht, 2016), 497 (bes. Anm. 6) 参照。
3) むろん、「ヨハネ」という呼び名は便宜上のものであり、その背後には「ヨハネ学派」が想定される。
4) 詳しくは、Jürgen Becker, *Das Evangelium nach Johannes 2. Kapitel 11-21*, 3rd. ed., ÖTNT 4/2 (Gütersloh: Gerd Mohn/Würzburg: Echter-Verlag, 1991), 513–516 参照。
5) この分析は、主として Becker, *Johannes, 2*, 513–516 に依っているが、ベッカーはヨハネが用いた伝承を共観福音書とは系統の異なる伝承だと見なしているため、彼が「伝承」と見なす部分を本論文では「資料」(共観福音書) に解している。また、Zumstein, *Johannesevangelium*, 497 は、21b–22、25b、26–27、30 節を共観福音書の伝承から取られたとするが、本論文では 25 節 b「主よ、それは誰のことですか」は最終編集者に帰される文章と解し、資料から除外した。しかし、これはズムスタン (ツームシュタイン) の分析と本論文の分析が矛盾するわけではなく、彼が注意深く指摘するように、25 節 b の内容は共観福音書の伝承をモティーフとしており (Zumstein, *Johannesevangelium*, 497 Anm. 6)、本論文ではイエスに対する十二弟子の問いかけのモティーフを用いて現在のテクストが生成されたと想定しているということである。
6) 大貫隆「ヨハネによる福音書」(大貫隆/山内眞監修『新版 総説 新約聖書』日本キリスト教団出版局、2003 年、134–159 頁)、139–141 頁参照。
7) ヨハネ福音書と共観福音書との資料上の依存関係について、詳しくは大貫「ヨハネによる福音書」139–141 頁、Zumstein, *Johannesevangelium*, 44–47 参照。なお、大貫は福音書という文学形式を採用するヨハネは間接的にマルコを前提とする文書だと想定し、ズムスタンはヨハネ学派はマルコとルカを知っていたが、マタイについては知らなかったと推定する。
8) 最終編集者に帰されるかどうかについては意見が分かれるが、23–25 節が元来の福音書 (基礎文書) に後から書き加えられものであることについては、多くの研究者が認めるところである (Takashi Onuki, "Die johanneischen Abschiedsreden und die synoptische Tradition. Eine traditionskritische und traditionsgeschichtliche

Untersuchung," *AJBI* 3 [1977], [157–268]177, 178f., 182; Christisian Dietzfelbinger, *Das Evangelium nach Johannes*, 2nd ed., ZBK 4/1-2 in einem Band [Zürich: Theologische Verlag, 2004], 2:375）。

9）イエスの混乱と弟子たちの困惑について、詳しくは拙論「クィアなイエス 第6回 イエスが愛した男②――イエスの胸に抱かれたまま食事を②（ヨハネ 13:21–30）」（『fad faith and devotion――関東神学ゼミナール通信』68 号、関東神学ゼミナール、2018 年 7 月、2 頁）、2 頁参照。

10）LSJ, 107, 116. 厳密には、ἀνάκειμαι が食事の席に「横たわる」さいの術語であり（Anatole Bailly, *Dictionnaire-Grec Français*, rev. ed. Louis Séchan and Pierre Chantraine [Paris: Hachette, 2000], 125)、ἀναπίπτω は「もたれかかる」や「寄りかかる」が本来の意味である（BA, 117）。なお、両語のヨハネでの用例は、ἀνάκειμαι が 6:11; 12:2; 13:23, 28 の 4 回、ἀναπίπτω が 6:10（2 回）; 13:12, 25; 21:20 の 5 回であり、これらの用例から両語が交換可能な語として用いられていることが窺える（J. Ramsey Michaels, *The Gospel of John*, NICNT [Grand Rapids: Eerdmans, 2010], 751 n. 24）。

11）この食事の場面がヘレニズムの横臥形式を前提とすることについては、大貫隆『イエスという経験』（岩波現代文庫 学術 321）岩波書店、2014 年、63–64 頁参照。また、大貫が指摘しているように、Hermann L. Strack/Paul Billerbeck, *Kommentar zum Neuen Testament aus Talmud und Midrasch*, IV/2 (München: C. H. Beck, 1928), 611–639（補論「古代ユダヤの饗宴」）が、古代ユダヤ人の饗宴（祝宴）について詳細に論じており、正式な饗宴（祝宴）の場合には、ユダヤ人の間にもヘレニズムの食事様式が取り入れられていたことが窺える（特に 617–625 参照）。

12）歴史的な最後の晩餐が実際に給仕を必要とするような饗宴だったのか、あるいは「横たわる」という表現が単に食卓の「椅子に座る」ことを意味することもあったように（BA, 109; 田川建三『新約聖書 訳と註 5――ヨハネ福音書』作品社、2013 年、576–577 頁）、食卓の席に着いて食事をしていたのかは定かではない。だが、少なくとも最終編集者が描写する最後の晩餐の設定はヘレニズム様式の横臥形式の食事であることは確かである。なお、ユダヤ人は日常の食事は椅子に座って摂っていたことが知られている（Strack/Billerbeck, *Kommentar*, IV/2, 617f.; Dietzfelbinger, *Johannes 2*, 19）。

13）ほとんどの研究者がこの見解であり、新しい注解書では、Dietzfelbinger, *Johannes 2*, 19; 伊吹雄『ヨハネ福音書注解Ⅲ』知泉書房、2008 年、81 頁、Michael Theobald, *Das Evangelium nach Johannes, Kapitel 1-12*, RNT (Regensburg: Verlag Friedrich Pustet, 2009), 137f.; Michaels, *John*, 749; Hartwig Thyen, *Das Johannesevangelium*, 2nd ed., HNT 6 (Tübingen: Mohr Siebeck, 2015), 595f.; Johannes Beutler, *Das Johannesevangelium. Kommentar*, 2nd ed. (Freiburg/

Basel/Wien: Herder, 2016), 386; Udo Schnelle, *Das Evangelium nach Johannes*, 2nd ed., ThHK 4 (Leipzig: Evangelische Verlagsanstalt, 2016), 285; Zumstein, *Johannesevangelium*, 499; Klaus Wengst, *Das Johannesevangelium*, Neuausgabe in einem Band, ThKNT 4 (Stuttgart: Kohlhammer, 2019), 403f. があげられる。なお、この解釈は古くはオリゲネス『ヨハネ福音書注解』32:264 が表明するものである。

14) ヨハ 1:18 において、「父の胸にいる者」(ὁ ὢν εἰς τὸν κόλπον τοῦ πατρός) と言われている「独り子である神」(μονογενὴς θεός) が、先在（受肉前）のロゴスではなく、後在（高挙後）のキリストを表すとする説については、Theodor Zahn, *Das Evangelium des Johannes ausgelegt*, KNT 5 (Leipzig/Erlangen: Deichertsche Verlagbuchhandlung, 1921), 99；ルドルフ・ブルトマン『ヨハネの福音書』杉原助訳、大貫隆解説、日本キリスト教団出版局、2005 年、99、619–620 頁注 280、大貫隆『世の光イエス——福音書のイエス・キリスト④ヨハネによる福音書』講談社、1984 年、174–175 =『ヨハネによる福音書——世の光イエス』日本基督教団出版局、1996 年、191–192 頁、John E. McHugh, *A Critical and Exegetical Commentary on John 1–4*, ed. Graham N. Stanton, ICC (London/New York: T&T Clark International, 2009), 70–73 参照。なお、マクヒューは ὁ ὢν εἰς τὸν κόλπον τοῦ πατρός を [He] who is now returned into the bosom of the Father と訳しており、訳文に解釈を持ち込みすぎである。

15) 新約聖書では、κόλπος はヨハ 1:18 と同 13:23 にしか現れない語である。また、ヨハ 13:25（「イエスの胸の上に (ἐπὶ τὸ στῆθος τοῦ Ἰησοῦ)」）で στῆθος が使われているのは、同じ単語の繰り返しを避けるための修辞的な言い換えである。なお、κόλπος の語は七十人訳聖書では性的な意味が含意されることもあり（創 16:5; 申 12:7; 28:54; 王上 12:8; シラ 9:1）、クィアな視点から深読みをする誘惑に駆られるが、両語が交換可能な語として用いられていることを考えると、ヨハ 13:23 の κόλπος には性的な意味がダイレクトに込められてはいないものと思われる（詳しくは、Rudolf Meyer, "κόλπος," *ThWNT* 3, 824–826 参照）。

16) クィア理論を用いた聖書解釈については、以下の拙論を参照。小林昭博「クィア化する家族——マルコ 3:20–21、31–35 におけるイエスの家族観」（『神学研究』60 号、関西学院大学神学研究会、2013 年、13–24 頁）、13–24 頁、同「『わたしを愛しているか』——クィア理論とホモソーシャリティ理論によるヨハネ 21：15–7 の読解」（『日本の神学』55 号、日本基督教学会、2016 年、39–66 頁）、44–47 頁、同「『イエスとクィア』から『クィアなイエス』へ——クィア理論を用いた聖書解釈の新たな地平」（『福音と世界』73 巻 7 号、新教出版社、2018 年 7 月号、18–23 頁）、18–23 頁。

17) Robert E. Goss, "The Beloved Disciple: A Queer Bereavement Narrative in a Time of AIDS," in *Take Back the Word: A Queer Reading of the Bible*, ed. Robert E. Goss

and Mona West (Cleveland: Pilgrim Press, 2000), 206–218; idem, *Queering Christ: Beyond Jesus ACTED UP* (Cleveland: Pilgrim Press, 2002), 113–119; idem, "John," in *The Queer Bible Commentary*, ed. Deryn Guest, Robert E. Goss, Mona West and Thomas Bohache (London: SCM Press, 2006), [548–565] 560–562; Theodore W. Jennings, Jr., *The Man Jesus Loved: Homoerotic Narratives from the New Testament* (Cleveland: Pilgrim Press, 2003), 13–74; Donald L. Boisvert, *Sanctity and Male Desire* (Cleveland: Pilgrim Press, 2004), 200; Dale B. Martin, *Sex and the Single Savior: Gender and Sexuality in Biblical Interpretation* (Louisville/London, Westminster John Knox Press, 2006), 100.

18) Marti Nissinen, *Homoeroticism in the Biblical World: Historical Perspective*, trans. Kirsi Stjrrna (Minneapolis: Fortress Press, 1998), 121f.; Stephen D. Moore, *God's Beauty Parlor: And Other Queer Spaces in and around the Bible*, Contraversions: Jews and Other Differences (Stanford: Stanford University Press, 2001), 231 n. 120; Jennings, Jr., *The Man Jesus Loved*, 19–35.

19)「ギリシャ的愛」(Greek Love) という表現は、古代のギリシャの性文化および現代のセクシュアリティ研究とクィア理論の記念碑的研究であるデイヴィッド・M・ハルプリン『同性愛の百年間――ギリシア的愛について』(りぶらりあ選書) 石塚浩司訳、法政大学出版局、1995 年、27–125 頁（David M. Halperin, *One Hundred Years of Homosexuality: And Other Essays on Greek Love* [New York/London: Routledge, 1990], 15–71）が用いているものである。

20) ケネス・J・ドーヴァー『古代ギリシアの同性愛 新版』中務哲郎／下田立行訳、青土社、2007 年、14–36, 37–181, 183–297, 299–328 頁（Kenneth J. Dover, *Greek Homosexuality*, updated and with a new postscript [Cambridge: Harvard University Press, 1989], 1–17, 19–109, 111–184, 185–203）参照。

21) 少年愛が古代ギリシャの恋愛と欲望の中心を占めていたことについては、ドーヴァー『古代ギリシアの同性愛 新版』(Dover, *Greek Homosexuality*) の詳細な論証からも明らかだが、特にドーヴァーが着目した壺絵とその刻文に関する研究は最重要である。また、近年では Andrew Lear/Eva Cantarella, *Images of Ancient Greek Pederasty: Boys were their Gods* (London/New York: Routledge, 2008), 38–193 がギリシャの壺絵や酒杯の詳細な分析を行っている。

22) プラトン『カルミデス』154A–C; 同『プロタゴラス』309; 同『饗宴』184C–E。

23) プラトン『饗宴』178C, E; 179A; 180A–B; 181E; 182B–C; 183C–D; 184B–E; 185A; 193B; 211D; 222B; 同『パイドロス』227C; 228C–D; 231A–C; 232A, C; 233A–B; 238E; 239A–B, E; 240A–D; 241B–D; 243D; 244A; 245B, E; 249E; 252C–E; 253A; 254A; 255B–D; 256E; 257B; 262E; 263C; 264A; 266B。なお、プラトンは ἐραστής と παιδικά をセットにして使用することが多い。この παιδικά の語は「少

年に関わる／少年に属する」を意味する形容詞 παιδικός の中性複数形なのだが、あたかも男性単数形の如くに使い、ἐρώμενος と同じ意味で用いられており、日本語の「稚児」に相当するギリシャ語である。

24）テオクリトス『牧歌』5:39–43, 116–119。

25）酒杯の図版については、ドーヴァー『古代ギリシアの同性愛 新版』160–161 頁および付録の図版 R200（Dover, *Greek Homosexuality*, 94 and Appendix Figure R200）、Lear/Cantarella, *Images of Ancient Greek Pederasty*, 58f.（Figure 1.16）を参照。なお、Nissinen, *Homoeroticism in the Biblical World* の表紙はこの絵をモティーフにしたものである（付録の図版にも収録されている）。

26）なお、田川『新約聖書 訳と註 5』579 頁が、「どうせ架空の創作で、他の弟子たちとは違ってイエスと非常に親密であった者として描きたかったんだろうけど、そこまでいちゃつかせなくてもいいのにね」と言っているのは、まさにこのようなギリシャの少年愛の姿を思い浮かべてのことだと考えられる。

27）ホモソーシャリティ理論を用いた聖書解釈については、拙論「『わたしを愛しているか』」47–52 頁参照。

28）イヴ・K・セジウィック『男同士の絆——イギリス文学とホモソーシャルな欲望』上原早苗／亀澤美由紀訳、名古屋大学出版会、2001 年、1–6 頁（Eve K. Sedgwick, *Between Men: English Literature and Male Homosocial Desire*, 30th anniv. ed., Gender and Culture [New York: Columbia University Press, 2016], 1–5）参照。

29）Gale Rubin, "The Traffic of Women: Notes Toward a Political Economy of Sex," in *Toward an Anthropology of Women*, ed. Rayna Reiter (New York: Monthly Review Press, 1975), 182f. 参照。

30）セジウィック『男同士の絆』1–7 頁（Sedgwick, *Between Men*, 1–5）参照。

31）セジウィック『男同士の絆』5–7 頁（Sedgwick, *Between Men*, 4–5）参照。

32）ギリシャ以外の同例外については、ギルバート・H・ハート『同性愛のカルチャー研究』黒柳俊恭／塩野美奈訳、現代書館、2002 年、110–173、174–197、212–232 頁参照。

33）上注 20 参照。

34）Eva Cantarella, *Bisexuality in the Ancient World*, trans. Cormac Ó Cuilleanáin 2nd ed. (New Heaven: Yale University Press, 2002), 97–119, 149–154, 217–222, et. al.; Craig A. Williams, *Roman Homosexuality: Ideologies of Masculinity in Classical Antiquity*, Ideologies of Desire (New York/Oxford: Oxford University Press, 1999), 15–61, 96–124; 本村凌二「ローマ帝国における『性』と家族」（弓削達／伊藤貞夫編『ギリシアとローマ——古典古代の比較史的考察』河出書房新社、1988 年、275–300 頁）、287–296 頁、同『ローマ人の愛と性』講談社現代新書 1476、講談

社、1999 年、77–117 頁参照。
35) ヨハネ共同体とヨハネ福音書の歴史は複雑であり、その成立地や成立年代を特定することは難しいが、最も有力とされているのはパレスティナ・シリア周辺で 90 年代に成立したとする説である（大貫「ヨハネによる福音書」137–139 頁、Dietzfelbinger, *Johannes 1*, 19 参照）。しかし、最終編集者が 21 章、告別説教、イエスが愛した弟子に関する記述等々を付加して、ヨハネ福音書の最終版を世に送り出したのは二世紀に入ってからのことだと考えられる（ゲルト・タイセン『新約聖書――歴史・文学・宗教』大貫隆訳、教文館、2003 年、216–220 頁、田川『新約聖書 訳と註 5』778–790 頁、Beutler, *Johannesevangelium*, 67f.; Schnelle, *Johannes*, 8f. 参照）。
36) ドーヴァー『古代ギリシアの同性愛 新版』29 頁（Dover, *Greek Homosexuality*, 12）。
37) セジウィック『男同士の絆』5 頁（Sedgwick, *Between Men*, 4）。ただし、引用は私訳による。途中の引用はドーヴァー『古代ギリシアの同性愛 新版』156 頁（Dover, *Greek Homosexuality*, 91）が訳出するプラトン『饗宴』184D のテクストであり、その部分に関してはドーヴァーの邦訳書の訳文をそのまま用いた。
38) プラトン『饗宴』184D–E。引用は、プラトン『饗宴／パイドン』（西洋古典叢書 G 054）朴一功訳、京都大学学術出版部、2007 年、4 頁による。
39) Sjef Van Tilborg, *Imaginative Love in John*, Biblical Interpretation Series 2 (Leiden/New York/Köln: Brill, 1993), 77–110 は、イエスとイエスが愛した弟子の関係をギリシャ哲学者の師弟愛をモデルとして読み解き、イエスが「恋愛する者」（ἐραστής）の役割を担い、イエスが愛した弟子が「恋愛される者」（ἐρώμενος）の役割を果たしていると指摘するのだが、このふたりの師弟愛には性的なものは含意されていないとの結論を前提に置いて議論を進めている（79–81）。また、彼はヨハ 13:23 の κόλπος を論じるさいにも、七十人訳聖書がこの語を異性間の性的関係を含む意味で使用する例やギリシャの詩文がこの語を同性間や異性間の性的関係の意味に用いている例を紹介しているのだが、ヨハ 13:23 の「イエスの胸」はヨハ 1:18 の「神の胸」を示唆しているとの前理解から、七十人訳聖書において、κόλπος が母がその胎で子どもを守る意味で使われている例を根拠として、ヨハ 13:23 の κόλπος は「保護者と弟子」「教師（父）と弟子（子ども）」の間の「保護」を意味するものだと結論づけている（89–91）。

だが、これに対して、ゴスはティルブルフの判断が伝統的な異性愛主義者の解釈だと批判し、七十人訳聖書において κόλπος が性的な意味で用いられていることを例示しつつ（創 16:5; 申 12:7; 28:54; 王上 12:8; シラ 9:1）、イエスとイエスが愛した弟子が性的な関係にあるとの想定をしている（Goss, "The Beloved Disciple," 206–218, esp. 207–209, 211f.; idem, "John," 560–562）。ティルブルフとゴスは同

じ七十人訳聖書のテクストを論じているにもかかわらず、正反対の結論に至っているが、ここには解釈者の前理解が大きく関わっている。私見では、ティルブルフの読解はホモフォビアとエロトフォビア（性愛嫌悪）を抱えていることに起因するものと思われるが（エロトフォビアについては、拙論「『イエスとクィア』から『クィアなイエス』へ」21–22 頁参照）、ホモソーシャリティとホモセクシュアリティ（ホモエロティシズム）が分断されたホモフォビックなホモソーシャリティが露呈しているとも考えられる。

　なお、Craig S. Keener, *The Gospel of John: A Commentary*, vol. 2 (Peabody: Hendrickson Publishers, 2003), 915 n. 184; Wolfgang Fenske, *Der Lieblingsjünger. Das Geheimnis um Johannes*, Biblische Gestalten 16 (Leipzig: Evangelische Varlagsanstalt, 2007),103 (bes. Anm. 37) は、最後の晩餐におけるイエスとイエスが愛した弟子の関係について、ティルブルフと同様のホモフォビックかつエロトフォビックな理解を覗かせている。

40) Jennings, Jr., *The Man Jesus Loved*, 28 は、イエスとイエスが愛した弟子の関係を理解するうえで、ヨハネ福音書がグノーシス主義や仮現論と対決し、イエスの受肉や死を物質的・身体的なものとして理解していることに触れ、イエスの死や受肉が神学的な象徴であるだけではなく、物質的・身体的な現実であることを引き合いに出し、ヨハネ福音書で頻繁に主題になっている愛もまた、霊的なものであるだけでなく、物質的・身体的なものであることを強調している（拙論「『イエスとクィア』から『クィアなイエス』へ」21、23 頁注 20 参照）。したがって、ホモソーシャリティ理論によって、イエスとイエスが愛した弟子の関係性を「身体的・物質的な親密さ」と「霊的・象徴的な親密さ」を兼ね備えたものとして理解することは、ヨハネ神学の読解に適ったものだと言えるであろう。

41) James H. Charlesworth, *The Beloved Disciple: Whose Witness Validates the Gospel of John* (Valley Forge: Trinity Press International, 1995), 52; James L. Resseguie, "The Beloved Disciple: The Ideal Point of View," in *Character Studies in the Fourth Gospel: Narrative Approaches to Seventy Figures in John*, ed. Steven A. Hund, D. Francois Tolmie and Ruben Zimmermann, WUNT 314 (Tübingen: Mohr Siebeck, 2013), 539.

John 19:34b: Blood and Water

Nozomi Miura, rscj

Abstract

Through the examination of intertextuality and intratextuality, this article demonstrates that the blood and water in John 19:34b comprise theological/Christological significance, with blood representing Jesus' life-giving death in the metaphor of the paschal lamb (sacrificial victim) and water signifying the life-giving spirit. Together, they signify a single source of life flowing from the side of Jesus' dead body. The Exalted/Glorified Christ is now the source of new life. The testimony of John 19:35 also underscores its soteriological and ecclesiological significance, which points to "Johannine sacramentality."

Introduction

The death of Jesus in the Fourth Gospel (FG) particularly demonstrates its distinctive character *vis-à-vis* the Synoptics. The entire Johannine narrative focuses on the death of Jesus on the cross. The FG has its own theology of the cross (*theologia crucis*)[1], with its unique Christological perspective. In this sense, the FG is "a continuous passion narrative."[2] Jn 19:30 ("it is accomplished," τετέλεσται) is the endpoint and high point of the crucified Jesus on the cross, but the Johannine narrative does not stop at this death scene. In Jn

19:34b, the blood and water from his side undoubtedly point toward theological symbolism. Thus, this paper attempts to elucidate the theological meanings of the "blood and water" symbols flowing out of Jesus' side.

1. History of Scholarship on "Blood and Water" (Jn 19:34b)

Jn 19:34 has inspired the imagination and interpretations throughout Christianity's history. The Fathers of the Church have exhausted almost all possible interpretations of the blood and water symbols; the wilderness rock (Ex 17:1–7; Num 20:2–3); the New Creation (Gen 2:21–22); the sacrificial victim/paschal lamb (Ex 12; Lev 4, 16), etc. Their interpretations reflect a major concern to establish Christian orthodoxy and pastoral superintendence while explicitly providing archetypal interpretations.[3]

In modern Johannine scholarship, Rudolf Bultmann ignited several debates on sacramentalism[4] on one hand, and anti-docetism[5] on the other. The anti-docetic interpretation became part of a larger picture of sacramentalism or anti-sacramentalism. Regarding the docetic/anti-docetic interpretation, "[t]he main difference between both interpretation(s) was the respective reading of Jn 1:14, with the 'docetic' reading putting stress on Jn 1:14b, 'and we saw his glory,' and the anti-docetic reading stressing the paradox in Jn 1:14a, 'the word became flesh.'"[6] However, as I will examine later, the Johannine narrative focuses on the integration of both aspects, resisting "to dismember" them.

Meanwhile, scholars have advocated for a variety of symbolic and theological interpretations of Jn 19:34, reading this text primarily through intratextuality (within the Johannine Gospel) and intertextuality (in relation to the Hebrew Bible and 1 John).[7] Edwyn C. Hoskyns presented comprehensive symbolic interpretations on Jn 19:34.[8] Major proponents in modern scholarship include Raymond E. Brown[9] and Ignatius de la Potterie.[10]

In the following section, we will examine the theological symbolism behind the blood and water in Jn 19:34b, as well as what this symbolism points toward.

2. Narrative Composition and the Death of Jesus

The Revelation of God is the central question in Johannine theology, which comprises the narrative's post-Easter perspective.[11] The Johannine narrative employs the unique prolepses[12] that anticipate the death of Jesus on the cross: (1) "the hour" (ὥρα, Jn 2:4; 4:6, 21, 23; 5:25 28; 7:30; 8:20; 12:23, 27 [x2]; 13:1; 16:2, 4, 21, 25, 32; 17:1). The entire narrative is directed straight to "the hour"—the death of Jesus. Thus, the narrative keeps warning about the time of Jesus' death on the cross—which comprises the narrative level in double layers, dividing the narrative time diachronically between "before" and "after" the hour,[13] as well as on synchronically diegetic and extra-diegetic levels;[14] (2) "the exaltation" (ὑψοῦν, 3:14 [ὑψωθῆναι δεῖ]; 8:28; 12:32–34). The narrative predicts Jesus' death on the cross as God's salvific act (cf. 3:15–16; 12:31);[15] and (3) "the glorification" (7:39; 8:54; 12:16, 23, 28; 13:31–32). Jesus' death is not a calamity or a defeat, but a totally controlled action that illustrates Jesus' crucifixion as the ultimate revelation of his glory and majesty. These narrative strategies function to set the reader's perspective toward the endpoint, as well as the high point, of the narrative—the cross, simultaneously, to invite an extra-diegetic perspective.

2.1. Structure of Jn 18:1–19:42: The Passion Narrative

The Johannine passion narrative (Jn 18:1–19:42) comprises unique motifs and themes. The royal motif—i.e., the portrayal of Jesus as "the King of Israel" (1:49; 12:13)—is an undercurrent throughout, and is particularly conspicuous during his trial, the back-and-forth dialogue with Pontius Pilate (18:28–19:16a), and the crucifixion (19:16b–22). Besides presenting the "all-controlling" Jesus throughout the passion narrative, it "aims at suggesting such a change of perspective to its readers to recognize the divine glory even and particularly in the crucified one."[16]

I. 18:1–27   The Arrest of Jesus and Interrogation by the High Priest
II. 18:28–19:16a   The Trial of Jesus before Pilate
III. 19:16b–42   The Crucifixion, Death, and Burial of Jesus

i.	19:16b–18	The Crucifixion of Jesus
ii	19:19–22	The Royal Inscription
iii	19:23–24	Dividing Jesus' Clothes
iv	19:25–27	Entrusting the Mother to the Beloved Disciple
v	19:28–30	The Death of Jesus
vi	19:31–37	The Piercing of Jesus' Side and Blood and Water
vii	19:38–42	The Burial of Jesus

Jn 19:34 comprises words less commonly used: λόγχη [spear]; πλευρά [side, rib][17] and νύσσω [to stab, to pierce][18]— λόγχη and νύσσω are *hapax legomenon*. "Blood" also is used infrequently in Jn (cf. Mt [x12]; Mk [x3]; Lk [x8]; Jn [x6]; Acts [x12]; Heb [x21]; Rev [x19]).

From the perspective of narrative temporality, the narrative time ostensibly slows down after Jn 13:1, as it enters into the Farewell Discourse. Actually, upon the description of the death of Jesus on the cross, the narrative virtually comes to a halt—especially the moment of his death, "as if it were going to come to a standstill in this moment."[19] That simply shows the quintessential

| 214

significance of the "moment." The detailed dictation about Jesus' death on the cross highlights two elements—"blood and water" (Jn 19:34b)—which immediately are underlined by the testimony of the beloved disciple (19:35) and buttressed by the double OT quotations (19:36, 37).[20]

2.2. Symbolism of Blood

2.2.1. Blood as life-giving

In John, "blood" (αἷμα) is mentioned only six times (Jn 1:13; 6:53, 54, 55, 56; 19:34)[21] and is concentrated in Jn 6:51b–58. The Christological significance is conspicuous in the Bread Discourse, e.g., Jesus is "life-giving" (ζωποιοῦν, 6:63, cf. 5:21). Jesus' words are the life-giving bread from heaven coming down from the Father to give people "eternal life" (ζωὴ αἰώνιον). Jesus underscores "the food remaining for eternal life" (v.27), which is identified through Jesus himself (v.35, ὁ ἄρτος τῆς ζωῆς). With this shift in language from "bread" to "flesh/blood," the discourse takes a more provocative turn, pointing to the death of Jesus on the cross while scandalizing the Jews who took Jesus' words literally. Therefore, blood primarily signifies the death of Jesus. Through his death, people will have life.[22]

The Passover context of Jn 6 evokes the image of the sacrificial paschal lamb (Jn 1:29, 35) and anticipates 19:36 (see the discussion below).[23] The verbs ἐσθίω (6:50, 53) and τρώγω (6:54, 56, 57, 58) also indicate the sacrificial victim; φάγω is a good reminder of the cognate καταφάγω in Jn 2:17 ("Zeal for your house will consume [devour, καταφάγεται me"], clearly pointing to the cross. Thus, Jesus is the life-giving sacrifice offered on the altar (cf. Lev 23:18–20).[24] The death of Jesus as "life-giving bread" further implies a cultic connotation, and his exaltation/glorification and sending of the spirit make it possible to give people life.

Therefore, blood represents the life-giving reality of his death. Jesus' death on the cross is the locus and source of life—new life.[25] The emphatic repetition of αἷμα in Jn 6:53–56 underscores this reality—the life Jesus will give us is possible only through his death on the cross. And this life is "eternal life" (6:53–58).[26]

2.2.2. Sacrificial victim/paschal lamb

Intratextually, the blood in Jn 19:34 is the culmination of a larger symbolic system that runs through the entire Gospel. Within the backdrop of the scriptural imagery of Ezek 47, the temple motif comprises this symbolic system, constituting one of the most important Christological and theological motifs. The sections related to the temple motif include Jn 1:14; 1:29, 36; 2:1–11; 2:13–22; 4:1–49; 5:1–47; 7:1–8:59;10: 22–42; 11:49–50, 56; and 12:12–19—all located in the first half of the narrative.[27] The blood symbolism harks back to "the lamb of God" (Jn 1:29, 35, ὁ ἀμνὸς τοῦ θεοῦ), which comes first in the temple motif (besides Jn 1:14). From the onset of the narrative, John (the Baptist) identifies Jesus as "the lamb of God"—which arguably points to the sacrificial animal in the temple liturgy—but more significantly to the cross.[28] While scholarly debate continues, the possible scriptural background for this designation includes Is 53 (the lamb[29] as the symbol of "the servant of the Lord"), Ex 12 (the paschal lamb of the Lord), and Lev 4 and 16 (the sacrificial offering for atonement/redemption)—or the conflation of these imageries.[30] While indicating these images, the Johannine "lamb of God" is not compatible with any of these possibilities.[31]

The Johannine narrative depicts the Passover three times ([1] Jn 2:13, 23; [2] 6:4; and [3] 11:55; 13:1; 19:31; 20:1). Jesus dies on the third and last Passover. All the sections related to the temple motif ultimately point to the death of Jesus—on the cross. The lamb of God also points to the same destination—the cross. The Johannine passion narrative also underscores Jesus as the paschal lamb. "The sixth hour" (ὥρα ἦν ὡς ἕκτη, 19:13–14), "hyssop" (ὑσσώπος, 19:29, cf. Ex 12:22), the unbroken bones of the legs (19:33), and the OT quotation in 19:36 ("None of his bones shall be broken," Ex 12:46 [LXX]; καὶ ὀστοῦν οὐ συντρίψετε ἀπ' αὐτοῦ) point to the same referent, underlying the connection between blood and the paschal lamb. Thus, blood signifies Jesus' death as a sacrificial animal/paschal lamb.

Also, the juxtaposition of Jesus the King and Caesar is evident in Jn 19:1–16, each envisioning a different "kingdom" (cf. Jn 18:36). The royal motif is palpable in the trial scene, and Jn 19:13 is particularly significant. The author depicts this scene in great detail—the place (the stone pavement, *Gabbatha*; τόπον λεγόμενον λιθόστρωτον, Ἑβραϊστὶ δὲ Γαββαθα), the day (on the Preparation of Great Sabbath, i.e., Passover), and the hour (the sixth hour)—which is the hour of the slaughtering of the Passover lambs. Clearly, the author blends two motifs—the royal motif and the paschal lamb motif—the latter being part of the temple motif.

The Christological significance of "The lamb of God" certainly *implies* "redemptive/atoning significance." However, the Johannine narrative curiously lacks "atonement theology"—"despite an awareness of the sacrificial nature of the death of Jesus."[32] The narrative illustrates the death of Jesus as a vicarious death (ὑπέρ-formula; Jn 6:51 [for the life of the world], 10:11, 15 [for the sheep], 13:37–38 [for you/for me], 15:13 [for the friend], 17:19 [for them], 18:14 [for the people])—and more importantly, as a "salvific death," but not as an "expiratory/atoning death." Thus, it differs from 1 John, which includes full-fledged atonement theology (cf. 1 Jn 2:2; 4:10). Given the significance of the cross, the FG underscores the cross as the Revelation of the Truth (glorification of the crucified Jesus). This marks it off from the Pauline Epistles (cf. Rom 5:6; 8:1; 1 Cor 8:11; 15:3; 2 Cor 5:14; 1 Thess 5:10).

... He (the evangelist) views the cross Christologically. His task is not to work out, as Paul attempts to do, *how* we are saved through the cross but to show that because the death of Christ includes his exaltation, and reveals him as the Son who 'had come from God and was going to God,' we *can* be saved.[33]

Jesus' blood on the cross sums up the various imageries of the temple motif, confirming the death of Jesus as a salvific death for all people.

2.3. The Symbolism of Water
2.3.1. Water as life-giving

Water symbolism flows throughout the Johannine narrative, e.g., Jn 2 (the water turned into wine), 3 ("being born of water and Spirit"), 4 ("living water," ὕδωρ ζῶν), 5 (the healing at Beth-zatha), 7:38–39 ("out of his belly [ἐκ τῆς κοιλίας αὐτοῦ] shall flow rivers of living water"), and 13 (washing the feet of the disciples). The Johannine episodes repeatedly indicate and reiterate the interlocking symbolism of water and spirit (especially Jn 3 and 4). In the FG, the intimate union of spirit and water is a prominent motif. Thus, the water in 19:34 is another culminating point in a larger symbolic system. Water in 19:34 summarizes these water imageries. "The living water" is the life-giving water given through the Revealer Jesus crucified on the cross.

2.3.2. John 7:38–39—Water as the Promised Spirit

Water in 19:34 harks back to Jn 7:37–39 as the fulfillment of 7:37–39.[34] The episode took place during the Feast of Tabernacles (ἡ ἑορτὴ τῶν σκηνῶν), called *Sukkah*.[35] Several disputes in the temple are played out during the feast. The name of this festival evidently connects to Jn 1:14. Deriving from a Canaan harvest festival, this Jewish festival thematizes the "Enthronement of the Lord, YHWH" (Cf. Pss 9, 43, 76, 81, 93, 113–118).[36] Zech 14 provides a royal motif for the episode, illustrating the Enthronement of YHWH the Lord (Cf. Zech 14:8–9, 16) and emphasizing eschatological meanings—"the enthronement of YHWH as the Eschatological Messiah-King" or "the universal worship for the Lord." "The Ceremony of Water" on the eighth day features it (cf. Jn 7:37; 8:12),[37] in which the priests draw water from the pool of Siloam and pour the water and wine at the base of the altar. "The bowls in front of the altar" in Zech 14:20 are the silver bowls used at the festival; the priests pour the water and wine from these silver bowls.

The juxtaposition of the Eschatological New Temple and water in Ezek 47 echoes the Feast of Tabernacles as a backdrop to the text. The Johannine narrative highlights Jesus' words (Jn 7:37–38, especially, v.38; "out of his [Jesus'][38] heart, shall flow rivers of living water") as the climax of the episode and of the festival as well.[39] His words clearly parallel Ezek 47:9, and 12; the water flowing from the sanctuary giving all creatures life.[40] The post-Easter comment in Jn 7:39 underlines the significance of his statement, identifying this life-giving water with the spirit "which believers in him were to receive." This prolepsis clearly links to the water in 19:34b. Jesus as the Eschatological New Temple promises the bestowal of life-giving water. Thus, the water in Jn 19:34 is the fulfillment of his promise. The promised spirit in Jn 7:38 finds its fulfillment in water in Jn19:34, bringing believers into a new life—a new dimension of the Johannine eternal life.

The Feast of Tabernacles sets the stage for the dispute between Jesus and the Jews regarding Jesus' identity—whether "Jesus is Messiah" (7:26, 41). Thus, the feast's liturgical theme spotlights Jesus' identity as the Eschatological Messiah King, which resonates with the royal motif of the Johannine passion narrative. The glorification and exaltation of the true King (in other words, the enthronement of the King) is actualized on the cross. Ezek

47 highlights the death of Jesus on the cross as the source of life. Zech 14 elucidates the majesty of the cross as the glorification and exaltation. Therefore, the water symbolism communicates the life-giving reality of the cross. The juxtaposition of the image of the temple and living water in Ezek 47 embraces both blood and water together.

To sum up, blood and water comprise theological/Christological significance, with blood representing Jesus' life-giving death in the metaphor of the paschal lamb (sacrificial victim) and water signifying the life-giving spirit. Thus, together they become "a single river of life that comes from the side of Jesus' dead body."[41] The Exalted/Glorified Christ is now the source of new life.

2.3.3. The Significance and Function of John 19:35 vis-à-vis 19:34

Thus far, we have examined blood and water's theological/Christological significance. However, the combination in Jn 19:35 opens up another dimension of the symbolism. As eyewitness testimony on what happened on the cross, Jn 19:35 primarily underlines the significance of the blood and water flowing from the side of Jesus—who is now the Exalted/Glorified One on the cross. His witness is not limited to the flowing of blood and water, but includes the entire process of Jesus' passion, for this witness is identified with the Beloved Disciple[42]— who is "one of the disciples whom Jesus loved (εἷς ἐκ τῶν μαθητῶν αὐτοῦ ... ὃν ἠγάπα ὁ Ἰησοῦς)"and "at the bosom of Jesus (ἐν τῷ κόλπῳ τοῦ Ἰησοῦ, 13:23)," who has gone through the whole process.

The blood and water of the Exalted Jesus, the paschal lamb, are received by this disciple, as a representative of all the believers—together with the mother of Jesus at the cross.[43] The new life (blood) and the spirit (water) are given to the believers.

In fact, Jn 19:35 is the key sentence that interlinks various spirit promises and anchors them to this cross scene. As we have seen above, the post-Easter comment in 7:39—as a prolepsis—points to the cross, emphasizing the spirit to be given upon Jesus' exaltation/glorification, with the water in 19:34b as its fulfillment. Now, besides underlining the significance of the blood and water (as an eyewitness) at the story level, it also points to the final bestowal of the promised spirit (as a prolepsis). Jn 19:35—as a prolepsis—points to the definitive bestowal of the spirit by the Risen Jesus (20:23). Herein lies a distinctive feature of Jn 19:35. It occurs in the middle of "the hour." While other post-Easter comments (2:23; 7:39; 12:16) all set the reader's perspective toward the cross ("the hour"), this one—appearing in the middle of "the hour"—highlights the Exalted Jesus on the cross, but simultaneously points to the Risen Christ. As Brown neatly summarizes it, "[T]he symbolism here is proleptic and serves to clarify that, while only the risen Jesus gives the Spirit, that gift flows from the whole process of glorification in 'the hour' of the passion, death, resurrection, and ascension."[44] Thus, the promise of the spirit (7:38–39) and its ultimate fulfillment (20:22) are connected through 19:35.

From a different perspective, 19:35 connects the pre-Easter and post-Easter Jesus at the crucial moment of this Exalted/Glorified Jesus on the cross. Thus, the whole process is condensed into this Exalted Jesus on the cross, and more importantly, his witness testifies to and identifies pre-Easter and post-Easter Jesus with this Exalted/Glorified Jesus on the cross.

The reader already knows the same perspective in the Farewell Discourse, in which Jesus, assuming both the post-Easter/Exalted perspectives, is illustrated as an integrated medium figure who incorporates both a historical character from the narrative perspective and the Exalted one from the post-Easter perspective[45]—which Gail O'Day calls an "intrinsic temporal paradox."[46] This paradox is "best understood when we recognize that the voice of Jesus conveyed by the farewell discourse is not the voice of the pre-crucifixion/

pre-resurrection Jesus. Rather, ... the voice of Jesus speaks from a post-resurrection vantage point."[47] Jesus, integrating both pre-Easter and post-Easter perspectives within himself, speaks as the one who transcends textual linearity/pseudo-temporality.[48] The perspective of the Beloved Disciple's witness creates the same perspective in the moment of the cross—because he is "the one who has seen (ὁ ἑωρακώς)."

Also, the perspective connection of 19:35 to the Farewell Discourse reassures the reader of the fulfillment of Jesus' spirit/Paraclete promise. In other words, 19:35 testifies to the *coming* Paraclete upon Jesus' *departure* (i.e., his return to the Father, cf. Jn 16:7). Thus, the water/spirit from the side of Jesus is also the fulfillment of the promised spirit/Paraclete in the Farewell Discourse (cf. Jn 14:16–17; 16:8–11, 13). The spirit is expounded on extensively in the Farewell Discourse, in which "the Paraclete" is illustrated as an independent—and almost personified—entity coming after Jesus' departure (i.e., glorification/exaltation). The Paraclete is Jesus' alter-ego, with its "logos-function."[49] The spirit/Paraclete guarantees the presence of Christ and his "abiding" with the disciples during Jesus' absence.

What the Beloved Disciple has seen and testified to is the fulfillment of the promise—the bestowal of the spirit (7:39) and the coming of the spirit/Paraclete (14:16–17, 26; 15:26; 16:7). Jesus' salvific death gives believers new life, and it is guaranteed (protected) by the presence of the spirit/Paraclete. He has seen this Exalted/Glorified Jesus on the cross, thereby becoming the first and only disciple witness figure. He is the witness *par excellence*.

As a narrative strategy, diegesis and extradiegesis levels come so close in his witness; this comment is very reminiscent of—but skillfully not identical to—the testimony of the eyewitness (i.e., the Beloved Disciple, a character on the diegesis level). The narrator's voice backs up and almost embraces the Beloved Disciple's testimony ("he knows that he tells the truth," ἐκεῖνος οἶδεν ὅτι ἀληθῆ λέγει), underscoring "his testimony is true" (ἀληθινὴ αὐτοῦ ἐστιν ἡ μαρτυρία). This is the crucial testimony that enables "you" (ὑμεῖς, v.35) to become "we"—who "have seen his glory" (ἐθεασάμεθα, 1:14b).

Indeed, 19:34–35 parallels 1:14a–b; both comprise the theological/Christological statement (19:34/1:14a) and the eyewitness statement (19:35/1:14b). This parallelism formulates a huge *inclusio* of the entire narrative:[50]

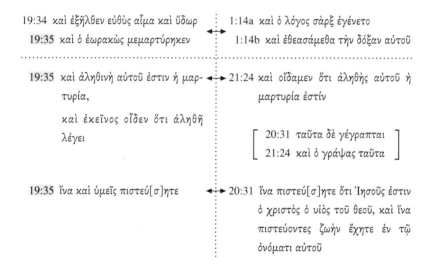

Jn19:35 anchors all the extradiegetic comments to this particular momentum—Jesus on the cross—thereby emphatically underscoring the soteriological/ecclesiological significance of the Exalted/Glorified Christ (19:34) and pinning down its significance to this present moment. (cf. Note the verbs in v.35: "He has testified" [μεμαρτύρηκεν] and "That one knows that he speaks the truth" [ἐκεῖνος οἶδεν ὅτι ἀληθῆ λέγει]. Notably, the present tense has a "present-making effect.")[51] But this "present moment" includes not only the historical moment in the narrative, but also the reader's present *realis*. The Johannine narrative is designed so that the reader halts at the cross and sees not

only the Christological, but also the soteriological significance of this divine revelation.

The Johannine narrative is not a discursive theological/allegorical play devoid of reality, but instead bridges the divine revelation to the *realis* rooted in the lived life of the believers—for the prologue of this entire narrative declares "the word made flesh" (1:14a)—immediately backed up with the "we" testimony (1:14b). The Johannine *theologia crucis* essentially is an integral part of *theologia gloriae*. The ongoing scholarly debate about the focus on either "σάρξ" or "δόξα" somehow erodes the integrity of the text,[52] as both represent essential *realia* of the Johannine narrative, pointing to theological/Christological understanding (theology) on one hand, and a totally new dimension of our salvific life through Christ (history) on the other.[53] This combination of Christological *realis* and our confession highlights the significant points of the narrative (1:14; 7:37–39; 19:34–35). However, all point to the *realis* of the Johannine community in the Johannine tradition.

> ... the gospel stubbornly refuses to be dismembered, refuses to be divided into history *and* interpretation. The history invades the interpretation, and the interpretation pervades the history. ...Its author's major purpose was to maintain and to insist this way. The commentator is therefore continually brought back to respect this deep-seated interlocking of history and interpretation. Separate the two, and the extremity of violence is done to the text. What Jesus is to the faith of the true Christian believer, He was in the flesh: this is the theme of the Fourth Gospel, and it is precisely this unity that constitutes the Problem of the Gospel.[54]

Conclusion— Johannine *Sacramentality*

We have seen the theological/Christological symbolism of the blood and water in Jn 19:34b, and through the testimony of 19:35, what it manifests in the soteriological and ecclesiological *realis*. The Christological understanding comes to its culmination upon the death of Jesus on the cross—"accomplished" (Jn 19:30). However, the Johannine passion narrative does not stop at this death scene, but the author takes it one step further. While deeply exhibiting the theological/Christological significance, the episode of the blood and water (19:34b) provides something more than simply theological/Christological understanding. The testimony in 19:35 underscores its significance to the believers—to the faith of the believers. This episode does not end with the interpretation of symbolic/theological meanings, but evokes *something more than symbols*—the sacramentality of the Johannine symbols.

> A symbol, within Christian context, evokes and represents that which is spiritual and divine; whereas a sacramental actually *conveys*, through the material elements involved, what is spiritual and divine. ... We can now begin to see the distinctive character of John's sacramentalism, and how it moves on from his symbolism. If we say, ..., that John is a sacramentalist, this does not mean that he is concerned only about two sacraments of baptism and eucharist. Rather, he is concerned more generally about 'the sacramental': the fact that since the incarnation there can be a new dimension to life, and that as in the time of Jesus, so now, the spiritual can give life to the material in a qualitatively new way.[55]

Johannine symbolism is filled with a sense of sacramentality that makes us imagine the *realis* of the Johannine community and actually *conveys* these symbols to "a new dimension of life"—and "in a qualitatively new way." Jn 19:34b and 19:35 demonstrate the foundational statements of the *realis* of "incarnated" symbolism. However, it is, unfortunately, quite difficult to pin down and argue how exactly they envisioned this *realis* from internal textual evidence. And yet, some indications in the Johannine narrative—particularly the Farewell Discourse—provide a glimpse of this *realis*.[56] Jesus' "departure" and "absence" in the community require *real* "presence" and *actuality*, as promised by Jesus and protected by the spirit/Paraclete. An emphatic stress on the spirit points to some actuality. Soteriological and ecclesiological *realis* surely exists behind this narrative, for Christians' lives are "rooted in what Jesus said and did in his life."[57] We may call this *realis* "Johannine sacramentality," through which the Johannine community lived in its historical reality, and readers of this narrative can live in an "incarnatedly" new and transformative dimension of life.

Note

1 Cf. Craig R. Koester (2003); Helge K. Nielsen (1999); Francis J. Moloney (1998); John Painter (1995); Jörg Frey, Herbert Kohler, and Thomas Knöppler (1994); Jean Zumstein (1992); particularly, Frey, "Die *'theologia crucifixi' des Johannesevangeliums*," in *Kreuzestheologie im Neuen Testament*, ed. A. Dettwiler and J. Zumstein, WUNT 151 (Tübingen: Mohr Siebeck, 2002); and Kohler, *Kreuz und Menschwerdung im Johannesevangelium: Ein exegetisch-hermeneutischer Versuch zur johanneischen Kreuzestheologie*, ATANT (Zürich Theologischer Verlag, 1987).
2 Robert T. Fortna, "Christology in the Fourth Gospel: Redaction-Critical Perspectives," *NTS* 21 (1974–75): 489-504 (quotation from 502).
3 Cf. Brook F. Westcott, *The Gospel According to St. John: The Greek Text with Introduction and Notes* (London: John Murray, 1908), 328–333; Edward Malatesta, S.J., "Blood and Water From the Pierced Side of Christ (Jn 19, 34)," in *Segni e Sacramenti nel Vangelo di Giovanni*, ed. P.-R. Tragan (Rome: Anselmiana, 1977), 165–180.
4 Sacramentalism had been a traditional interpretation in Europe until the 1950s, before which, Church Fathers promoted an ecclesiastical understanding of Jn 19:34. In modern scholarship, sacramentalism includes maximalist (ultra-sacramentalist; A. Schweitzer, O. Cullman), moderate (pro-sacramentalist; C. H. Dodd, R. Schnackenburg, R. E. Brown), non-sacramentalist (E. Käsemann), and anti-sacramentalist (R. Bultmann) perspectives.
5 Cf. Eduard Schweizer, "Das johanneische Zeugnis vom Herrenmahl," *EvT* 12 (1952–1953): 341–363; Georgy Richter, "Blut und Wasser aus der durchbohrten Seite Jesu (Joh 19, 34b)," *MünchTheolZeit* 21:1 (1970): 1–21; Udo Schnelle, *Antidoketische Christologie im Johannesevangelium* (Göttingen: Vandenhoeck & Ruprecht, 1987).
6 Jörg Frey, "'Docetic-like' Christologies and the Polymorphy of Christ: A Plea for Further Consideration of Diversity in the Discussion of 'Docetism'," in *Docetism in the Early Church: The Quest for an Elusive Phenomenon*, ed. Joseph Verheyden, Reimund Bieringer, et al., WUNT 402 (Tübingen: Mohr Siebeck, 2018), 28.
7 Cf. Jean Zumstein, "Intratextuality and Intertextuality in the Gospel of John," in *Anatomies of Narrative Criticism: The Past, Present, and Future of the Fourth Gospel as Literature*, ed. Tom Thatcher and Stephen D. Moore 2nd ed. ATANT 84 (Atlanta: Society of Biblical Literature, 2008), 121–135.
8 Edwyn C. Hoskyns, "Genesis I–III and St. John's Gospel," *JTS* 21 (1920): 210–218; idem, *The Fourth Gospel* (London: Faber and Faber, 1947).

9   Raymond. E. Brown, *The Gospel According to John*, 2 vols., AB 29–29a. (Garden City, NY: Doubleday, 1966, 1970); idem, *The Death of the Messiah, From Gethsemane to the Grave. Volume 2: A Commentary on the Passion Narratives in the Four Gospels*, ABRL (New York: Doubleday, 1994).
10 Ignatius de la Potterie, "Le symbolism du sang et de l'eau en Jn 19, 34," *Did* 14 (1984): 201–230.
11 For the post-Easter perspective, see: C. Hoegen-Rohls, *Der nachösterliche Johannes: Die Abschiedsreden als hermeneutischer Schlüssel zum vierten Evangelium*, WUNT 2/84 (Tübingen: Mohr Siebeck, 1996). Also, Jörg Frey, *The Glory of the Crucified One: Christology and Theology in the Gospel of John*, trans. Wayne Coppins and Christoph Heilig (Waco, TX: Baylor University Press/Mohr Siebeck, 2018), 83ff; Takashi Onuki, *Gemeinde und Welt im Johannesevangelium: Ein Beitrag zur Frage nach der theologischen und pragmatischen Funktiondes johanneischen "Dualismus,"* WUANT 56 (Neukirchen-Vluyn: Neukirchener Verlag, 1984); Pheme Perkins, "Johannine Literature from Text to Community," in *Biblical Heritage in Modern Catholic Scholarship*, ed. John J. Collins and Dominic Crossan (Wilmington, DE: M. Glazier, 1986), 197–200.
12 *prolepsis*: a narrative maneuver in which an event that has not taken place is indicated/anticipated/predicted by the narrative.
13 Thus, the time and perspective after "the hour" is called the post-Easter perspective.
14 Shlomith Rimmon-Kenan, *Narrative Fiction: Contemporary Poetics* (New York: Methuen, 1983), 91. Cf. Gérard Genette, *Narrative Discourse: An Essay in Method*, trans. J. E. Lewin (Ithaca, NY: Cornell University Press, 1980), 216–220; Mieke Bal, *Narratology: Introduction to the Theory of Narrative*, trans. C. van Boheevan (Toronto: Toronto University Press, 1985), 135.
15 Simultaneously, it is Jesus' return to the Father.
16 Jörg Frey, *Theology and History in the Fourth Gospel: Tradition and Narration* (Waco, TX: Baylor University Press, 2018), 54.
17 In the NT, Jn 19:34; 20:20, 25, 27; Acts 12:7. The usage in Acts 12:7 is a more common phrase (πατάσσω τὴν πλευράν), meaning "to tap the side of someone (to wake someone up)." Cf. LXX, Gen 2:21, 22 (cf. 4 Macc 18:9); 27:7 (two sides of the altar).
18 Cf. LXX, Si 22:19; 3 Macc 5:14; PSol 16:4; Philo, *Sacr.* 26, *Somn.* 2:144, *Legat.* 42. The Greek verb means "to touch with a sharp point; prick, stab, pierce" (LSJ).
19 Frey, *The Glory of the Crucified One*, 174.
20 The double quotations of the OT exist only in Jn 12 and 19 (thereby constituting an *inclusio* to frame "the Hour"). The OT quotations found in the FG [14 times] include:

Jn 1:23; 2:17; 6:31, 45; 10:34; 12:13, 15, 38, 45; 13:18; 15:25; 19:24, 36, 37. Cf. Mt 60 times; Mk 31; Lk 30.

21 Only in Jn 1:13 is it plural, but it denotes a more corporeal reality; Jn 1:13 simply signifies "blood relationship (flesh, Jn 3:6; 16:63)" *vis-à-vis* "children of God" (1:12) who are born of God.

22 "The use of future tense 'I shall give' (6:51) points to the self-giving that Jesus will perform on the cross." Cf. Craig R. Koester, *Symbolism in the Fourth Gospel: Meaning, Mystery, Community* (Minneapolis, MN: Fortress Press, 2003), 102.

23 Hoskyns, *The Fourth Gospel*, 281.

24 The substitution of σάρξ for σῶμα is the natural corollary to Jn 1:14. Cf. Ignatius, *Rom* 7:3; *Phild* 4:1; *Symn* 7:1// Justin, *Apol.* 1: 66). Cf. Pheme Perkins, *The Gospel According to St. John: A Theological Commentary* (Chicago, Il: Franciscan Herald Press, 1978), 83; eadem, *The Gospel According to John*, NJBC (Englewood Cliffs, NJ: Prentice Hall, 1990), 962; Hoskyns, *The Fourth Gospel*, 297.

25 C. H. Dodd, *Interpretation of the Fourth Gospel* (Cambridge: Cambridge University Press, 1953), 428; idem, *Historical Tradition in the Fourth Gospel* (Cambridge: Cambridge University Press, 1963), 133–135; Schnackenburg, *The Gospel according to St. John*, III-294.

26 In Jn, "life" (ζωή) and "eternal life" (ζωὴ αἰώνιον) are used interchangeably.

27 Nozomi Miura, "The Temple Motifs in the Fourth Gospel," *Annual of Japanese Biblical Institute* 37 (2012): 19–59.

28 Many scholars have proposed the background imagery of this designation—and yet, no consensus on it exists.

29 In Is 53:7-8, the lamb (ἀμνός) and sheep (πρόβατον) are interchangeable.

30 Cf. 1 Cor 5:7 and 1 Pet 1:18-19 find the conflation of Ex 12 with Lev 4, 16.
Other minor interpretations include the apocalyptic lamb (Dodd and Barrett, "The Lamb of God," *NTS* 1 [1954–1955]: 210–218), Gen 22, and the symbol of sacrifice of Isaac (The *Akedah* typology: George L. Carey, "The Lamb of God and Atonement Theories," *TynBul* 32 [1981]: 101–107).

31 See my article for the detailed argument: Miura, "The Temple Motifs in the Fourth Gospel," 24–29.

32 Stephen S. Smalley, *John: Evangelist & Interpreter* (Downers Grove, IL: InterVarsity Press, 1998), 255.

33 Smalley, *John: Evangelist & Interpreter*, 253. The original author added the italics; the present author added the brackets.

34 Jn 7:37-39 includes a text-critical issue concerning the interpretation of "his" (αὐτοῦ,

7:38). Scholars are divided over the two different interpretations: (1) the so-called Eastern Interpretation (Origen, Athanasius, and the Greek Fathers): the water pours out of the belly of "the believers" (Fee, Blenkinsopp, Hodges, Bernard, Augustine in *Tr. Er.* Jo 32.2.2, Luther in 8th Sermon on John 7), and (2) the Western/Christological Interpretation: from the belly of "Jesus" (Dodd, Brown, Perkins, Dunn, Menken, et al.). Cf. Gary. M. Burge, *The Anointed Community: The Holy Spirit in the Johannine Tradition* (Grand Rapids, MI: William B. Eerdmans, 1987), 88–89. I concur with the Western/Christological Interpretation and interpret ἐκ τῆς κοιλίας αὐτοῦ as "from Jesus' belly."

35 Cf. George W. McRae, "The Meaning and Evolution of the Feast of Tabernacles," *CBQ* 22 (1960): 251–276; Strack and Billerbeck, *Kommentar zum Neuen Testament aus Talmud und Midrasch*, 2:774–781; Gale A. Yee, *Jewish Feasts and the Gospel of John* (Eugene, OR: Wipf & Stock, 1989), 72–74; Moloney, *Signs and Shadow: Reading John 5-12* (Eugene, OR: Wipf&Stock, 2004), 66.

36 McRae, "The Meaning and Evolution of the Feast of Tabernacles," 265.

37 *m. Mo'ed. Sukka* 4:9ff.

38 Thus, I agree with the Western Interpretation.

39 "cried out" (ἔκραξεν λέγων): to cry out (κράζω) is used four times in the FG. One is by John the Baptist (1:15), and the other three are by Jesus (7:28, 37; 12:44). In 7:37, Jesus speaks about the purpose of his mission to this world, whereas in 7:28, he cried out to insist on his own identity in relation to the Father.

40 Ezek 47:9, καὶ ἔσται πᾶσα ψυχὴ τῶν ζῴων τῶν ἐκζεόντων ἐπὶ πάντα, ἐφ᾽ ἃ ἂν ἐπέλθῃ ἐκεῖ ὁ ποταμός, ζήσεται.
Ezek 47:12, διότι τὰ ὕδατα αὐτῶν ἐκ τῶν ἁγίων ταῦτα ἐκπορεύεται.

41 Schnackenburg, *The Gospel according to St. John*, III-294. The brackets are mine.

42 The Beloved Disciple (the BD, i.e., "the disciple whom Jesus loved," 13:23; Cf. 19:26-27, 35; 21:7, 20, 23, 24) is an anonymous disciple character who appears in the Farewell Discourse (13:23). This character is the crystallization of the ideal discipleship in the FG. His appearance is the author's calculated narrative strategy to set the reader's perspective closer to Jesus (13:23), and through his perspective, the reader follows the passion and resurrection narrative (if "another disciple" in 18:15 and 16 is identical, cf.20:2 [τὸν ἄλλον μαθητὴν ὃν ἐφίλει ὁ Ἰησοῦς], 3, 8). The BD is the only disciple character, as well as a witness figure, who goes through the entire process. The reader listens to Jesus' words and follows him through the perspective of the BD.

43 For the mother of Jesus and the BD at the cross, see Nozomi Miura, "The Father's House (*Familia Dei*): A Network of the Family Metaphors in the Gospel of John,"

Annuals of the Japanese Biblical Institute 39 (2014): 21–63.

44 Brown, *The Gospel According to John*, 951.

45 Takashi Onuki, *Gemeinde und Welt im Johhanesevangelium*, 97. "Mit dieser überzeitlichen Person Jesu Christi ist aber gleichzeitig die Horizontverschmelzung zwischen der vorösterlichen Zeit und nachösterlichen Gegenwart der johanneischen Gemeinde gegeben; denn beide Zeitstufen sind in der Person Jesu Christi zusammengehalten und bleiben darin stets Gegenwart. Wenn diese Person Jesu Christi das ganze Evangelium durchzieht, dann folgt daraus, daß auch die fragliche Horizontverschmelzung wenigstens prinzipiell sowohl beim Bild des Judentums als auch beim Bild der Jünger das ganze Evangelium hindurch stattfindet." (97).

46 Gail O'Day, "'I Have Overcome The World' (John 16:33): Narrative Time in John 13-17," *Semeia* 53 (1991): 157. She rightly describes this "intrinsic temporal paradox" of the Farewell Discourse as follows:

> In a very real sense, the whole farewell discourse is out of place in the progression of narrative time in the Fourth Gospel. ...It is not simply that certain parts of the farewell discourse disturb the temporal sequence of the narrative, but rather the discourse itself disturbs the sequence of the gospel narrative. Chaps. 13-17 do not merely contain prolepses; they are themselves proleptic in the larger Johannine narrative. These chapters bring the future and the present together in one narrative moment in ways that challenge conventional notions of time. In chaps. 13-17 the future is thus an essential element in the narrative construction of the present (157).

47 O'Day, "'I Have Overcome The World' (John 16:33): Narrative Time in John 13-17," 157. O'Day suggests that the voice of the Exalted Christ (the risen Jesus is the decisive element for the entire discourse (p. 165, n. 5). The same notion is advocated by Onuki (*Gemeinde und Welt im Johannesevngelium*, 117ff.). Jesus manifests his *omni-temporality* in his discourse, converging the past, present, and future in himself and evincing a post-Easter perspective in his words. Also, as "the stereoscopic vision"; Perkins, "Johannine Narrative: From Text to Community," 199–200; and Frey, *The Glory of the Crucified One*, 83.

48 Shlomith Rimmon-Kenan, *Narrative Fiction: Contemporary Poetics*, 2nd ed. (London, New York: Routledge, 2002), 44–45.

49 Jörg Frey, "How Did the Spirit become a Person?" in *The Holy Spirit, Inspiration, and the Cultures of Antiquity* (Berlin/Boston: De Gruyter, 2014), 365. The Paraclete sayings affirm that the spirit of truth (τὸ πνεῦμα τῆς ἀληθείας, 14:17; 16:13) "will reprove the world about sin and righteousness and judgment" (16:8, cf. 16:8-11) and

"guide you into all the truth" (16:13, cf 16:13-15), besides being with the disciples upon Jesus' return to the Father.

50 Arrows indicate correspondence relationships: 19:34/1:14a; 19:25/1:14b; 19:35/20: 31; 19:35/21:24. Also, 20:31 and 21:24 are interrelated through 20:31/21:24.

51 Frey, *The Glory of the Crucified One*, 82.

52 The famous Bultmann-Käsemann debate. Cf. R. Bultmann, *Theologie des Neuen Testaments*, 6th ed. (Tübingen: J.C.B. Mohr, 1968); E. Käsemann, *Jesu letzter Wille nach Johannes 17* (Tübingen: J.C.B. Mohr, 1966). For the three classic models of hermeneutical perspective ("glory"), see Frey, *The Glory of the Crucified One*, 241ff.

53 Thus, the Johannine narrative can be compared to "cultural revisionism" (David Dawson), but it is fundamentally different from the allegorical/theological writing. Cf. Harold W. Attridge, "The Cubist Principle in Johannine Imagery: John and the Reading of Images in Contemporary Platonism," in *Imagery in the Gospel of John: Terms, Forms, Themes, and Theology of Johannine Figurative Language*, ed. Jörg Frey, et al. (Tübingen: Mohr Siebeck, 2006), 47–60.

54 Hoskyns, *The Fourth Gospel*, 34–35.

55 Smalley, *John: Evangelist & Interpreter*, 235–236.

56 The extradiegetic nature of the Farewell Discourse (in which the Exalted Christ speaks to his disciples ["his own," οἱ ἴδιοί], along with its meal setting and reiterated love commandments/feet-washing, in a spotlighted scene setting in darkness. All indicate some ritual/liturgical convention in the Johannine community, based on the Johannine tradition.

57 Brown, *The Gospel According to John*, I cxi–cxiv.

パウロにおける聞くことと見ること
―― 聴覚的要素と視覚的要素の交錯 ――

原口　尚彰

Hearing and Seeing in Paul:
The Interplay of Auditory and Visual Elements

Takaaki Haraguchi

Abstract

In Rom 10:17a, Paul states that "faith comes from hearing (what is heard)." Hearing proceeds to believing. Christian faith would be impossible without hearing the words of proclamation (Rom 10:14). Nevertheless, Paul refers to his visionary experience at the time of his conversion in defense of his apostleship (cf. 1 Cor 9:1; 15:8–10; Gal 1:15–16). It serves to prove the authenticity of his apostleship and the truth of his message. Visionary and auditory elements are not mutually exclusive in his missionary activities. He described the crucified Jesus before his gentile audience with his words of proclamation (1 Cor 1:18–25; 2:1–5; Gal 3:1–5). The audience in Corinth and Galatia heard his message and believed in the crucified Christ as their Messiah. Visionary elements formed an integral part of Paul's gospel. Hearing and seeing are united in his missionary activities.

1. はじめに

　信仰は神とその使信を信じるようにとの招きへの応答である。見えざる神とその意思は、神の自己啓示の行為を通して知ることが出来るようになる。しかし、神の自己啓示は人間によって認識されて初めて信仰を呼び起こすこととなる。啓示の認識は神の言葉を聞くことやそのしるしを見る等の人間の感覚的経験を通して与えられる。

　ロマ書10章17節aにおいて、パウロは「信仰は聞くこと（聞いたこと）から来る」と述べている[1]。キリスト教信仰は神の言葉を聞くことなしには成立しない。宣教の言葉を聞くことの重要性を際立たせるために、パウロは自らに一連の修辞的疑問を投げ掛け、「信じていない方をどのようにして呼び求めるのだろうか？　聞いたことのない方をどのようにして信じることができるだろうか？　宣べ伝える者がいないならばどのようにして聞くことができるのだろうか？」と述べている（ロマ10:14）。パウロのような宣教者が宣べ伝えることや聞くことの大切さを強調することは当然予想できることである。彼は異邦人の間でイエス・キリストの福音を説く召しを与えられていると自任していたのである（ロマ1:1; 11:13; Ⅰコリ1:1; 4:9; 9:1–2; 15:9; Ⅱコリ1:1; 12:12; ガラ1:1）。

　他方、パウロは自分が書いた手紙の読者たちに対して自己の使徒職を弁護する文脈で、回心時に経験した幻視体験に言及することがある（Ⅰコリ9:1; 15:8; ガラ1:15–16）。他の使徒たちの場合と同様に（マタ28:16–20; ルカ24:44–49; ヨハ20:19–23; Ⅰコリ15:5, 7参照）、復活の主を見たことは彼の使徒職の決定的証拠とされていた。このことはキリスト教の使信を聞くこととどのような関係にあるのだろうか？　両者の間に矛盾や対立はないのであろうか？　そもそも福音宣教における聴覚的要素と視覚的要素との関係は自明な事柄ではなく、慎重な学問的考察を必要としている。本論文はパウロ研究において余り採り上げられず等閑視されて来たこの問題を、パウロ自身の

発言の釈義的分析によって解明することを目的とする。

2. 聞くこと：信仰の第一次的起源

2.1. 神の言葉と宣教の務め

　神は本質上人間の目には見えない方である。極めて例外的なケースを除いて（創 26:24; 32:31; 出 3:6; 24:10–11; 申 34:10; 士 13:20–22; 王上 22:19; イザ 6:1, 5; エゼ 1:1, 26–28）、神を見た者はいない（出 33:20; ヨハ 1:18; I ヨハ 4:12; I テモ 6:16）[2]。しかし、見えざる神は実在し、言葉を通して行動する。詩編作者は創られた世界は神の栄光を映し出していると考えている（詩 8:2–10; 19:2–7; 148:3–4; さらに、知 13:1–9; 使 17:24–27; ロマ 1:19–20 参照）[3]。神はその主権的な意思を言葉を通して啓示する。初めに神は言葉を通して世界とその中に生きるものを創造した（創 1:1–2:4a; 詩 33:6, 9; 148:5）[4]。旧約聖書の物語的記述において神は人類の始祖やイスラエルの族長たちに語り掛け、彼らの人生の重要な節目において命令や約束の言葉を与えている（創 2:16–17; 3:9, 11, 14–19; 4:6–7; 6:13–21; 9:1–7; 12:1–3, 7; 15:1, 4–5, 7; 26:3–5; 28:13–15 他）[5]。イスラエルの歴史において神は選んだ使者たちを通してイスラエル人たちに語り掛けている（ヘブ 1:1）。イスラエルの歴史の重要な転換点の時期に、神は選び分けた預言者を召して言葉を語る務めを与えている（出 3:4–22; 6:10–13; サム下 7:4–17; イザ 6:8–10; 40:1–11; 52:7; エレ 1:4–19; エゼ 2:1–10）[6]。

　新約聖書では、神の子であるイエス・キリスト以外に神を見た者はないことが述べられている（ヨハ 1:18; I ヨハ 4:12; I テモ 6:16）。信徒たちが「顔と顔を合わせて」神を見るのは、終末時に与えられる恵みとして留保されている（I コリ 13:12。さらには、マタ 5:8; ヘブ 12:14; I ヨハ 3:2; ヨハ黙 22:4 を参照）[7]。世に対する愛の故に神は御子を世に遣わした（ヨハ 3:16）。神はその意思を御子の言葉と行動を通して顕した（ヨハ 1:18 を参照）。新約時代になると神が人間に対して直接語り掛けることはなくなる。神は常に御

子イエス・キリストを通して語っている（ヘブ 1:1）。

　イエス・キリストは神に対して従順であった（ロマ 5:19）。キリストは自らを空しくして僕の形をとって人となった（フィリ 2:5–11）。地上の生活において十字架の死に至るまで神の意思に従った（フィリ 2:8; ヘブ 5:8）。こうしたキリストの従順は恵みと義といのちを世界にもたらした（ロマ 5:15–21）。キリストは死人のうちより復活した後、弟子たちに姿を現して、彼らに世界の人々に福音を伝える務めを与えた（マタ 28:16–20; ルカ 24:44–49）[8]。初代教会の宣教者たちは世界に出て行って、イエス・キリストの死と復活の福音を伝える務めを果たした（使 2:14–36; 3:12–26; 10:34–43; 13:16–41; 17:22–31 他）。同様に、復活の主はダマスコ途上のパウロに顕れて、異邦人世界において福音を伝える務めを与え（Ⅰコリ 9:1; 15:8–10; ガラ 1:15–16）、パウロは以後の人生において異邦人の使徒として身を捧げた（ロマ 1:1–5; 15:15–21）。

2.2. 聞くことと信じること

　信仰が福音の言葉を聞くことによるということは初代教会の共通理解に属する事柄であった（ロマ 10:17. さらに、ヨハ 17:20 を参照）。信じることは救いに結び付くが、聞く行為は信じる行為に先立っている。初期のキリスト教徒は宣教の言葉を聞いて、イエス・キリストを救い主として信じる過程を経て信徒となっている（使 2:37–41; 10:44–48; Ⅰコリ 15:1–2, 11; ガラ 3:2 他）。特に、異邦人信徒たちは初代教会のケリュグマを聞いてギリシア・ローマ世界の神々を拝むことから生ける真の神への信仰へと転じた人々である（Ⅰテサ 1:9–10）[9]。福音を聞いて信じることは回心の過程における重要な構成要素であった。

　福音への人間の応答は実際のところ様々である。ある者たちは使信を受け入れて信じた（使 2:41; 13:48; 17:34; Ⅰコリ 2:1–5; 15:1–2; ガラ 3:1–5; Ⅰテサ 1:9–10 他）。しかし、他の者たちは福音を信じることをせず、初代教会の宣教活動に対して敵対的な態度を示した（使 4: 5–18; 6:8–15;

13:44–47, 50; 17:32; 22:22–23; ロマ 11:28 他）。聞くという行動の中には、語られた言葉に耳を傾けることと聞き取った内容を理解して従うことが含まれている[10]。聖書が警告しているように、聞くことは聞いた者たちに正しい理解を生み出すとは限らない（マコ 4:12; 6:52; 8:17–18; ヨハ 12:40; ロマ 11:8. さらに、イザ 6:9–10; エレ 5:21; エゼ 12:2)[11]。使信を受容するかどうかということは心が開かれているかということに関係する。そこでは人間の意思が信じる過程に深く関わっている。頑なな心は神の言葉を聞こうとはしないし（エレ 5:23; 9:13; エゼ 2:1–8; 詩 78:8; ロマ 2:5; 9:18; 11:7, 25; Ⅱコリ 3:14; エフェ 4:18; ヘブ 3:8, 15; 4:7)、理解に遅い（マタ 13:15; マコ 6:52; 8:17; ヨハ 12:40; 使 28:26–27)[12]。心の頑なさや強情さは使信の拒絶に帰結する（出 32:9; 33:3, 5; 34:9; 申 9:6, 13; 王下 17:14; ネヘ 9:26, 29; シラ 16:11; バル 2:30; 使 7:51)[13]。イエス・キリストの福音に対するイスラエルの頑なさは神によって予定されていたとパウロは考えている（ロマ 11:7)。しかし、パウロが信じるところによれば、異邦人たちの多数が回心して救われるときにイスラエルの頑なさも取り除かれることになる（ロマ 11:25)。全イスラエルは究極的には救われることとなるが（11:26)、それは彼らが先祖の選びの故に神によって愛されているからである（11:28)。

　神の使信の告知者たちは聴衆の不信の問題に直面している。例えば、モーセはエジプト王であるファラオの前で奇跡を行ったが、それは彼の告知が真正であることを示すしるしとなる筈であった（出 4:8–9, 17, 30; 7:3, 8–9; 10:2; 11:9–10; 使 7:36)。神の使者が行う奇跡は神の力の発現と考えられていたからである（民 14:11, 22; 申 4:34; 6:22; イザ 7:11, 14; 38:7–8 他)。しかしながら、エジプト王は神がその心を頑なにしたために、モーセが語ったことを信じなかった（出 4:21; 7:3–4, 13; 8:11; 9:7, 34–35; 10:1)。この事例は目に見えるしるしが目を奪うようなものであったとしても、その効果には限界があることを示している。

　イスラエルの歴史の中で語られた数々の預言の言葉は、イスラエル人たちに根本的に生き方を改め主に立ち帰ることを求めていたので、受け入

ることは容易ではなかった（エレ 3:12, 14; 4:1; 24:7; ホセ 3:5; 5:4; ヨエ 2:12–13; ゼカ 1:3 他）。預言者の召命の時点で既に、これから語ることになる預言の言葉に対してイスラエル人たちはむしろ目を閉じ、耳を貸さないことが予想されていることもある（イザ 6:9–10; 42:20; 43:8; エレ 5:21; 6:10）。彼らは心が頑なであり（エレ 7:24–26; 9:13; 11:8; 13:10; 16:12; 18:12; エゼ 2:4; 3:7）、神の意思に逆らうこととなる（イザ 30:9–10; エレ 3:13, 20; 5:23; 8:5; 11:9–10; エゼ 2:3, 5–6; 使 7:51）。彼らは謂わば、「心に割礼を受けていない」民である（エレ 9:25）。イスラエル人たちの心が神によって根本的に新しくされなければ、預言の言葉が正しく理解されることはないのである（エレ 24:7; 32:39; エゼ 11:19; 18:31; 36:26–27）。

　他方、神の言葉への肯定的な応答の例も存在している。アブラハムはハランにおいて故郷を去り、約束の地に向かうようにとの神のお告げを受けたときにそれに従った（創 12:1–6; ヘブ 11:8–10）。後に彼は自分も妻のサラも高齢となっていたのに拘わらず、多くの子孫を得るという神の約束の言葉を信じた（創 15:6）。この約束は人間の目には不可能に見えたが、彼は神への信仰故に信じた（ロマ 4:18–21 を参照）。

　召命物語において預言者は、幻や夢を通して顕現した神的存在によって発せられた神の言葉に服従する経緯をとる[14]。イザヤは天にある玉座に鎮座する主の幻を見たときに（イザ 6:1。さらに、王上 22:19 を参照）、誰を遣わそうかという神の声を聞き（イザ 6:8ab）、即座に預言者として遣わされることを申し出ている（6:8c）。しかし、預言者が召しに困難を感じて断ろうとするが、神がそれを許さない例もある[15]。エレミヤは預言者としての召しを告げられたときに躊躇した（エレ 1:4–6）。彼は年が若すぎると考えていたが、神は断ることを許さず、保証の言葉を与えて彼を遣わした（1:7–10）。エレミヤは神の言葉に従って預言者となり、神の厳しい言葉をイスラエルに対して語った（2:1–3:5; 3:6–13; 4:5–22 他）。

　信仰とは聞き取った神の言葉に対する従順を意味する（ロマ 1:5; 10:16; 15:18; 16:19）。キリストの福音を聞いてそれを拒絶することは、神に対す

る不従順に他ならない（10:21）。パウロが宣教に従事していた当時、イスラエル人の大多数はキリスト教の使信に躓き、受け入れてなかった（9:30–33; 11:11–12）。彼らは実際のところ「福音の敵」となっていたが（ロマ 11:28。さらに、Ⅰテサ 2:14）、彼らが最後に回心し救われる希望をパウロは捨てていなかった（ロマ 11:25–29）。彼らの頑なさは神によって予定されたものであり、異邦人の大多数が回心する時までであった（9:18; 11:7, 25）。

3. 視覚的要素

3.1. 授権としての幻視体験

　ヨハネ福音書は見て信じることに対して二つの対照的な態度を示している。一方で、イエスが行う奇跡はこの福音書において神の子の栄光を顕すしるしと見なされている（ヨハ 2:11, 23; 4:54; 6:2, 14, 26; 7:31; 9:16; 11:47; 12:18, 37; 20:30）。イエスの行うしるしを目撃した者はイエスを信じたとされる（ヨハ 2:23; 6:14）[16]。第四福音書の結びの部分は、イエスが行ったしるしはイエスを神の子メシアと信じて永遠のいのちを得るために記されていると述べる（ヨハ 20:30–31）。

　他方、ヨハネ福音書ではしるしに対する批判的な声も聞かれる。しるしに基づく信仰は信仰として十分なものではないとされ、批判的に言及されることがある（ヨハ 4:48）。復活・顕現物語において、イエスの弟子たちは復活の主を見て信じた（20:20, 27–28）。しかし、復活したキリストは弟子のトマスに対して十字架刑の傷跡を示しながら、「あなたは見たから信じたのか？　幸いである、見ないで信じる者は」と語っている（20:29）。トマスは復活の主の顕現について聞いたときに信じるべきだったとされているのである（20:25）。しるしに基づく信仰に対する批判的評言は、第四福音書の編集者の視点を反映しているのであろう[17]。

　復活したキリストの姿を見る経験は、キリスト教徒の最初の世代に限られていた（Ⅰコリ 15:5–8）。以後の世代のキリスト教徒は、姿を目で見ること

なく復活の主を信じることとなっている（Ⅰペト1:8–9）。この事実は宣教活動に対して本質的な障害とはならない。キリスト教信仰は本来見ることではなく聞くことに由来するからである（ヨハ20:29; ロマ10:17）[18]。

　パウロには幻視体験をキリスト教の使信を信じる根拠とすることに対する批判は見られない。パウロは使徒として召しを受けた際に体験した顕現の出来事に何の留保もなく言及している。特に、彼の使徒職に対して疑問を持つコリント人たちに対して、「私たちの主イエスを私は見たではないか？」と宣言している（Ⅰコリ9:1。さらに、使9:27を参照）[19]。この主観的体験は、彼の使徒職とその宣べ伝える福音の真正性を示す証拠であると考えられている[20]。さらに、この体験によってパウロはイエスの復活・顕現の証人の群れに属することとなる（Ⅰコリ15:5–8）[21]。修辞学的に言えば、復活の主を見たことは語り手であるパウロの信頼性を立証するエートス（アリストテレス『弁論術』1356a; 1377b–1378a; キケロ『発想法』1.22, 34–36; クウィンティリアヌス『弁論家の教育』3.8.48–51）として機能している。

　ガラテヤ書においてパウロは宣教者としての初期の歩みを回顧する文脈の中で（ガラ1:13–24）、神の子キリストが自分に対して啓示された体験に言及している[22]。復活の主の顕現はパウロの生活に転機をもたらした。それ以前、彼は敬虔なユダヤ教徒であり、ユダヤ教の律法を熱心に守っていた（ガラ1:14; フィリ3:6b）[23]。彼は律法への熱心の故にキリストの教会を迫害することとなった（Ⅰコリ15:9; フィリ3:6a）[24]。しかし、復活の主に出会う経験によって、教会の迫害者としての生活に終止符が打たれ、福音の宣教者としての使命を帯びることとなった（Ⅰコリ15:9–11; ガラ1:16）[25]。彼は異邦人の間で福音を説く使徒と自任することとなった（ロマ1:1; 11:13; Ⅰコリ1:1; 4:9; 9:1–2; 15:9–10; Ⅱコリ1:1; 12:12; ガラ1:1）[26]。

　生まれる前から使徒として召されていることを語る部分は（ガラ1:15、エレミヤ書1章の預言者の召命物語を思い起こさせる[27]。エレミヤは生まれる前から諸国民の預言者として聖別されたと述べられている（エレ1:5。さらに、イザ44:24: 49:1を参照）[28]。これらは共に預言者的職務に関する授権

の物語であるが、両者の間には相違もある。ガラテヤ書1章において神は三人称で言及されるが、エレミヤ書1章4–5, 7–8節では預言の文体の慣例に従って神が一人称で語っている（イザ6:8; エゼ2:1–8 他）[29]。ガラテヤ書における召命記事は、パウロの召命と宣教者としての初期の生活を回顧する自伝的部分の一環をなしているが（ガラ1:13–2:14）、エレミヤの召命記事はエレミヤ書の導入部分に置かれ、神とエレミヤとの対話の形式で綴られ、神が語った言葉がそのまま引かれている。エレミヤ書においては、神の言葉が自分に臨み、預言者としての召しを与えたことが強調されている（エレ1:4–5, 7–8）。この物語においては言葉を聞く要素が強いが、視覚的要素も存在し、神が手を伸ばしてエレミヤの口に触れる動作が言及されている（エレ1:9）[30]。他方、パウロの召命記事には視覚的要素が強い[31]。使徒職への召しを自覚するようになった契機として（神が）彼に対して「御子を啓示した」ことにパウロは言及しているが（ガラ1:16）、それは第一コリント書において彼が復活の主を「見た」（Ⅰコリ9:1）、或いは、彼に対しても復活の主が「顕れた」と述べていることと（15:8）同一の幻視体験を指しているのであろう。使徒職への召しは、使徒言行録におけるルカの劇的描写のように、幻視体験に随伴する授権の言葉によってなされたと推測される（使9:4–7, 11–16; 22:10–16; 26:16–18 を参照）[32]。ルカの物語的記述においては、授権の言葉はパウロに使徒としての召しを与える幻視体験の意味を解明する役割を持っている。しかし、パウロ書簡においては授権の言葉は明示的には引用されていない。聴覚的要素はパウロの召命記事においては控えめである。

　神の主権的意思が両方の物語において決定的であるが、その顕されるやり方は異なっている。エレミヤの召命記事では神が直接に顕われて預言者に語り掛けている（エレ1:4–5, 7–8）。彼は他の旧約聖書の預言者たちの場合と同様に、幻を見ると共に神の言葉を聞いている（エレ1:11–13。さらに、イザ6:1–13; エゼ1:1, 26–28; 2:1–10 他を参照）[33]。これに対して、新約時代の信徒たちは、今の時には直接に神を見ることは出来ず、「顔と顔を合わせ

て」神を見るのは終末時に限られると理解していた（Ⅰコリ 13:12。さらに、マタ 5:8 を参照）。パウロが見たのは神ではなく、復活のキリストである[34]。神の顕現ではなく、キリストの顕現に彼は言及している（Ⅰコリ 9:1; 15:8; ガラ 1:15–16）。復活の主を通して神は彼を使徒職に召している。パウロのキリスト中心的思考法は、その召しの時に遡るのである[35]。

3.2. 幻視体験としての昇天

　幻視体験はパウロの召命時に限られていない。Ⅱコリント書 12 章 1–4 節においてパウロはこの書簡執筆の時から 14 年前に起こった昇天の体験に言及している[36]。彼は恍惚状態の内に第三の天に挙げられ、そこでは幻を見、言葉に表せないようなことを聞いたとしている[37]。

　天上の事柄を見ることは神の意思を受領する重要な手段と考えられ、黙示文学では幻視体験が描写されることもしばしばである（エチ・エノ 1:2; シリ・バル 81:4 他)[38]。また、昇天（或いは、天上の旅）は黙示的文書における好んで採り上げられる主題である（イザ殉 4:13–17, 18–23, 24–27, 28–31; アブ黙 12:1–4; 15:1–7; アブ遺 10:1–15:15; レビ遺 2:5–5:7)[39]。特に、族長のエノクは天に挙げられ、天の神殿での出来事を目撃したとされている（エチ・エノ 14:8; 39:3; 52:1; 71:1, 5; ギリ・エノ 8:1–8; 20:1–4。さらに、創 5:21–24 を参照)[40]。ヨハネ黙示録の語り手は天への門が開かれているのを見た後に、そこに昇って来るように促す声を聞いている（ヨハ黙 4:1）。幻視者はたちまち恍惚状態の内に天に挙げられ、御座に即く神の姿と讃美する天使たちの姿を見ている（4:2–11; 5:8–12）。

　パウロは昇天や幻視を内容とする神秘的体験を語ることについては慎重な態度を示している。彼が沈黙を破ってそのことをコリント人たちに披瀝したのは、14 年後のことであった（Ⅱコリ 12:1–3）。その上、彼は天上で見たことを具体的に描写しようとはしていない[41]。特異な宗教体験には個人的な誇りの問題が付随していた（12:5）。天上の旅や特別な天上の知識を持っていることが自己讃美の危険をはらむことを、『自己栄化の賛歌（4Q Self-glorification Hymn)』は示している。この神秘的な死海文書において幻視者は、自分が天上の天使たちに匹敵する存在であり、誰も彼の栄光には及ばないと主張している（4Q491c. 6–9）[42]。パウロは自己栄化の危険をよく自覚していた。特別な体験を誇ることを避けるために、彼は「肉にトゲが与えられた」と述べる（Ⅱコリ 12:7）。キリストの恵みがそこに現されており、彼はむしろ弱さを誇ると述べている（11:30; 12:5, 9）。

3.3. 宣教における視覚的要素

十字架に架けられた方の描写

　コリント教会の信徒たちは、パウロによって語られた宣教の言葉を聞いて受け入れることを通して信じる者となっている（Ⅰコリ 15:1–2。さらに、使 18:1–11 を参照）。パウロ自身の言葉によると彼の宣教は十字架に架けられた方について語ることに集中していた（Ⅰコリ 1:18）[43]。最初のコリント宣教の時に十字架に架けられたキリスト以外には何も知るまいと彼は心に決めていた（Ⅰコリ 2:2）。彼は十字架に架けられた方を救い主として宣べ伝え、それ以外は何も語らなかった。彼はコリント人たちの目の前で十字架に架けられたキリストを言葉によって描き出し、彼らは十字架に架けられた方を救い主と信じるに到った。

　ガラテヤ書 3 章 1 節においてパウロはガラテヤでの伝道説教を振り返って、「あなたがたの目の前にイエス・キリストが十字架に架けられた方として公示されたのに、誰があなた方に魔法を掛けたのか？」と問い掛けている[44]。十字架に架けられた方の姿を目の前に見るように描く宣教の言葉を聞くことを通して、ガラテヤ人たちはキリストを信じ、聖霊を受けるに到ったのだった（ガラ 3:1–2, 5）。勿論、ガラテヤ人たちが十字架に架けられたキリストを文字通りに目撃することは出来ない。イエスの十字架刑はパウロのガラテヤ宣教の遙か前にエルサレムで起こっている。彼らに出来ることはパウロの説教の言葉によって描き出された十字架のキリストの姿を想起することだけである[45]。言葉による描写を通して聴衆の脳裏に出来事や事

物のイメージを現在化させることは、当時の修辞理論においてエクフラシス（ἔκφρασις）と呼ばれ、効果的な説得の手段とされていた（テオン『プロギュムナスマタ』118.7）[46]。エクフラシスは描写の鮮明さ（ἐνάργεια）と明確さ（σαφήνεια）を高める効果を持った（テオン『プロギュムナスマタ』119.31–32；クウィンティリアヌス『弁論家の教育』8.3.61–63; 9.2.40）[47]。この手法は聞き手の感情に訴えるパトスの性格が強い（クウィンティリアヌス『弁論家の教育』6.2.32）[48]。

　ロマ書15章においてパウロは異邦人の間での宣教活動を振り返っている（ロマ15:18–21）。それは言葉を語る説教活動として行われた。パウロは彼らの間で福音を口頭で語り、彼らの一部は回心してキリスト教徒になった。他方、パウロは宣教活動に随伴して自らが行った奇跡を「しるしと不思議」と呼んでいる（ロマ15:19。さらに、Ⅱコリ12:12を参照）[49]。奇跡は神から遣わされた真正の使者のしるしであるとする一般的観念をパウロも抱いていた（出4:8–9, 17, 30; 7:3, 8–9; 10:2; 11:9–10; 民14:11, 22; 申4:34; 6:22; イザ7:11, 14; 38:7–8; マコ8:11–12並行；ヨハ6:30; 使7:36他）。聴衆の前で行われた奇跡は、使徒のしるしとして有効な説得の手段となったのであった（Ⅰテサ1:5参照）。視覚的要素は語られた宣教の言葉という聴覚的要素を補強することになっている。

黙示的イメージ：来臨

　Ⅰテサロニケ書4章15–18節においてパウロは主の来臨の時に起こると予想される一連の出来事の具体的イメージを描き出している。それによれば、その時には首座天使の声が響き、神のラッパが鳴り、天より主が下って来る。キリストにある死者が復活した後に、生ける者たちが空中に上げられ、主を迎えることとなる。この黙示的伝承には視覚的要素が強く存在する。ギリシア・ローマ世界では会話や演説のような口頭のコミュニケーションが重んじられていた[50]。手紙は口頭のコミュニケーションの代替手段であると位置付けられていた（デメトリオス『文体について』223；キケロ『アッ

ティクス宛書簡』8.14.1;『家族宛書簡』2.4.1; 12.30.1)[51]。この勧告的手紙もパウロによって口述筆記され、その文面は会衆の前で朗読されることとなっていた（Ⅰテサ 5:27）。テサロニケ教会の信徒たちは読み上げられる言葉に耳を傾け、そこに描かれている終末時の一連の出来事を思い浮かべることとなった。修辞学的に言えば、ここでもエクフラシスの手法（テオン『プロギュムナスマタ』118.7）が用いられ、聴衆の感性に強く訴え、説得力を増す効果を生んでいる。

パウロは神学的思考において強い黙示的傾向を示している[52]。彼は主の来臨が間近なことを確信し、信徒たちに対してそう語っていた（ロマ 13:11; Ⅰコリ 7:29–31; フィリ 3:20）。来臨の時には死者が復活すると彼は信じていた（Ⅰコリ 15:20–28; Ⅰテサ 4:13–18)[53]。イエス・キリストの死と復活は終末時の始まりを意味した。第二のアダムであるイエス・キリストは、世界に恵みと義といのちをもたらした（ロマ 5:12–21; Ⅰコリ 15:20–22, 42–49)[54]。

しかし、終末時に展開される黙示的ドラマを会員たちに伝えることに関しては、パウロは慎重な態度を示した[55]。彼はそのことをテサロニケの開拓伝道時には語ることをせず、後に会員の中に死者が生じ、会員たちから彼らの死後の運命について質問が寄せられたときに初めて伝えたのであった（Ⅰテサ 4:13–14）。こうした慎重な態度は、パウロが黙示的伝承に含まれる視覚的イメージに対して否定的な理解を持っていたことを意味しない。彼の関心は牧会的であった。キリストの来臨に関する伝承を早い時期に伝えることによって、信徒たちが世の終わりに予測される黙示的出来事の詳細について過度の関心を抱き、思弁に陥ることを彼は案じていた。実際のところ、彼は来臨の具体的時期について思い巡らすことがないように諫めている（Ⅰテサ 5:1）。

4. 結論：聴覚的要素と視覚的要素の補完的関係

「信仰は聞くこと（聞いたこと）による」という初代教会の基本的理解をパウロは共有している（ロマ 10:17a）。聞くことは信じることに先行する。イエス・キリストの福音を聞くことなしに信じることは誰も出来ない（ロマ 10:14）。言葉を聞くという聴覚的経験は、人が使信を信じるようになる過程における不可欠の要素である。初期のキリスト教徒も宣教の言葉に耳を傾けて信じ、キリスト教に回心した人々であった（使 2:41; 13:48; 16:14; Ⅰコリ 2:1–5; 15:1–2; ガラ 3:1–5; Ⅰテサ 1:9–10 他）。

他方、パウロは時折幻視体験に言及している。彼は例えば、自らの使徒職の真正性の証明のために回心時に体験したキリストの顕現に言及する（Ⅰコリ 9:1; 15:8–10; ガラ 1:15–17）。また、Ⅱコリント書 12 章において彼は昇天の体験を得たと述べている（Ⅱコリ 12:1–2）。天上の世界を目撃することは神の啓示を受領する重要な手段であると考えられていたからであろう（エチ・エノ 1:2; シリ・バル 81:4; ヨハ黙 1:9–20）。幻視体験を経ていることはパウロの宣教活動の信頼性を高めることになる。

視覚的要素はパウロが説く福音の構成要素となっている。彼は異邦人聴衆の前で十字架に架けられたイエス・キリストの姿を言葉によって描き出した（Ⅰコリ 1:18; 2:1–5; ガラ 3:1–5）。十字架に架けられた方のイメージを描出することは、修辞学上のエクフラシス（テオン『プロギュムナスマタ』118.7）の技法として効果的に機能した。パウロが語る宣教の言葉は聞く者の脳裏に視覚的イメージを想起させる媒体となると共に、その意味を説き明かす機能を持っていた。

ロマ書 15 章においてパウロは異邦人世界における自らの宣教活動を総括的に振り返っている（ロマ 15:18–21）。パウロは宣教活動に随伴する奇跡を「しるしと不思議」としている（ロマ 15:19; Ⅱコリ 12:12）。聴衆の前で行った奇跡は真正な使徒職のしるしとして説得の手段として機能した（Ⅰテサ 1:5）。ここでも視覚的要素が宣教の言葉という聴覚的要素を補強するのに役

立っている。

　Ⅰテサロニケ書4章15–18節においてパウロは主の来臨の場面を具体的に描いている。パウロが引用するこの黙示的伝承が伝える内容は絵画的であり、視覚的要素を含んでいる。主の来臨の前にこの世を去った者たちの運命を案じるテサロニケ人たちを慰め、励ますためにパウロはこの伝承を敢えて引用したのであった（4:13）。テサロニケ人たちの終末的未来への希望は、パウロの言葉を通して伝えられた来臨の視覚的イメージによって強化されることになった。視覚的要素と聴覚的要素とはパウロの宣教活動において相容れないものではなく、相互に補強し合うものである。

注

1) ロマ 10:17 に用いられているギリシア語名詞 ἀκοή は、聞く行為を意味することも（LXX サム下 22:15; Ⅱペト 2:8)、聞く内容（告知、知らせ）を表すこともある (LXX イザ 53:1; ロマ 10:16)。詳しくは、G. Kittel, "ἀκοή κτλ.," *TWNT* 1:216–225; G. Schneider, "ἀκούω, ἀκοή," *EWNT* 1:126–131 を参照。尚、本稿における聖書翻訳は、特に断らない限りネストレ=アラント 28 版を底本とした筆者の私訳である。
2) 旧約聖書における見神体験の記述については、J. Joosten, "Seeing God in the Hebrew Bible and the Septuagint," in *Gottesschau: Gotteserkenntnis*, ed. E. G. Dafni; WUNT 387 (Tübingen: Mohr-Siebeck, 2017), 19–27 を参照。
3) J. Barr, *The Concept of Biblical Theology: An Old Testament Perspective* (Minneapolis: Fortress, 1999), 468–473; W. Brueggemann, *Theology of the Old Testament: Testimony, Dispute, Advocacy* (Minneapolis: Fortress, 1997), 156–157.
4) Brueggemann, *Theology*, 148, 153–154.
5) Brueggemann, *Theology*, 164–169.
6) Brueggemann, *Theology*, 622–649.
7) G. D. Fee, *The First Epistle to the Corinthians*, NICNT (Grand Rapids; Eerdmans, 1987), 647–649; W. Schrage, *Der erste Brief an die Korinther*, EKK VII/3 (Zürich: Benzinger; Neukirchen-Vluyn: Neukirchener Verlag, 1999), 314.
8) B. J. Hubbard, "Commissioning Stories in Luke–Acts: A Study of their Antecedents, Form and Content," *Semeia* 8 (1977): 116–117.
9) U. Schnelle, *Paulus. Leben und Denken* (Berlin: de Gruyter, 2003), 180–182; 朴憲郁『パウロの生涯と神学』教文館、2003 年、114–115 頁を参照。
10) M. Wolter, *Paulus. Ein Grundriss seiner Theologie*, 2nd ed. (Neukirchen-Vluyn: Neukirchener Verlag, 2015), 78–79.
11) Brueggemann, *Theology*, 632–633; J. J. M. Roberts, *First Isaiah*, Hermeneia (Minneapolis: Fortress, 2015), 100–102 を参照。
12) 「頑なさ」に関するギリシア語単語の語学的分析については、"πωρόω πώρωσις," *EWNT* 3:488; K. L. Schmidt, "πωρόω, πώρωσις," *TWNT* 6:959–961; J. Behm, "σκληροκαρδία," *TWNT* 3:616; P. Fiedler, "σκληροκαρδία, σκληρός, σκληρότης," *EWNT* 3:606–608; F. Baumgärtel and J. Behm, "καρδία," *TWNT* 3:609–616; A. Sand, "καρδία," *EWNT* 2:6015–619; A. Heath Jones III, "Stubborn," *NIDB* 5:388; K. Berger, "Hartherzigkeit und Gottes Gesetz. Die Vorgeschichte des antijüdischen Vorwurfs in Mc 10,5," *ZNW* 61(1972): 1–47 を参照。
13) J. Wolfe, "Stiff-necked," *NIDB* 5:379.

14) N. Habel, "The Form and Significance of the Call Narratives," *ZAW* 36 (1965): 297–323; B. O. Long, "Prophetic Call Traditions and Reports of Visions," *ZAW* 84 (1972): 494–500; B. J. Hubbard, "Commissioning Stories in Luke–Acts: A Study of their Antecedents, Form and Content," *Semeia* 8 (1977): 103–107.

15) Brueggemann, *Theology*, 630.

16) 但し、イエスを信じないユダヤ人たちはそれに満足せず、イエスに対してメシアのしるしとしてさらに高度な奇跡を求めている（ヨハ 6:30; さらに、マコ 8:11–13 並行を参照)。

17) R. Bultmann, *Das Evangelium des Johannes*, 10th ed., KEK 2 (Göttingen: Vandenhoeck & Ruprecht, 1941), 539–540; J. Zumstein, *Das Johannesevangelium*, KEK 2 (Göttingen: Vandenhoeck & Ruprecht, 2016), 766–767.

18) R. E. Brown, *The Gospel according to John XIII-XXI*, AB 29A (Garden City, NY: Doubleday, 1970), 1048–51; R. Schnackenburg, *Das Johannesevangelium. III. Teil Kommentar zu Kap. 13–21*, 3rd ed. HTKNT IV/3 (Freiburg: Herder, 1979), 398–399; U. Schnelle, *Das Evangelium nach Johannes*, 5th newly rev. ed. (Leipzig: Evangelische Verlagsanstalt, 2016), 389–390 は、ヨハ 20:29 が復活の主を見ることが不可能である後続世代の信徒たちの立場を考慮した言葉であるとする。

19) C. Dietzfelbinger, *Die Berufung des Paulus als Ursprung seiner Theologie* (Neukirchn-Vluyn: Neukirchener Verlag, 1989), 54–56; B. Heininger, *Paulus als Visionär* (Freiburg i.B: Herder, 1996), 185–189; U. Schnelle, *Paulus. Leben und Denken* (Berlin: de Gruyter, 2003), 78.

20) Schnelle, *Paulus*, 77 は自らの使徒職を弁護しようとするパウロの弁証的意図を強調している。

21) Dietzfelbinger, *Berufung*, 48, 56–60; K. O. Sandnes, *Paul: One of the Prophets?* WUNT 2.43 (Tübingen: Mohr-Siebeck, 1991), 48–70; J. Becker, *Paulus. Der Apostel der Völker*, 3rd ed.(Tübingen: Mohr-Siebeck, 1998), 76–77; M. Wolter, *Paulus. Ein Grundriss seiner Theologie*, 2nd rev. ed. (Neukirchen-Vluyn: Neukirchener Verlag, 2015), 25; 朴『生涯と神学』50–52 頁を参照。

22) Dietzfelbinger, *Berufung*, 45–46; W. Baird, "Vision, Revelation and Ministry: Reflection on 2 Cor 12:1–5 and Gal 1:11–17," *JBL* 104 (1985): 656–661; 佐竹明『使徒パウロ　伝道にかけた生涯　新版』新教出版社、2008 年、83–88、95–97 頁参照。

23) B. J. Lappenga, *Paul's Language of Ζῆλος: Monosemy and the Rhetoric of Identity and Practice* (Leiden: Brill, 2016), 141–143; S. E. Porter, *The Apostle Paul: His Life, Thought, and Letters* (Grand Rapids: Eerdmans, 2016), 27–30; 佐竹『使徒パウロ』62–66 頁を参照。

24）Dietzfelbinger, *Berufung*, 10–15; Schnelle, *Paulus*, 71–75; Porter, *The Apostle Paul*, 29; E. Ebel, "Das Leben des Paulus," in *Paulus: Leben–Umwelt–Werk–Briefe*, ed. O. Wischmeyer; 2nd ed., UTB2767 (Tübingen: A. Francke, 2012), 114–115; D. A. Cambell, *Paul: An Apostle's Journey* (Grand Rapids: Eerdmans, 2018), 15, 22; N. T. Wright, *Paul: A Biography* (New York: HarperCollins, 2018), 27–39; 朴『生涯と神学』32–36 頁参照。

25）Heininger, *Visionär*, 189; Schnelle, *Paulus*, 80; Porter, *The Apostle Paul*, 30–32; Ebel, " Leben," 115; Cambell, *Paul*, 23–24; Wright, *Paul*, 41–59; 朴『生涯と神学』50–52 頁 ; 原口尚彰『ガラテヤ人への手紙』新教出版社、2004 年、76–77 頁 ; 浅野淳博『ガラテヤ書簡』日本キリスト教団出版局、2017 年、134–137 頁参照。

26）Schnelle, *Paulus*, 92–94; Wolter, *Paulus*, 26–27.

27）原口『ガラテヤ人への手紙』76 頁参照。

28）W. L. Holladay, *Jeremiah 1*, Hermeneia (Minneapolis: Fortress, 1986), 27–28; 預言書の召命物語については、D. L. Petersen, "Prophet, Prophecy," *NIDB* 1 (2006): 638–639; W. H. Myers, "Call, Calling, Call Stories," *NIDB* 1 (2006): 529; W. Baird, 656–658; G. von Rad, *Theologie des Alten Testaments*, II die Theologie der prophetischen Ülieferungen Israels (München: Kaiser, 1960–62), 62–82 参照。

29）預言者の召命物語のおける一人称の文体の使用については、von Rad, *Theologie*, 2: 66–67 を参照。

30）von Rad, *Theologie*, 2:78; J. R. Lundbom, *Jeremiah 1-20*, AB 21A (New York: Doubleday, 1999), 227–228.

31）H. D. Betz, *Galatians*, Hermeneia (Philadelphia: Fortress, 1979), 71 参照。これに対して、浅野『ガラテヤ書簡』134 頁は、ガラ 1:16 に述べられている御子の啓示を内面的体験と解釈し、そこでは「見た」という視覚表現が使われていないことを強調している。

32）原口尚彰『ロゴス・エートス・パトス 使徒言行録の演説の研究』新教出版社、2005 年、164–165 頁; T. Mullins, "New Testament Commission Forms, Especially in Luke–Acts," *JBL* 95 (1976): 603–614; B. J. Hubbard, "Commissioning Stories in Luke–Acts: A Study of their Antecedents, Form and Content," *Semeia* 8 (1977): 117–120; J. F. Miller, *Convinced that God had Called Us: Dreams, Visions, and the Perception of God's Will in Luke-Acts* (Leiden-Boston: Brill, 2007), 186–202; B. E. Wilson, "Hearing the Word and Seeing the Light: Voice and Vision in Acts," *JSNT* 38 (2016): 456–481; D. T. Prince, "Seeing Visions: The Persuasive Power of Sight in the Acts of the Apostles," *JSNT* 40 (2018): 341–343, 348–354 を参照。

33）預言者の召命に際してしばしば幻を見る現象が随伴することについては、Heininger, *Visionär*, 51–72 を参照。

34) Baird, "Vision, Revelation and Ministry," 659.
35) Wolter, *Paulus*, 28.
36) Baird, "Vision, Revelation and Ministry," 653–655; E. A. Judge, "Paul's Boasting in Relation to Contemporary Professional Practice," *ABR* 16 (1968): 37–50; H. Saake, "Paulus als Ekstatiker: Pneumatologische Beobachtung zu 2 Kor.xii 1–10," *NovTest* 15 (1973): 152–160.
37) パウロがここで「ある人」と三人称で言及しているのは、パウロ自身のことである。
38) Heininger, *Visionär*, 111–135; A. R. Segal, "Heavenly Ascent in Hellenistic Judaism, Early Christianity and their Environment," *ANRW* II.23.2 (1980): 1333–1394; A. T. Lincoln, "Paul the Visionary: The Setting and Significance of the Rapture to Paradise in II Corinthians XII.1–10," *NTS* 25 (1979): 216–217; idem., *Paradise Now and not Yet: Studies in the Role of the Heavenly Dimension in Paul's Thought with Special Reference to his Eschatology* (Cambridge: Cambridge University Press, 1981), 55–86; M. Himmelfarb, "Ascent to Heaven," *NIDB* 1 (2006): 292–293; idem., *Ascent to Heaven in Jewish and Christian Apocalypses* (Oxford: Oxford University Press, 1993), 29–46.
39) J. J. Collins, "Morphology of a Genre," *Semeia* 14 (1979): 6, 15, 28; idem., *The Apocalyptic Imagination: An Introduction to the Jewish Matrix of Christianity* (New York: Crossroad, 1984), 42–46; Lincoln, *Paradise Now and not Yet*, 83–84; J. H. Charlesworth, "Paul, the Jewish Apocalypses, and Apocalyptic Eschatology," in *Paul the Jew*, ed. G. Baccaccini and C. A. Segovia (Minneapolis: Fortress, 2016), 96.
40) J. D. Tabor, "Heaven, Ascent to," *ABD* 3 (1992): 91–94.
41) J. P. Davies, *Paul among the Apocalypses? An Evaluation of the 'Apocalyptic Paul' in the Context of Jewish and Christian Apocalyptic Literature*, LNTS 562 (London: Bloomsbury, 2016), 141–142; Lincoln, *Paradise Now and not Yet*, 75; E. H. Humphrey, "Apocalyptic Rhetoric and Intertextuality in 2 Corinthians," in *The Intertexture of Apocalyptic Discourses in the New Testament*, ed. D. F. Watson (Atlanta: Society of Biblical Literature, 2002), 130–134.
42) M. Goff, "Heavenly Mysteries and Otherworldly Journeys," in G. Baccaccini and C. A. Segovia, *Paul*, 143.
43) 詳しくは、原口尚彰「パウロ書簡における十字架の躓き」(『パウロの宣教』教文館、1998年、83–102頁)、84–87頁、青野太潮『「十字架の神学」の成立』ヨルダン社、1989年、8–37頁、同『「十字架の神学」の展開』新教出版社、2006年、156–200頁、同『パウロ』岩波新書、2016年、115–124頁参照。

44) ギリシア語動詞 προγράφω は、「前に書く」ことを意味することも、「公示する」ことを意味することもあるが、ここでは後者の「公示する」ことを意味する。佐竹明『ガラテヤ人への手紙』新教出版社、1974 年、248 頁、浅野『ガラテヤ書簡』242 頁を参照。しかし、パウロは言葉によって十字架に架けられたキリストをガラテヤ人たちに対して、あたかも目の当たりにするかのように生き生きと描写することを通して「公示した」のであり、そのことが具体的イメージを喚起する効果を生んだことは否定できない。この点については、Betz, *Galatians*, 131; J. L. Martyn, *Galatians*, AB 32 (New York: Doubleday, 1997), 283; 原口『ガラテヤ人への手紙』119, 122 頁参照。

45) 青野『十字架の神学の成立』36-37 頁、同『パウロ』岩波新書、2016 年、121-124 頁は、十字架の死というイエスの死の悲惨な態様がパウロの説教の言葉によって描き出されたことを強調している。

46) Prince, "Seeing Visions," 343–345; G. A. Kennedy, *New Testament Interpretation through rhetorical Criticism* (Chapel Hill and London: The University of North Carolina Press, 1984), 23; R. J. Whitaker, "The Poetics of Ekphrasis: Vivid Description and Rhetoric in the Apocalypse," in *Poetik und Intertexualität der Johannesapokalypse*, ed. S. Alkier, T. Hieke und T. Nicklas, WUNT 326 (Tübingen: Mohr-Siebeck, 2015), 229–230; idem., *Ekphrasis, Vision and Persuasion in the Book of Revelation*, WUNT 2.410 (Tübingen: Mohr-Siebeck, 2015), 41–45; G. M. Barnhill, "Seeing Christ through Hearing the Apocalypse: An Exploration of John's Use of *Ekphrasis* in Revelation 1 and 19," *JSNT* 39 (2017): 242–245 参照。

47) H. Lausberg, *Handbuch der literarischen Rhetorik. Eine Grundlage der Literaturwissenschaft*, 4th ed. (Stuttgart: Franz Steiner, 2008), §810.

48) Whitaker, "Poetics," 230; idem., *Ekphrasis*, 58–60; Barnhill, "Seeing Christ through Hearing the Apocalypse," 239–241 参照。

49) 奇跡を「しるし」と呼ぶことについては、K. H. Rengstorf, "σημεῖον," *TWNT* 7:199–268; O. Betz, "σημεῖον," *EWNT* 3:569–575 を参照。

50) ギリシア・ローマ世界における口頭のコミュニケーションの重要性については、W. J. Ong, *Orality and Literacy: Technologizing of the Word* (London: Routledge, 1988); P. J. Achtemeier, "Onme verbum sonat: The New Testament and the Oral Environment of Late Western Antiquity," *JBL* 109 (1990): 3–27 参照。

51) A. Malherbe, *Ancient Epistolary Theorists* (Atlanta: Scholars Press, 1988), 12.

52) J. Baumgarten, *Paulus und die Apokalyptik* (Neukirchen-Vluyn: Neukirchener Verlag, 1975); J. C. Beker, *Paul the Apostle: The Triumph of God in Life and Thought* (Philadelphia: Fortress, 1980) ; R. B. Matlock, *Unveiling the Apocalyptic Paul: Paul's Interpreters and the Rhetoric of Criticism*, JSNTSup 127 (Shefield:

Academic Press, 1996); J. L. Martin, "Apocalyptic Antinomies in Paul's Letter to the Galatians," *NTS* 31 (1985): 410–424; idem., *Galatians*, AB 33A (New York: Doubleday, 1997), 97–105; J. Plevnik, *Paul and the Parousia: An Exegetical and Theological Investigation* (Peabody, MA: Hendrickson, 1997); B. R. Gaventa ed., *Apocalyptic Paul: Cosmos and Anthropos in Romans 5-8* (Waco, TX: Bayler University Press, 2013); Charlesworth, "Paul, the Jewish Apocalypses, and Apocalyptic Eschatology," 83–106 を見よ。 これに対して、Davies, *Paul among the Apocalypses?*, 41–203 は、パウロの認識論、終末論、宇宙論、救済論を吟味した上で、その思考を黙示的と形容することに異議を唱えている。

53) Plevnik, *Parousia*, 96; Charlesworth, "Paul, the Jewish Apocalypses, and Apocalyptic Eschatology," 97; M. Goff, "Heavenly Mysteries and Otherworldly Journeys," in G. Baccaccini and C. A. Segovia. *Paul*, 136–140.

54) M. C. de Boer, *The Defeat of Death: Apocalyptic Eschatology in 1 Corinthians 15 and Romans 5*, JSNTSup 22 (Shefield; Shefield Academic Press, 1988), 141–188; idem.,"Paul and Apocalyptic Eschatology," in *The Encyclopedia of Apocalypticism*, ed. J. J. Collins (New York: Continuum, 1998), 1:360—361.

55) 詳しくは、原口尚彰「新約聖書と黙示文学・黙示思想」(『東北学院大学キリスト教文化研究所紀要』第 25 号、東北学院大学キリスト教文化研究所、2007 年、61–76 頁）66–67 頁を参照。

ロマ書 1 章におけるハバクク書の位置付け

武久　盾

Considering the Role of Habakkuk 2:4 in Romans

Jun Takehisa

Abstract

In Rom 1:17b ("the one who is righteous by faith shall live"), Hab 2:4b is an important proof text for Paul's justification theology. I would like to consider the question whether Paul was thinking of the larger Habakkuk context in quoting Hab 2:4b. The paper attempts to clarify the theological premises under which Hab 2:4b was read in Early Judaism. It compares the Masoretic text (MT), the Habakkuk Pesher (1QpHab), Greek translations of the Septuagint (LXX) and the Greek fragments from Naḥal Ḥever where the Minor Prophets scrolls 8ḤevXIIgr was found. Each text operates with the juxtaposition of righteous and unrighteous people. The silence of God (Hab 1:13) is not understood in terms of "theodicy", since the righteousness of God is not questioned but appealed to in face of a crisis.

Paul's argumentation is not based on the contrasting juxtaposition of the righteous and the unrighteous one. Paul demonstrates that no one is righteous and entitled to appeal to the covenant faithfulness of God. "The one who is righteous by faith" in Rom 1:17 puts forth the thesis of justification by the gospel-generated faith.

1. 序

聖書において義と信仰という2つの重要語の組合せがあるのは、ハバクク書2章4節bと創世記15章6節の2つの節のみである[1]。パウロがガラテヤ書3章11節bとロマ書1章17節bでハバクク書2章4節bを用いた理由は、信仰義認を表現するための定型句 ἐκ πίστεως が、七十人訳 (LXX) においてハバクク書が唯一の箇所であることと、内容的に義 (δικαιοσύνη) と信仰 (πίστις) が関連づけられているからとされてきた[2]。

はじめに、ガラテヤ書におけるその位置付けを述べる。ガラテヤ書3章において、パウロは ἐκ πίστεως という鍵となる定型句を用いることで、「信仰による者たち (οἱ ἐκ πίστεως)」がアブラハムの子たち (υἱοί εἰσιν Ἀβραάμ) であると述べる (ガラ 3:7)。6節における καθώς (このように) は、5節の信者 (あなた方) と6節から述べられるアブラハムとの対比を明確に示す[3]。その上で、9節「信仰による者たちは信仰の人アブラハムと共に祝福を受ける (οἱ ἐκ πίστεως εὐλογοῦνται σὺν τῷ πιστῷ Ἀβραάμ)」と、信者もアブラハムも神への信仰に生きる者という範疇で一括りにする[4]。したがってハバクク書の引用は、第一義的に、7節における ἐκ πίστεως を証明するためである[5]。

一方、ロマ書においては、δικαιοσύνη θεοῦ (神の義) が主題となる。この δικαιοσύνη θεοῦ はガラテヤ書では使われない。ロマ書においては、割礼の問題にとどまらず、より普遍的な救済論が打ち出される[6]。神の義の啓示は単なる人間論的なものではなく、神の創造的な力 (Macht) として、この世に示される。パウロは信じる (πιστεύω) という動詞、信仰 (πίστις) という名詞双方を用いて、πίστις による義を展開する。義とされた個人の πίστις に注目が向けられると同時に、παντὶ τῷ πιστεύοντι (信じる全ての人へ) と救済の普遍化がなされる。義認の対象は、5章においてアダムの後から来る人類全体に拡大される。8章では黙示思想的背景を用いつつ、人

間の領域を越え、同じ救いに与る希望を抱いている全被造世界へと拡大する。ガラテヤ書と異なり、ロマ書においては祝福というテーマは取り上げられない。ロマ書1章では総括として、ガラテヤ書で取り上げた「信仰・義・異邦人」はそのままに、「祝福（εὐλογία）」が「救済（εἰς σωτηρίαν）」に置き換わり（1:16）、救済史的に「約束（ἐπαγγελία）」（2節）と「福音（εὐαγγέλιον）」（16節）が絡められている。

パウロにおける信仰義認を根拠づける聖書引用と、その再解釈の手順は以下のようになる。パウロはLXXハバクク書2章4節bの引用に際し、ἐκ πίστεώς μου（私［神］の忠実さによって）から人称代名詞μου（私の）を省略する。したがって、ἐκ πίστεώς がὁ δίκαιος（義人）に掛かる可能性が開けてくる。この場合、LXXとは異なり、名詞πίστιςは神の忠実さよりも、文章の主語である義人自身の信仰を意味することになる。これまでの研究は、以上の点で概ね合意されている。しかし、パウロはハバククの啓示の内容を利用しているのではないか、また単に2章4節bに限らず、より広くハバクク書のコンテクストをも含めての引用として使っているのではないか、それともintertextuality（間テクスト性）としてハバクク書の内容が響いているのかという論点は残された課題である。

ここで昨今の潮流として、2つのアプローチを紹介したい。R. N. Longeneckerはハバクク書2章4節bのテクストはパウロ以前にキリスト教共同体で用いられていたとする。そして共同体内でὁ δίκαιος（義人）をキリストとみなす証拠聖句されていたと注解している。それゆえ、受取り手であるローマの信者も、キリスト論的理解が可能であったという[7]。このアプローチは、原始キリスト教においてはイエスのメシア像に統一した見解を持っていなかったと考えられるので、なお検討を要する。

一方、N. T. Wrightはハバクク書引用の位置づけを、ἐκ πίστεώς の強調であるとか、「義」と「信仰」の組合せによるとする従来の解釈に同調せず、ハバクク書のコンテクストを含めての引用であるとのナラティヴなアプローチをとる[8]。まず「神の義」は単なる神の救いの力（story of God's saving power) ではなく、E. P. Sanders の提案を受け[9]、covenantal faithfulness であると定義する。後1世紀当時のハバクク書は、第二神殿期の対外情勢を背景に、義人と悪人の対比から、「なぜ神の義が示されないのか」という文脈で解されており、パウロもこの文脈で理解して用いているとする。Wright はハバクク書2章4節 b は、ハバクク書1章13節（なぜ悪人が義人を飲み込む時に黙っておられるのか）への答えとして示されていると位置づける。そして神は義しい方であり、誠実な契約の与え主である（faithful covenant-maker）、同時にそれは、彼の民が義人であり、契約の民であるということの宣言であるとする。パウロはハバクク書を概ねトーラーの視点で読んでおり、ハバクク書2章4節 b を「信仰による義人」としては読んでいないとする。つまり、ὁ δίκαιος は契約の民の一員（covenant member）のことであり、神がアブラハムに約束されたところの契約の民（covenant people as God always promised to Abraham）である。したがって、Wright はロマ書1章17節 b での ἐκ πίστεως も個人の信仰のことではなく、神の忠実さ（faithfulness of God）のことであると結論付ける。

　しかし、上述のようなことをパウロはロマ書のどこで説明しているのか、釈義的にも検証が必要である。パウロが証拠聖句としての引用だけではなく、果たしてこのようなハバクク書のコンテクストなり、後の時代の解釈を読み込んでいるかは検討を要する。加えて、ハバクク書のテクストは安定しておらず、文脈も異なるという問題が知られる。本稿では、マソラ本文（MT）、LXX、クムランの『ハバクク書ペシェル』（1QpHab）、ナハル・ヘベル（Naḥal Ḥever）のギリシャ語写本（8HevXIIgr）の文脈を明らかにした上で、パウロがロマ書への引用に際し、ハバクク書の特徴なり、解釈を持ち込んでいるのか考察を加える。

2. ハバクク書テクストとその解釈

2.1. マソラ本文（MT）

　ハバクク書の時代背景はアッシリア帝国の滅亡後の前 609–597 年の間、新バビロニアの勃興期である。その内容は、預言者ハバククの二度の嘆き（1:2–4; 2:2–5）とそれに対する神の二度の応答から成る。神からの告知は新バビロニアのユダ王国への来襲である。

　2 章 2–5 節は二度目の「預言者の嘆き」に相当する[10]。神の言葉として 2 章 2 節 b から始まる YHWH の直接話法に関しては、4 節で終わるとするもの[11]、5 節 a までとするもの[12]、5 節最後までとするものに分かれる。ヘブライ語には間接話法の語法がないうえ、また 4 節の冒頭に הִנֵּה（見よ！）があり、これは通常「預言者の語り」とされることから、YHWH の語りは 3 節で終わっているという解釈の余地もありうる（ただし הִנֵּה は、預言書において神の語りの場合もある）。2 章 6 節からは「ホーイ（הוֹי）の歌」（「ああ、悲しや」の意、「災いの歌」とも）、そして 3 章の賛美で締めくくられる。ただ、3 章は 1QpHab には含まれず、後代の付加と考えられている。2 章の MT の本文は文法的にも安定しておらず、対応する 1QpHab には欠損部がある（ハバ 2:2b, 4b に相当する 1QpHab 6:15–17; 7:17 は欠損する）。主なテクストの問題を記す（BHQ の apparatus による）[13]。

　なお、1961 年に Wadi Murabba'at で発見された Mur88 は、バル・コクバの反乱の直前に隠されたと考えられている[14]。第 18 欄にハバクク書 1 章 3 節から 2 章 11 節が収録されている。ハバクク書 2 章 1–5 節はほぼ欠損しているが、3 節の 1 語のみが認められ、これは MT と同じである。同様に、クムラン第 4 洞窟の十二小預言書のヘブライ語テクストの写本、4Q82(XII^g) 102 断片 3 行においても、ハバクク書 2 章 4 節 a の 2 単語が確認される[15]。

　1 章から 2 章への文脈を考察すると、1 章 4 節では救済論的に מִשְׁפָּט（法秩序）が下されることをイスラエル民族としての צַדִּיק（義人）が望み、神に固執している。続く 2 章 3 節では、「定められた終わりの時（מוֹעֵד）」

（LXX で καιρός）に「啓示として顕される神の言葉（חָזוֹן）」（LXX で ὅρασις）を待ち望み、新バビロニアの支配の終焉という神の救済の実現への信頼に「生きる」、つまり終末論に基づく回復への希望という展開がなされる。MT では 2 章 3 節で、「幻（חָזוֹן）」（男性名詞）が遅れても、「幻」を待ち望めとあり、主語は一貫して変わらない。4 節で主語が「幻」から「うぬぼれる者（עֻפְּלָה）」（4 節 a）へ、さらに「義人（צַדִּיק）」（4 節 b）に変わる。4 節冒頭に הִנֵּה（見よ！）があるので、4 節が実際の神の託宣である。つまり 2–3 節で書き記すように命じられた預言の核心部分である。ここで「うぬぼれる者」と「義人」との対置（juxtaposition）がなされる。4 節 a「彼（うぬぼれる者）の魂は彼の中にまっすぐではない」から、「魂が神に対してまっすぐである（יָשַׁר）」（カル形）ことが、4 節 b の忠実さ（אֱמוּנָה）の内容を指しているといえる。ただし、「彼の魂は彼の中に正しく留まらない」とも訳せる。「うぬぼれる者」が新バビロニアなのかユダ王国内部の者を指すかは諸説ある。ただ、「義人」が集合人格的にユダ王国を指している上、1 章 2–4, 5–11, 12–17 節および 2 章 6b–19 節の社会批判の文脈上、「うぬぼれた者」を律法に基づく共同体を揺るがす者、すなわちユダ王国内の、外国勢力と結託して同胞から搾取する者と考えることができる。

　「義人」は、同胞に不正を働かない「共同体に対して正しい者」でもある[16]。元来のハバククの預言の段階で、אֱמוּנָה はいわゆる「信仰」という内容では使われていない。「義人の神に対する忠実さ」とは、神の言葉の成就が遅れる時に忍耐強く信頼するという概念としても用いられている。約束を「待ち望む」モチーフは預言書全般に共通であり、ハバクク書のみに特徴的とまではいえない。ハバクク書には黙示思想は見られず、あくまでもこの世において救いが到来する、回復がなされる預言を待ち望む、その預言への信頼が אֱמוּנָה である。これは、1 章の悪人の態度、「法秩序（מִשְׁפָּט）は行われず、律法（תּוֹרָה）への従順がない」（4 節）、「預言（啓示）を信じない」（5 節）の対極に位置づけられる[17]。つまり、אֱמוּנָה に両側面があること、①「律法への忠実さ」、②「預言（啓示）をあくまでも信頼す

る」に言及されている。①の「律法への忠実さ」とは、共同体への忠実さ（Gemeinschaftstreue）でもあり、共同体を守る倫理的態度を意味する。①は同胞への忠実さを意味し、申命記史書、また詩編において一般的な解釈原理であった。これは共同体を貫くのが律法であるゆえ、ハバククの活躍した内憂外患の時代において、外国勢力と結託する悪人（4節aのうぬぼれる者）のせいで律法が捻じ曲げられ、共同体の維持が難しくなっていたからこそ強調されている。上記のאֱמוּנָהの両側面、①律法的従順と②預言的従順は、文献的構造上2章4節bにおいて「義人のאֱמוּנָה」として結合されている。さらには義人がどのような存在かという定義も2章においてなされている。

2.2. クムラン

クムラン第一洞窟から見つかった1QpHabはアレクサンドロス・ヤンナイオスの時代のものと考えられている[18]。クムランの釈義には二つの基本的前提があるのは広く認められている。第一の前提は、預言者はその預言の中で自分自身の時代ではなく、後の時代に言及していると見做す解釈である。第二の前提は、ペシェル（פֵּשֶׁר）の注解者は自分が、その「後の」時代に生きており、それゆえ、かつての預言者は彼自身の時代に向けて語っていると解釈したことである。それゆえ、預言者の奥義的な預言の秘密を解き明かす務めが、注解者にはある（1QpHab 7:5）。「定められた時」（1QpHab 7:6）は、前54年に第1回三頭政治のコンスルであるクラッスス率いるローマ軍が、エルサレム神殿の黄金を差し押さえた事件を指すとの指摘もある（ヨセフス『古代誌』14:105–109）。このように、クムランの注解者は、ハバククのなした預言は終わりの日に成就すべく語られていると主張している、つまり預言者の言葉を終末的に解釈している。ただ、1QpHabの終末論においては「終わりの日」が現実に到来していると宣べられてはいても、「終末の成就」までは示されていない[19]。

「義の教師」はペシェルの著者、つまり解釈者と考えられる。「義の教師」[20]は元来のハバククの神学を踏まえているわけでなく、自身のコミュニ

ティへの適用だけを念頭に解釈をなしている。欠損（欠損部を［　］で示す）があるものの、ハバクク書1章4節「［悪人は］義人を［囲み］」に対しては、「［義人とは］義の教師である」と注解されている（1QpHab 1:13）。したがって、2章4節b（1QpHab 7:17に相当、ただし欠損）でいう「義人」は「義の教師」を指しており、「義なる教師の忠実さ」よりも「義なる教師への忠実さ」[21]へと適用される（1QpHab 8:1–3）[22]。「義人への אֱמוּנָה」は一人の人格へと関連付けられているものの、メシアとは見做されていない。クムランでメシア像が見られても、それは「ダビデ的メシア」とは言えず[23]、Longeneckerの前提は困難をきたすと思われる。メシア像で重要なのは、あくまでも「律法の解釈者」としての祭司性である[24]。ただ、同時に「ユダの家の律法を行う者全てに関わる」（1QpHab 8:1）とあるので「義人」は律法を忠実に行うクムラン共同体でもある。MTでは契約（בְּרִית）には触れられないが、1QpHab 2欄4行でハバクク書1章5節の注解として、「彼ら（反逆者）が神の契約を信ぜず」とあるので、律法をどのように守るかという視点が見られる。したがって、トーラーを守りながら「待ち望む」姿勢[25]が、אֱמוּנָה（忠実さ）である[26]。また、1QpHab 12欄10行で「悪しき祭司が貧しい者の富を強奪した」と注解されているので、クムランにおいても共同体への忠実さが問題となっている。ただ、その共同体は自分たちのコミュニティへと矮小化されている。

　ハバククの預言では新バビロニアを指していた「暴虐の人々」が、今の時代の外敵としてキッティーム（כִּתִּיאִים）と暗号化され、「キッティームに関わる」と注解される。彼らはローマ軍を指している。エルサレムの「悪しき祭司」（1QpHab 8:3–13; 9:12–10:5）に対して「義の教師」、また「暴力の人にして契約を破る者」に対して「契約」（1QpHab 2:3–4）が二元論的に対置させられている。その悪者には、「終わりの時」に「怒り」が示されるというコンテクストにおいて神の裁きが語られる。

2.3. Naḥal Ḥever

　LXX における「預言者の嘆き」(1:2–4; 2:1–5) の文脈はヘブライ語テクストから大きく敷衍されている[27]。LXX の翻訳元となったヘブライ語テクストの系統（原七十人訳 [proto-Septuagintal text]）は MT の系統（原マソラ）とは異なる[28]。ただ、意味の通りにくい MT の形態がより古いと考えられている[29]。クムランとは異なる死海周辺のナハル・ヘベル（Naḥal Ḥever）から発見された、前 1 世紀後半から後 1 世紀前半のギリシャ語写本の断片（8HevXIIgr 16–20 欄）[30] には、ハバクク書 1–3 章が含まれる。その傾向から、翻訳者は LXX の存在を知っている上で、後の MT として知られるヘブライ語テクストにできうる限り近い翻訳をしたと考えられている。以下、2 章 3–4 節を LXX と比較する[30]。

	LXX	8HevXIIgr, col.17
2:3	διότι ἔτι ὅρασις εἰς καιρὸν καὶ ἀνατελεῖ εἰς πέρας καὶ οὐκ εἰς κενόν ἐὰν ὑστερήσῃ ὑπόμεινον αὐτόν ὅτι ἐρχόμενος ἥξει καὶ οὐ μὴ χρονίσῃ	ὅτι ἔτ]ι [ὅρασις εἰς κ]αιρὸν καὶ ἐνφάνησετ[αι εἰς πέρας] καὶ οὐ δ]ιαψεύσεται· Ἐὰν στραγ[γεύσεται προσδε΄-] [χου αὐ]τόν, ὅτι ἐρχόμενος ἥ[ξει καὶ οὐ]
	なぜなら、カイロス（定められた時）に向かう幻はこれからである。それ（幻）は終わりに向かって実現するだろうし、空振りになることはないだろう。たとえ、それ（カイロス）が遅れても、おまえはそれ（カイロス）を待っておれ！なぜならば、来たるべき（カイロス）は来る。それは決して遅れないから／なぜならば、来たるべき人が来るだろう、彼は決して遅れないから。	すなわち、カイロス（定められた時）に向かう幻はこれからである。それ（幻）は終わりに向かって現れるだろうし、偽りに［なることはないだろう］。たとえ、それ（カイロス）が躊躇［していても、おまえは］それ（カイロス）を［待っておれ！］なぜならば、来たるべき（カイロス）は来［るだろう。《欠損》でない］。
2:4	ἐὰν ὑποστείληται οὐκ εὐδοκεῖ ἡ ψυχή	ἰδ[οὺ] σκοτία, οὐκ εὐθεῖα ψυχὴ αὐτοῦ

μου ἐν αὐτῷ ὁ δὲ δίκαιος ἐκ πίστεώς μου ζήσεται

[ἐν αὐτῷ· καὶ δίκ]αιος ἐν πίστει αὐτοῦ ζήσετ[αι]

もし、彼（待っている人）が後ろ向き（期待をやめる）ならば、私（神）の魂は彼において顧みない。しかし、義人は私（神）の忠実さによって生きるだろう」

見［よ］、暗闇よ！彼の魂は［彼において］まっすぐでない。［一方、義］人は彼の忠実さによって生きる［だろう］」

　MTの3節は主語が「幻」のまま変わらない。それに対しLXXでは、3節の途中で、主語が女性名詞 ὅρασις（幻）から男性名詞 καιρός（終わりの時）に変わり、「καιρός が遅れても、καιρός を待ち望め」に転じる。さらに、現在分詞男性単数形の ἐρχόμενος を、καιρός を受け「来たるべきこと（καιρός の現実化）」と採るか、「来たるべき者」とするか2通りの解釈が可能である。定冠詞のある ὁ ἐρχόμενος であれば後者の「来たるべき者」に決定されるが、定冠詞のある写本は稀である。一方 8HevXIIgr も、主語が途中で曖昧になる難しさが見られる。校訂した E. Tov は復元に際し、αὐτόν が動かせない以上、3節冒頭の主語は ὅρασις ではなく、男性名詞 ὕπνος（眠り）を想定することも可能としている。3節の主語が ὅρασις から始まると、続く「終わりに向かって現れ、偽りにならない」は、文脈上 ὅρασις が主語となる。しかし αὐτόν がある以上、καιρός が途中から主語になる。明確なのは、8ḤevXIIgr には定冠詞のない ἐρχόμενος が使われていることである。したがって、8ḤevXIIgr では3節にメシア的解釈の入り込む余地はない[32]。

　4節aはLXXでは、神の約束を待つのをやめる人が主語であるが、8ḤevXIIgrではMTと同じように、悪人として擬人化された σκοτία（暗闇）が、明確に δίκαιος と対置させられている。MTの4節a「見よ、慢心した者を、彼の魂はまっすぐではない」により直接的に対応している。つまり、LXXにおいては、なかなか実現しない約束を待てなくなる義人の態度として表現されていたものが、8ḤevXIIgrでは悪人について述べられている。「魂が神に対してまっすぐである（εὐθεῖα）」ことが4節bの ἐν πίστει の内

容を指しているといえる。4節 b は ὁ δὲ δίκαιος ではなく、καὶ δίκαιος であると考えられ、πίστις を修飾する所有代名詞は私［神］ではなく、ἐν πίστει αὐτοῦ（彼［義人］の πίστις によって）である。

8HevXIIgr の原マソラに向けての修正は、初期のラビ的解釈を反映してのものだと考えられている。1世紀当時のユダヤ教においても、概ね אֱמוּנָה の概念は継承されていると思われる。ハバクク書での אֱמוּנָה の両側面のうち②の「なかなか実現しない預言への信頼」は πίστις として、①の「律法への忠実さ」は「行い」として、それぞれ敷衍して解釈されるようになっていたといえる。ハバクク書解釈においても、「義」への問いかけが、対外情勢や社会情勢に応じて共同体が機能しなくなる中で問題にされ続けている。

3. ハバクク書における義人と悪人の対置は引用先のロマ書で機能しているか

3.1. パウロは義人と罪人との対立を乗り越える

ハバクク書にはいずれのテクストでも、義人と悪人の対比、なぜ、神は悪人が幅を利かせているのを放置されるのか、さらになぜ神が契約の民に答えを与えられないのかという主題が見られる[33]。これは、パウロの参照したであろう LXX も踏襲している。LXX において、1章13節 b は、τί ἐπιβλέπεις ἐπὶ καταφρονοῦντας παρασιωπήσῃ ἐν τῷ καταπίνειν ἀσεβῆ τὸν δίκαιον（神を畏れぬ者が義人を飲み込む時に、沈黙のうちに、なぜ、あなた［神］は見過ごし、放って置かれるのですか）である。LXX の1章4節で、ὁ ἀσεβὴς καταδυναστεύει τὸν δίκαιον（神を畏れぬ者が義人を囲み）、また1章5節 b で、διότι ἔργον ἐγὼ ἐργάζομαι ἐν ταῖς ἡμέραις ὑμῶν ὃ οὐ μὴ πιστεύσητε ἐάν τις ἐκδιηγῆται（なぜなら私［神］はおまえたちの時代に、たとえ人［預言者］が語ったとしても、おまえたちが決して信じないことを行うからだ）とあり、①「律法への従順がなく」、かつ②「預言（啓示）を信じない態度」が述べられる。続く2章4節 b において、1章4–5節で述

べられた①②に呼応して、「律法に忠実な義人」が「約束を待ち望む」と定義される。LXX においても、אֱמוּנָה の両側面を 1 章で示し、2 章 4 節 b で両者を結合させ、πίστις とは何か定義されている。ただし、LXX においては 2 章 4 節 a と 4 節 b の対比が MT や 8ḤevXIIgr ほど明確でなく、むしろ義人の陥りやすい態度が述べられていることは先述の通りである。

一方クムランにおいて、義人と悪人の対比は、第二神殿期の社会情勢を反映させたものとして注解されている。「義人」は共同体そのものであり、民族から共同体へという矮小化はある。また悪人は、「義の教師」の律法解釈に従う共同体（義の子たち）に敵対する「悪しき祭司」と、二元論的により先鋭化されている。

ロマ書 1 章においては 17 節から 18 節にかけて、δικαιοσύνη θεοῦ と ὀργὴ θεοῦ（神の怒り）が共に ἀποκαλύπτεται（啓示）されるという形での対比がなされる。ロマ書 1 章 18 節「神の怒りが天から啓示される」は、内容的には 17 節の逆の事柄である。一見、ハバクク的対置に類した枠組みが見られる。ハバクク書 1–2 章とロマ書 1 章 1 節から 3 章 20 節を比較すると、ハバクク書で用いられる対義語が、たとえば動詞 πιστεύω（信じる）、名詞 πίστις（信仰）[34]、δίκαιος（義人、義なる）[35]、ἀδικία（不義）[36]、ἀσέβεια（神を畏れぬ）[37] が、ロマ書においても使用されている。ロマ書 1 章 16–17 節は、手紙全体の主題と位置付けられ、続く 1 章 18 節から 3 章 20 節では、異邦人世界の罪（1:18–32）、ユダヤ人の罪（2:17–29）、全ての人の罪（2:1–16; 3:9–20）が具体的に暴き出される。その上で罪の下にある全世界が神の裁きの下にあり、律法が罪の自覚をもたらすと締めくくられている（3:19–20）。ただし、ロマ書 1 章 18–32 節において、異邦人の罪だけが言及されているわけではない。1 章 18 節で ἐπὶ πᾶσαν ἀσέβειαν καὶ ἀδικίαν ἀνθρώπων（人間のあらゆる、神への畏れのなさと不義に対して）と、普遍的に「あらゆる人（ἄνθρωπος）」が視野に入れられている。ロマ書 1 章 18 節で「神の怒り」、つまり最後の審判における判決が出ると「全ての人」が悪人とされる。続く、2 章 1 節で ὦ ἄνθρωπε πᾶς ὁ κρίνων（裁く人の全員

よ)、2 章 3 節で ὦ ἄνθρωπε（人よ）と普遍的に人間を対象にパウロは語る。最後に、「義人は一人もいない」(3:10 混交引用）という結論がなされる。

　ロマ書の文脈を考察すると、ハバクク的対置はなされておらず、義人と不義の者は対比されてはいない。つまりパウロはハバクク的対立構造の枠組みを変えているといえる。パウロには、義人と悪人という区別を解消する意図があり、神の ὀργή（怒り）としての裁きの後には全ての人が罪人、つまり悪人であるという転換をなしている。パウロは「自分は契約の中に入っている義人だ」というユダヤ人の自己意識を批判する。ロマ書 2 章 17 節で、Εἰ δὲ σὺ Ἰουδαῖος ἐπονομάζῃ καὶ ἐπαναπαύῃ νόμῳ καὶ καυχᾶσαι ἐν θεῷ（もしあなたが、ユダヤ人と呼ばれ、律法に安んじ［頼りにし］、神を誇りとするならば）と述べる。3 章冒頭でユダヤ人の選びとは何かという問題が提起され、その上で、4 章 5 節で神が義とする対象は神を畏れぬ者（τὸν δικαιοῦντα τὸν ἀσεβῆ）とする。

　したがって、「なぜ義人が捨て置かれるのか」という問いかけは見られない。ハバクク的義人と悪人の対立は、元来の預言者ハバククのものであれ、1 世紀当時のユダヤ教での解釈のものであれ、ロマ書においては直接響いていないと結論づけられる。

3.2. ロマ書における ὁ δίκαιος ἐκ πίστεως の機能

　ロマ書において、義人と悪人の対比は見られないが、一方、パウロにも אֱמוּנָה/πίστις の概念は受け継がれているのではなかろうか。ハバクク的 אֱמוּנָה は、①「律法への忠実さ」と同時に、②「神の約束を待ち望むという信頼、未来の救いへの態度」という両側面から構成される。律法への忠実さとは、ハバクク書 1 章 4 節で述べられる מִשְׁפָּט（法秩序）と תּוֹרָה（律法）のように、律法を守る倫理的態度、共同体への忠実さでもあった。ハバククの預言においてその対象はユダ王国に対して、クムランでは自分たちの共同体へ適用すべく語られていたが、パウロは אֱמוּנָה の再解釈をも行っていると思われる。ロマ書 1 章 29–30 節において、不義（ἀδικία）以下列記され

る悪徳表は、いずれも共同体に反する態度を含んでいる。これらは共同体の崩壊をもたらす生き方であり、倫理的側面についても述べたものである。しかし、パウロは義人と悪人の対比ではなく、全ての人が罪人でありその態度として列挙しているのである。それゆえ、パウロは再び、3章10–11節でοὐκ ἔστιν δίκαιος οὐδὲ εἷς（義人はいない、一人もいない）と混交引用することで、「δίκαιος が誰か」という問いかけをしている。したがって、元来は「共同体への義（צְדָקָה）」の回復が、新バビロニア期の預言書の救済史のコンセプトであるが[38]、ロマ書においては、約束は成就したものとして終末論的に語られる。同様に、元来は神との関係に基づく共同体の構成員がצַדִּיק（義人）であったわけだが、אֱמוּנָה の再解釈により、ロマ書においては信仰義認により「救いに与る人々」が ὁ δίκαιος ἐκ πίστεως へと適用される。さらに、5章19節で δίκαιοι κατασταθήσονται οἱ πολλοί（多くの人が義人と定められるだろう）と述べられる。

　前1世紀から後1世紀のユダヤ教には様々な分派があったものの、初期ラビ的解釈やクムランにおいても、אֱמוּנָה は「律法への忠実さ」として「行い」と一様に見做されていた。LXX においては、義人の忠実さや信仰についてではなく神の忠実さ（誠実さ、確かさ）を語っている。しかしパウロは、ハバクク書引用に際して、神の側の πίστις に触れず、よりラディカルに ὁ δίκαιος を「信仰に基づいての義人」へと再解釈している。パウロの解釈原理は、אֱמוּנָה の①律法的従順と②預言的従順の両側面のうち、②の預言に対する信頼のみを取り出し、福音は預言であるとする再解釈である。

4. パウロは神の救済的行為を約束（ἐπαγγελία）として再解釈する

　Wright のアプローチは以下の点で同意できない。ハバククの嘆きは「ホイの歌」として、エレミヤや詩編の「嘆きの歌」に共通する。この嘆きはあくまでも、人間の側の אֱמוּנָה に起因するもので、「神の忠実さ」は問題

とはされていない。一方 Wright は、ハバクク書1章13節においての「神の沈黙」、悪人がのさばっていることへの嘆きを、神の義（righteousness of God）が示されていないこととして捉える。Wright は、「神の義」を faithfulness of God（神の忠実さ）と同一視する。ハバクク書で faithfulness of God が問題とされ、パウロもそれを解釈することで、神の側、神義論での解決を試みようとしているというのが、Wright のアプローチの骨格である。しかし、ハバクク書のテクストで示されているのはあくまでも神の裁きへの期待であり、神の義（δικαιοσύνη θεοῦ）ではない。確かにクムランにおいては 1QpHab2 欄 4, 6 行でハバクク書1章5節の注解として、契約（בְּרִית）には触れられてはいる。クムランの共同体では契約が意識され、新しい契約という自己定義がなされている。つまり、クムランの共同体は契約の上に自己理解を立て、自らのアイデンティティを獲得している集団である。しかしロマ書において、パウロのアプローチに、このような視点は見られない。パウロはキリストの出来事における神の新しい行為を説明する際に、神の契約的忠実さ（covenant faithfulness）を基準として考えているわけではない。ロマ書3章2節における神の言葉（τὰ λόγια τοῦ θεοῦ）には約束（ἐπαγγελία）や啓示、預言者への託宣、さらに契約（διαθήκη）も含まれるであろうが[39]、διαθήκη に基づく忠実さとの表現はロマ書に出て来ない。4章においてもアブラハムは、契約の外に立っている神を畏れぬ者（ἀσεβής）として義とされた（τὸν δικαιοῦντα τὸν ἀσεβῆ）のである（ロマ 4:5）。アブラハムの義認は、あくまでも約束への忠実さに基づく神の行為による。ロマ書3章3節 b において、人間が律法を守らず、不信仰な存在であってもなお神は忠実（μὴ ἡ ἀπιστία αὐτῶν τὴν πίστιν τοῦ θεοῦ καταργήσει;）であり続けることが述べられ、アブラハムへの約束は子孫へも続く。したがって救済史は神からのものである。神の選びはなお残るということが「神の忠実さ」である。

　旧約を含めてユダヤ教に神の義（δικαιοσύνη θεοῦ）という表現がそもそもないことは特記される。詩編には多数の ἡ δικαιοσύνη σου（あなた［神］

の義）が見られ、またイザヤ書51章5–6節にも ἡ δικαιοσύνη μου（私［神］の義）という表現はある。しかし、δικαιοσύνη θεοῦ が使用されるのはあくまでもロマ書とIIコリント書（5:21）に限られる。パウロは δικαιοσύνη θεοῦ と πίστις を結合させることで、神の自己啓示としての神の義への、すなわち預言としての啓示（つまり福音）への人の πίστις だと展開している（ロマ1:17a）。このような潮流の中、パウロはかつての預言者的思考を乗り越えた新しい救済史理解を展開したといえる。それは、「約束」のコンセプトの再解釈に特徴づけられる。神の約束としての福音つまり預言の成就と同時に、未来へ向けての信頼が πίστις であり、その πίστις によって義とされた人が ὁ δίκαιος ἐκ πίστεως である。

5. 結語

ハバクク書には、MT、LXX、クムラン、Naḥal Ḥever いずれにも義人と悪人との対比と「神の沈黙」という主題（ハバ1:12–13）が見られる。共同体の構成員が צדיק（義人）であり、ハバクク書2章4節bの義人の אֱמוּנָה（忠実さ）とは共同体への忠実さである。ハバクク書1章4–5節において、אֱמוּנָה には2つの側面、すなわち①律法的従順と②預言的従順があることが述べられる。両者は、2章4節bにおいて義人の אֱמוּנָה として結合されている。また悪人と対比させることで、「義人」の定義もなされている。

一方、ロマ書1–3章を通じて、近代以降のいわゆる「神義論」に導かれる問いかけは見られず、Wright のアプローチは当たらない。ハバクク的義人と悪人の対立は元来の預言書のものであれ、一世紀当時のユダヤ教での解釈のものであれ、ロマ書においては直接響いていない。パウロは義人と悪人の対比ではなく、全ての人が罪人であると前提を変容させている。パウロは אֱמוּנָה の再解釈をなすことで、①律法的従順は「行い」として切り捨て、②預言的従順だけを取り出し、啓示（つまり福音）を信頼する姿勢を πίστις と再定義している。

注

1) M. Wolter, *Der Brief an die Römer*, EKK NF VI/1. (Ostfildern: Patmos-Verlag, 2014), 126. ヘブライ語テクストにおいてはハバ 2:4b の義人（צַדִּיק）と忠実さ（אֱמוּנָה）、創 15:6 の義（צְדָקָה）と信じる（הֶאֱמִן）。ギリシャ語テクストでも同様の組合せ、ハバ 2:4 の δίκαιος と πίστις 並びに創 15:6 の δικαιοσύνη と πιστεύω は重要視されてきた。
2) E. P. Sanders, *Paul: The Apostle's Life, Letters, and Thought* (Minneapolis, MN: Fortress Press, 2015), 519–22.
3) 浅野淳博『ガラテヤ書簡』NTJ 新約聖書注解、日本基督教団出版局、2017 年、259–62 頁。
4) B. R. Trick, *Abrahamic Descent, Testamentary Adoption, and the Law in Galatians; Differentiating Abraham's Sons, Seed, and Children of Promise* (Leiden: Brill, 2016), 42–3.
5) 第二義的には「生きるだろう（ζήσεται）」が、祝福の結果としての命に相当するからである。祝福はガラ 3:8–9 において、それに対する呪いの死が 10 節で述べられる。11 節 b でのハバ 2:4b 引用の ζήσεται は申 30:15–16 の「土地取得と子孫繁栄への祝福に生きる」に呼応している。
6) E・ケーゼマン『パウロ神学の核心』佐竹明訳、ヨルダン社、1980 年、140 頁。
7) R. N. Longenecker, *The Epistle to the Romans*, NIGTC (Grand Rapids, Mich.: Eerdmans, 2016), 183–5.
8) N. T. Wright, *Paul and the faithfulness of God, pt. 3 and 4.* (London: SPCK, 2013), 1466–71.
9) E. P. Sanders, *Paul and Palestinian Judaism: A Comparison of Patterns of Religion 40th Anniversary ed.* (Minneapolis, MN: Fortress Press, 2017), 534.
10) ハバ 2:1–4《私訳》

2:	私訳	MT (BHQ)
1a	私は私の見張り場に立ち、（私の）砦の上で見張りにつこう。	עַל־מִשְׁמַרְתִּי אֶעֱמֹדָה וְאֶתְיַצְּבָה עַל־מָצוֹר
1b	彼［神］が私に語られることを、また彼［神］が私の訴えに答えられることを見るために、私は見守ろう。	וַאֲצַפֶּה לִרְאוֹת מַה־יְדַבֶּר־בִּי וּמָה אָשִׁיב עַל־תּוֹכַחְתִּי׃
2a	YHWH は私に答えて言われた、	וַיַּעֲנֵנִי יְהוָה וַיֹּאמֶר
2b	「この幻を書き記し、走りながら	כְּתוֹב חָזוֹן וּבָאֵר עַל־הַלֻּחוֹת לְמַעַן יָרוּץ קוֹרֵא בוֹ׃

	読めるように、はっきりと板に書いておけ。	
3a	この幻はなお来るべき時のため、終わりに向かって急いでいる。それ（幻）は嘘になることはない。	כִּי עוֹד חָזוֹן לַמּוֹעֵד וְיָפֵחַ לַקֵּץ וְלֹא יְכַזֵּב
3b	もしそれ（幻）が遅れても、待ち続けよ。それ（幻）は必ず来る。遅れることはないから。	אִם־יִתְמַהְמָהּ חַכֵּה־לוֹ כִּי־בֹא יָבֹא לֹא יְאַחֵר׃
4a	見よ、うぬぼれる者は、彼の魂は彼の中にまっすぐではない。	הִנֵּה עֻפְּלָה לֹא־יָשְׁרָה נַפְשׁוֹ בּוֹ
4b	しかし、義人は彼の忠実さによって生きる。	וְצַדִּיק בֶּאֱמוּנָתוֹ יִחְיֶה׃

11）邦訳では新共同訳、聖書協会共同訳、フランシスコ会訳、岩波訳、関根正雄訳。
12）邦訳では口語訳。
13）主な異読

2:1 砦［物見櫓］（מָצוֹר）に 1QpHab 6:13 では一人称男性単数の接尾辞が付いて、「私の」砦とする。また、MT の校訂者に従い、שׁוּב を一人称共通単数形（אָשִׁיב）から三人称男性単数形（יָשִׁיב）に読み替え、主語を「私」から「神」へと変更し、「彼［神］が私の訴えに答えられる」にする。

2:3a MT, Mur88 18:19 にはワウがあり、ヒフィル形未完了（יָפֵחַ）で「（幻は～）急いでいる」。1QpHab 7:6 はワウがなく、יפיח（明らかにする）。

2:3b לֹא（～ない）は MT の校訂者に従い、ワウを挿入し、独立文（そして～ない）と見做す。1QpHab も独立文と考え、2:3a と 2:3b に相当する部分に注解を挿入。LXX も ἐὰν から始める。

2:4a MT の校訂者に従い、עֻפְּלָה（うぬぼれる者）はプアル形完了女性単数形を分詞男性形に読み替え。

2:5 MT では הַיַּיִן בּוֹגֵד（ぶどう酒は人を欺き）が、1QpHab 8:3 では הון יבגוד（富は人を欺き）、この部分 LXX、ペシッタに欠落する。1QpHab 8:5 の ויאספו（諸国を集める）と ויקבצו（あらゆる人々を連れてくる）の 2 つの動詞は三人称男性複数形、一方 MT はそれぞれ וַיֶּאֱסֹף と וַיִּקְבֹּץ で、共に三人称男性単数形。

2:6 文脈からすると複数なので、1QpHab 8:7 は三人称男性複数形で ויאמרו（彼らは言う）。LXX も複数形で「彼らは言う」。MT は個々人と解さず、三人称男性単数形で וְיֹאמַר（彼は言う）。

14）P. Benoit, J. T. Milik, and R. de Vaux, eds., *Les Grottes de Murabbaʿât*, DJD2

(Oxford: Clarendon, 1961), 181–3, 199.

15) E. Ulrich, F. M. Cross, R. E. Fuller, J. E. Sanderson, P. W. Skehan, E. Tov, eds., *Discoveries in the Judaean Desert: Qumran Cave 4, X: The Prophets*, DJD15 (Oxford: Clarendon, 1997), 271–318.

16) K・コッホ『預言書 II』荒井章三訳、教文館、1990 年、159 頁。

17) ハバ 1:4 では、広義の「法秩序」として מִשְׁפָּט が用いられている。מִשְׁפָּט が極めて広い意味を持つことは知られているが、その語義の行為的側面が「裁き」である。LXX の 1:3–4 は、法秩序のない状態を捻じ曲げられる κρίμα（裁判）として、解釈を加え具体化する。LXX で 425 回の使用が認められる מִשְׁפָּט は、κρίμα（訴訟、裁判行為、判決）に 182 回、κρίσις（裁判、裁判所）に 142 回なる訳語を当てる。

18) H-J. Fabry, "The Reception of Nahum and Habakkuk in the Septuagint and Qumran," in *Emanuel: Studies in Hebrew Bible, Septuagint, and Dead Sea Scrolls in Honor of Emanuel Tov*, ed. S. M. Paul (Leiden: Brill, 2003), 241–56.

19) E. Lohse, ed., *Die Texte aus Qumran: Hebräisch und Deutsch*. (München: Kösel, 1981), 236; J. H. Charlesworth, ed., *The Dead Sea Scrolls: Hebrew, Aramaic, and Greek Texts with English Translations, Pesharim, Other Commentaries, and Related Documents, vol. 6B*. (Tübingen: Mohr Siebeck, 2002), 170–5; F. G. Martínez and E. J. C. Tigchelaar, eds., *The Dead Sea Scrolls Study Edition, vol. 1*. (Leiden: Brill, 1997), 14–7; The Digital Dead Sea Scrolls (http://dss.collections.imj.org.il/habakkuk) より私訳（7:1–2, 9–12; 8:1–3）。

7:1　神はハバククに、起こることを書き記すように命じた、

7:2　最後の時代に（起こることを）。しかし、彼［神］はいつ、時が満たされるか彼［ハバクク］に明らかにしなかった。

20)「義の教師」は『共同体の規則（1QS）』『戦いの巻物（1QM）』『ダマスコ文書（CD）』などの作者でもあるとされる。なお、「義の教師」が、明確に登場する文書としては、『ダマスコ文書』(CD 1:11; 20:32);『ハバクク書ペシェル』(1QpHab 1:13; 2:2; 5:10; 7:4; 8:3; 9:9; 11:5);『ミカ書ペシェル』(1Q14[1QpMic] Frags. 8–10:6) など、極めて少数の文書が数えられるだけである。

21) P. B. Hartog, *Pesher and Hypomnema: A Comparison of Two Commentary Traditions from the Hellenistic-Roman Period*, STDJ121 (Leiden: Brill, 2017), 271–2.

22) 私訳

8:1　その解釈はユダの家の律法を行う者全てに関わる。

8:2　神は（8:3a「義の教師」に対しての）彼らの労苦と彼らの忠実さゆえに、彼らを審判の家から救い出されるであろう。

8:3　「義の教師」に対しての【8:2 に係る】。［ハバ 2:5–6 本文］

23) J. H. Charlesworth, ed., *The Dead Sea Scrolls: Hebrew, Aramaic, and Greek*

Texts with English Translations, Pesharim, Other Commentaries, and Related Documents, vol. 6B. (Tübingen: Mohr Siebeck, 2002), 264–73; F. G. Martínez and E. J. C. Tigchelaar, eds., *The Dead Sea Scrolls Study Edition vol. 2.* (Leiden: Brill, 1998), 1206–9. 11Q13 (11QMelchizedek)『メルキツェデク』において、終末時における「霊を注がれた者」と、「宣べ伝える者」という異なるメシア像が待望されている。

24) K・ベルガー『死海写本とイエス』土岐健治訳、教文館、2000 年、132–9 頁; J・C・ヴァンダーカム『死海文書のすべて』秦剛平訳、青土社、2005 年、216–7 頁。第二神殿期において、ソロ詩 17:21 にあるような政治的なダビデの子、すなわち「ダビデ的メシア」への期待は途切れることなく続いていた。クムランにおいて「預言者と、アロンおよびイスラエルのメシア（油注がれた者）たち」（『共同体の規則』1QS 9:11, *The Dead Sea Scrolls Study Edition vol. 1*, 92–3 に従う）のように、預言者的メシアとアロン的・祭司的メシアの複数（少なくとも二人）メシア像への期待があったが、メシアが誰であるかまでは言及されていない。後 1 世紀当時、メシアは必ずしも単数とは限らず、ハバククのテクストも一人のメシアに帰せられて解釈されていた形跡はない。

25) 私訳

7:10 遅くは【7:9 に係る】。その解釈は真実の（תְּמֵאָה）人々に関わる。

7:11 彼らの手が（7:12a 真実への [תְּמֵאָה]）奉仕を放棄しない、トーラーを守る（保つ）人々に、

26) M. W. Yeung, *Faith in Jesus and Paul: A Comparison with Special Reference to 'Faith That Can Remove Mountains' and 'Your Faith Has Healed/Saved You'*, WUNT147 (Tübingen: Mohr Siebeck, 2002), 200.

27) J. A. E. Mulroney, *The Translation Style of Old Greek Habakkuk: Methodological Advancement in Interpretative Studies of the Septuagint*, FATII86 (Tübingen: Mohr Siebeck, 2016), 177–9.

28) J・C・ヴァンダーカム、『死海文書のすべて』秦剛平訳、青土社、2005 年、222–42 頁。

29) W. Kraus, "Hab 2,3–4 in der Hebräischen und Griechischen Texttradition mit einem Ausblick auf das Neue Testament," in *Die Septuaginta und das frühe Christentum*, ed. T. S. Caulley and H. Lichtenberger, WUNT277 (Tübingen: Mohr Siebeck, 2011), 169–71.

30) E. Tov, *The Greek Minor Prophets Scroll from Naḥal Ḥever (8ḤevXIIgr)*, DJD8 (New York: Clarendon Press, 1990), 52–3, 92–3.

31) J. Ziegler, ed., *Septuaginta: Duodecim prophetae* (Göttingen: Vandenhoeck & Ruprecht, 1984), 8:264–5. ヘブライ語テクストからの逐語訳アクィラ訳とテオ

ドティオン訳は ἐν πίστει αὐτοῦ（彼の πίστις によって）、シュンマコス訳は τῇ ἑαυτοῦ πίστει（彼自身の πίστις によって）に修正（いずれも 2 世紀）。

32) D. Heliso, *Pistis and the Righteous One: A Study of Romans 1:17 against the Background of Scripture and Second Temple Jewish Literature*, WUNT235 (Tübingen: Mohr Siebeck, 2007), 61.

33) ハバクク書において、近代以降のいわゆる「神義論」的「神は正しいのか」という問いかけはまだない。ハバクク書における疑問は「なぜ聖なる神が沈黙されているのか」(1:12) である。その中心的主題は「待つ」ことである (1:13)。

34) ハバ οὐ μὴ πιστεύσητε (1:5); ἐκ πίστεώς μου (2:4); ロマ πιστεύοντι (1:16); ἐπιστεύθησαν (3:2); ἡ πίστις ὑμῶν (1:8); ἐκ πίστεως εἰς πίστιν (117); ἐκ πίστεως (1:17); τὴν πίστιν τοῦ θεοῦ (3:3); εἰς ὑπακοὴν πίστεως (1:5); διὰ τῆς ἐν ἀλλήλοις πίστεως ὑμῶν τε καὶ ἐμοῦ (1:12).

35) ハバ δίκαιον (1:13); δίκαιος (2:4); ロマ δίκαιος (1:17; 3:10).

36) ハバ ἀδικίαις (2:12); ロマ ἀδικίαν (1:18); ἀδικίᾳ (1:18, 29).

37) ハバ ἀσέβεια (1:3); ἀσεβείας (2:8, 17); ἀσεβεῖς (1:9); ロマ ἀσέβεια (1:18).

38) K・コッホ『預言書 II』荒井章三訳、教文館、1990 年、275, 359–63 頁。

39) J. D. G. Dunn, *Romans 1-8*, WBC 38A (Grand Rapids, MI: Zondervan, 1988), 130–1.

パウロにおける「自己スティグマ化」の戦略
——ガラテヤ書 4 章 12-15 節、フィリピ書 2 章 25-30 節によせて——[1]

大川 大地

Strategie der „Selbststigmatisierung" des Paulus:
Bemerkungen zu Gal 4,12–15 und Phil 2,25–30

Daichi Okawa

Abstrakt

Die von W. Lipp aufgestellte soziologische Theorie der „Selbststigmatisierung" kann uns helfen, das Verhältnis von Theologie und dem Verhalten der ersten Christen besser zu verstehen. In diesem Beitrag wird versucht, die Theorie der „Selbststigmatisierung" für die Exegese von Gal 4,12–15 und Phil 2,25–30 fruchtbar zu machen. Die beiden Abschnitte legen nahe, dass die Autorität des Paulus als Apostel und diejenige des Epaphroditus als Bote der Philippergemeinde wegen ihrer jeweiligen Schwachheit angefochten wurden. Dagegen deutet Paulus gerade seine Schwachheit positiv als Parallele zum Leiden Christi am Kreuz, dreht dadurch die angezettelte Stigmatisierung um und verteidigt sein Apostolat (Gal 4). In einer vergleichbaren Weise deutet Paulus die Schwachheit des Epaphroditus um, indem er dessen Krankheit als einen aktiven Glaubensakt „bis zum Tode", also mit derselben Wendung für Christus im Philipperhymnus, beschreibt und den Boten vor der Stigmatisierung durch seine eigene Gemeinde schützt (Phil 2).

パウロは、彼に備わった欠陥を、あるいはより正確には、欠陥として
レッテル貼りできるように思われるしるしをひっくり返し、他者に向
かって強調し、それを驚くほど積極的に再評価し、この再評価された
欠陥をもって権威への要求を根拠付けている。

　　　　　　　　　　―― ヘルムート・メドリッツァー [2]

1. はじめに

　社会学者 W. Lipp によって提唱された「自己スティグマ化」（Selbststig-matisierung）理論は、初期キリスト教徒たちのふるまいと神学との関係を社会学的に説明することに役立つと思われる[3]。「自己スティグマ化」とは、ひとつの社会的な戦略である。すなわち、社会の中でスティグマ化された個人ないし集団は、スティグマをあえて引き受け、誇示することによって、スティグマ化を逆転させ、否定的な価値付けを無効化し、自身の社会的な影響力（カリスマ）を拡大するチャンスを持っている。私たちはパウロ書簡の中にもこのチャンスをつかみ取るための「戦略」を見ることができる。彼は、いくつかの箇所において自身の「弱さ」（ἀσθένεια）に肯定的な価値を付与している（Ⅱコリ 11:30; 12:5, 9–10 など）。パウロが自身の「弱さ」に言及する際、それはパウロ自身の何らかの病気ないし障がいを指すと思われ[4]、Ⅱコリント書 10 章 10 節が示すように、「弱々しい身体」は、敵対者たちからパウロに刻印された社会的スティグマであった[5]。

　本論文は、パウロの十字架の神学ないし苦難の神学が、彼の手紙を通した「社会的相互行為」の中で持つ戦略性を考察することを目的とする[6]。あらかじめ本論文のテーゼを述べておくと、パウロはスティグマ化の脅威に対抗するために、「弱さ」のスティグマを「武器」として戦略的に用いている[7]。このことを確認するために、本論文は「自己スティグマ化」理論を発見的にパウロ書簡の解釈に応用することを試みる。以下では、まずこの社会学概念

を簡略に説明した上で、新約学への応用の研究史を短く振り返る。次に、ガラテヤ書 4 章 12–15 節と、フィリピ書 2 章 25–30 節を取り上げ、それぞれの箇所におけるパウロの「自己スティグマ化」の戦略を読みとる。

2.「自己スティグマ化」理論と新約学への応用

　Lipp の「自己スティグマ化」理論の貢献は、M・ウェーバーのカリスマ理論を批判的に継承し、ウェーバーにおいては未だ不明瞭であったカリスマの形成および承認の過程を明らかにするために、それとは無関係に展開されたスティグマの社会学理論に注目して、両者に密接な関連があることを示した点にある。「自己スティグマ化」とは、まずはスティグマのカリスマへの変換を跡づけるための分析概念である。ウェーバーによれば、カリスマとは所与の制度や日常の規範に依拠することなしに影響力を行使する、ある人物の「非日常的な資質」のことを言う[9]。Lipp は、このように理解されたカリスマが、日常の社会規範と対立している点に注目した。日常の規範が要求する役割期待通りのふるまいはカリスマを形成せず、「真にカリスマ的地位につけるのは……アウトサイダーだけである」[9]。ここにカリスマ理論とスティグマ理論の接合点がある。スティグマ理論の提唱者の一人である E・ゴフマンによれば、スティグマとは、社会規範から導き出される役割期待からの「逸脱者」に、すなわちアウトサイダーに刻印されるしるしである[10]。スティグマ化された者（たち）は、役割期待を裏切る役割をあえて引き受けることで社会に対してひとつの示威行動をなし、それが人々に与える衝撃を契機としてカリスマを形成し、確固たるものにすることができる[11]。このプロセスを Lipp は「自己スティグマ化」と名づけたのであった。

　しかし同時にこの理論は、ゴフマンが提示した、スティグマ化された者たちの社会への反応の分析にも大きな変更を迫ることになった。ゴフマンによれば、スティグマ化された者たちは、自身に刻印されたスティグマを、あるいはスティグマ化につながる情報をコントロールし、それを隠蔽しようとす

る[12]。これに対してLippの理論は、スティグマ化された者たちのより能動的な反応を明らかにしたと言える。「自己スティグマ化は……スティグマ化を『転倒させる（umdrehen）』という目的を追求する」[13]。そのさい自己スティグマ化は、「露出狂」「挑戦」「禁欲」「忘我」といった逸脱行為としてあらわれ、それによって社会で「自明なもの」として存在していた規範を挑発し、根底から揺さぶる[14]。例えば、肌の黒いことが否定的に評価される社会の中で"Black is beautiful"というスローガンは、白（人）が美しいという「自明の」社会規範に揺さぶりをかける戦略である。同様に、性差別的な侮蔑語をあえて採用したクィア（queer）運動・研究や、「犠牲者がその烙印を投げ返す時が来たのだ」、「吾々がエタであることを誇り得る時が来たのだ」と謳う水平社宣言にも、私たちは自己スティグマ化の戦略を見出すことができる。すなわち「自己スティグマ化」とは、カリスマの形成および承認プロセスの分析概念であるのと同時に、スティグマ化された者たちが採用する抵抗戦略に関する分析概念でもある[15]。

　それではLippの理論はどのように新約学およびパウロ研究に応用されてきたのであろうか。上述のようなスティグマからカリスマへの変換をパウロに見てとった学者として第一に言及されるべきは、J. Jervellであろう。彼はその論考「弱いカリスマティカー」において、社会学を参照することなしにパウロを「カリスマティカー」として理解し——しかし社会学を参照しないために、「カリスマティカー」は単純に「奇跡行為者」や「霊能者」と同一視される——、そのカリスマ的影響力の形成と拡大にパウロの「弱さ」が密接に関連していることを示した。パウロの「弱さ」が彼自身の病気を指すこと、当時の奇跡行為者やいわゆる「神の人」には肉体的な健康さと神聖さが求められたことの二点を踏まえて、パウロにおいて成立している「弱いカリスマ」がひとつの形容矛盾であるとされる。Jervellによれば、「しかし、この矛盾はパウロにはどうしても必要不可欠であった」。つまり、救いに値しない者がただ神の恵みによって義認されるという神学を当時の教会に対して示すために、パウロは病を得たカリスマティカーとして自身を弁証し

た[16]。以上のように、Jervell の論考においては、「意識的に行われる神学的なパウロの解釈は、宗教史的な研究や歴史的な釈義がなおざりにされることを意味してはならない」という発言にもかかわらず、パウロの「弱さ」は終始一貫して義認の神学を明らかにすることに仕える位置に置かれ、「弱さ」の持つ社会的な戦略性に言及されることはない[17]。

これに対して、社会学的なカリスマ概念を十分に理解した上で、Lipp の「自己スティグマ化」を新約聖書研究にはじめて本格的に応用したのは、社会学者 M. Ebertz である。彼はその著書『十字架につけられた者のカリスマ——イエス運動の社会学のために』（1987 年）において、複数の社会学理論を折衷的に応用しつつイエス運動の解明を試みた[18]。そのさい「自己スティグマ化」が理論上の中心的な支柱となっている。彼によれば、社会の中でスティグマ化された集団としての「イエス運動」が、そのスティグマを解消するために用いた戦略こそが「自己スティグマ化」であった。「イエスの話の聴衆は、抑圧状況の肉体的・心理的スティグマを単にその身に負うべきなのではなく、むしろ……求められる以上の屈辱と服従の行為を自発的かつ公然と、つまり示威的に行うことによって、〔スティグマを〕言わばより深く自らに打ち込み、より激しい肉体的・心理的苦痛に身を委ねるべきなのである。つまり意図的に……『自己スティグマ化』すべきなのである」[19]。私たちにとって興味深いことに、Ebertz は、その著作の最終頁において、まさにこの戦略の点で、イエス運動とパウロとの間に社会学的連続性を認めうることを示唆している[20]。

H. Mödritzer は『新約聖書とその周辺世界におけるスティグマとカリスマ——原始キリスト教の社会学のために』（1994 年）において——Ebertz の著作の副題にある「イエス運動」が「原始キリスト教」に変更されていることから明らかなように——、史的イエスの運動のみならず、洗礼者ヨハネ、パウロ、イグナティオスにいたるまでの原始キリスト教に、「自己スティグマ化」の戦略を広範囲に確認できることを示した。私たちにとっては、その第 4 章で展開されるパウロ解釈が重要なのであるが、Mödritzer は複数の聖

書箇所の釈義から（Ⅰテサ 2:13–16; Ⅰコリ 8; Ⅱコリ 11–12; ガラ 6:17; フィリ 2:6–11)、以下のように結論付けている。「パウロは、教会の中で弱まりつつある彼のカリスマを新しく正当化し、そのカリスマ的権威を教会の中で確固たるものにするために、自己スティグマ化の戦略を用いている」[21]。この戦略は、パウロの神学とも密接に結びついている。「かつてスティグマ化された者が、今や神から脱スティグマ化された者あるいは最も偉大なカリスマティカー〔すなわち復活者イエス（大川による補足)〕である。ここにパウロのキリスト論におけるイエスの自己スティグマ化の戦略、すなわち符号の転換とスティグマがカリスマへと移行するという考えの（肯定的な）認識がある。パウロの神学全体はこの考えに……刻印されている」[22]。

このような諸研究の延長線上に、古代末期のキリスト教禁欲主義者たちにおいて「自己スティグマ化」によるカリスマ形成が成立していることを論じた、G. Hartmann の『古代末期キリスト教聖人の自己スティグマ化とカリスマ』(2006 年) が位置する[23]。

3. テクストへの応用

以上に挙げた先行研究を、とりわけ Mödritzer を念頭に、以下ではガラテヤ書 4 章 12–15 節、フィリピ書 2 章 25–30 節をとり上げ、それぞれの箇所におけるパウロの「自己スティグマ化」の戦略を読みとることを試みる。これらの箇所は、通常はパウロの「十字架の神学」との関連においても、また「自己スティグマ化」との関連においても釈義されることのない――従って Mödritzer も考察対象には入れていない――箇所である。これら 2 箇所は、ともに広い意味で「教会訪問」に関連しており（ガラテヤ書はパウロの過去の訪問〔4:13〕と未来の訪問への願い〔4:20「今、あなた達のところで声を変えたいと願っている」〕。フィリピ書はエパフロデトスの送還)、その文脈において「弱さ／弱い」という概念があらわれる（ガラテヤ書ではパウロ自身の、フィリピ書ではエパフロデトスの弱さ)。

3.1. ガラテヤ書4章12–14節

4:¹² あなた達は私のようになりなさい、私もあなた達のようになったのだから。兄弟たちよ、私はあなた達に願う。あなた達は私に何も不当なことはしなかった〔ではないか〕。¹³ あなた達は知っている。私が最初肉体の弱さゆえにあなた達に福音を知らせたのだということを。¹⁴ あなた達は、私の肉体にあるあなた達〔にとって〕の試練〔に負けずに、私〕を、軽蔑もせず、唾棄もせずに、むしろ、神の御使いのように私を受け入れてくれた。〔いや、それどころか〕キリスト・イエスのように〔受け入れてくれたのだ〕。¹⁵ それなのに〔あのときの〕あなた達の幸福はどこか。なぜなら私は証言する、あなた達は可能ならば両目を抉り出して私に与えた。²⁴⁾

ガラテヤ（諸）教会は、設立者パウロの福音を、また彼の使徒としての権威を受け入れていたが（ガラ 1:6; 5:7）、書簡の執筆時点では割礼を要求するユダヤ主義的宣教者（以下、敵対者とする）の出現によって動揺させられている（同 1:6–9; 5:7–12）。この事態はパウロ自身にとってもひとつの脅威を意味したであろう。すなわち、「キリストの福音を変質させようと欲している」（同 1:7）敵対者たちは、パウロの使徒的権威の正当性を問題にしたと思われるからである[25]。このような事情を背景に、ガラテヤ書4章12節以降でパウロは、ガラテヤ教会の設立時の状況に言及し（4:13「最初」τὸ πρότερον[26]）、自身とガラテヤ教会との親密な絆を思い起こさせることで、再び自身の福音に立ち返るよう、そして自身の使徒的権威（1:1）を再び承認するように説く[27]。そのさいパウロが注意を促しているのは、「どのように」彼がガラテア教会に福音を知らせたのか、ということである。

13節によれば、パウロがガラテヤ教会に福音を知らせたのは「肉体の弱さゆえ」（δι' ἀσθένειαν τῆς σαρκὸς）であった[28]。ここでの「肉体の弱さ」は、多くの研究者が指摘する通り、パウロの何らかの病気ないし障がいを指

すと考えるのが適当であり[29]、διά＋対格は「理由・原因」を表す。従って13節のパウロの発言から、以下の二つの点が示唆されよう。第1に、パウロの最初のガラテヤ訪問と滞在は病気が原因であったこと、第2に、そのガラテヤ訪問と滞在はおそらくはパウロ自身の当初の計画にはなかったということである[30]。想定しうるシナリオは複数あろうが（マラリアの治療のため？　眼病の療養？[31]）、いずれにせよ13節はパウロの最初のガラテヤ訪問の「意図されたのではない性格」（unintended nature）[32]を読者たるガラテヤ教会に思い起こさせるものである。自身との親密さを思い起こさせることでガラテヤ教会メンバーたちの「パトスに訴えることが試みられている」[33] この箇所において、最初の訪問の偶然性を想起させることは、本来は逆効果である（続く 4:17 は、敵対者たちのガラテヤ教会への「侵入」が十分に計画的であることを示す）。パウロは感情的に激昂してこの文章を書いているがゆえに、無計画な説得戦略しか展開できていないのであろうか。しかしこの箇所が十分に考慮されたキアスムスの構造を持つことはそのような想定を許さない。一体、自身の訪問の偶然性を強調することになるにもかかわらず、なぜパウロはわざわざ自身の病気ないし障がいに言及する必要があったのか。おそらく、この箇所から推測できる敵対者たちによるパウロの使徒職の問題化の仕方、つまりパウロに対するスティグマ化がこの問いを解く鍵である。

　ゴフマンはそのスティグマ論において、三つの種類のスティグマを区別しているが、その筆頭に挙げられるのは「肉体のさまざまな醜悪さ」（abominations of the body）であり、そのスティグマは「それさえなければ問題なく通常の社会的交渉で受け入れられるはずの個人に出会う者の注意を否応なく惹いて顔をそむけさせる」という社会学的な特徴を持つ[34]。このようなスティグマの理解は14節のパウロの発言の解釈に示唆的である。つまり、パウロの「肉体のさまざまな醜悪さ」ゆえのガラテヤ訪問は、通常であれば、軽蔑され、唾棄されて終わる可能性が十分にあった[35]。Ⅱコリント書10章10節にパウロ自身が、他者による彼の評価として「肉体の顕現は弱々

しく、その言葉は軽蔑されるべきである（ἐξουθενημένος）」と言う通りである。なるほどガラテヤ書には、敵対者たちがパウロの肉体の弱さを攻撃の的にしたこと、またガラテヤ教会がこの攻撃に同調したことを直接的に支える言及は見出されない[36]。しかしながら、「あなた達は私に何も不当なことはしなかった〔ではないか〕」（ガラ 4:12）という問いかけは、〈それならばなぜ今は不当なことをし〔ようとし〕ているのか〉との非難のニュアンスを含む。「あなた達の幸福はどこか」（4:15）という問いかけも同様である。これら二つの問いかけが〈かつてガラテヤ教会が病気のパウロを受け入れた〉ことを語るガラテヤ書 4 章 13–14 節を挟み込み、現在のガラテヤ教会のパウロに対する態度への問いかけとなっている。E. Güttgemanns は、パウロが彼自身の「肉体の弱さ」をめぐるガラテヤ人の態度にわざわざ言及することの背景に、かつてと現在の間で彼らの態度に乖離があるという状況を想定している[37]。この点でガラテヤの現在の状況が、Ⅱコリント書に認められるそれに近いとの推測は十分に成り立つであろう——敵対者たちから、例えば「なぜあなた達を惑わす[38]者を受け入れたりしたのですか。あなた達が知っているように、彼の肉体は弱々しく、その言葉は軽蔑されるべきであったのに」というような非難があったという推測も十分に許される[39]。あるいは、敵対者たちはパウロの「肉体の弱さ」をまだ攻撃していないが、コリント教会における自身のスティグマ化を念頭に、いずれ自身の使徒職に対する攻撃の材料として、彼自身の「肉体の弱さ」があげつらわれるであろうとパウロは予想できたであろう。実際に、先に引用したガラテヤ書 4 章 20 節の再訪の願いは、パウロ自身がその文章と実際に会った時に相手に与える印象に落差があることを自覚しており、まさにその点を非難されたⅡコリント書 10 章 10 節の状況をここでも意識しているという可能性を示す。

　以上の推定が正しければ、現実に存在する、あるいは容易に予期されるスティグマ化の脅威に対するパウロの戦略的な抵抗の試みとして、この箇所を理解することが可能になる。この抵抗は、自身の弱さに肯定的な価値を付与することによって成立する。すなわちガラテヤ書 4 章 13 節によれ

ば、病気ないし障がいのゆえに訪問したパウロを受け入れたことは、神の御使いを、そればかりかキリスト・イエスを受け入れたことに等しいとパウロは言う[40]。ガラテヤ人が、(場合によっては霊体験を伴う中で) パウロを超常的な「神の御使い」と勘違いしたというシナリオはあり得るが (使14:8–18 参照)[41]、ここでパウロがキリストと並列視されていることが重要である。この並行は、単純に「パウロが最大級の歓迎を受けたことを示す表現」[42]だと理解されるべきだろうか。しかし、単に彼らが自分を温かく迎えてくれたと言いたいだけなら、この並行はおそらく必要ない。これによってガラテヤ人たちに強く想起させられるのは、同じ最初の訪問時にパウロが福音として知らせた「十字架につけられたイエス・キリスト」(ガラ 3:1) であろう[43]。そのさい村山盛葦が言うように、最初の訪問時にガラテヤ人たちは、何らかの肉体的な「欠陥」を伴うパウロの風貌や外見を通して、「十字架につけられたキリスト」を視覚的に経験した可能性がある[44]——これを筆者の言葉で言い直せば、最初のガラテヤ訪問時にパウロは自身の肉体の「欠陥」を戦略的に用いて、視覚的に「十字架につけられたキリスト」をガラテヤ人たちに提示した可能性がある。パウロが「あなた達の目の前に (κατ' ὀφθαλμοὺς) 十字架につけられたキリストが公然と提示された (προεγράφη)」(3:1) と言う通りである (フィリ 1:20「いつものように今も、……私の肉体においてキリストが崇め讃えられる」も参照)。

　以上の想定から読みとることのできるパウロの「自己スティグマ化」の戦略を、以下にひとつの解釈の可能性として提案する。パウロは、病気ないし障がいが原因でガラテヤを訪問した。しかし彼はこのとき、自らの「肉体の弱さ」を宣教内容である「十字架につけられたキリスト」を視覚的に提示するものとして肯定的・積極的に利用した。その結果、ガラテヤ人たちはパウロを受け入れ、彼は予想されたスティグマ化を回避できた。すなわち最初のガラテヤ訪問時に、パウロは自身の外見的・肉体的な烙印を、キリストを現す聖痕へと転換させたのである。しかし現在、ガラテヤ人たちは敵対者たちに動揺させられてしまっている。彼らは今実際にパウロの「肉の弱さ」を攻

撃しているか、近い将来攻撃するであろうことをパウロは予想できた。そうなればガラテヤ教会は、今度こそパウロを「軽蔑し、唾棄する」可能性がある。パウロはその危険を回避するために、この度も、自身の「肉体の弱さ」にあえて言及し、それがキリストとの並行を成していることを思い起こさせる。最初の訪問時にも、手紙の執筆時にも、パウロは「肉体の弱さ」のスティグマを積極的に引き受け、それを示威的に誇示することで、スティグマ化を無効化し、自身の使徒的権威をガラテヤ人たちに承認させようとしているのである（ガラ 4:12「あなた達は私のようになりなさい」）。この戦略は、パウロがガラテヤ人たちに伝えた「十字架につけられたキリスト」と無関係ではない。キリストは呪いの死を死んだが、その呪いは神によって逆転され、異邦人たちへと及ぶ祝福へと変わった（3:13–14）。まさに、このキリストとの並行性によってこそ、パウロのスティグマはカリスマへと変化する。従って、この書簡の末尾に次のような言葉があらわれるのも偶然ではなかろう。「むしろ新しい創造が重要である」（6:15）。自己スティグマ化によって生み出されるカリスマは、「自明とされたもの」に揺さぶりをかけることで、新しい価値観の創造を追及する。

3.2. フィリピ書 2 章 25–30 節

2:25 しかし私は、私の兄弟、同労者、共闘者、あなた達〔から〕の使者、そして私の窮乏の奉仕者たるエパフロデトスを、あなた達のところへ送る必要を考えた。26 彼はあなた達各々に思いを寄せていて、彼が弱ったということをあなた達が聞いたので不安になっていたからである。27 実際に彼は死ぬほどに弱ったのだ。だが、神は彼を憐んだ——いや、彼だけではなく私をも。私が苦痛の上に苦痛を重ねぬように。28 だから、大急ぎで彼を送る。あなた達が彼を見て再び喜ぶためであり、私も苦痛の思いから一層離れるために。29 だからあなた達は主にあって、全ての喜びでもって彼を受け入れなさい。そしてこのような人たちを尊敬しなさい。30 彼は命を危険にさらし、キリストの業のゆえに死に至るま

で近づいたのだから。私に対するあなた達の奉仕の不足を満たすために。

フィリピ書執筆時、パウロは（おそらくエフェソで[45]）軟禁状態にあった（フィリ 1:7, 16）。エパフロデトスは、フィリピ教会からそのパウロに送られた使者であり（4:18）、主にパウロの世話に従事したのであろう。この箇所は、その彼をフィリピ教会に送り返すことになった次第を語る。

パウロは、エパフロデトスをフィリピ教会に送り返すことが「必要」だと考えた（フィリ 2:25）[46]。これは続く 26–27 節の記述からして、エパフロデトスにとって「必要」だという意味であろう[47]。26–27 節によると、エパフロデトスは「弱くなった」（ἠσθένησεν）、しかも「死ぬほどに弱くなった」。明らかにエパフロデトスは何らかの瀕死の病に倒れたのである[48]。27 節の書き方からして、エパフロデトスは幸いなことに九死に一生を得た（しかし、「完治した」とは一言も書かれていないことに注意。27 節は「一命を取り留めた」と理解すべきだろう）[49]。

そのエパフロデトスは「あなた達各々（＝フィリピ教会）に思いを寄せている」と言う（フィリ 4:26）。ホームシックだと理解して良いだろう[50]。離れたところで病気に倒れ、ホームシックに罹るという状況は良く理解できる。さて、しかし問題はその次の記述である。エパフロデトスは、「彼が弱ったということをあなた達が聞いたので、不安になっていた（ἀδημονῶν）」。これは、故郷の教会に自身の病気のことで心配をかけて「心苦しい」（協会協同訳。青野訳は「心を痛めていた」）という思いのことで・は・な・い（そうであれば、「彼が弱ったということをあなた達が聞いたので、あなた達各々に思いを寄せていた」と書かれるべきであろう）[51]。パウロは「だからあなた達は主にあって、全ての喜びをもって彼を受け入れなさい」と続ける。わざわざパウロがこう言うのは、フィリピ教会がエパフロデトスを「喜びをもっては受・け・入・れ・な・い」可能性が予想されたからであろう。エパフロデトスは、パウロを手助けするためにフィリピ教会から送られた使者で

あった。すなわち、G. F. Hawthorne の言うように、「エパフロデトスの病気は、フィリピのキリスト者たちの心に疑念を呼び起こしたのかもしれない」のである[52]。彼の病の知らせは、彼が委任された仕事に不適格だったのではないかとの疑いをフィリピ教会に呼び起こした、あるいはフィリピ教会は、彼が病気に倒れたことを露骨に落胆している可能性がある[53]。つまり、フィリピ教会が、エパフロデトスの帰還に際し、彼を冷淡に受け入れる、ないし受け入れない可能性——たとえば彼を「無能者」とスティグマ化する可能性——があった。だからこそ、エパフロデトスはフィリピ教会に自身の病気を知られたので、「不安になっていた」のだと考えられる。この予想されるスティグマ化は、エパフロデトスがおそらくフィリピ教会で指導的な役割を担っていた人物であろうことを考慮するとき、より深刻さを増すであろう[54]。

このような事情をテクストの背後に想定するとき、この箇所を、フィリピ教会にエパフロデトスの帰還を「全ての喜びでもって受け入れ」させるための、戦略的な文章として理解することができる[55]。25 節におけるエパフロデトスにつけられた異常とも言えるほどの肩書きの多さも、この箇所の持つ戦略性とは無関係でなかろう[56]。だが、それ以上に重要なことは、ガラテヤ書において確認した「自己スティグマ化」の戦略を、パウロがエパフロデトスに応用していることである。すなわち「弱さ」の強調と、それに対する肯定的な価値付けが、この箇所にも見出される。

26 節から読み取れるように、フィリピ教会はエパフロデトスが病に倒れたことをすでに聞き知っている。にもかかわらず、パウロはそれをあえて書き記すのである——そのことがエパフロデトスの不安の原因であるにもかかわらず[57]。このことの意味は 30 節で明らかになる。すなわち、エパフロデトスは「命を危険にさらし、キリストの業のゆえに死に至るまでに近づいた」。これは、フィリピ教会のエパフロデトスに対する疑いや落胆に対する弁明であるが、注目すべきは「死に至るまで（μέχρι θανάτου）近づいた」との発言である。この言葉は、2 章 6–11 節に記されているいわゆる

「キリスト賛歌」に、とりわけキリストの十字架の死を語る2章8節に記されている言葉である。「キリストは己自身を低くした、死に至るまで（μέχρι θανάτου）従順になって、それも十字架の死に」。佐竹明と山内眞は、キリスト賛歌と同じ言葉がエパフロデトスに用いられていることは、解釈に何の影響ももたらさないと述べているが[58]、ガラテヤ書において自己スティグマ化の戦略がパウロとキリストの並列視によって成立していることを確認した私たちは、キリストの十字架の死に用いられる表現がエパフロデトスにも用いられていることが、この箇所の解釈に決定的に重要であると考えるのが適切であろう。筆者の解釈の提案は以下の通りである。パウロはガラテヤ書の場合と同様に、エパフロデトスに予想されるスティグマ化の運命を逆転させるために、「キリスト賛歌」と同じ文言を彼に用いることによって、彼とキリストとの並行性を肯定的に提示しようとしている[59]。

「死に至るまで近づいた」（フィリ4:30）とは、27節の「死ぬほどに弱った」の発言の繰り返しであるが、この両節に微妙なニュアンスの違いが認められることに私たちは注意しよう。30節においては、エパフロデトスは単に瀕死の病に倒れたのではなく、「命を危険にさらし（受動文でないことに注意）、キリストの業のゆえに」そうなったとされている[60]。Mödritzerは、キリスト賛歌において「イエスの否定的な表象が受動的に生じたのではなく、彼がそれを選んだところに」自己スティグマ化が見出されると論じている[61]。そうであるならば、30節に「彼はキリストの業のために命を懸け、死にそうになった」（協会共同訳〔傍点は大川〕）とのニュアンスを認めうることが私たちの解釈に重要になるだろう。つまり、エパフロデトスは単に受動的に「死ぬほどに弱った」のではなく、主体的に「死に至るまで近づいた」。パウロは、十字架の死に至るまで己自身を低くしたキリストとエパフロデトスの並行性を提示するために、彼の「弱さ」を解釈しなおしているのである。キリスト賛歌は、神がこのキリストの運命を逆転させたと続く。「それゆえに、神は彼を高く挙げた」（2:9）。27節によると、瀕死の病に倒れたエパフロデトスを「神は憐れんだ」。山内が指摘するように、「神は癒し

た」ではなく「神は憐れんだ」という表現が用いられることには、エパフロデトスの回復が「死者をよみがえらせる神」（Ⅱコリ1:9）の憐れみの業だというパウロの理解があらわれているだろう[62]。パウロは、神の憐みの業によるエパフロデトスの奇跡的な回復にキリスト賛歌にうたわれるキリストの運命との（程度を減じたかたちでの）並行性を見出している可能性がある。賛歌もキリストの高挙に「死者をよみがえらせる神」の業を前提としているからである。このキリストの運命との並行性こそが、エパフロデトスに予想されるスティグマ化の運命を逆転させる。フィリピ教会は——「謙虚な思いで互いを自身よりも優れた者とみなしつつ、各々がただ自分自身のことではなく、他人のことに注目しつつ」（フィリ2:3–4。この発言は「キリスト賛歌」の直前に出る）——全ての喜びをもってエパフロデトスを教会の指導者の一人として再び受け入れるべきである（4:29）。エパフロデトスの「弱さ」——彼の場合、これはスティグマそのものではないが、フィリピ教会からのスティグマ化の原因となることが予想される——を強調し、それに肯定的価値を付与する「自己スティグマ化」によってパウロは、神がキリストに示したのと同じ運命の逆転を、エパフロデトスの帰還に際し成立させようとしているのだと思われる。

4. おわりに

　以上、ガラテヤ書とフィリピ書を題材に、パウロが用いた「自己スティグマ化」の戦略を確認した。以上の論考を簡単にまとめる。両書の該当箇所において、パウロとエパフロデトスは「弱さ」すなわち何らかの病気もしくは障がいのゆえに、現にスティグマ化されている、あるいは自身に対するスティグマ化が容易に予想される状況にあった。このスティグマ化の脅威ないし危険に対してパウロは「自己スティグマ化」の戦略で対抗する。すなわち両箇所においてパウロは、（1）手紙の相手がすでに知っているはずの「弱さ」にわざわざ言及し、（2）その「弱さ」に肯定的価値を付与することに

よってスティグマ化を無効化する。そのさい、弱さへの肯定的価値の付与は（3）キリストとの並行性によって成立する。これに支えられた戦略の目標は、（4）「十字架につけられたキリスト」において示された神による「逆転」を、自身やエパフロデトスの置かれた状況にも成立させることにある。従って、（5）パウロの「自己スティグマ化」の戦略は、その「十字架の神学」と密接に関連している。

　パウロ自身はかつて、おそらくは自身の肉体に外見的に刻印されていたであろう「弱さ」──「肉体のとげ」──が取り除かれるように願ったこともあった（Ⅱコリ 12:8–9）。それに対してイエスが与えた回答は「力は弱さの中で完全になる」である。この発言には複数の解釈の可能性があるが、「弱さの中で」（ἐν ἀσθενείᾳ）の ἐν ＋与格を「手段」の意味に理解する可能性は十分にある[63]。すなわち、「力は弱さを用いて完全になる」。おそらくパウロは、ガラテヤ書とフィリピ書において、イエスに示された戦略を自覚的に「自己スティグマ化」として展開した。「弱さを誇る」パウロの自己スティグマ化は、彼が経験しているもろもろの侮辱、危機、迫害、そして行き詰まり（Ⅱコリ 12:10）の状況の中で、弱さを用いて力を完全にすることを目指した戦略だったのである。

〔付記〕筆者は、本論文で扱った「自己スティグマ化」を、マルコ福音書の悪霊祓い物語に応用する研究発表を行ったことがある（「マルコ福音書 9 章 14–29 節におけるカリスマとスティグマ」、2018 年 9 月 7 日、敬和学園大学で開催された日本新約学会第 58 回学術大会にて。なお、この研究発表は『新約学研究』第 47 号に研究論文として掲載される予定である）。発表に続く質疑応答の時間に、筆者は Ebertz と Mödritzer を念頭に「マルコ福音書に確認できる自己スティグマ化はパウロの十字架の神学と連続性を持っていると思う」との趣旨の発言をした。学会終了後、青野太潮先生が筆者に「ぜひ、あなたの言う『自己スティグマ化』でパウロの十字架の神学を論じてみてください」と声をかけて下さった。本論文は、青野先生から頂いた「宿題」に未熟なかたちではあるが応答を試みたものである。

注

1) 本論文は、筆者が日本キリスト教団鶴見教会の主日礼拝で行った発題（2019年1月13日）を、大幅に改めて論文のかたちにしたものである。発題に対して多くの意見を下さった鶴見教会の方々に深く感謝する。

2) H. Mödritzer, *Stigma und Charisma im Neuen Testament und seiner Umwelt: Zur Soziologie des Urchristentums*, NTOA 28 (Göttingen: Vandenhoeck & Ruprecht, 1994), 212.

3) W. Lipp, "Selbststigmatisierung," in *Stigmatisierung 1: Zur Produktion gesellschaftlicher Randgruppen*, ed. M. Brusten and J. Hohmeier (Darmstadt: Luchterhand, 1975), 25–53; idem., *Stigma und Charisma: Über soziales Grenzverhalten* (Berlin: D. Reimer, 1985); idem., "Charisma - Schuld und Gnade: Soziale Konstruktion, Kulturdynamik, Handlungsdrama," in *Charisma: Theorie, Religion, Politik*, ed. W. Gebhardt et al. (Berlin: de Gruyter, 1993), 15–32.

4) J. Jervell, "Der schwache Charismatiker," in *Rechtfertigung: Festschrift für Ernst Käsemann zum 70. Geburtstag*, ed. J. Friedrich et al. (Göttingen: Vandenhoeck & Ruprecht, 1976), 185–196, here 191ff. この問題についての基本文献は、E. Güttgemanns, *Der leidende Apostle und sein Herr: Studien zur paulinischen Christologie*, FRLANT 90 (Göttingen: Vandenhoeck & Ruprecht, 1966), 162–165 に詳しい。

5) 本文中のIIコリの箇所について、Jervell, "Charismatiker," 192 の発言を参照。パウロの病気ないし障がいは、「教会にとっては不快なもの（anstößig）であり、敵対者たちにとってはパウロの真の使徒的尊厳を否認するための格好の攻撃の的」であった。

6) このような問題設定について、大貫隆「苦難を用いる──パウロにおける十字架と苦難の神学」（宮本久雄ほか［編］『受難の意味──アブラハム・イエス・パウロ』東京大学出版会、2006年、3–80頁）を参照。

7) 上述の鶴見教会での発題に続く質疑応答の際に、筆者の用いた「戦略」という言い方に対して、「戦略とは目的論的であり、パウロが弱さに言及する際、置かれた状況から否応なく発言しているという側面がないか」との趣旨のご指摘を頂いた。これは、前註の大貫の論考に対する山脇直司の「『用いる』というと、いかにも『道具として使う』というイメージがある」（大貫「苦難」69頁）との指摘に重なると思う。このような指摘に対して筆者は大貫の次の発言に同意する。「苦難の現実は現実としては容易には変わらない。それを嘆き悲しむことは、それに『所有』されることである。その『所有』を脱する道は、唯一、それを逆手にとって『用いる』

ことである」（大貫「苦難」57 頁）。すなわち、スティグマたる「弱さ」を戦略的に用いることによって、パウロは自らがスティグマ化されるという現実に受動的に対応しているのではなく、能動的にその現実を変革しようと試みている。

8) M・ウェーバー『支配の諸類型』世長晃志郎訳、創文社、1970 年、70 頁。
9) Lipp, *Stigma und Charisma*, 65–66.
10) E・ゴフマン『スティグマの社会学――烙印を押されたアイデンティティ』石黒毅訳、せりか書房、2010 年、13–16 頁を参照。
11) Lipp, "Charisma - Schuld und Gnade," 25–26.
12) ゴフマン『スティグマ』79–176 頁。
13) Lipp, "Selbststigmatisierung," 36.
14) Lipp, *Stigma und Charisma*, 131–166; idem., "Charisma - Schuld und Gnade," 24.
15) Lipp, "Charisma - Schuld und Gnade," 21. クィア運動・研究について、森山至貴『LGBT を読みとく――クィア・スタディーズ入門』ちくま新書1242、筑摩書房、2017 年、126 頁参照。クィアの視座は「否定的な価値づけの積極的な引き受けによる価値転倒にある」。また、栗林輝夫『荊冠の神学――被差別部落解放とキリスト教』新教出版社、1991 年、91 頁は、水平社宣言に「象徴世界での価値転換」を見る。
16) Jervell, "Charismatiker," 190–198.
17) Jervell, "Charismatiker," 186. ここで彼が言う「神学的なパウロの解釈」が、彼の論文の献呈者である E. Käsemann の研究を指していることは明白である。
18) M. Ebertz, *Das Charisma des Gekreuzigten: Zur Soziologie der Jesusbewegung*, WUNT 45 (Tübingen: Mohr Siebeck, 1987). なお、大貫隆「社会学・社会史学派のイエス研究」（大貫隆・佐藤研（編）『イエス研究史――古代から現代まで』日本キリスト教団出版局、1998 年、257–279 頁）、263–265 頁に本書の簡単な概略が紹介されている。
19) Ebertz, *Charisma des Gekreuzigten*, 142.
20) Ebertz, *Charisma des Gekreuzigten*, 262.
21) Mödritzer, *Stigma und Charisma*, 241.
22) Mödritzer, *Stigma und Charisma*, 243.
23) G. Hartmann, *Selbststigmatisierung und Charisma christlicher Heiliger der Spätantike*, STAC 38 (Tübingen: Mohr Siebeck, 2006).
24) 以下、新約聖書からの引用は特に断らない場合には私訳を用いる。いわゆる岩波版新約聖書の訳を用いる場合は「青野訳」と、日本聖書協会から 2018 年 12 月に刊行された「聖書協会共同訳」を用いる場合は「協会共同訳」とそのつど断る。
25) この点について、小林昭博「ガラテヤ書 1 章 1–5 節の文学的・心理学的分析――ガラテヤ書前書きにおけるパウロの修辞的戦略と心理的葛藤」（『神学研究』

第 58 号、2011 年、45–56 頁)、55–56 頁を参照。また、Mödritzer, *Stigma und Charisma*, 211 を参照。

26) τὸ πρότερον は、複数回のうちの「最初」とも、漠然と今現在と対比させられた「以前」とも訳せる。しかしながら、ガラ 4:13–14 に言及される訪問は内容からして教会設立にかかわる第 1 回目の訪問であることは明白である。山内眞『ガラテア人への手紙』日本キリスト教団出版局、2002 年、253–254 頁参照。
27) 浅野淳博『ガラテヤ書簡』NTJ 新約聖書注解、日本キリスト教団出版局、2017 年、339–340 頁参照。また、原口尚彰『ガラテヤ人への手紙』現代新約注解全書、新教出版社、2004 年、184–185 頁。
28) 協会共同訳の「私の肉体が弱っていたためでした」は、宣教旅行中の病気の発症を考えているようである一方で、青野訳の「肉体の〔病〕弱さによってこそ」はより恒常的な障がいを示唆する。二つの可能性は相互に排他的でない。
29) A. A. Das, *Galatians*, ConcC (St. Louis: Concordia, 2013), 460; D. A. deSilva, *The Letter to the Galatians*, NICNT (Grand Rapids: Eerdmans, 2018), 379; 原口『ガラテヤ人』189–190 頁 ; 山内『ガラテア人』253 頁等。
30) deSilva, *Galatians*, 379; 村山盛忠「パウロとガラテヤ人の信頼構築の内実──『ガラテヤの信徒への手紙』3 章 1–5 節、4 章 12–15 節を中心に」(『基督教研究』第 77 号、2015 年、25–41 頁)、32 頁。
31) 15 節の記述から研究者の多くは眼病の可能性を支持するが、仮にパウロが目を患っていたとしても、山内『ガラテア人』613 頁が適切に述べるように、「それは眼病以外の病気の症状でもあり得る」。
32) Das, *Galatians*, 455–456.
33) 浅野『ガラテヤ書簡』338 頁。
34) ゴフマン『スティグマ』18–19 頁。
35) Jervell, "Charismatiker," 192.
36) 佐竹明『ガラテア人への手紙』現代新約注解全書、新教出版社、²2008 年、402 頁及び山内『ガラテア人』609 頁が、この点を強調する。
37) Güttgemanns, *Der leidende Apostel*, 175–179, 182–183. なお、佐竹『ガラテア人』402 頁は、ガラテヤ書にⅡコリにおけるような「弱さを誇る」との発言が出ないことを根拠に Güttgemanns の想定に強く反対しているが、筆者には説得的とは思えない。本論文が論じるように、ここでパウロは明らかに自身の弱さを肯定的に価値付けている。また、「13 節のような発言は、肉体の弱さが過去の事柄であることをむしろ前提としている」(同頁)との佐竹の発言も、ガラテヤ書とⅡコリ 10:10 が属する手紙(いわゆる「涙の書簡」)の執筆年代をほぼ同時期と推定できる(おそらく紀元 54–55 年)という事情を見逃している。
38) ガラ 4:14「私の肉体にあるあなた達にとっての試練」。「試練」(πειρασμός)の語

は、良い結果が期待される「試練」とも、悪い結果へ導く「誘惑」とも理解しうる。

39) 邪視告発の応酬という文化人類学的視点から、敵対者たちがパウロの病気ないし障がいを問題化したと想定する、浅野淳博「ガラテヤ書における邪視告発の応酬――社会科学的批評のためのエチュード」（日本聖書学研究所『聖書的宗教とその周辺――佐藤研教授・月本昭男教授・守屋彰夫教授献呈論文集』聖書学論集 46、リトン、2014 年、455–480 頁）、469–471 頁参照。

40) 山内『ガラテア人』256、610 頁は、ὡς が「～のように」とも「～として」とも訳しうることを指摘した上で、前者の場合にはその意味は仮想的になり、後者の場合には等置が意味されるとする。文法的には正当な区別ではあるが、ここではあまり厳密に両者を区別する必要はなかろう。

41) 浅野『ガラテヤ書簡』343 頁。

42) 原口『ガラテヤ人』190 頁。

43) 村山「信頼構築」26–27 頁が述べているように、ガラ 3:1–5 と 4:12–15 は共に、パウロとガラテヤ人たちの過去の関係を扱っており、同一時期のことへの言及だと理解するのが妥当である。

44) 村山「信頼構築」29 頁。

45) フィリ 4:26 は、パウロおよびエパフロデトスとフィリピ教会の間に頻繁に連絡のやり取りがあり、両者が比較的近い距離に位置していることを示す。このことは手紙の執筆地を（ローマではなく）エフェソとする設定によく適合する。

46) エパフロデトスは、この手紙を携えてこれからフィリピへ帰還するのであろう（G. F. Hawthorne, *Philippians*, WBC 43 [Nashville: Thomas Nelson, 1983], 115; 山内眞『ピリピ人への手紙』日本キリスト教団出版局、1987 年、127 頁）。

47) 山内『ピリピ人』126 頁。J. Gnilka, *Der Philipperbrief*, 2nd ed., HThK 10/3 (Freiburg: Herder, 1976), 161 は、テモテをすぐには送り得ないパウロにとっての必要と理解し、また佐竹明『ピリピ人への手紙』現代新約聖書注解全書、新教出版社、1970 年、165 頁はフィリピ教会にとっての必要とする。しかし、この三つを厳密に区別する必要はなかろう（Hawthorne, *Philippians*, 115）。

48) 田川建三『新約聖書　訳と註 4　パウロ書簡その二／擬似パウロ書簡』作品社、2009 年、399 頁は、書簡の執筆地をローマと理解した上で、ローマからフィリピは遠く「つい直前まで瀕死の病気であった人間を、慌てて……送り返すなどということができるわけがない」ので、「パウロ好みの大袈裟すぎる表現」とする。しかしながら、つい直前まで瀕死の病気であった人間を慌てて送り返すことができるという点が、執筆地をローマとする想定を否定する有力な根拠のひとつである。

49) この点、田川『訳と註 4』400–403 頁の解釈があまりにもパウロに対して不当であるので反論しておく。田川は 2:27–28 における λύπη を「苦痛」と訳した上で、そ

れぞれの節について次のように説明している。「エパフロディトスがやって来た。彼はパウロにとって助けになるかと思いきや、来るなり重い病気になってしまって、逆にパウロにとって負担が、『苦痛、苦労』が増えた」、「自分のところに来て病気になり、厄介だなあ、パウロは思っていた。しかし多少元気になったから、これでもうフィリポイに帰ってもらう。そうすれば私の苦労も減るだろう、というのである」。このような解釈は 27–28 節の置かれた文脈を無視してはじめて成り立つ。一体なぜパウロは「厄介払い」する人物に、ほかの「同労者」には例をみないほどの多くの肩書きを並べているのか（さらに 30 節）。田川は 28 節の「私も苦痛の思いから一層離れるために」は、「エパフロディトスをフィリポイに送り返した、という点について言っているのである」と言うが（そうには違いないが）、ここでの「私も（καὶ ἐμέ）」は、P. A. Holloway, *Philippians: A Commentary*, Hermeneia (Minneapolis: Fortress Press, 2017), 143 が適切に述べているように、むしろ「あなた達が彼を見て再び喜ぶため」にかかる。フィリピ教会がエパフロデトスの帰還を喜べば、「その結果私も」苦痛の思いから離れることができると言っているのである。

50）Gnilka, *Philipperbrief*, 162–163; Hawthorne, *Philippians*, 115.

51）新約聖書において ἀδημονέω は、この箇所を除けばマタ 26:37 及びマコ 14:33 にのみあらわれる。すなわち、「ゲッセマネの祈り」のシーンにおけるイエスの苦悶に際して用いられている。この点から、この動詞が「心苦しく思う」を意味するとは考えにくい。

52）Hawthorne, *Philippians*, 118.

53）B. Mayer, "Paulus als Vermittler zwischen Epaphroditus und der Gemeinde von Philippi: Bemerkungen zu Phil 2,25–40," *BZ* 31 (1987): 176–188, here 182–183; H. Wojtkowiak, *Christologie und Ethik im Philipperbrief: Studien zur Handlungsorientierung einer frühchristlichen Gemeinde in paganer Umwelt*, FRLANT 243 (Göttingen: Vandenhoeck & Ruprecht, 2012), 221–222; 山内『ピリピ人』130 頁。

54）山内『ピリピ人』132 頁参照。29 節における「このような人たち」（τοὺς τοιούτους）の語は、Ⅰコリ 16:16, 18 では教会の指導者層を指す（Ⅰテサ 5:12–13 も参照）。

55）Wojtkowiak, *Christologie und Ethik*, 220 参照。「2:25–30 の箇所は故郷の教会に対するエパフロデトスのための一種の推薦状だと見なされる」。

56）佐竹『ピリピ人』164 頁参照。

57）Mayer, "Paulus als Vermittler," 183 は、自身に対する疑いに対処するために、エパフロデトス自身が帰還を願ったのだという趣旨の見解を述べるが、エパフロデトスのそのような主体性を認めうるかどうかはテクストからは確実でない。「不安になっていたから……送る必要を考えた」との 25–26 節の発言は、不安を引き起こ

す状況にエパフロデトス自身は自力で対処できなかったことを示唆するように筆者には思われる。

58）佐竹『ピリピ人』173 頁及び山内『ピリピ人』288 頁。
59）Wojtkowiak, *Christologie und Ethik*, 227 参照。「死へと近づくことは、30 節においては μέχρι θανάτου を伴うキリスト賛歌からの引用によって、……はっきりと肯定的に強調されており、キリストの行為との類似が生み出されている」。
60）山内『ピリピ人』288 頁が適切に確認しているように、「命を危険にさらし」との発言の背後に、エパフロデトスが何らかの危険なことに従事したという事情を想定させる要素は文脈に皆無である。従ってこの発言は 27 節の繰り返しだと解釈される。
61）Mödritzer, *Stigma und Charisma*, 221–222.
62）山内『ピリピ人』130 頁。
63）論証は他の機会に譲りたい。この箇所について、大貫「苦難」59 頁の次の発言が筆者の理解に近い。「『使命』は『弱さ』を事実として滅却したところで遂行されるのではない。『弱さ』を『用いて』遂行される」。

「慰めの手紙」としてのフィリピ書[1]

伊藤 明生

Paul's Letter to the Philippians as a Letter of Consolation

Akio Ito

Abstract

This paper presents a critical survey of major understandings of Phil proposed in the scholarly discussion. Since Phil is full of friendship terminology, it has been frequently understood to be a letter of friendship. The structure of Phil has been compared with that of family letters among documentary letters. Rhetorical approach identifies Phil as either a deliberative speech with epideictic elements or an epideictic speech with deliberative elements. Rhetorical approach analyzes Phil as a speech, an unilateral communication while it is a letter in the interaction of letters between Paul and the Philippians. It has been understood to be a letter of consolation as well. The Philippians were anxious for Paul if he would be condemned to death. They were also worried about their messenger, Epaphroditus, who became seriously ill. Paul tried to relieve them of their worries. It is argued that Phil is best understood as a letter of consolation.

1. はじめに

　本稿では、パウロがフィリピの信徒たちに書き送った手紙（以下、本文では「フィリピ書」と表記）が、どのような手紙であると理解されてきたか批判的に概観する。多くの学者たちが、フィリピ書が元来一つの手紙であったことに疑念を抱いてきたため、注解書や一般向けの解説書の類でも分割説を前提とすることが多い[2]。ただ昨今ではフィリピ書の統一性を論じる議論も比較的一般的になりつつあるので[3]、本稿では分割説を前提とすることなくフィリピ書を一つの統一体と考えてどのような手紙であるか論じることにする。分割説が有力である事実を考慮すれば、フィリピ書が元来、一つの手紙であった可能性について論じるところから本稿を始めなければならないが、フィリピ書の統一性の問題もフィリピ書理解と同じように大きな課題であるので、限られた字数で両方の課題を十分に論じることは困難であると判断した。そこでフィリピ書の統一性について論じることは別の機会に譲ることにして、本稿では直接論じることは差し控えることをご容赦いただきたい。

2. フィリピ書の主要な理解

　フィリピ書は「友情の（φιλικός）手紙」であると理解されることが一般的である。「友情の手紙」は、偽デメトリウスの『書簡類型（τύποι ἐπιστολικοί）』[4] にも見出される。パウロがフィリピの信徒たちに書き送った手紙には友情に関連する表現が多く見られるので、「友情の手紙」であると理解されてきた。Loveday Alexander は、フィリピ書の構造はパピルスの手紙のうち「家族の手紙」[5] の構造と類似していると論じる[6]。「家族の手紙」は、偽デメトリウスの『書簡類型』などの書簡類型理論には見出されないが、John L. White はエジプトの砂漠などから発掘された多数のパピルスの手紙を①紹介と推薦の手紙、②請願の手紙、③家族の手紙の三つに分類し

ている[7]。さらに、修辞学的な分析からフィリピ書にアプローチする研究も試みられ、演示的特徴を兼ね備えた審議的弁論（Ben Witherington III）または審議的要素を兼ね備えた演示的弁論（山田耕太）であると分析される[8]。フィリピ書を修辞学的に分析してフィリピ書がどのような弁論であるか考察することも意義深いことであるが、課題もある。フィリピ書は「慰めの（παραμυθητικός）手紙」である、と Paul A. Holloway は博士論文で論じ、さらに注解書で詳述する[9]。「慰めの手紙」は偽デメトリウスの『書簡類型』にも見出され、ヨアンネス・クリュソストモスが既にフィリピ書は「慰めの手紙」であるという理解を説教で提示している。本稿では、「友情の手紙」、「家族の手紙」、修辞学的なアプローチ、そして「慰めの手紙」という有力なフィリピ書理解を巡る議論を批判的に概観して比較検討する。

　上記のフィリピ書を巡る理解は、フィリピ書に基づいて導き出されたものであるので、フィリピ書の諸側面が反映した理解に他ならない。フィリピ書で取り挙げられる主題が雑多で、全体に一貫した主題を見出すことが難しいことも統一性が疑問視されてきた理由の一つである。フィリピ書を巡る様々な理解は、フィリピ書の異なる特徴的な側面に着目した結果、導き出されてきた。程度の差こそあれ、上記のような理解のどれもがフィリピ書の特徴を把握した理解であるので、一つの理解だけが正しくて他は間違いであるという性質のものではない。むしろ、より網羅的にフィリピ書全体を把握している理解はどれかが問われることになる。上記の理解のうちフィリピ書が「慰めの手紙」であるという理解がフィリピ書全体をより網羅的に把握していると本稿では論じていく。本稿がフィリピ書理解を深める、ささやかな貢献となれば幸いである。

2.1. 友情の手紙 [10]

　フィリピ書が「友情の手紙」であるという理解は珍しいものではなく、新約聖書全体を取り扱った概説書の類[11]から、注解書[12]や聖書事典の記事[13]、さらに論文[14]と広範囲に渡って見出される。フィリピ書に見出される友情

に関連する語彙や概念の研究も多方面からなされている[15]。友情に関連する表現がフィリピ書に沢山用いられていることが、フィリピ書が友情の手紙であると理解する主要な根拠に他ならない。

　具体的に挙げると、μία ψυχή (1:27) や ἰσόψυχος (2:20) は、友情に関連する表現である[16]。古代ギリシアでは、友人たちは「一つの霊魂（μία ψυχή）」であるとたびたび描写された[17]。さらに友人同士は似た者同士であることが多いので、一つの霊魂が二つの身体に宿している（μία ψυχὴ δύο σώμασιν ἐνοικοῦσα）と言い表されることもあった[18]。友情は平等である（ἰσότης φιλότης）という友情定義も見出される[19]。このような友情理解は、友人たちは「同じことを考える（τὸ αὐτὸ φρονεῖν）」という表現にも反映されている[20]。また、友人たちは（すべて）を共有する（κοινὰ τὰ φίλων）という考えが広く行き渡っていた[21]。アリストテレスも「分かち合い（κοινωνία）」があらゆる形態の友情に本質的であると論じる（『ニコマコス倫理学』第8巻第12章1)[22]。κοινωνία[23] および、その同根語[24] がフィリピ書に頻出することは周知のことである。さらに、接頭辞 συν- を伴う動詞や名詞がフィリピ書に見出されることにも同様の視点が反映されている[25]。その人が喜んでいるというだけの理由で喜ぶことができることは友情のしるしである、とアリストテレスは言う（『エウデモス倫理学』第7巻第6章9)[26]。分かち合うことを巡るパウロの関心は、例えば「同じ（τὸ αὐτό）」という表現が、しばしば用いられていることにも見られる。パウロはフィリピの信徒たちが同じ愛を抱くように勧め（2:2)、パウロと同じ苦難に与っている、と言う（1:30)。

　パウロがフィリピの信徒たちと一緒にいる、あるいは離れていることに言及すること（1:27; 2:24）も古代ギリシア・ローマの友情論と関連する。古代のギリシア人にとって、真の友と共にいることを欲することは自明であった。ところが、友人が多かったり、旅行中であったりすると友人と共にいることは常に叶うことではなかった。物理的に共にいることが叶わないときに、共にいることの代わりに手紙が用いられた。偽デメトリウスの『書簡類

型』で「友情の手紙」の例として以下の一文が掲載されている。

> たとい私があなたから長い間離れているとしても、離ればなれでいる苦しみは身体でのみ体験しているのです。というのは、私はあなたのことも、子供の時分から非の打ち所がなく共に育てられてきたことも忘れることができないからです。私自身が、大いにあなたに関心を抱いて、あなたにとって有益なことのためには骨惜しみしないで労していることをあなたが知って、同じように私のことも考えてくださり、何も私に拒んだりしないと思っています。それ故、何かが誰かに足らないことがないように助けて、あなたが選ぶ事柄について私たちに書き送って、家族の者たちにも十分に心配りするならば、あなたは立派に（友人としての）責任を果たしたことになります。（偽デメトリウス『書簡類型』[1] 10–17 行の私訳）

フィリピ書 4 章冒頭で用いられている呼び掛け「私の愛し、恋い慕う兄弟たちよ（ἀδελφοί μου ἀγαπητοὶ καὶ ἐπιπόθητοι[27]）」は、友人を描写する表現である。そして、ユウオディヤ（Εὐοδία）とシンティケ（Συντύχη）に主にあって同じ思いを抱く（τὸ αὐτὸ φρονεῖν）ように奨めている（4:2）だけではなく、3 節では συν- という接頭辞を伴った単語が四つ（σύζυγε、συλλαμβάνου、συνήθλησαν、συνεργῶν）も見出される。8 節では八つの美徳が列挙されているが、哲学者たちの多くは、真の友情とは美徳に根ざすものと考えていた。この美徳の一覧を踏まえて、パウロは 9 節でフィリピの信徒たちに自らを真似るように模範として提示している。そして、続く 10 節から 20 節で、美徳が備わった友人としてパウロはフィリピの兄弟姉妹たちから届けられた贈り物について論じている。特に、15 節で贈り物は「分かち合い（κοινωνέω）」とも相互支援（εἰς λόγον δόσεως καὶ λήμψεως）とも描写されている。フィリピの信徒たちからパウロの許に届けられた贈り物は、肯定的に、相互の友情という観点から理解することができる。パウロ

とフィリピの信徒たちは、苦難を分かち合うほどの友情を抱いているので、フィリピからの贈り物は友情表現であるとパウロは理解して受け取っている（18 節）。

　以上、フィリピ書に見出される友情に関連する表現を見てきたが、友情に関連する表現がフィリピ書に一貫して見出されること、さらに友情の手紙に特徴的な表現が見出されることは確認できた。それでは、フィリピ書が「友情の手紙」であると理解することは妥当であろうか。フィリピ書では友情に関連する表現が必ずしもパウロとフィリピの信徒たちの関係を描写するのに用いられているとは限らない。例えば、2 章 1–2 節では同じ思い、同じ愛、一つ思いを抱くように、と友情に関連する表現が集中して用いられているが、ここではパウロとフィリピの信徒たちの関係ではなく、フィリピの信徒たち同士に関して用いられている。偽デメトリウスの『書簡類型』などの書簡類型理論では、友情の手紙は友人が友人に宛てて書き送る手紙、または差出人と受取人の間に友情があるかのように書く手紙であると定義付けられている[28]。またフィリピ書では κοινωνία とその同根語は、友情との関連ではなく、経済的な協力関係や経済的な支援関係の意味で用いられている可能性も論じられている[29]。友情に関連する表現がフィリピ書で多用されていることは事実である。だからといってフィリピ書が「友情の手紙」であると結論付けるには慎重を期す必要がある。パウロとフィリピの信徒たちの間柄を友情関係に決定的に結び付ける「友情（φιλία）」や「友人（φίλος）」という表現が用いられていないことも慎重を促す要因の一つである[30]。

2.2. 家族の手紙 [31]

　「家族の手紙」という類型は、『書簡類型』には見当たらない。John L. White はエジプトの砂漠などで発見された多量のパピルスの手紙[32]を①紹介と推薦の手紙、②請願の手紙、③家族の手紙の三種類に大別する。フィリピ書の構造を分析する際に、ヘレニズム時代の手紙の中で見出される並行例に頼り過ぎたことが問題なのではなく、十分に活用できていないことが、

フィリピ書の構造を的確に分析することを妨げていると Loveday Alexander は論じる[33]。そして、White が提供しているデータと比較検討して、フィリピ書は、三種類のうちで③家族の手紙[34]と構造的に類似していると結論付ける。具体的に Alexander が論文でフィリピ書と比較している家族の手紙は、ミシガン・パピルスⅧ 491 である[35]。この手紙はカラニスの大きな家で発見された紀元 2 世紀のもので、新たに入隊した若い兵士が母親に宛てて書き送ったものである。以下が全文の私訳である。

A　アポリナリスから、彼の母で婦人であるタエーシスへ、沢山挨拶を送ります。

B　何よりも前に、あなたがお元気でいらっしゃるように私はお祈りしています。私自身は元気で、あなたのために、ここで神々に跪いています。

C　お母様、私があなたに知って欲しいことは（γεινώσκειν σε θέλω, μήτηρ）、パコーンの月の 25 日に私が無事にローマに到着してミセヌムに配属されましたが、まだ百人隊はわかっていません。というのは、この手紙をあなたに書いている時点では、まだ私はミセヌムに趣いていないからです。

D　ですので、私はあなたにお願いします。私のことは心配しないで、ご自分のことに気を配ってください。というのは、私は良い場所に来たからです。あなたと私の兄弟たちとあなたのすべての人たちの安否（σωτηρία）について私に手紙を書いてくださると幸いです。

E　そして、私は誰か（そちらの方に行く人）を見つけたら、手紙を（その人に託して）あなたの許に書き送ります。私はあなたに手紙を書くことを決して怠りません。

F　私は私の兄弟たちとアポリナリスと彼の子供たちとカララスと彼の子供たちに大いに挨拶を送ります（ἀσπάζομαι）。私はプトレマウスとプトレマイスと彼女の子供たちとヘーラクルースと彼女の子供

たちに大いに挨拶を送ります（ἀσπάζομαι）。あなたを愛する人た
　　　ちを皆、名を挙げて挨拶を送ります（ἀσπάζομαι）。
　G　あなたがお元気でいらっしゃるようにお祈りしています。

この「家族の手紙」の構造分析に合わせて、Alexanderはフィリピ書を以下のように分析している。

　A：　差出人と受取人、そして挨拶　　　　　フィリピ 1:1–2
　B：　受取人たちのための祈り　　　　　　　フィリピ 1:3–11
　C：　差出人に関して安心させる言葉　　　　フィリピ 1:12–26
　　　C1：手紙の焦点となる主要な情報を導入する開示定型文（12
　　　節：γινώσκειν δὲ ὑμᾶς βούλομαι, ἀδελφοί）で目印が付されている。
　D：　受取人に関して安心する言葉を要望　　フィリピ 1:27–2:18
　E：　仲介となる人たちの移動に関する情報　フィリピ 2:19–30
　F：　第三者との挨拶の交換　　　　　　　　フィリピ 4:21–22
　G：　手紙を締め括る、健康の願い　　　　　フィリピ 4:23

　実に示唆に富む分析である。フィリピ書は、エジプトで見つかった、若い兵士が家族に宛てて書き送ったパピルスの手紙の構造と非常に類似している、とAlexanderは指摘する。そして、上記の家族の手紙の構造に則って、開示定型文で導入されるCこそが手紙の主要な主題であると論じる。旅の道中で家族に手紙を書き送るのであれば、元気でいる、無事に到着した、家族の様子を知らせて欲しいなどが手紙の主要な内容になることは当然である。とはいえ、フィリピ書が家族の手紙である、と結論付けることには、少なからぬ躊躇を覚える。確かにミシガン・パピルスⅧ 491 は、新兵アポリナリスが故郷にいる母親タエーシスに書き送った手紙であるので、家族の手紙である。しかし、この家族の手紙と同じ、あるいは類似した構造の手紙

がすべて家族の手紙であるという結論は必ずしも導き出すことはできない。フィリピ書の構造は、アポリナリスが母親に書き送った手紙とよく似た構造である、とAlexanderは論じているだけである[36]。パウロがフィリピのキリスト者たちを疑似家族と思って、手紙を書き送ったと論じることは十分に考えられることであるが、自明ではない。そして、アポリナリスが母親に書き送った手紙は、全文わずか150語に満たない長さである。それに対して、フィリピ書は、1,630語と10倍以上の長さがある。これだけ長さも異なる手紙の構造が類似していることがどれ程重要であるか疑問である。

むしろアポリナリスの手紙もフィリピ書も、差出人が受取人を安心させる（上記のC参照）趣旨の手紙であると分類することの方が自然であるように思われるが、如何であろうか。アポリナリスの手紙と構造が類似していることを論拠にしてフィリピ書を家族の手紙であると論じるよりも、アポリナリスの母親宛ての手紙も、フィリピ書と同じように、後に見る「慰めの手紙」であると論じる方が、より妥当な議論であるように思われる。上記のCの内容は、まさに「慰めの手紙」でいう慰め（*consolatio*）に他ならない。

2.3. 修辞学的分析

修辞学または弁論術では、アリストテレス以来、伝統的に弁論は①審議的または助言的なもの、②法廷用のもの、③演説的または演示的なものの三種類に大別されてきた。審議的弁論とは、専ら議会弁論のことで時間的には未来の事柄を扱う一方で、法廷用の弁論では時間的には過去の事柄が扱われ、訴えたり、弁護したりする弁論である。演示的弁論では、時間的には現在の事柄が取り扱われて、賞賛すべき美や徳、あるいは非難すべき醜や悪徳が論じられる。古代の手紙は、通常、口述筆記され、朗読されるのを聴いたことから、話し言葉の要素が認められる。このように考えれば、修辞学的に古代の手紙にアプローチすることは妥当な分析方法であると思われる。実際に新約聖書に収録された書簡を修辞学的に分析することが試みられて久しく、多方面で良い研究成果が挙げられている。

George A. Kennedy は、Ⅱペトロ書やマタイ福音書 23 章のイエスのファリサイ人断罪と同じように、フィリピ書は概ね演示的な弁論である、と結論する[37]。フィリピ書は、基本的に演示的な特徴を兼ね備えた審議的な弁論である、とパウロ書簡の修辞学分析に取り組む学者たちの大半が合意している、と Ben Witherington III は記している[38]が、山田耕太は、フィリピ書は「『演示弁論』であり、『助言的内容』を含む『勧告の演説』の下位ジャンルに分類される」と論じる[39]。

山田は演示的弁論という視点からフィリピ書の構造を分析して、以下のような構造分析を提示する[40]。

    A.　手紙の前書き（*praescriptio*　1:1–2）
    B.　序論（*exordium*　1:3–11）
    C.　陳述（*narratio*　1:12–26）
    D.　要約（*propositio*　1:27–30）
    E.　称賛による助言（*exortatio in laudationi*　2:1–30）
    F.　非難による助言（*exortatio in uituperationi*　3:1–21）
    G.　結論（*peroratio*　4:1–20）
    H.　手紙の後書き（*postscriptio*　4:21–23）

Ben Witherington III は、フィリピ書の構造を以下のように分析している[41]。

    A.　手紙の前書き（*praescriptio*　1:1–2）
    B.　序論（*exordium*　1:3–11）
    C.　陳述（*narratio*　1:12–26）
    D.　要約（*propositio*　1:27–30）
    E.　論証（*probatio*　2:1–4:3）
    F.　結論（*perarotio*　4:4–9）

G.　締め括りの議論（4:10–20）
　H.　手紙の挨拶と締め括り（*postscriptio*　4:21–23）

　演示的弁論であると理解する山田の構造分析と審議的弁論であると理解するWitheringtonの構造分析が図らずも似通っている。山田はフィリピ書を演示的弁論と理解するにも拘わらず、フィリピの信徒たちに命令法の動詞（πολιτεύεσθε）で語り始めている1:27以降の段落を要約（*propositio*）であると分析する。山田とWitheringtonは、演示的弁論と審議的弁論のどちらが主であると理解するかで意見を異にしているものの、フィリピ書に演示的弁論と審議的弁論の両方の要素を見出す点では一致している。キリストの賛歌（2:6–11）をはじめテモテやエパフロディトスの模範（2:19–30、さらには3章のパウロの模範も）がフィリピ書で重要な要素であると考えると、演示的弁論の要素を重視することになるのに対して、1:27など受取人であるフィリピの信徒たちに変化を求めることに焦点を合わせて読み解くと審議的弁論の要素を重視することになる。

　審議的弁論であるか演示的弁論であるかという弁論の種類を巡る議論が繰り広げられていること以上に、フィリピ書に審議的な要素と演示的な要素の両方を見出せることがフィリピ書を修辞学的に分析した結果、辿り着いた大きな成果であるかもしれない。同時に、手紙を修辞学的に分析する際の限界を感じざるを得ない。既に指摘したとおりに、古代世界の手紙は、執筆時に口述筆記され、受け取って読む際に朗読されることが普通であった。書き留められる手紙でありながら、話し言葉の性質（orality）を帯びていることに疑いの余地はない。ところが、弁論の場合は、弁論が語られているその場にいないと聞くことが出来なかったのに対して、書き留められた手紙は後で読み返すこともでき、また一義的な受取人ではない第三者も読むことができた。つまり修辞学で扱う弁論では、語る者は、一義的に目の前にいる聴衆に語りかけたのに対して、手紙の場合には、差出人が書面を書くときと受取人が書面を読むときの間には、時間的にも、物理的な距離としても隔たりが生

じた。さらに当初、受取人と想定されていない人たちが読むこともでき、受取人でも後で読み返すことができた。

　フィリピ書の場合、先ずパウロは身柄を拘束されて裁判にかけられていた。パウロの身を案じたフィリピの信徒たちは、身柄を拘束されて不便な生活を強いられていたパウロの許に贈り物を届け、さらにパウロの身の回りの世話をするためにエパフロディトスを使いとして遣わした。道中で病気になったエパフロディトスが再び旅ができるほどに彼の健康が回復したので、心配しているフィリピの信徒たちを安心させるためにパウロはエパフロディトスをフィリピに送り返そうとしていた。エパフロディトスを送り返すに際して、届けてもらう手紙をパウロは目下、執筆していた。まさに手紙を書かざるを得ない状況下で通常、手紙で取り挙げるべき事柄がフィリピ書には盛り込まれている。パウロの裁判の行方だけではなく、エパフロディトスやテモテの訪問、さらには将来、可能となるかもしれないパウロのフィリピ訪問にまで言及されている。このように概観すると、通常は弁論では扱わない、まさに手紙特有の内容こそがフィリピ書で重要な部分を占めていることが明らかとなる。このような意味で、フィリピ書を分析する際に、修辞学的にアプローチすることに自ずと限界があるように思われてくる。少なくとも修辞学的な分析では分析しきれない側面がフィリピ書にあることを認めざるを得ない。

2.4. 慰めの手紙 [42)]

　偽デメトリウス『書簡類型論』では「慰めの手紙」の定義と例文は以下のとおりである。

　　　慰めの（書簡）類型とは、何か好ましくないことが起こったので、嘆き悲しんでいる人たちに宛てて書き送られる。（例文は）以下のとおりである。
　　　感謝できない運命によってあなたが酷い目に遭ったと聞いて、その災

いが私にではなくて、あなたに起こったことを思って深く嘆き悲しみました。人生で降りかかる災いのすべてを思って、その日、私は一日中泣いていました。人が苦しまなければならない時も年齢も自然は（予め）定めていないので、災いはしばしば不鮮明に厄介で不当に襲います。しかし、このようなことがすべての人々に共通に起こることを考えました。その場に居合わせてあなたを慰めることができないので、手紙を書いて慰めようと決意しました。起こったことは、出来るだけ軽く受け流してください。あなたが他の人に勧めるように、あなた自らを勧めなさい。というのは、時が経つにつれて、悲しみから逃れることが容易になることを私たちは知っているからです。(偽デメトリウス『書簡類型』〔5〕8–19 行の私訳)

現代では、一般的に「慰め」や「悲しみ」という用語を用いる状況は、死別に限定される傾向が強い[43]。 古代でも悲しみの最たるものは死別であり、死別の慰めが慰めの文学で最も良く取り扱われたことは事実であるが、慰め (παράκλησις、παραμυθία、*solacium*) や 悲 し み (λύπη、πένθος、*dolor*、*aegritudo*) は、しばしば最大限幅広い意味で用いられ、悲しみにはあらゆる精神的ダメージが含まれ、それからの回復が慰めであると理解された。悲しみの反対は喜びで、悲しみを喜びに変えることこそが慰めに他ならなかった。例えば、キケローは次のように書き記している。

> ……哲学も苦悩全般を取り扱いつつ、間違った考えがあれば、それを取り除く。それは、貧困の悩みの場合であったり、誹謗の苦悩、国外追放の暗い陰、あるいはたった今述べたようなあらゆるわざわいの場合であったりする。個々の事柄にはそれぞれ固有の慰め方があり、もし聞きたければ、話してもよい。しかし、いかなる場合も苦悩はすべて賢者には無縁であるという共通の原点に立ち返らなければならない。なぜなら、苦悩することは無意味で無益であり苦悩は何らかの本性から生ずる

のではなく、われわれの判断、思考、悩むのが義務だと考える時のある種の魂の要請によるものだからである。(「トゥスクルム荘対談集」第3巻34章82節)[44]

　また、現代では余り慰めと同情を区別しない傾向があるかもしれないが、古代全般では慰めと同情は明確に区別されていた。慰めの手紙や演説は確かに同情を言い表すことから始めることが多かったが、悲しみに対する合理的な議論が連ねられて、悲しくても責任をもって行動しなければならないという現実的な助言で補足された。様々な困難や苦難に遭遇している人たちを慰めて励ます文学や手紙は、紀元前後には一つの文学類型として確立していた。

　フィリピ書が慰めの手紙であるという理解は、最近になってPaul A. Hollowayが提唱したが、決して新しい理解ではない。既にヨアンネス・クリュソストモスがフィリピ書の説教（説教1セクション2と3など）でフィリピ書が慰めの手紙であるという理解を提示していた[45]。キケローが愛娘の死に直面して、多くの慰めの文学から学んで執筆した著作『慰め (Consolatio)』は残念なことに失われた。かろうじて『トゥスクルム荘対談集』などに断片的な言及で残され、多くの著作家たちに少なからぬ影響を及ぼしてきた。キケローは慰めを巡る様々な対処法を以下のように要約している。

　　クレアンテースのように、悪などはそもそも存在しないと教えることが慰める者の責務であると考える者たちがいる。あるいは、ペリパトス派のように、悪はそれほど重大なことではないと考える者たちがいる。また、エピクーロスのように、悪から善へと気を転じさせるべきであると考える者たちがいる。キューレーネー派の人たちのように、いかなる出来事も予想外ではないと教えれば十分であると考える者たちがいる。一方、クリューシッポスは、慰める時に肝要なのは、もし嘆いている人が

自分は正しい義務を果たしていると思っていたら、その思い違いを取り除いてやることであると考えている。あるいは、慰めるためにはこれらの手段をすべて使うべきだと考える者もいる。それぞれの相手にふさわしい方法がある、というわけである。それは、私が『慰め』において、ただ一つの慰めのためにすべての方法を投入したのとほぼ同じやり方である。私の心は張り裂けんばかりであって、それを静めるために、あらゆる手段を試したのである。(「トゥスクルム荘対談集」第3巻31章76節)[46]

ストア派の哲学者であるセネカは『ヘルウィアに寄せる慰めの書』、『ボリュビウスに寄せる慰めの書』、『マルキアに寄せる慰めの書』と慰め（consolatio）の三部作を残している。フィリピ書は、数ある慰めの書や手紙の中でも、特にセネカが母親を慰めるために執筆した『ヘルウィアに寄せる慰めの書』に酷似している、とHollowayは論じる。ヘルウィアに寄せる慰めの書は、セネカがクラウディウス帝の逆鱗に触れてコルシカ島に流刑になった際に、母ヘルウィアを慰めるために書き送った手紙であった。ヘルウィアが幼少時代から遭遇した、数々の苦難を列挙して、それらの苦難が取るに足らないことを切々と論じている。このような慰めの手紙は、普通は第三者が悲惨な目に遭った者を慰めるために書き送られた[47]が、セネカ自らが皇帝の逆鱗に触れて島流しの憂き目に遭った身でありながら、母親であるヘルウィアを慰めるために書き送っている。同じように、パウロは、自ら身柄を拘束されて裁判にかけられ、仮に有罪判決が下ると死刑となりかねない危機的な状況で、パウロの身を案じているフィリピの信徒たちを慰めて励ますために書き送っている。因みに、『ヘルウィアに寄せる慰めの書』は、子であるセネカが母ヘルウィアに宛てて書き送った慰めの手紙であるので、文字通りに家族の手紙でもあるが、古来より「慰めの手紙」と理解されて読まれてきた。

ヨアンネス・クリュソストモスは、フィリピ書の説教1で「私もまたあ

なたがたの様子を知って元気づけられるため」(2:19) の「私もまた……ために (ἵνα κἀγώ) を巡って「そして、そのとき彼ら（フィリピの信徒たち）は彼（パウロ）が鎖に繋がれていると聞いた。というのは、パウロほどには有名ではないエパフロディトスが病気であると彼らがエパフロディトスについて聞いたならば、パウロについて尚一層（聞いたに違いない）。この故に、手紙の初めに、心惑わすだけではなく、喜びさえすることを示して、自らが繋がれている鎖を巡って沢山の慰めを引き出している。」（説教1セクション3冒頭）[48] と語って、フィリピ書が慰めの手紙であるという自らの理解を説き明かしている。さらに説教11で「『最後に、私の兄弟たちよ、喜びなさい。(3:1)』もはや落胆する理由はあなたがたにはない、と彼（パウロ）は言う。あなたがたが心配していたエパフロディトスは戻って行く (2:25–30)。そのうちにテモテも行く (2:19–23)。私（パウロ）も釈放されたら行く (1:22–26、2:24)。福音が前進している (1:12–18b)。最後に何があなたがたに残っているか。喜びなさい。」（セクション111）[49] というように、謎めいた「最後に (τὸ λοιπόν)」(3:1) の意味を説き明かしている。

　Holloway はフィリピ書は慰めの手紙であると理解して、六つの慰めの議論（以下のA、B、C、E、F、G、H）から成り立っていると論じている[50]。

  I. 　手紙の前書き　　　　　　　(1:1–2)
  II. 　感謝と執り成しの祈り　　　(1:3–11)
  III.　手紙の本体　　　　　　　　(1:12–4:1[51])：重要なこと、その他の慰め
   A.　第一の慰めの議論　　　(1:12–18b)：パウロの投獄の結果、福音が前進した。
   B.　第二の慰めの議論　　　(1:18c–21)：パウロの投獄の結果、パウロは最後に救われる。
   C.　第三の慰めの議論の始まり　(1:22–26)：フィリピの信徒たちはパウロに再会する……

	D. 脱線	（1:27–2:16）：福音にふさわしく生活するように奨励している。
	E. 第三の慰めの議論の完結	（2:17–18）：たとい殉教するとしても福音のためである。
	F. 第四の慰めの議論	（2:19–24）：パウロの代わりにテモテを派遣する。
	G. 第五の慰めの議論	（2:25–30）：エパフロディトスが元気になり、フィリピに戻る。
	H. 第六の慰めの議論	（3:1–4:1）：苦難のお陰でキリストを知るようになる。
IV.	締め括りの奨励と慰め	（4:2–9）
V.	締め括りの感謝	（4:10–20）
VI.	最後の挨拶と祝祷	（4:21–23）

Holloway のフィリピ書理解によると、フィリピの信徒たちはパウロが身柄を拘束されて裁判にかけられていることを聞いて、一大事と思って、仲間のひとりであるエパフロディトスを使者として立てて、贈り物を託してパウロの許に遣わした。エパフロディトスは、贈り物を届けるだけではなく、不便な獄中生活を強いられているパウロの身の回りの世話をすることも期待された。ところが、使者のエパフロディトスは重い病気に罹患して、しかも病気になったことがフィリピの信徒たちの知るところとなり、フィリピの信徒たちはパウロの裁判の行方だけではなく、自分たちの仲間で使者であるエパフロディトスのことも心配しなければならなくなった。一方パウロは（病気が治り、健康を取り戻しつつある）エパフロディトスからフィリピの教会の様子を聞いて、教会の内外の問題についても知ることができた。エパフロディトスが再び旅ができる程、元気になったので、心配しているフィリピの信徒たちを慰めるために彼を送り返そうとパウロは思った。そこで、彼に持って行ってもらう手紙を書くことにした。

パウロは、執り成しの祈り（1:9–11）が実現することでフィリピの信徒たちを慰めようとフィリピ書で試みている。執り成しの祈りの中でも 10 節の「あなたがたが真に重要なことを見極めることができるように（εἰς τὸ δοκιμάζειν ὑμᾶς τὰ διαφέροντα）」が慰めの手紙であるフィリピ書の議論を読み解く鍵となる句であると Holloway は論じる。真に重要なことを見極めることで嘆き悲しんでいたことが、実は嘆き悲しむ程のことではないことに気付かされて慰められる、と言う。先ず自らが身柄を拘束されて裁判にかけられていることで福音宣教が妨げられることを心配しているフィリピの信徒たちに、かえって福音が前進していることを伝えている（Ⅰ:12–18）。さらにフィリピの信徒たちの祈りなどのお陰でパウロに「救い」がもたらされるとまで主張している（1:19–20）。その上で死ぬことは、キリストと共にいることになるので、むしろ益であるとまでパウロは記している（1:21–23）が、同時にフィリピの信徒たちのためにはパウロが生きながらえて再びフィリピを訪問することができるようになると楽観的に述べている（1:24–26）。

　上記の Holloway のフィリピ書の構造分析で弱点と思われる箇所は、Holloway 自ら認めているとおりに「D. 脱線（1:27–2:16）」である。ただし、この脱線は慰めの議論ではなく、奨励であるという意味で、前後の慰めの議論とは異質であるという意味で脱線と位置付けられる。この奨励そのものもパウロがフィリピの信徒たちに自らを慰めて欲しいという要請である点では慰めと密接に関係している。例えば、「私の喜びを満たしてください（πληρώσατέ μου τὴν χαράν）」（2:2）とは換言すれば、まさに「私を慰めてください」ということを意味する。また脱線の奨励の只中にも、例えばフィリピの信徒たちが苦しんでいる苦しみはキリストのためで、彼らが体験している苦難はパウロ自身が体験している苦難と同じ苦難である（1:29–30）とし、苦難で終わる苦難ではないという「慰め」の要素が散りばめられている。そのような意味ではフィリピ書が慰めの手紙であると議論する上では、この脱線は必ずしも弱点ではないかもしれない。偽デメトリウスの『書簡類型』でも「慰めの手紙」という類型が見出されるが、そこで「慰めの手紙」

の場合には、専ら主題に焦点があてられた理解で、余り形式や形態が取り沙汰されていない。

3. 結論

　以上、フィリピの信徒への手紙を巡る四通りの理解を批判的に概観してきた。フィリピ書が書簡類型理論でいう「友情の手紙」である、という理解は比較的一般的で、様々なところで見出すことができる。実際、フィリピ書には、友情に関連する用語や主題が多く見出される。ところが、書簡類型理論でいう「友情の手紙」は、友人が友人に宛てて書き送る手紙であるか、そのような手紙の体裁を取った手紙のことである。フィリピ書では、確かにパウロがフィリピの兄弟姉妹たちに友人として語りかけている面がない訳ではないが、フィリピの兄弟姉妹たちが友人として相互に一致することが奨められている箇所もある。フィリピ書には「友情の手紙」という特徴があることは事実であるが、フィリピ書を「友情の手紙」という表現で言い尽くすことは困難であるように思われる[52]。

　Alexanderは、砂漠の只中から発掘された「家族の手紙」と比較して、フィリピ書の構造が「家族の手紙」の構造に類似していると論じる。必ずしもAlexander自身は、手紙の構造が類似していることから、フィリピ書が家族の手紙であると結論付けていないが、そのように結論していると理解されがちである。もしかするとそのような意図が隠されているかもしれないが、論文そのものには明記されていない。そもそも「家族の手紙」は、家族に宛てて書き送られた手紙であった。その手紙の構造とフィリピ書の構造が類似していることのみから、Alexanderはフィリピ書の構造分析を展開している。

　フィリピ書に修辞学的にアプローチした研究の結果、審議的弁論の要素と演示的弁論の要素の両方がフィリピ書には見出されている。二つの要素のうちどちらの方が主要であるか、例えば、山田とWitheringtonとの間では意

見を異にしているが、両方の要素がフィリピ書に認められることについては意見が一致している。より具体的に言うと、2章から3章にかけてキリスト、テモテ、エパフロディトス、そしてパウロに言及があるが、それはフィリピの兄弟姉妹たちに変化をもたらす審議的な要素に重きがあると理解するか、それとも模範として演示的な要素が強調されていると理解するかの理解の相違の結果である。フィリピ書を修辞学的に分析する場合には、さらに大きな問題がある。差出人であるパウロが手紙を執筆している時点とフィリピの兄弟姉妹たちが手紙を読んでいる時点の間には必然的に時間的な差が生じる。弁論の場合には、基本的には話者と聴衆は時と場を共有しているが、手紙の場合には、通常共有することはない。フィリピの兄弟姉妹たちは、身柄を拘束されて裁判にかけられているパウロや道中で病に倒れた仲間のエパフロディトスを心配していたが、パウロが書き送る手紙が届くまで、彼らは心配していなければならなかった。まさに、その心配を取り除いて慰めるためにパウロは手紙を書き送った。フィリピ書の差出人であるパウロと受取人であるフィリピの信徒たちは、時と場を共有していなかった。時と場を共有していなかったからこそ手紙が書かれて送り届けられなければならなかった。手紙に典型的な特徴である距離の隔たりと時差があったからこそ、パウロがフィリピの兄弟姉妹たちに手紙を書き送ることが必要となった。

　最後に Holloway が提唱した「慰めの手紙」というフィリピ書理解を取り挙げた。既にヨアンネス・クリュソストモスは、フィリピ書が「慰めの手紙」であるという理解を説教で提示していたが、最近になって Holloway が博士論文と注解書で改めて提唱している。「慰めの手紙」は偽デメトリウスの『書簡理論』で五番目に挙げられている。パウロが身柄を拘束されて裁判にかけられていることを聞いてパウロの身を案じたフィリピの兄弟姉妹たちは、仲間のひとりであるエパフロディトスに贈り物を託してパウロの許に遣わした。ところが、使者のエパフロディトスは道中で病に倒れたが、病気も治って旅ができるほど回復したので、パウロはエパフロディトスをフィリピに送り返すに際して手紙をしたためている。フィリピの兄弟姉妹たちを慰め

て励ますことが、パウロが書き送った手紙の主旨である。

　パウロが身柄を拘束されたので、フィリピの兄弟姉妹たちは様々な心配をしたが、先ず福音宣教が妨げられることを案じたかもしれないが、かえって福音は前進したとパウロは伝えている（1:12–18）。そして、仮に有罪判決が下って処刑されるとしても、キリストと共にいることになる、と語りつつも、フィリピの教会はじめ諸教会の必要を考えると、必ずや無罪放免されると自らの確信を語って慰めている（1:19–26）。福音にふさわしく生活するように、という段落（1:27–2:16）は、奨励であるという意味では脱線的な位置付けとなるが、キリストが謙った結果、高く挙げられ、イエスの御名に万物が跪くところに慰めが見出せる。キリストの賛歌を念頭に置くと、殉教にさえ慰めを見出すことができる（2:17–18）。テモテはパウロの代理としてフィリピを訪れるので、テモテの訪問はフィリピの兄弟姉妹たちにとって慰めに他ならない（2:19–24）。死ぬほどの重病となった仲間のエパフロディトスの帰還も慰めに他ならない（2:25–30）。3章に入ると、パウロの口調が論争的になるが、論敵を論破するというよりも論敵と異なるパウロの生き様が模範となって、苦しみ抜くパウロが死者からの復活に達したり、キリストを知ることの素晴らしさを体験したりすることに慰めがこめられている。このようにフィリピ書が「慰めの手紙」である、という描写はフィリピ書全体の特徴を網羅的に言い尽くしている。友情の手紙や家族の手紙の場合も多くは遠く離れている友人や家族に思いを馳せるもので、その多くは「慰めの手紙」に含まれると理解することができる。本稿で比較検討してきた理解のうちで「慰めの手紙」という理解がフィリピ書全体を一番網羅的に理解することができる。

注

1) 間接的な場合がほとんどですが、青野太潮先生とは多方面で係わりがあり、（勝手に）親しみを覚えさせて頂いています。長年、学会長の重責を担ってこられて本当にお疲れ様でした。青野太潮先生のお立場とはかなり異なる見解を論じる拙論を投稿することがふさわしいことか、あるいは失礼かもしれないと躊躇しましたが、先生ならばご容赦くださると思って、敢えて投稿させていただくことにしました。
2) 具体的には佐竹明『ピリピ人への手紙』現代新約注解全書、新教出版社、1969 年、7–8 頁；山内真『ピリピ人への手紙』日本基督教団出版局、1987 年、15–24 頁；青野太潮『パウロ　十字架の使徒』岩波新書、2016 年、88–95 頁；青野太潮訳「パウロ書簡」（新約聖書翻訳委員会訳『新約聖書』岩波書店、2004 年）、605–919 頁を挙げることができる。分割説に従うと、異なる書簡類型の手紙が編集されて、正典のフィリピの信徒への手紙が成り立ったことになる。
3) 例えば、Paul A. Holloway, *Philippians*, Hermeneia (Minneapolis, MN: Fortress, 2017), 10–9 など。
4) ギリシア語本文と英訳は Abraham J. Malherbe, Ancient Epistolary Theorists, SBL SBS 19 (Atlanta: Scholars Press, 1988), 30–41 に見出せる。
5) John L. White, *Light from Ancient Letters*, Foundations and Facets (Philadelphia: Fortress, 1986), 196–7.
6) Loveday Alexander, "Hellenistic Letter-Forms and the Structure of Philippians," *JSNT* 37 (1989): 87–101.
7) White, *Light from Ancient Letters*, 193–7.
8) George A. Kennedy, *New Testament Interpretation through Rhetorical Criticism* (Chapel Hill: University of North Carolina Press, 1984), 77 をはじめ Duane F. Watson, "A Rhetorical Analysis of Philippians and Its Implications for the Unity Question," *NovT* 30 (1988): 57–88; Ben Witherington III, *Paul's Letter to the Philippians: A Socio-Rhetorical Commentary* (Grand Rapids: Eerdmans, 2011), 19; 山田耕太「フィリピ書の修辞学的分析：演示弁論の視点から見た文学的問題（1）」（『敬和学園大学研究紀要』第 14 号、敬和学園大学人文学部、2005 年、73–81 頁）；山田耕太「フィリピ書の修辞学的分析：演示弁論の視点から見た文学的問題（2）」（『新約学研究』第 33 号、日本新約学会、2005 年、18–34 頁）など。
9) Paul A. Holloway, *Consolation in Philippians: Philosophical Sources and Rhetorical Strategy*, SNTSMS 112 (Cambridge: Cambridge University Press, 2001), 55–83 ; idem, *Philippians*, 1–10, 31–6.
10) Stanley K. Stowers, *Letter Writing in Greco-Roman Antiquity*, LEC (Philadelphia:

The Westminster Press, 1986), 58–70.
11) Luke Timothy Johnson and T. C. Penner, *The Writings of the New Testament: An Interpretation*, rev. ed. (Minneapolis, MN: Fortress Press, 1999), 372–3.
12) Gordon D. Fee, *Paul's Letter to the Philippians* (Grand Rapids: Eerdmans, 1995), 2–7.
13) J. T. Fitzgerald, "Philippians, Epistle to the" in *The Anchor Yale Bible Dictionary*, ed. D.N. Freedman (New York: Doubleday, 1992), 5:320.
14) L. Michael White, "Morality between Two Worlds: A Paradigm of Friendship in Philippians," in *Greeks, Romans, and Christians: Essays in Honor of Abraham J. Malherbe*, ed. David L. Balch and Everett Ferguson and Wayne A. Meeks (Minneapolis: Fortress Press, 1990), 201–15; Stanley K. Stowers, "Friends and Enemies in the Politics of Heaven," in *Pauline Theology*, ed. Jouette M. Bassler (Minneapolis: Fortress, 1991), 1:105–21; Alan C. Mitchell," 'Greet the Friends by Name': New Testament Evidence for the Greco-Roman *Topos* on Friendship," in *Greco-Roman Perspectives on Friendship*, ed. John T. Fitzgerald, SBLRBS 34 (Atlanta: SBL, 1997), 233–6.
15) John Reumann, "Philippians, Especially Chapter 4 as a 'Letter of Friendship': Observations on a Checkered History of Scholarship," in *Friendship, Flattery, and Frankness of Speech: Studies on Friendship in the New Testament World*, ed. John T. Fitzgerald, NovTSup 82 (Leiden/New York/Köln: Brill, 1996), 83–106; Ken L. Berry, "The Function of Friendship Language in Philippians 4:10–20, in Fitzgerald, *Friendship, Flattery, and Frankness*, 107–24; Abraham J. Malherbe, "Paul's Self-Sufficiency (Philippians 4:11)," in Fitzgerald, *Friendship, Flattery, and Frankness*, 125–39; John T. Fitzgerald, "Philippians in the Light of Some Ancient Discussions of Friendship," in Fitzgerald, *Friendship, Flattery, and Frankness*, 141–160 など。
16) 類似表現としては、ἐν ἑνὶ πνεύματι (1:27)、σύμψυχος (2:2)、τὸ αὐτὸ φρονεῖν (2:2, 4:2) を挙げることができる。
17) アリストテレス『ニコマコス倫理学』第9巻第8章2、『エウデモス倫理学』第7巻第6章9、プルタルコス『多くの友をもつことについて』第8章など。
18) ディオゲネス・ラエルティオス『ギリシア哲学者列伝』第5巻第1章20。
19) アリストテレス『ニコマコス倫理学』第9巻第8章2、『エウデモス倫理学』第7巻第6章9。
20) 同様に、キケロー『友情論』15節（id in quo omnis vis est amicitiae, voluntatum studiorum sententiarum summa consensio）。
21) プラトン『リュシス』207 C、アリストテレス『ニコマコス倫理学』第9巻第8章2、キケロー『義務について』第1巻51（amicorum esse communia omnia）など。

22）ἐν κοινωνίᾳ μὲν οὖν πᾶσα φιλία ἐστίν, καθάπερ εἴρηται.
23）フィリ 1:5; 2:1; 3:10。
24）συγκοινωνός (1:7)、συγκοινωνέω (4:14)、κοινωνέω (4:15)。
25）συγκοινωνούς (1:7)、συναθλοῦντες (1:27)、συγχαίρω (2:17) συγχαίρετε (2:18)、συνεργὸν、συστρατιώτην (2:25)、συμμορφιζόμενος (3:10)、συμμιμηταί (3:17)、σύζυγε、συλλαμβάνου、συνήθλησάν、συνεργῶν (4:3)、συγκοινωνήσαντές (4:14)。
26）<τὸ γὰρ χαίρειν> μὴ δι' ἕτερόν τι, ἀλλὰ δι' ἐκεῖνον, ὅτι χαίρει, φιλικόν.
27）同根の動詞（ἐπιποθέω）は 1:8 と 2:26 で用いられている。
28）「友情の（書簡）類型とは、友人に宛てて友人によって書き送られるものと思われる。しかし、もちろん（このように）手紙を書くのは友人同士たちだけではない。というのは、身分の高い人たちが、しばしば身分の低いと思われる人たちや他に将軍たちや総督たちや知事たちという対等である人たちに友情を抱いて手紙を書き送ることが期待されるからである。時には、これら（個人的には）知らない人たちに書き送ることもある。というのは、親密な関係にあるので、他に選択肢がないのでそうしているとは限らない。友人が友人に書き送るように書くと拒まれることなく、書いたことを受け入れてもらえると思うからである。実際には友人同士の手紙ではないとしても、友人が友人に書くように書くので、これも友情の書簡類型である。」（偽デメトリウス『書簡類型』[1] 1 – 9 行の私訳）
29）Julien M. Ogereau, *Paul's Koinonia with the Philippians: A Socio-Historical Investigation of a Pauline Economic Partnership*, WUNT 377 (Tübingen: Mohr Siebeck, 2014), 244–350; idem, "Paul's κοινωνία with the Philippians: *Societas* as a Missionary Funding Strategy," *NTS* 60 (2014), 360–78 を参照のこと。
30）"The chief finding from the history of research and patristic references is that the notion of influence from the vocabulary of φιλία or a friendship *topos* on Paul is better supported than a literary category of ἐπιστολὴ φιλική. There is something of a jump from the mood created by certain words and phrases to a proposed letter form." (Reumann, "Philippians as a 'Letter of Friendship'," 105).
31）Stowers, *Letter Writing*, 71–6.
32）キケロー、プリニウス、セネカなどの文筆家たちが書き送って出版した文学的な手紙（literary letters）と区別して、庶民が日常生活で普通に書き送り、偶々砂漠などから発見されて発掘された手紙（documentary letters）のことである。
33）Alexander, "Hellenistic Letter-Forms," 90.
34）家族の手紙は友情の手紙の特殊な形態であると理解されたために、書簡類型の理論では家族の手紙という類型は用いられないようだ。
35）White, *Light from Ancient Letters*, 164 (104B)（＝ミシガン大学所蔵パピルス在庫番号 4528 番）

36) Alexanderがフィリピ書を家族の手紙であると論じているという論文や書籍には沢山遭遇した（例えば、Witherington, *Paul's Letter to the Philippians*, 19; 山田「フィリピ書の修辞学的分析（1）」、75頁）が、私がAlexanderの論文を読んだ限りでは「だから、フィリピ書は家族の手紙である」という結論は見出せなかった。

37) Kennedy, *New Testament Interpretation*, 77.

38) Witherington, *Philippians*, 25. Watsonの影響力で、フィリピ書が審議的弁論である、という理解が浸透したのかもしれない（Watson, "A Rhetorical Analysis of Philippians," 57–88）。

39) 山田「フィリピ書の修辞学的分析（2）」、31頁。

40) 山田「フィリピ書の修辞学的分析（2）」、18頁。

41) Witherington, *Philippians*, 29–30. 最後の部分は、以前の分析では結論（*peroratio* 4:4–20）と手紙の挨拶と締め括り（*postscriptio* 4:21–23）であった（idem, *Friendship and Finances in Philippi: The Letter of Paul to the Philippians* [Valley Forge: Trinity Press International, 1994], 19–20）ので、4:10–20の位置付けが変わったことがわかる。

42) Stowers, *Letter Writing*, 142–52.

43) "Especially unconvincing is the argument that we have a letter of consolation here, following its conventions. First, the Philippians are not in mourning yet. No one has died." (Witherington, *Philippians*, 75 n. 13) というコメントの背後には、慰めや悲しみを現代的に限定して理解した誤解があるものと思われる。

44) キケロー『キケロー選集12　哲学V』木村健治・岩谷智訳、岩波書店、2002年、219頁。

45) John Chrysostom, *Homilies on Philippians*, trans. Pauline Allen, Writings from the Greco-Roman World (Atlanta: SBL, 2013), 6–7.

46) キケロー『キケロー選集12　哲学v』木村健治・岩谷智訳、岩波書店、2002年、215頁。

47) 自ら悲惨な目に遭遇している者が他の人を慰め励ますことなど通常はできない話である。

48) 私訳。John Chrysostom, *Philippians*, 6–7. 同じ点は説教10でも繰り返されている（186–189（セクション97））。

49) John Chrysostom, *Philippians*, 212–13.

50) Holloway, *Philippians*, 39–40.

51) Holloway, *Philippians*, 40には4:9と記載されてあるが、明らかに4:1の間違いであるので、訂正した。

52) 新約聖書の世界において「友情」という人間関係がどのように社会学的に機能していたかを巡るEdwin A. Judgeの研究（"Cultural Conformity and Innovation in

Paul," in *Social Distinctives of the Christians in the First Century*, ed. D.M. Scholer [Peabody: Hendrickson, 2008], 157–74) は、より本質的な疑問を投げかけているが、必要以上に議論が複雑になることを避けるために、本稿では直接に触れることはしなかった。

キリスト讃歌にパウロが加筆した「十字架の死」の意味に関する一考察
——フィリピ書 2 章 6–11 節——

古川　敬康

A Reflection on the Meaning of θανάτου δὲ σταυροῦ
in the Christ-Hymn (Philippians 2:6–11)

Takayasu Furukawa

Abstract

This paper addresses the issue of what the content of the pre-Pauline Christ-Hymn was and what Paul aimed at by adding the phrase of θανάτου δὲ σταυροῦ. After identifying and interpreting the pre-Pauline hymn, the paper clarifies the meaning of θανάτου δὲ σταυροῦ in the Christ-Hymn as responds to the following problems of the pre-Paulin hymn: one is a parallelism between Christ's death and the heroes' death in the Hellenistic romance and the other is the masculinity of Christ which might be reflecting the Hellenistic male-dominated cultural values.

1. 問題の所在

　佐竹明はフィリピ書の注解書の中で、「十字架はまさに決定的な意味での救済の出来事である」[1]と述べた上で、「現在の讃歌の文脈の中で」と断り、「十字架に独自の救済論的意義を付与する言葉ないしは句の付け加えは、讃歌の中には見当たらない」[2]と主張している。佐竹によると、「十字架の死に至るまで」という言葉を含め、すべての部分がパウロによる引用であって、先在者の神的尊厳と人間的尊厳が完全に否定されるという「先在者の従順─徹底的な人間化」を強調したものであると主張している[3]。

　しかしこれに対し、青野太潮もこの讃歌に「救済論は全くない」[4]と述べた上で、佐竹とは異なり、多くの学説が認めるように「しかも十字架の死（に至るまで）」の句をパウロによる挿入と見る。しかし青野の主張で特徴的なことは、パウロ以前の讃歌はヘレニズム的な讃歌であるがゆえに、一連の流れの中に「合理的解釈」に見られる「思考パターン」が存在しているという指摘である[5]。すなわち、その意味は、パウロ以前の讃歌に見られる思考パターンには、「すべての理性を超えた」（フィリ4:7）というような「逆説的」なことが全く存在せず、「われわれの願いどおりにことがなる」と思考する考え方が存在するということであろう[6]。つまり、ここの文脈である、「しかも十字の架の死（に至るまで）」という句を欠くパウロ以前の讃歌においては、ヘレニズム的な讃歌であるがゆえに、フィリピ書2章9節に見られる「διὸ καί」の論理の中に、「イエスが従順であったからこそ」、先在のキリストの「下降から高挙への転換」が可能な「直接肯定的な展開」へと連なる「『それゆえに』の論理」が存在するということである。つまり、このような「神の救済史的経緯」の中での「イエスの死」は単なる「通過点」のような意味しか持たず、そこには「何らの逆説も含まれて」いないということである[7]。さらに青野に特徴的なことは、このキリスト讃歌に「歴史上に生起した悲惨な『十字架』上の刑死」という「不条理」な「パウロの逆説」

を持ち込むことを可能にしたのは何かという点について、「イエスの生と言葉において明らかとなっている逆説」であったのではないか、と主張している点である[8]。

本論文は、ヘレニズム的な讃歌として合理的思考パターンが一貫して流れている、と青野が主張するパウロ以前のキリスト讃歌とはどのような意味をもつものであったかを探求し、最後に、では「十字架の死」の挿入には如何なる意味があるのかを結論として見出すことを目的とする。

2. パウロ以前のキリスト讃歌

キリスト讃歌がパウロ以前に作成されていたことは、広く認められている[9]。その根拠であるが、Witherington III によると、パウロにとって決定的なキリストの復活が欠如していることとされている[10]。大貫隆も、「当然のこととして前提とされ」て、「復活については言及がない」ことを指摘している[11]。

2.1. パウロ以前のキリスト讃歌の再現

では、パウロ以前の讃歌はどのようなものであったか、という点に関しては、Fee が「高尚な散文体詩」と主張したが説得力に欠けると批判されている。すなわち、「キリスト教会の最初期に属する『讃歌』の注目すべき1例」であるという点では「概ね一致」しているが、構造分析の段階ではそのような一致はない、と Hawthorne はいう[12]。それでも、トラヤヌス帝への小プリニウスによる書簡には、キリスト者が「1つの神に関してキリストへ」讃美歌を歌うことを習慣としていたという記載が見られ、パウロ以前において、編集的受容、改訂、補充という過程を経て、大きくは2つの版があったとする。すなわち、最初の版はフィリピの教会に知られて歌われていたパウロ以前のものであり、第2版は、パウロの目には不十分と映ったことで手を加えて現在の形となっているものである、とし、この点では「共通理

解に至っている」という[13]。第 1 版について、1928 年に Lohmeyer は、まず、τὸ εἶναι ἴσα θεῷ (2:6) をその前に先行する動詞から分離し別な行とし、τὸ ὄνομα τὸ ὑπὲρ πᾶν ὄνομα (2:9) を先行する語群から分離し、その句を新しい行として捉えた。さらに、詩の旋律に見られる「連」が規則正しくほぼ同じ長さで存在し、ただ、第 3 連において、θανάτου δὲ σταυροῦ は例外的な外観を呈していることから、パウロによる加筆のものとし[14]、その加筆の意味については、フィリピ教会のための解釈上の注解であり[15]、イエスの死を強調し、その死の方法を恥辱なものものとして謙遜の手本とすることにある、と分析した[16]。Lohmeyer によると、セム語的は特徴が見られるという[17]。つまり、最初はセム語で創られ、後にギリシア語に翻訳されたということであろう。

　この Lohmeyer の分析によると、パウロ以前のキリスト讃歌は、【　】を除く部分で、主動詞につき青野訳に下線すると、つぎのような構造になる[18]。

2:6　Ⅰ①(ὃς) ἐν μορφῇ θεοῦ ὑπάρχων　　キリストは神の形の内にあったが
　　　②οὐχ ἁρπαγμὸν ἡγήσατο　　　　　固守すべきこととはみなさず、
　　　③τὸ εἶναι ἴσα θεῷ　　　　　　　　神と等しくあることを
2:7　Ⅱ①ἀλλὰ ἑαυτὸν ἐκένωσεν　　　　　むしろ己れ自身を空しくした
　　　②μορφὴν δούλου λαβών　　　　　奴隷の形をとりつつ
　　　③ἐν ὁμοιώματι ἀνθρώπων γενόμενος　さらに人間と似た者になりつつ
　　　④καὶ σχήματι εὑρεθεὶς ὡς ἄνθρωπος　人間としての姿において現れつつ
2:8　Ⅲ①ἐταπείνωσεν ἑαυτόν　　　　　　己自身を低くした
　　　②γενόμενος ὑπήκοος μέχρι θανάτου【θανάτου δὲ σταυροῦ】　死に至るまで従順になりつつ
2:9　Ⅳ①διὸ καὶ ὁ θεὸς αὐτὸν ὑπε-　　　それゆえほかならぬ神は、彼を高く

ρύψωσεν[19]	挙げ
② καὶ ἐχαρίσατο αὐτῷ	彼に賜った
③ τὸ ὄνομα τὸ ὑπὲρ πᾶν ὄνομα	すべての名にまさる名を
2:10 V① ἵνα ἐν τῷ ὀνόματι Ἰησοῦ	それは、イエスの名において
② πᾶν γόνυ κάμψῃ	すべての膝がかがめられ
③ ἐπουρανίων καὶ ἐπιγείων καὶ καταχθονίων	天上の者、地上の者、そして地下の者たちの
2:11 VI①καὶ πᾶσα γλῶσσα ἐξομολογήσηται	すべての舌が、告白するためである
② ὅτι κύριος Ἰησοῦς Χριστός	「イエス・キリストは主なり」と
③ εἰς δόξαν θεοῦ πατρός	父の栄光のために[20]

　このLohmeyerによる構造的分析自体を、R. P. Martinは動的に言い直し、2章9節に至るⅠ、Ⅱ、Ⅲまでは、主動詞の主語はキリストで、キリスト自らによる「キリストの下降（Christ's *katabasis*）」志向であるが、対照的に、2章9節からのⅣ、Ⅴ、Ⅵでは、主動詞の主語は神で、神による「キリストの上昇（His *anabasis*）」志向となっていると見て、両者間の転換点として存在するものが、2章9節の冒頭に見られるδιὸ καίであると述べている[21]。

　しかし、このLohmeyerの分析に対し、キリスト讃歌の2章9節以下にも、パウロによる注解的な加筆がなされているのではないか、とJeremiasが分析を加え、ἐπουρανίων καὶ ἐπιγείων καὶ καταχθονίων（2:10、Ⅴ③）は、例えば、Ⅰコリント書15章40、48、49節に見られる「天」と「地」との対比のように、パウロの好みとする表現であって、パウロの加筆とされている。同様に、εἰς δόξαν θεοῦ πατρός（2:11、Ⅵ③）も、例えば、ロマ書3章7節などに見られる「神の栄光」（その他、ロマ15:7；Ⅰコリ10:31；Ⅱコリ4:15；フィリ1:11；Ⅰテサ2:12）に照らしてみると、パウロの加筆であるという。しかし、前者に対しては、例えば、Ⅰペトロ書3章19–20節等に、また、後者に対しても、例えば、Ⅰペトロ書1章7節、同5章10節な

ど、パウロ以外にも似た表現は見られるという指摘があり、疑問視されている[22]。しかし、文学的批判から、これらの両句とも、「歌の構成からはみ出している」という理由で、Jeremias の見解が支持されている[23]。すなわち、パウロ以前の讃歌は、前述の原文で見ると、V③（2:10）とⅥ③（2:11）も除いたものと推測される。

　これを前提に、パウロの「十字架の死」の加筆の意味を探るために、パウロがこのキリスト讃歌を用いたという点は後回しにし、このパウロ以前のキリスト讃歌自体の意味を検討することにする。

2.2. パウロ以前のキリスト讃歌の意味

　この讃歌は、大きくは、2章9節を転換点としており、全体が2部構成からなると見ることができるが[24]、学説によっては、前半部分の下降的キリスト論において2つの場面を設定し、全体として、先在、地上の存在、そして高挙、という3つの場面に分割する立場がある[25]。私見としては、2章9節の大転換は決定的であるから2分割説が構造に適うが、しかし、確かに2章6–8節において「先在」と「地上の存在」とではキリストの描写が対照的になされているので、大枠として2分割な構造でとらえ、前半を小さく分けるという意味で3場面に区分して説明することにする。すなわち、第一場面は、キリストの天的存在性（2:6）、第二場面は、キリストの下降性（2:7–8）、第三場面は、神によるキリストの上昇性（2:10–11）である[26]。この3場面のそれぞれの内容を見て、全体として、パウロ以前のキリスト讃歌の意味を探ることにする。

2.2.1. 第一場面：キリストの天的先在性（2:6）

　まず、先在的存在として (ὃς) ἐν μορφῇ θεοῦ ὑπάρχων という句にある μορφὴ θεοῦ（神の形）は、七十人訳聖書の創世記1章27節に見られる εἰκών θεοῦ「神の像」と同義ではない。七十人訳聖書は、常に εἰκών を人間性を表現する意味で用いているからである[27]。つまり、アダムと「並行関

係」で捉える立場（Dunn）があるが[28]、適切とは思われない[29]。しかし、μορφή の意味を、ヘレニズムの影響に着眼し、特にグノーシスの影響を強調し、個人的存在者を意味することはなく、「特定の方向における存在の様態」を意味するにすぎないとする立場（Käsemann）[30]もあるが、Silva はこの見解を、グノーシス的な「天的人間」の神話とここの句との本質的相違を見過ごしており適切ではないとしている[31]。この点、Lightfoot は、作者の意図的なものとは思えないが、古代ギリシアの哲学的術語群がアレキサンドリア乃至グノーシス的ユダヤ教において形成された思索を経由し、影響を与えたことも十分にあり得る、と推察する[32]。Silva はこの点では Lightfoot を支持し、さらに Witherington はこの線上で、μορφή の意味は「表出された本質的ないし特徴的属性」であり「根底にある真の本性ないし本質」であると解釈する[33]。しかし、これには反対が少なくない。この用語の意味を、文脈で見ると、まず、「神のかたち」（μορφὴ θεοῦ）と「神と等しい」（ἴσα θεῷ）という 2 つの表現はいずれも、新約聖書ではここ以外には使われていないもので、ὅς の先行詞であるイエス・キリストに掛かり、「同時」であることとして解釈されている[34]。そこで、「かたち」と「等しい」との意味の違いであるが、フリードマンは、両者を「同一の事態」の記述と見る[35]。Nebreda も、μορφὴ θεοῦ は ἴσα θεῷ と同意義的であって、キリストに 2 つの性質を提供しようというものではないとした上で、μορφὴν δούλου λαβών（2:7b）を念頭に置いて、「考え得る限りの最も高い地位」をキリストに「明け渡す」ことを意味する表現の工夫であるという[36]。マーシャルは、これを「神と同じ存在様態ないし特徴的性質を有する人格」と表現する[37]。Witherington も、μορφή とは、「その根底にある実在を真に正確かつ十分に表現する外観的形態」のことであるとし、τὸ εἶναι ἴσα θεῷ という句は、「修辞学的明確化」をはかるもので、両者は表現の相違に過ぎないと言う[38]。ハーンは、これらの立場から読み取れるように「本質概念を使って訳すのはよくない」と述べ、μορφή という概念を「現実の在り方」と翻訳し[39]、「先在者が神の領域に属していた」あるいは「先在者が神の現実に参

与していた」ことであると解釈する[40]。ただ、ハーンが μορφὴ θεοῦ を念頭に τὸ εἶναι ἴσα θεῷ の意味を説明するに際し、「神と同等」と「地位の同等性」という異なる表現が同じ頁に混在している[41]。その点、Hawthorne は、明確に同等性について存在論的解釈を退けつつ、τὸ εἶναι ἴσα θεῷ（2:6b）の正しい理解は ἐν μορφῇ θεοῦ（2:6a）との密接な関連の認識の上に成り立つと言う。すなわちキリストの存在が ἐν μορφῇ θεοῦ であることとしてパウロが言いたいことは、キリストには、神の地位や状態や機能等を所有すること以外の存在の仕方がないということである[42]。この解釈が正しいものとして成り立つのは、τὸ εἶναι ἴσα θεῷ によって引き継がれているが、その τό という定冠詞がすでに言及された事柄へ戻ってさし示すことで、この後の表現が最初のものと密接に結びついていることを確認するものであって[43]、それゆえに、τὸ εἶναι ἴσα θεῷ の読み手には、釈義的に、先行する ἐν μορφῇ θεοῦ に言及しているものとして理解することが予期されているからであると言う[44]。つまり、前後する両句を相互に照らし合わせるとき、2章6節 ab の文脈におけるキリストの神との同等性は、存在論的同等性ではなく、神との地位などの同等性ということになろう[45]。そこで、ハーンは、続く οὐχ ἁρπαγμὸν ἡγήσατο τὸ εἶναι ἴσα θεῷ の意味を、「神と等しくあることを熱望されはしなかった」という意味にとらえ、先在者が神とどういう関係にあるかという視点で論じる。すなわち、先在者は神の現実性に属しているので、神との同等性は、先在者には「熱望すべき価値ではなかった」という意味であるとし、2章6節の表現は、「むしろ、先在者が神と異なっていることが決定的に重要な意味を持っている」ことを示していると主張している[46]。

しかし、改めて οὐχ ἁρπαγμὸν ἡγήσατο（Ⅰ②、2:6b）の意味を見ると、そもそも、οὐ が何に対する「否」であるかということについて、解釈は一様ではない。従来の多くの見解は、τὸ εἶναι ἴσα θεῷ に関しての否定であると解釈している。ἁρπαγμός の意味に関して、Bauer は、Rauben（略奪）という意味にとることは不可能であるとして退ける[47]。理由は、「神と等しくある状態は略奪行為と同等視できない」ことにある[48]。同様に、Foerster も

退けるが、理由は目的語の欠如による[49]。続けて Bauer は、Geraubte（略奪物）、Beute（獲物）の意味としているが、ペトロが十字架上での死を ἁρπαγμός とみなしたことを例にあげており、英訳版では prize（賞品）とされている。いずれにせよ、すでに手にして festhalten（掴んで放さずいること）か、それともこれから求めて an sich reißen（独り占めにすること）かは、文脈とパウロの考えによるとされている。青野は「直訳は『奪いとるべきもの』」という註を付し「固守すべきものとはみなさず」と訳している[50]。文脈的に広げて、2 章 7b–8 節に見られるイエスの自発的自己犠牲を見据え、Foerster は、「神と等しくあることを利用すべき獲得物」とはみなさなかったという意味にとっているが[51]、同じ結論でも、Müller は、創世記 3 章 5 節と比較し、先在のキリストが神との同等性は既に所有していることを理由とする[52]。これまでの説明とは異なり、言語文献学的研究成果を提供するのは、Hoover である。Hoover によると、ἁρπαγμὸν ἡγήσατο は、語彙的に結合したもので、それは「自分の特権として使うべきものとして」という意味であると主張する[53]。Hawthorne は、Hoover の見解を支持している。すなわち、ἁρπαγμόν という語は ἡγήσατο という動詞と結びついて慣用語句の一部分として考察されるべきもので、述部の与格として用いられた場合には、「何か好きなように利用すべきものとして」と訳すか、より慣用句的に「自分自身のために好きなように利用するべきものとして」と訳すことが適切であることが、他の文学作品によっても確認されており「可能であるというのではなく、全く適切なのである」と述べ、反対説が出て来たが説得的なものはないと退けている[54]。さらに、Nebreda は、2 章 6 節には、自分自身の利益のために使用することを控えようとしたことに関し、先在者はそれをすでに所有していたのであるという積極的意味があると解釈し、τὸ εἶναι ἴσα θεῷ はそのままであり続け、放棄したことではないと主張する[55]。しかし、τὸ εἶναι ἴσα θεῷ という存在であること自体は、否定されないままであるとしても、οὐ という表現がある以上、先在のキリストが所有している神の地位や状態や機能等を特権的に使用することを否定していることは無

視できないであろうと思われる。

　吟味を残す ὑπάρχων という語は、ὑπάρχω の能動相現在分詞の主格で、「存在する」とか「である」という意味である[56]。Brooks と Winbery によると、統語論的には、その分詞とそれに続く単語とによって譲歩節の前提節を構成する「譲歩分詞」の1例である。翻訳には「にも拘わらず」のような逆接的接続詞が用いられ、(ὃς) ἐν μορφῇ θεοῦ ὑπάρχων は、「キリストは神の形の内にあったにも拘わらず」となる。そこで、2章6節の全体の意味は、先在のキリストは、神と同じ存在様態ないし特徴的性質を有する人格的存在として神の領域の現実に参与していたにも拘わらず（① a）、神の地位や状態や機能等を所有している存在であることを（③ c）、自分自身のために好きなように利用するべきものとしては見なさなかった（② b）となるであろう。

2.2.2. 第二場面：キリストの下降性（2:7–8）

　パウロ以前のキリスト讃歌を分析しているので、パウロによる加筆的挿入と思われる θανάτου δὲ σταυροῦ は除外して、2章7–8節を検討する。

　2章7節の冒頭に ἀλλά という逆接的接続詞があるのは、主動詞に着目すると明らかなように、これまでの否定的表現（οὐχ ... ἡγήσατο）とは対照的に、2つの肯定文が続くことによる。つまり、先在としての神との関係において、すでに特権的に所有していたものを決して自分の発展のために使用せず控えたという否定文とは対照的に、ἑαυτὸν ἐκένωσεν (2:7) という「己れ自身を空しくした」と ἐταπείνωσεν ἑαυτόν (2:8) という「己れ自身を低くした」という句によって、自己卑下の貫徹が述べられており、しかも再帰的用法が重ねてあることからキリストの自主性が強調されていると思われる[57]。このように、否定文と肯定文との「真の対照」をもたらす内容的転換への導入としては、ἀλλά を「それどころか」と訳すことがよいと思われる[58]。その上で、この2つの肯定文の相互関係について、2つの異なる別な場面への言及として捉えるべきかという問題があるが、例えば佐竹は、両者

とも「先在者の徹底的人間化」[59]を表現するものと見て、同義的に捉えており、2つの異なる場面と捉える解釈に対しては「杓子定規的な構え」でしかない、という批判がなされている[60]。そのような批判を受け入れた上で、各節の意味を見ていくことにする。

ἑαυτὸν ἐκένωσεν（2:7）にいう「己れを空にする」とは、どういう意味かという点に関して、テキストには、具体的に対象物を明示するものはない[61]。Fribergらは、κενόωには「字義的には内容物を取り除く」という意味があるとし、「取るに足らぬ地位を引き受けた」という意味にとる[62]。しかし、Vincentは、この表現は「完全な自己放棄」を意味するに留まり、この「卑下」の詳細はこれに続く表現によるのであって、それ以上の議論は「空想的神学」に属すると批判する[63]。Silvaは、基本的にVincentに賛同しつつ、"he made himself nothing"（自分を無にしてしまった）という英語の慣用句に匹敵すると捉え、「自身の死の方」をさし示していると解釈する[64]。これらの解釈に対し、Hawthorneは、これらは単に別の言葉での言い換えに過ぎないと批判し、そのような自己破壊ないし絶滅のような視点や非人間的にする感覚はここにはない、と主張する。その上で、キリストが神的本質を捨てたと解釈（Keck）する必要もなく、むしろ、自分自身を完全に人の自由になる身としたことを意味すると述べ、さらに、2章3節において見られる自己の権利や自分勝手な主張を意味する「虚栄心」（κενοδοξία）と2章7節に見られる「空にすること」（κενοῦν）とには語呂合わせがあると見て、2章7節は、自分の権利をわきに置き、自分勝手なことを主張しないという意味の特有な表現であって、そのようなキリストの態度や行動を描写したものであると主張する[65]。しかしHawthorneの見解に対しては、むしろ時間的に先行する2章7節に合わせるようにパウロが同3節を記して語呂合わせしたと考える方が自然であって、説得力が乏しいと思われる。この点、κενόω（空にする）について、Bauerは「自分自身の特権を放棄する」とし、英訳版は「自分自身から特権を剥奪する」意味であると見る[66]。他方、ταπεινόω（低くする）については、Bauerは「自分の品位を落とす」

とし、英訳版は「自分自身を卑しめる」としている[67]。Grundmannは、基調となるテーマとして支配する用語として高挙と対にあるものとして「卑下」をその内容と見る[68]。いずれにせよ、7-8節に見られるキリストの自己卑下は、必ずしも神と等しいことと対立ないし矛盾するものではないようである。ハーンは、2章6節cに見られる τὸ εἶναι ἴσα θεῷ（神と等しいこと）を念頭に置いて、人間となることと理解し、それは神との地位の同等性を自由意志によって断念したことであるという意味に取る[69]。これに対して、Nebredaは、2章6節においては、先在のキリストは神と等しいという地位等の様々な特権を有したままであって、単にそれを自分のために利用すべきものとは見なさなかったという意味であることを前提に、同7節においては、「しかし」いかなる代償を払うことになっても、自分自身の利益のために使うことを「主体的に放棄した」という意味であると解釈する[70]。これらの諸説があるが、それらを踏まえて、改めて、どのような文脈が存在するかを吟味するとき、次のような交差対句法の構造の存在を認めて良いと思う[71]。

A　(ὃς) ἐν μορφῇ θεοῦ ὑπάρχων
B　　　οὐχ ἁρπαγμὸν ἡγήσατο
C　　　　　τὸ εἶναι ἴσα θεῷ
B'　　　ἀλλὰ ἑαυτὸν ἐκένωσεν
A'　μορφὴν δούλου λαβών

すなわち、μορφῇ θεοῦ（A）には μορφὴν δούλου（A'）が「形」として対極的表現となり[72]、οὐχ ἁρπαγμὸν ἡγήσατο（B）に対する ἀλλὰ ἑαυτὸν ἐκένωσεν（B'）は、否定的表現に対する肯定的表現として対極的にある表現となっていると言えよう。すると、ABCB'A'という構造としてCを中央に挟む。その構造上、一方で、B'に対応するBは、Cに関することであるから、神との同等性の問題に関する。つまり、「放棄」は「神との同等性」、

より正確には、「神との地位等の同等性」に関する。他方で、A' に対応するAは、いずれも、μορφή についての対極であって、μορφή は、すでにみたように本質に関わる概念ではなく、「現実の在り方」とか「存在の様態」に関することであるから、先在者の本質は変わらないと思われる。つまり、μορφὴν δούλου λαβών を「人間としての存在の低みへと入った」という意味に捉えることもできるが[73]、μορφή は、いずれも視覚的意味で用いられているので、奴隷と同じ存在様態ないし特徴的性質を有する人格的存在として奴隷の領域の現実に参与した、ということになると思われる。Nebreda は、キリストの自己卑下がキリストの神性の表現であるという立場に立ち、キリストは神と等しいという特権を失うことなく、しかし、自発的に、自分の利益のために自分のその特権を使うことを放棄したと解釈する[74]。Nebreda はこのような解釈に基づいて、奴隷の形と神の形との入替えがキリストの内に起こったというのではなく、奴隷の形において神の形が明白に示されたと主張する[75]。つまり、神の新しい理解がキリストの奴隷の形においてもたらされることが、その中心的使信であるとしている[76]。

問題は、キリスト・イエスの奴隷（δοῦλος）の意味である。まず、福音書の記す限り、文字通りには読めない。誰に対する奴隷という意味かに関しては記述がない。Nebreda は、死に至るまでの完全な委ねという意味にとり、神に対するものと解釈し、「神への完全な服従であり、従って神の計画を最後まで成し遂げること」と見るが[77]、しかし、神とキリストとの内的関係性への言及はないのであるから、読込みであろう[78]。また人間への言及もなく、「キリストに倣う」というような倫理的意味を持たせることも批判されている[79]。さらにイザヤ書53章の「苦難の僕」には主体性が欠如しており、同一視する見解には批判がなされている[80]。そこで、「低くされた」のではなく、「文字どおりおのれを低くした」と「自発的服従」の意味にとるフリードリヒの見解[81]が妥当であろう。

ところで、ルター訳聖書は2章7節と8節とで明確に区切るのに対し[82]、英語圏の聖書は2章7節c以下を7節bから切り離すものが圧倒的であ

る[83]。両者の違いは、2つの主動詞（ἐκένωσεν、ἐταπείνωσεν）に対して、4つの述語的用法の分詞（λαβών、γενόμενος、εὑρεθείς、γενόμενος）の最初と最後の分詞は疑問を残さないが、中2つの第2のγενόμενοςという分詞（2:7c）と第3のεὑρεθείςという分詞（2:7d）を2つの主動詞（ἐκένωσεν、ἐταπείνωσεν）のどれと結びつけるかによる。Silvaは、両者とも受肉のこととして、両者（2:7cd）をἐκένωσενという前者の主動詞に結合させては重複になり意義が失われるとし、さらに、δοῦλοςとἄνθρωποςとには「本質的神学的違い」はないと主張し、2章7節dがその前までの要約で次の舞台（stage）への導入であると見る[84]。重複という面では、田川建三は、「僕の形を取り」と「人間の形をとり」は「同義」で、続く8節の「人間と同じになった」と「同義反復」であると見る[85]。しかし、ハーンが言うように、ἐν ὁμοιώματι ἀνθρώπων γενόμενος（2:7c）という表現において人間が複数形である意味は、第4行目（2:7d）の単数形によりイエスという特定の個人になったことを意味するのとは異なり、一般的な意味の人間になったという意味において、すべての人間との徹底的自己同一性を表現するという工夫がキリスト讃歌には見られる[86]。しかしさらに、ハーンは、「人間たち（すべて）と同じさまで生まれ、（一人の）人間としての姿で現れた」[87]と訳し、Müllerも、後半につき、一人の歴史的人間と自己同一化したことをあげ[88]、両者の意義を区別している。さらに統語論的にも、Jeremiasが指摘するように、ὁμοίωμα（2:7c）とσχῆμα（2:7d）という2つの名詞の語尾の綴りが本文では同じ-ματιであり、両節は並列接続詞καίで結ばれており、分離すべきではないと思われる。しかしだからと言って、ハーンのように、2章7節を一括りにして結びつけるべきであろうか、というと疑問が残る。

　当時のパウロが想定した読者がδοῦλοςという言葉をどのように受け止め、元来、文に区切りがないギリシア語原典をどのように読んでいたと推定するのが自然であるかという吟味が必要であろう。Müllerは、ユダヤ教的知恵の伝統との関連性に蓋然性があると見て、神への畏敬と並行的に存在する謙遜を民族的目標とする観点に従って2章8節を解釈する[89]。これとは対照

的に社会的文脈に焦点を当て、D. B. Martin は、フィリピ書の背景には、ギリシア・ローマ古代世界での奴隷制度についての世俗的な神話があり、奴隷制度というものが「屈辱と名誉への可能性」、「失墜と昇進」を象徴する存在となっており、その社会では高い地位への街道として受け止められていたと述べている[90]。D. B. Martin によると、このような背景に照らすとキリストに奴隷としての呼称を与えることは重要であったし、引用されたキリスト讃歌におけるキリストがまず下降し、次に上昇となるというキリスト論は、その基礎をギリシア・ローマの奴隷制度と当時のまるで事実そのもののように読み手に思わせる小説に見出していたと読んでいる[91]。D. B. Martin の見解に対して批判的に、Williams は、「奴隷への残忍性」を記述的に紹介し、奴隷は法的に人間ではなく所持品に分類され、奴隷には「絶対的な主人への服従」というイメージがあり、パウロも「支配と服従」という対概念の下で、主人に仕え、「最終的に死ぬ」ことすらあることを記していると反論している[92]。ローマの文学上も、奴隷への残虐な事件の例が多く過酷さに際限がなかったし、「奴隷はすべて敵である」とローマの格言にあるように、「有能で責任を持たされた奴隷」でさえも主人の残虐な気まぐれさや日常的懲戒によりなすがままの扱いを受け、「過労」「放置」「高齢による遺棄」さらに「殺害」すらなされた、ということである[93]。Williams によると、紀元前1世紀のイタリアには200万人の奴隷がおり、人口の35ないし40％を占めていたという。パウロの書簡の読者にとっても、奴隷制はその日常的な生活に溶け込んでおり、実際には、彼らの多くが奴隷か奴隷の主人であったということである[94]。つまり、奴隷には、ギリシア・ローマ世界では、「従順」は属性的なものであり、「死に至る」ことも、例外ではなく予想されうることであった、とパウロ書簡の当時の読者は受け止めていたと見ることができよう。

改めて2章6-8節を見ると、7節c（Ⅱ③）に、初めて「人間」という言葉が登場し、一般的な意味での人間との徹底的自己同一性を表現し、次に、具体的な一人としての姿で現れ、次に「従順となった」という奴隷の属性を

述べ、最後に「死に至るまで」という奴隷の中でも不幸な最期で結ぶ、という流れになっている。つまりこの流れは、Williams の記述するパウロ書簡の読者が描いているところの、奴隷の生き様の像の時間的流れと重なると見ることが妥当であるように思われる。このように見ると、この 7 節 c に相応しい接続詞には、「さらに」という添加的接続詞の選択もありうるが[95]、「すなわち」という言換的接続詞が良いように思われる。

　ストア学派哲学が支配的な社会の考え方は、力への傾向性があり、人々は自由であることを何よりも願望し、自由を最大の祝福と呼んでいた。そのような社会では、「奴隷の身分と恥との連想」が一般的であった。つまり、イエス・キリストに奴隷（δοῦλος）の地位を帰することは、この書簡の読み手の社会では、彼に大きな不名誉に当たる身分を帰すことになることであったのである[96]。そして、ここで想定されている従順による死とは、「奴隷の死を死ぬこと」であって[97]、何ら救済論的ないし模範的意味をもつものではないと理解するのが、当時の読者の見方であろう。

2.2.3. 第三場面：神によるキリストの上昇性（2:9–11）

　パウロ以前のキリスト讃歌の後半には、神がキリストを高く挙げた高挙と、神が名を与えた授与とが記されている。この再構成されたキリスト讃歌の後半では、それぞれにおいて、①の句の内容が続く②の句の内容によって明確にされるという構造を備えている。すなわち、2 章 9 節においては、神がキリストを高く挙げることの内容は、神がキリストに対して「すべての名にまさる名を」与えたという内容によって、明確にされている。同様に 10–11 節においては、すべての膝がかがむことの内容は、「すべての舌が告白する」を内容とし、その告白内容が「イエス・キリストは主なり」として、いずれも続く句によって、内容が明確にされていると見ることができる。このように明確に内容を見ることを可能にしているのは、内容的に整理された配列様式による[98]。

　ここで突如、「それゆえに」と訳せる διὸ καί によって革新的に記述は変

化し、ὑπερύψωσεν と ἐχαρίσατο という 2 つの主動詞の主語は神となる。Witherington は、「子が X をしたので、神は Y をした」という関係を強調し、神は「報い」で応え、高挙は「従順な自己放棄による」と言えると述べる[99]。確かに、一方で「キリストの死に至るまで従順であったことをうける」が、しかし「神はあくまでも主権者として」与えたのであり、従順が「神から報酬をひき出すための取引きの材料」ではなく、「報酬」ではないと佐竹は述べている[100]。同様に、R. P. Martin も「報酬」論を退け、神を強要できるものではないとする[101]。

Hawthorne によると、ὑπερύψωσεν は新約聖書ではここだけにある言葉であり、接頭辞である ὑπερ- を伴うことにより「さらに多く」という意味合いをもち、Nebreda は、「キリストの栄光」への言及の可能性を多くの解釈が行っているという[102]。キリストが最高の名を所有し、κύριος（主）として、あらゆる世界の支配者であるという思想を暗示している可能性もあると言われている[103]。そこで、神との同等性のある先在者が自ら承諾して従順な僕となり、それに神の立証が続き、高く上げられたという説明がなされている。ここに「立証」と訳した vindication は、「〈主張・人柄・勇気など〉の正しさ、[すばらしさ、存在]を証明する、正当化する」という意味である[104]。その際、神が授与したのは、先在者として有していたことを超える地位であったとされる[105]。καὶ ἐχαρίσατο αὐτῷ τὸ ὄνομα τὸ ὑπὲρ πᾶν ὄνομα という節は、前節と相まって、キリストの高挙がそこまで達することを表現するものであるとされている。古代において「名」というものは、その存在を他と識別するばかりでなく、称号に匹敵する権威、その実質と手段を与えられることも伴うものであった。そこで、「すべての名にまさる名」を神が授与したとは、「主」という κύριος の称号に必然的なものとして暗示されている支配する権利が与えられることを、ここで意味しているのかもしれない。つまり、先在者は神と同等な存在であったが自ら承認して従順な僕となったことが、「主」という称号が与えられたことの意味であり、それは、ローマ帝国の支配者たちの傾向とは真逆なことであったということであ

る[106]。

3. パウロによる「十字架の死」の加筆的挿入の意味——結論

では、パウロが「十字架の死」という句を加筆した意味はどのようなものであろうか。

3.1. パウロ以前のキリスト讃歌の問題性

パウロ以前のキリスト讃歌が、ヘレニズムの小説が用いる奴隷制の主題と基本的構想において並行関係にあることが指摘されている。すなわち、英雄が奴隷の身分に貶められた時、本質的には奴隷ではないが、奴隷としての役に抵抗せず、従順の模範となり恥辱の状態に屈したという指摘である[107]。この並行関係を認める見解に対しては、それでは社会の序列的構造を強化するものであったことになるという批判があり、キリスト讃歌では、キリストの主体性による点で異なるとされている[108]。しかし、これに対しても、ジェンダー論的視点からの批判がある。すなわち、その批判によると、この讃歌においてキリストが「己れ自身を空しくした」という「自主性」が決定的に問題であるとされているのであるが、それこそが、ローマ世界において男性性を示す出来事だからである。それは、例えばアポロニオスがドミティアヌスの犠牲者たちのために、ドミティアヌスから投獄の上に迫害されることを自ら引き受けたことを思い出させるものであったという[109]。

ジェンダー論的視点からは、キリスト讃歌の問題性は、死に至ったことばかりでなく、さらに高挙のことにも及ぶ。というのは、1世紀において、死者が死から引き上げられるという言葉は、アウグストゥス皇帝[110]、フィロンの描くモーセ[111]、フィロストラトゥスのアポロニオス[112] などの「理想的男」を表現する用例に見られるように、神格化の意味を含んでいるので、初期のキリスト教がイエスを同様な仕方で表現するのは自然であったからである[113]。つまり、男性的なイエス像を構築する戦略として最も初期における

顕著なものは、ギリシア・ローマの崇高な伝統を頼みとする事であったというわけである。まさに、ジェンダー論的視点で見ると、そのような伝統は、イエスの死を、屈辱的で非男性的なものとしてではなく、男性的な自己犠牲的行為として捉えてしまうという問題をはらんでいるのである[114]。

例えばBruckerは、キリスト讃歌を分析した上で、先在、卑下、高挙の一連のことをキリストの出来事とし、キリスト讃歌は、キリスト以前の見習うべきものであった「徳の完全な原型」としてのモーセを絶対的に凌駕するものが、「キリストの姿勢」であることを明らかにしたことにその特別な意義があり、その姿勢とは、神的地位の先在的な存在が十字架の死に至るまで奴隷の地位へ自主的に自己放棄したこと（卑下）なのであるとするが、このような立場が問題ありとされるということでもあろう[115]。

3.2.「十字架の死」の句の挿入によるキリスト賛歌の意味の変化

このように、パウロ以前のキリスト讃歌には、当時のヘレニズム的世界では、問題が存在するのである。すなわち、キリストの死が主体的であることで、そのヘレニズム的世界の文脈では、力ある男性中心の序列的社会における英雄的死として読者に捉えられる可能性が残っていたであろうし、それは、その読者たちには模範的な死でもあったであろう。パウロが「十字架の死」を加筆したのは、このような不十分さをキリスト讃歌に認識したからであると推測できよう。

青野によれば、十字架は「愚かで弱く、つまずきや呪い」[116]であり、ヘンゲルによれば、十字架は人間を「魂のない物質」[117]として扱うのであるから、十字架の死においては、人間としての尊厳も、ましてや神と同等の者としての尊厳も破壊されてしまうのである。つまり、十字架にあっては、生きることの根源である自分自身への利益というものが捨て去られてしまうのである[118]。このように、十字架の死という句の挿入は、パウロ以前のキリスト讃歌が漂わせうる男性性の力による序列的秩序を、根底から覆す意味を持つと言えよう。さらに高挙に関しても、ヘレニズム的なそれを予め計算に入

れて死ぬというような人間的な希望や期待は、十字架の死という句を挿入されたキリスト讃歌のキリストにおいては、いっさい切断されてしまう。その結果、高挙は神の手中にある完全な恵みによるものへと変質する。さらに後半の加筆部分も、「十字架の死」の加筆に対し、これ以上にない栄光の授与として、ἐπουρανίων καὶ ἐπιγείων καὶ καταχθονίων（2:10）が対応するものとして挿入され、神議論にも対応するものになっていると思われる。ここでは、「完全な人間であるキリスト」が「神が創造した秩序の中のあらゆる力を支配する主」なのである[119]。この徹底する神の絶対的主権の表明として、最後の挿入句 εἰς δόξαν θεοῦ πατρός（2:11）によって神の賛美でしめくくられる。このように見てくると、キリスト讃歌は救済論でも倫理でもなく、神とはどのような方であるかを新たに示す啓示的賛美といえるであろう。パウロは、キリスト讃歌を元来の文脈とは質的に次元の全く異なる、十字架の死という新たな文脈の中に置き換えることで、この新たな神の啓示を教会論的に用いていると言えるのである。

注

1) 佐竹明『ピリピ人への手紙』現代新約注解全書、第2版、新教出版社、2008年、124頁。
2) 佐竹『ピリピ人』125頁。
3) 佐竹『ピリピ人』126頁。
4) 青野太潮『「十字架の神学」の成立』ヨルダン社、1989年、73頁。
5) 青野『「十字架の神学」の展開』新教出版社、2006年、323頁。「合理的な解釈」という用語は、青野の十字架の神学を批判する者による用語であるが、青野はそれを用いてパウロ以前のキリスト賛歌にそれが見られることを指摘している。
6) 青野『「十字架の神学」の展開』123頁。
7) 青野『「十字架の神学」の成立』73頁。
8) 青野『「十字架の神学」の成立』73–74頁。
9) 佐竹『ピリピ』107–9頁、青野『「十字架の神学」の成立』9、493頁。
10) B. Witherington III, *Paul's Letter to the Philippians: A Socio-Rhetorical Commentary* (Grand Rapids: Eerdmans, 2011), 132.
11) 大貫隆『隙間だらけの聖書—愛と想像力のことば』教文館、1993年、19頁。
12) G. F. Hawthorne, *Philippians*, rev. R. P. Martin, WBC 43 (Waco, TX: Word, 2004), 99–100. Fee への言及は、G. D. Fee, "Philippians 2:5–11: Hymn or Exalted Pauline Prose?" *BBR* 2(1992): 29–46.
13) Hawthorne, *Philippians*, 101.
14) E. Lohmeyer, *Kyrios Jesus: Eine Untersuchung zu Phil. 2, 5-11* (Heidelberg: Carl Winter. Universitätsverlag, 1961), 5. 同様に、E. Lohmeyer, *Der Brief an die Philipper* (Göttingen: Vandenhoek & Ruprecht, 1954), 91 を参照。
15) Lohmeyer, *Kyrios Jesus*, 8.
16) Lohmeyer, *Kyrios Jesus*, 44–45.
17) Lohmeyer, *Kyrios Jesus*, 9.
18) Lohmeyer, *Kyrios Jesus*, 5–6.
19) Lohmeyer, *Kyrios Jesus*, 6 ではギリシア語テキストの違いで、διὸ καὶ ὁ θεὸς ὑπερύψωσεν αὐτόν とある。
20) 『パウロ書簡』[新約聖書IV]、青野太潮訳、岩波書店、1996年の訳による。
21) R. P. Martin, *Carmen Christi: Philippians ii 5-11 in Recent Interpretation and in the Setting of Early Christian Worship* (London: Cambridge University Press, 1967), 39.
22) G・フリードリヒ「ピリピ人への手紙」(『パウロ小書簡』NTD新約聖書註解、ATD・NTD聖書註解刊行会、1987年)、281頁; G. Friedrich, *Der Brief an die*

Philipper, NTD (Göttingen: Vandenhoeck & Ruprecht, 1990), 153–4; R. P. Martin, *Carmen Christi*, 34.

23) フリードリヒ「ピリピ人」281 頁。R. P. Martin, *Carmen Christi*, 34. この点に関し、Friedrich, *Philipper*, 154 は、高挙が品位没落の時を消し去ったという考えを否定し、古きものが新たなものに取って代わられたのではないとする。すなわち、十字架につけられた者が引き上げられた状態のままであることを強調している。Friedrich は、この点にパウロの加筆的意味を見出していると言えよう。

24) M. Silva, *Philippians*, 2nd ed., BECNT (Grand Rapids: Baker Academic, 2005), 98–112 は、2 区分説の 1 つの例で、「キリストの卑下」(2:6–8) と「キリストの高挙」(2:9–11) に分ける。

25) S. R. Nebreda, *Christ Identity: A Social-Scientific Reading of Philippians 2.5-11* (Oakville, CT: Vandenhoeck & Ruprecht LLC, 2011), 299–316 は、3 区分説をとり、「第 1 場面、キリストの高き存在」(2:6) を挙げ、この 2 章 6 節以外は、Silva と同様で、「第 2 場面、キリストの卑下」(2:7–8)、「第 3 場面、キリストの高挙」(2:9–11) とする。

26) Nebreda, *Christ Identity*, 297–298.

27) Witherington III, *Philippians*, 141.

28) J. D. G. Dunn, "Christ, Adam, and Preexistence," in *Where Christology Began: Essays on Philippians 2*, ed. R. P. Martin and B. J. Dodd (Louisville: Westminster John Knox, 1998), 74–83.

29) Silva, *Philippians*, 101.

30) E. Käsemann, "A Critical Analysis of Philippians 2:5–11," (trans. A. F. Carse) in *God and Christ: Existence and Province*, ed. R. W. Funk, JTC 5 (New York: Harper & Row, 1968), 61.

31) Silva, *Philippians*, 100.

32) J. B. Lightfoot, *Saint Paul's Epistle to the Philippians: A Revised Text with Introduction, Notes, and Dissertations*, new ed. (London: Macmillan, 1879), 133.

33) Witherington III, *Philippians*, 140.

34) フェルディナント・ハーン『新約聖書神学 I 上』大貫隆・大友陽子訳、日本キリスト教団出版局、2006 年、285 頁。

35) フリードマン『『ピリピ人』への手紙』277 頁。

36) Nebreda, *Christ Identity*, 299.

37) I・ハワード・マーシャル「フィリピ書の神学」(K・P・ドンフリード /I・H・マーシャル編『パウロ小書簡の神学』山内一郎・辻学訳、新教出版社、2016 年、141–220 頁)、163 頁。

38) Witherington III, *Philippians*, 140–141.

39) フェルディナント・ハーン『新約聖書神学Ⅱ上』大貫隆・田中健三訳、日本キリスト教団出版局、2013年、329頁。
40) ハーン『新約聖書神学Ⅱ上』309頁。
41) ハーン『新約聖書神学Ⅰ上』285頁。
42) G. F. Hawthorne, "In the Form of God and Equal with God（Philippians 2:6)," in *Where Christology Began: Essays on Philippians 2*, ed. R. P. Martin and B. J. Dodd (Louisville: Westminster John Knox, 1998), 104 は、"the rank, status, position, condition, function of God" と詳述する。
43) 大貫隆『新約聖書ギリシア語入門』岩波書店、2012年、15頁参照。
44) この点で、P. Bonnard, *L'Epitre de Saint Paul aux Philippiens*, Commentaire du Nouveau Testament (Paris: Delachaux & Niestlé S. A., 1950), 42–43 は、ἐν μορφῇ θεοῦ とは、「状態」や「身分」に関するものであって、本質に関するものとする説を否定するが、その主張は、彼が受肉するキリストを「道徳の模範」とすることと無関係ではあるまい。
45) Hawthorne, "In the Form of God and Equal with God (Philippians 2:6)," 104.
46) ハーン『新約聖書神学Ⅱ上』310頁。
47) W. Bauer, *Griechisch-Deutsches Wörterbuch zu den Schriften des Neuen Testaments und der übrigen urchristlichen Literatur* (Berlin: Alfred Töpelmann, 1958), 215.
48) Bauer, *Griechisch-Deutsches Wörterbuch*, 108. この理由は英訳にのみ（ ）付きで明記されている。
49) W. Foerster, "ἁρπαγμός," *TDNT* 1:473–474.
50) 青野『新約聖書Ⅳ パウロ書簡』194–195頁。
51) Foerster, "ἁρπαγμός," *TDNT* 1:474.
52) U. Müller, *Der Brief des Paulus an die Philipper* (Leipzig: Evangelische Verlagsanstalt, 1993), 95–96.
53) R. W. Hoover, "The *Harpagmos* Enigma: A Philological Solution," *HTR* 64 (1971): 110. Hoover は、ペトロにとっては救済の希望のゆえに、十字架が避けるべき恐怖ではなく、手に入れられるべき特権であったことに言及し、対照的に、キリストにとってはそのような特権としてとらえるべきものではなかった、と説明する。
54) Hawthorne, "In the Form of God and Equal with God," 102. 反対説は J. C. O'Neil, "Hoover on Harpagmos Reviewed, with a Modest Proposal Concerning Philippians 2:6," *HTR* 81(1988): 445–449.
55) Nebreda, *Christ Identity*, 302–303.
56) T. Friberg, B. Friberg, and N. F. Miller, *Analytical Lexicon of the Greek New Testament* (Victoria, BC: Trafford, 2005), 389.
57) Nebreda, *Christ Identity*, 304.

58) Hawthorne, *Philippians*, 116.
59) 佐竹『ピリピ人』119、123 頁。
60) Silva, *Philippians*, 104.
61) Hawthorne, *Philippians*, 116.
62) Friberg, Friberg, and Miller, *Analytical Lexicon*, 228.
63) M. R. Vincent, *A Critical and Exegetical Commentary on the Epistles to the Philippians and to Philemon*, ICC (Edinburgh: T. & T. Clark, 1955), 59.
64) Silva, *Philippians*, 105.
65) Hawthorne, *Philippians*, 116.
66) Bauer, *Griechisch-Deutsches Wörterbuch*, 846; idem, *Greek-English Lexicon of the New Testament and Other Early Christian Literature*, trans. W. F. Arndt and F. W. Gingrich (Chicago: University of Chicago Press, 1979), 428.
67) Bauer, *Griechisch-Deutsches Wörterbuch*, 1591; *Greek-English Lexicon*, 804.
68) Grundmann, "ταπεινός," *TDNT* 8:18.
69) ハーン『新約聖書神学 I 上』285 頁。
70) Nebreda, *Christ Identity*, 305.
71) R. Brucker, *'Christushymnen' oder 'epideiktische Passagen'?* (Göttingen: Vandenhoeck & Ruprecht, 1997), 308 では、2:6–8 が、2 つの 4 行詩ブロックから成るとし、最初のブロックは、μορφῇ と μορφήν との対応関係に着目して筆者と同様に区切るが、その構造については、筆者が BC と分割する箇所を連続する 1 行と見て、ABB'A' の交差対句法的構造とする。その理由は、残りの 4 行から成る第 2 ブロックとの比較で、第 1、第 2 のブロックの 1 行目と 2 行目に同じ用語（第 1 では θεοῦ-θεῷ、第 2 では ἀνθρώπων-ἄνθρωπος）が認められ、さらに各ブロックの主動詞が各 3 行目（ἑαυτὸν ἐκένωσεν に対する ἐταπείνωσεν ἑαυτόν）に認められることにあるとしている。しかし、Brucker のいう第 2 ブロックにおいても、彼がその 2 行目に含める ὡς ἄνθρωπος を第 2 ブロックにおいて、第 1 ブロックの τὸ εἶναι ἴσα θεῷ と同様に位置づけることが十分に可能であろう。
72) Nebreda, *Christ Identity*, 300.
73) ハーン『新約聖書神学 II 上』323 頁。
74) Nebreda, *Christ Identity*, 305.
75) Nebreda, *Christ Identity*, 305. 特に S. Briggs, "Can an Enslaved God Liberate? Hermeneutical Reflections on Philippians 2:6–11," *Semeia* 47 (1989): 145 はこの点を強調する。
76) Nebreda, *Christ Identity*, 305.
77) Nebreda, *Christ Identity*, 307–308.
78) R. P. Martin, *Carmen Christi*, 216.

79) R. P. Martin, *Carmen Christi*, 90–93.
80) R. P. Martin, *Carmen Christi*, 212–213.
81) フリードリヒ「ピリピ人」279 頁。
82) *Die Bibel oder die ganze heilige Schrift des alten und neuen Testaments nach der Übersetzung Martin Luthers* (Stuttgart: Deutsche Bibelstiftung, 1981), 244.
83) KJV や RSV、NIV、ISV 等、英語圏の訳に多い。
84) Silva, *Philippians*, 105–106.
85) 田川建三『新約聖書 訳と註 四 パウロ書簡その二／疑似パウロ書簡』作品社、2009 年、386–387 頁。
86) Nebreda, *Christ Identity*, 308. 佐竹『ピリピ人』118、120–121 頁も、単に「先在者の人間化という事実そのもの」、「人間となった」と「同義」と解説する。この点、Brucker, *Christushymnen*, 30 は、異なる面を表現したものとするが、相違についての説明は見当たらない。
87) ハーン『新約聖書神学 I』285 頁。ただし、（ ）は筆者の加筆である。
88) Müller, *Philipper*, 102–103.
89) Müller, *Philipper*, 103–105.
90) Dale B. Martin, *Slavery as Salvation: The Metaphor of Slavery in Pauline Christianity* (New Haven: Yale University Press, 1990), 132.
91) D. B. Martin, *Slavery*, 130. ここに「小説」とは、カリトン『カイレアスとカッリロエ』（丹下和彦訳、国文社、1998 年）をさしているが、丹下は紀元前後から後 200 年頃までの作と見る。生き別れ、やがて奴隷として売られる（118）夫カイレアスの妻である主人公カッリロエも、不運に女奴隷とされ（40–43）、やがて名誉が回復され（161–166）、出世した夫と再会し将軍の妻となり（238）、最後は二人とも称賛されるという物語である。
92) 聖句箇所の明示はないが、獄中のパウロが「わたしにとって、生きるとは、キリストであり、死ぬことは益なのです」（フィリ 1:21）と記していることを念頭に置いているのであろう。
93) D. J. Williams, *Paul's Metaphor: Their Context and Character* (Peabody: Hendrickson, 2007), 111–114.
94) Williams, *Paul's Metaphor*, 111.
95) 青野『新約聖書Ⅳ パウロ書簡』195 頁。
96) Nebreda, *Christ Identity*, 307 は、Dio, *Or*., 14.1 に基づく。すなわち、Dio Chrysostom によると、「自由は祝福の最大のものである」が、奴隷とは「最も恥ずべき悲惨な状態である」とされている（Dio Chrysostom, *Discourses 12-30*, "The Fourteenth Discourse: On Slavery and Freedom I," 125 [J. W. Cohoon, LCL]）。
97) Witherington III, *Philippians*, 140.

98）R. P. Martin, *Carmen Christi*, 39.
99）Witherington III, *Philippians*, 151.
100）佐竹『ピリピ人』129 頁注 3。
101）R. P. Martin, *Carmen Christi*, 232.
102）Nebreda, *Christ Identity*, 313.
103）Hawthorne, *Philippians*, 125.
104）松田徳一郎監修『リーダーズ英和辞典』研究社、1991 年、2420–2421 頁。
105）Hawthorne, *Philippians*, 125.
106）Nebreda, *Christ Identity*, 315.
107）Briggs, "Enslaved God," 145–146. Briggs が言及する「小説」とは、先に見たカリトン『カイレアスとカッリロエ』であり、Briggs は、この小説とキリスト讃歌との並行関係を見るわけである。
108）Nebreda, *Christ Identity*, 317n175. つまり、Nebreda は、Briggs とは異なり、『カイレアスとカッリロエ』の主人公に対する本質的な相違をキリストに見ているのである。
109）C. M. Conway, *Behold the Man: Jesus and Greco-Roman Masculinity* (Oxford: Oxford University, 2008), 73. Conway が言及するアポロニオスは投獄と迫害を意に介さない自主性が称賛されている。Philostratus, *The Life of Apollonius of Tyana* II, 163ff. (F. C. Conybeare, LCL).
110）*Dio's Roman History* IV, 418–419 によると、アウグストゥス皇帝の死後、夕刻に向かうとき北に星が出現する日々の間、大多数の者は、その星をアウグストゥス皇帝に帰し、その不死を信じたとされている。
111）*Philo* VIII, "On the Virtues," 208–209 (F. C. Colson, LCL) では、フィロンによるモーセの死の記述であるが、この世からの出発に当たって、死ぬべき存在から不死の生命へ至る経過を通るに当たり、自分を構成している要素から離れていくことを意識していく描写がなされている。
112）Philostratus, *The Life of Apollonius of Tyana* I, 459 (F. C. Conybeare, LCL) には、アポロニオスが「触れ」「呪文をささやき」、外観的な死から少女を目覚めさせる場面がある。
113）Conway, *Jesus and Greco-Roman Masculinity*, 81.
114）Conway, *Jesus and Greco-Roman Masculinity*, 177.
115）Brucker, *Christushymnen*, 316–317.
116）青野太潮『最初期キリスト教思想の軌跡——イエス・パウロ・その後』新教出版社、2013 年、239 頁。
117）マルティン・ヘンゲル『十字架—その歴史的探究』土岐正策・土岐健治訳、ヨルダン社、1983 年、86 頁。

118) Nebreda, *Christ Identity*, 315.
119) F・D・クラドック『フィリピの信徒への手紙』古川修平訳、現代聖書注解、日本基督教団出版局、1994 年、80–81 頁。

Ｉテサロニケ書における十字架の神学

焼山 満里子

Reading the "Theology of the Cross" in *1 Thessalonians*

Mariko Yakiyama

Abstract

This paper shows that Paul's unique understanding of sufferings in *1 Thessalonians* is the combination of his eschatology and Theology of the Cross. To show it, this paper observes how Paul's understanding of sufferings is characterized by the eschatological hope and concludes that the Theology of the Cross forms his understanding of sufferings.

1. 導入

　青野太潮が一貫して主張されたキリスト理解は、「十字架につけられたままのキリスト」である。キリストの「復活を苦難から切り離して捉えることはできない」という視点から十字架を理解する。それはⅠコリント書2章2節「私は十字架につけられたキリスト以外のことはあなたがたの間では何も知るまい、と決心した」の「十字架につけられた」が現在完了形であり、ギリシア語の現在完了形には継続の意味が含まれていることに根拠がある[1]。同じ理由でガラテヤ書3章1節の訳も文語訳「十字架につけられ給ひしままなるキリスト」がふさわしいという[2]。青野は「今もなお十字架につけられてしまったままの姿をしておられる方こそが、復活のキリストなのだ」、「復活のキリストを十字架から切り離して、つまり復活を苦難から切り離して捉えることはできない」という。「弱いけれども、否、弱いからこそ同時に強い、愚かであるが、同時に賢い、つまずきであるが、同時に救いでもある、律法によって呪われたものであるが、同時にそれは神の祝福で」あり、「弱さ」と「恐れ」と「不安」を担い続けているキリストを神は復活させ、その復活されたキリストは今もなお、十字架につけられたままの姿を取っている、と青野は主張する[3]。そしてこの逆説こそが、信徒の生を根底から決定づけるという。さらに、このキリスト理解によってキリスト教会が学ぶべきことは、十字架の救済論的意義ばかりを排他的に強調するならば、キリスト教会は歴史においてくり返してきたように、宗教的対話を拒否した対立を生み出すことになる、ということである。

　「復活を苦難から切り離して捉えることはできない」という青野の主張によれば、パウロが宣べ伝える十字架は、順接的ではなく逆説的である。このことは、パウロの最初期の手紙、Ⅰテサロニケ書の苦難の理解にも当てはまる。この小論の目的は、Ⅰテサロニケ書では「ところが今や」（ロマ3:21 他）とパウロが描写する、イエス・キリストの十字架と復活によって開かれた新

しいアイオーンに信徒が生きているという黙示思想的視点が顕著であり、黙示思想的視点によって「十字架の神学」が信徒の生を決定づけている、ということを指摘することである。

Ⅰテサロニケ書は現存するパウロ書簡の中でも最初に書かれたと考えられている[4]。内容はテサロニケ伝道の様子を振り返り感謝する記述が1–3章を占め、その感謝に基づいて4–5章の勧告が述べられる。勧告の内容は兄弟愛について、主の日についてなどである[5]。Ⅰテサロニケ書の議論は、Ⅰコリント書におけるような十字架の神学やローマ書におけるような信仰義認論など深い神学的洞察には至っていない、と言われる[6]。この手紙に顕著なのは全体にわたる黙示思想であり、それを土台に苦難の意味づけがなされる。それはのちにⅠ・Ⅱコリント書、ロマ書に受け継がれるものである[7]。これらの文書で一貫して主張されるのは、希望を持ち、忍耐し、キリストに似たものに変えられ、苦難を神の栄光が現れる時として理解する事である。

そこで以下では、2. Ⅰテサロニケ書における黙示思想、3. Ⅰテサロニケ書における苦難の思想、4. 十字架の賜物、5. Ⅰテサロニケ書における十字架の神学について、順次検討する（以下聖書の訳は私訳）。

2. Ⅰテサロニケ書における黙示思想

2.1. 苦難における希望

旧約聖書における終末論はパウロにおいて修正を受けているが、待望論についてはむしろパウロにおいて一層強められるという[8]。希望と忍耐がパウロの黙示思想の中心的表現である[9]。確かに苦難の中で希望して待つという勧めはⅠテサロニケ一に顕著に見られる。

まず、1章3節（「わたしたちは、わたしたちの神であり、父なる神の御前で、あなたがたの信仰の行いと、愛による労苦と、わたしたちの主イエス・キリストに対する希望による忍耐を思い起こしています」）ではテサロニケの信徒が「希望によって忍耐」していると言われる。希望し、どんな困

難にもくじけず堪え忍ぶパウロと信徒たちは、神が終末に向け導き働いていることの見える証しとなる。

続いてパウロたちはテサロニケの信徒について、その「信仰による行いと愛による労苦と希望による忍耐を」「思い起こして」いると語る[10]。希望とはキリストにおいて神が始められた働きを神が完成してくださることへの希望であり、この希望の結果生じる忍耐によってテサロニケの信徒は生きる。信仰、愛、希望の3つはⅠテサロニケ書5章8節で繰り返されるほか、Ⅰコリント書13章13節、ガラテヤ書5章5–6節、ロマ書5章1–5節、コロサイ書1章4–5節、またパウロ書簡以外でもヘブライ書10章22–24節、Ⅰペトロ書1章21–22節にも見られ慣用的表現として使われていると言える。ただしⅠテサロニケ書のこの箇所では希望が最後に置かれ、3つの中で最も重要なものとして主張される。それは希望にのみ「主イエス・キリストに対する」という明示があることからも示されている[11]。希望は神がキリストにおいて始められた働きが完成されるまで、すなわちキリストの来臨が現実となるまで、「信仰による行いと愛による労苦」を支える。逆にいえば、Ⅰテサロニケ書における希望の強調は、この手紙に終末への関心が強いことを示している。そしてこれらの信仰、愛、希望がテサロニケの教会の信徒に備わっていることを「わたしたちの父なる神の御前」（ἔμπροσθεν τοῦ θεοῦ καὶ πατρὸς ἡμῶν）でパウロたちは思い起こし感謝するのである[12]。

2.2. テサロニケの信徒の信仰における黙示思想
2.2.1. 1章9–10節

Ⅰテサロニケ書においてテサロニケの信徒が信じた内容を要約している箇所が1章9–10節である。ここではパウロたちによってキリスト者になったテサロニケの信徒の宣教を受けてマケドニアとアカイアの人々がパウロたちについて語っている内容が述べられ、10節にいたって、終末論的救いを待望する様子が語られる[13]。

1章9–10節では、テサロニケの信徒は「御子が天から下る」のを待ち、

希望する者である。このような黙示思想的希望がパウロと信徒たちを「生かす知」として働いたことは明かである[14] 神がパウロやテサロニケの信徒の宣教活動に働き、終末に向けて「歴史を動かして」いるからこそパウロもテサロニケの人々も希望をもって忍耐し、この神の意思に従って生きることができる[15]。

9節はまずパウロとシルワノとテモテがテサロニケに「来た」状況を振り返る。彼らはフィリピからテサロニケに逃げるように大都会に流れ着いた、疲れ果てた旅人であった。それでもテサロニケの信徒は、パウロたちが宣べ伝える神が「生きる真の神」であり、それまで自分たちが信じていたのは「偶像たち」であると認め、「偶像たちから転じ」ただけではなく「真の神に仕え」、「イエスを天から待つ」ようになったとパウロは書いている[16]。

テサロニケの信徒はパウロ、シルワノ、テモテにならい、「神が死者の中から起こした御子、すなわちわたしたちを来るべき怒りから救い出すイエスが天から（降るのを）待つようになった」。この「待つようになった」とはテサロニケの信徒が今そうしている、というだけでなく、これからもそのようにするようにとの勧めを含んでいる。テサロニケの信徒は天にとどまる救い主の来臨を待ち続けるのである。来臨についての言葉は、Ⅰテサロニケ書においては引き続いて手紙本論の各箇所にみられる（2:19; 3:13; 4:13–17; 5:1–11）。O・ルッケンスマイヤーは、パウロの勧告は来臨の教えに基づいて語られる事例が多いことを観察しており、来臨の教えがⅠテサロニケ書を理解する鍵であるという[17]。さらに来臨について詳細な説明は少ないゆえ、すでに了解されている来臨に根拠づけられて、勧告が語られると考えている。

2.2.2. 5章9–10節

1章9–10節で語られた来臨と救いを繰り返す5章9–10節では「なぜなら神はわたしたちを怒りではなくわたしたちの主イエス・キリストによって救いを得るように定めたからです」とやや回りくどく語る[18]。神がわたした

ちが救いを「得るように定めた」(5:9)の、「定めた」(ἔθετο)は、誰かを何かに指名すると言うため、二つの目的語を取る。それらは「わたしたち」と救いの「所有(περιποίησις)」である。この文章は。「わたしたち」が、来臨に際して与えられる救いをすでに所有している、確保している、確かなこととして語るのである[19]。10節はこれを直ちに内容的により強く展開する。

5:10 （イエス・キリストは）わたしたちのために死に、それはわたしたちがたとえ目覚めていても眠っていても、彼と共に生きるためです。

この節は、Ⅰテサロニケ書で最もはっきりとキリストの死によってもたらされる救いについて語る。「（イエス・キリストは）わたしたちのために死に、それはわたしたちがたとえ目覚めていても眠っていても、彼と共に生きるためです」。イエス・キリストの死はわたしたちのためであり、わたしたちが彼と「共に生きるため」だという[20]。これは信徒を生かす十字架の賜物である。この点は、のちに詳論する。

2.3. 黙示思想の消極的表れとしての「怒り」

2章14節でテサロニケの異邦人信徒たちが同郷人からの無理解や迫害にあい、2章16節では迫害者には神の怒りが下ることが語られる[21]。迫害という状況でパウロは、忍耐しつつ終末的希望によって信仰生活を送るようにと勧めている[22]。このような「わたしたちを来るべき怒りから救い出すイエス」によって救い出される「わたしたち」と対照的に怒りに定められた人々は、希望が肯定的黙示思想の表れであるとすると消極的表れである。「怒り」(ὀργή)は、新約聖書で36回用いられる中で、ロマ書で12回、Ⅰテサロニケ書で3回用いられ、いずれも終わりの日に下される神の裁きについて語る。神の恵みと正義がもたらされるとき、同時に正義の貫徹としての裁きが起る[23]。Ⅰテサロニケ書で3回使われる「怒り」のうち2章16節のみで怒

りはすでに明らかにされているかのように書かれている。パウロがすでに裁きが起こってしまったと考えているようであるが、そうではないだろう[24]。従って筆者は16節を、「わたしたちが諸民族に、救われるように語ることを妨げ、こうして絶えず自分たちの罪を満たすからです。そして最終的に怒りが彼らの上に下ることになります」と訳すのが適当であると考えるが、他方、岩波訳は「そこで〔神の〕怒りは、ついに彼らの上に臨んだのである」と、怒りが既に到来したものと捉えて訳している[25]。このようにユダヤ人を断罪する発言はパウロでは例外的である。例えばロマ書9–11章は、ユダヤ人の弁明であり、ユダヤ人を断罪していないし、ローマ1章18節は神の怒りがこれからあらわされると読むことができる。そこでこの箇所も黙示的期待の一つの、消極的な表現としてこれから起ることの予告として考えては良いのではないだろうか。テサロニケの人々の褒められる行いと比較すれば、断罪するべき行いとして極端に書いているのであるが[26]、意図することは1章10節や5章9節のように終末時に下る怒りである。ここで εἰς τέλος を「最終的に」と理解し、全体としては、怒りが彼らの上に下る」と訳すことが適切である[27]。それは「下る」という動詞をアオリスト時制の過去の一回性よりも、時間を「限定しない形」であるアオリスト時制として理解し、怒りが下る、とだけ言っていると理解するのである[28]。そうであれば、黙示思想の消極的現れとして神の怒りの描写の一つと理解することができる。

3. Ⅰテサロニケ書における苦難の思想：
終末論的視点から見た苦難

終末への視線はパウロの苦難の理解へと展開される[29]。この終末論的視点で苦難を見、苦難に定められている、苦難にも関わらず慰められる、という考え方がⅠテサロニケ書で観察される。

3.1. 苦難に定められているという理解

まずパウロは自分たちの働きを述べる。

> 2:2 あなたがたが知っているようにわたしたちは以前フィリピで苦しめられ、侮られたけれども、わたしたちの神においてあなたがたに多くの苦闘の中でかえって大胆に神の福音を語りました。

ここでは、福音に仕える中で受けた苦しみにも関わらず、福音を敢えて語ったことを振り返る[30]。1章6節ではこの考えがテサロニケの信徒についても言われる。2章19–20節では苦難を受けても信仰を持ち続けるテサロニケの人々が「主イエスが来られる時、彼の前で」つまり、来臨のイエスの前で「あなた方こそわたしたちの栄光、喜び」だと言われる。苦難の意味は、3章3節でもう一度強調され、3章7節では信徒達の苦難によってパウロ達が慰めを受けると語られる。3章3及び同7節で語られているのは、Ⅰテサロニケ書において、信徒は苦難に定められているということである[31]。

> 3:3 誰もこれらの困難によって動揺させられることがないためです。あなたがた自身が知っているようにわたしたちはこのことのために定められています。

> 3:7 それゆえ兄弟姉妹たちよ、わたしたちの多くの困難と苦しみにあっても、あなた方によってなぐさめられました。

パウロはテサロニケの人々が迫害を受けている状況を「困難」(θλῖψις、困難、艱難、苦難、苦しみ、苦労、迫害) と表現している[32]。困難な時に、テサロニケの人々が「動揺させられる」(σαίνω) ことのないように。そのためにわたしたちは「定められた」(κεῖμαι)。「横たわっている、定められて

いる」の意味で用いられるこの語は、神学的な意味を持つ文脈では「（神によって）定められている」ということを意味する[33]。3章3節「このこと」、つまり終末時の苦難へと定められていると書かれているので[34]、パウロたちとテサロニケの人々が直面している困難、迫害に終末的意味合いがあることになる。

3.2. 苦難による慰め

3章7節ではテサロニケから帰ってきたテモテの知らせによって、現在の「困難と苦しみ」にも関わらず、慰められたという。具体的には第二伝道旅行における困難な問題で、文脈はこの箇所が「終末論的な体験の響き」を伴うという[35]。同じようにIコリント書7章26節以下は「終末論的な困窮の時代」として現在を描き、その確信によって主のことに専心することを勧める。つまり使徒的な職務は $ἀνάγκη$（強制）として彼に課せられたものである[36]。この様に苦難を描写しさらにパウロは苦難において、パウロたちもテサロニケの人々もキリストに似たものになるという。1章6節、2章14節、同19節では苦難は信仰者をキリストに倣う者にすると言われる。これは苦難を徹底するところに神の力が働くという「十字架の神学」が読み取れるのではないだろうか。

4. 十字架の賜物：キリストに倣うもの

以上観察したIテサロニケ書の現在理解は来臨を待ち、苦難において神の栄光の現われを待つ時にあって、その神との親密な交わりが読みとれる。それは十字架の賜物である[37]。というのは、信、愛、望の霊的力に強められた信徒は、わざと労苦、忍耐を通して、人格形成、キリストに倣い、似た姿になる。このことは大貫隆の苦難理解とも一致する。大貫はパウロが伝道の苦難を述べるIIコリント書6章2節を挙げて「苦難に満ちた『今』がそのまま『絶好の時』（時機）、『救いの日』だと」うことに注目し、この時間的

に表現された逆説は、『……のようでいて、（実は）……ではない／……である』あるいは『……する者たちは、あたかも……しないかのように』が含んでいる逆説、「それは、『使命』（召命）は『苦難』と『弱さ』を滅却したところで遂行されるのではなく、それを『用いて』遂行されるという逆説である。『使命』が『苦難』と『弱さ』を乗り越える」という[38]。テサロニケの信徒がキリストに倣うものになると言われる箇所は次の二箇所である。

4.1. 希望

希望は持ちこたえる力を生み、わざ、労苦、忍耐が主キリスト・イエスに由来し、信徒の中で働き、それらを通して自身の人格を形成し、キリストに倣い、似た姿になる（3節）ので「多くの困難の中であなたがたは聖なる霊の喜びと共にみ言葉を受け入れたので、わたしたちと主にならう者（μιμητής）となりました」(1:6)。パウロたちとテサロニケの信徒が「わたしたちと主にならう者となりました」というのは、使徒たちと主の苦難にならい、苦難を受けるキリスト教徒になったという[39]。「ならう者」（μιμητής）が現れる新約聖書中11箇所のうち8箇所はパウロ書簡である。パウロは使徒として受ける苦難をキリストの十字架の苦難と重ねて理解する（ガラ 6:17; フィリ 3:10; ロマ 8:17; Ⅱコリ 4:10, 14)[40]。同じことがテサロニケの信徒にも求められている。

4.2. 栄光

2:14 そして、兄弟たちよ、あなた方は、キリスト・イエスにおいて神の教会であるユダヤにある教会にならう者（μιμητής）となりました。ちょうど彼らがユダヤの人々から苦しめられた ように、あなた方は自身の国の人々からの様々なことで苦しめられたからです。

2:19 しかしあなた方ではなくだれがわたしたちの希望、喜び、誇りの

冠でしょうか。わたしたちの主イエスが来られる時、彼の前で、あなた方ではないでしょうか。

パウロはテサロニケの信徒を「希望、喜び、誇りの冠」と語る。パウロには運動競技の競争にキリスト者の生をなぞらえている箇所がある（Ⅰコリ9:24–26; ガラ2:2; 5:7; フィリ2:21; 3:12–14）。それらの箇所で、運動競技で勝者が得る冠を「朽ちる冠」、キリスト者が得る永遠の命は、「朽ちない冠」である。また2章20節では「当然あなた方こそわたしたちの栄光、喜びです」。

栄光（δόξα）は究極的には神にのみ属する。なにが神の栄光にふさわしいかは、特に「神が示した救いの意志に対する感謝である。神にふさわしい栄光を神に帰すること、それがパウロたちにとっても栄光であり喜びである[41]。このように苦難を徹底し、キリストに倣う者となり、来臨において栄光を受けること、これがⅠテサロニケ書で語られる十字架の賜物である。

5. Ⅰテサロニケ書における十字架の神学

以上の考察をまとめるとⅠテサロニケ書における十字架の神学は、苦難を徹底的に引き受けることである。その果てに今、生きていても死んでいてもイエス・キリストと共に生きる。それは5章9節について議論したように、今すでにテサロニケの信徒は救いに定められている、来臨に際して与えられる救いをすでに所有しているからである。これがパウロの理解する黙示思想的今である。それゆえ10節では「目覚めていても眠っていても」、つまり今、生きていても死んでいてもイエス・キリストと「共に生きる」と語る。

青野は「十字架の神学」で語ってきた逆説をM・スコット・ペック『平気でうそをつく人たち』の言葉で言い換えている。「犠牲者が勝利者になるといったことが、どのようにして起るのか、私は知らない。しかし、それが起るということだけは知っている。善良な人が自らの意志で、他人の邪悪性

に突き刺され——それによって破滅し、しかもなお、なぜか破滅せず、ある意味では殺されもするが、それでもなお生き続けて屈服しない、ということがあることを私は知っている。こうしたことが起るときには、つねに、世界の力のバランスに僅かながらも変化が見られるのである」[42]。この言葉をパウロもテサロニケの信徒も実行したのである。

注

1) 青野太潮『十字架につけられ給ひしままなるキリスト』新教出版社、2016 年、86 頁。
2) 青野太潮『最初期キリスト教思想の軌跡——イエス・パウロ・その後』新教出版社、2013 年、85 頁。
3) 青野『最初期キリスト教思想の軌跡』169 頁、同『十字架につけられ』200 頁。
4) Ⅰテサ 3:1–10 によって、この手紙はパウロの第二伝道旅行中に書かれたと考えることが一般的である。
5) G. Friedrich, "1. Thessalonicher 5,1–11 der apologetische Einschub eines Späteren," *ZThK* 70 (1973): 288–315 は、5:1–11 を挿入と考える。しかし本論では、これから議論するように 5:1 以下の黙示思想と勧告が密接に結びついていると考えており、Ⅰテサロニケ書の統一性を主張したい。Ⅰテサロニケ書における勧告と黙示思想の密接な関係については特に、B・R・ガヴェンタ『テサロニケの信徒への手紙 1, 2』野田美由紀訳、日本基督教団出版局、2000 年、114–142 頁（B. R. Gaventa, *First and Second Thessalonians* [Louisville: John Knox Press, 1998], 61–79）。
6) Ⅰテサ 1:9, 10 は、テサロニケの人々が信じ、伝えたためにマケドニアやアカイアに広がっている教えの内容を要約しているが、そこには十字架の神学、義認、神の恵みについてのコリント一、ローマにおけるような洞察はない。F. F. Bruce, *1 & 2 Thessalonians* (Nashville: Thomas Nelson Inc., 1982), 18 を参照。ここでの中心的関心は使 14:15 におけるような、偶像なる神から離れて生ける、真実なる神に立ち返ることである。
7) 門脇佳吉『パウロの中心思想』教文館、2011 年、39 頁。
8) 門脇『パウロの中心思想』46–48 頁。
9) J. Christiaan Beker, *Paul the Apostle* (Philadelphia: Fortress Press, 1980), 147.
10) 思い起こす内容は「思い起こす」（μνημονεύοντες）の目的語として、3 つの属格で「行い…労苦…忍耐」（τοῦ ἔργου ... τοῦ κόπου ... τῆς ὑπομονῆς）と書かれている。これら 3 つの説明としてそれぞれに属格で「信仰」「愛」「希望」が続けられる。これらの属格はいずれも目的または効果・結果を表す属格（岩隈直『パウロ初期書簡』山本書店、1977 年、8–9 頁）であり、パウロたちが思い起こして感謝する内容は「あなたがたの信仰による行いと愛による労苦とわたしたちの主イエス・キリストに対する希望による忍耐」である。また「行い」（ἔργον）と区別して「労苦」（κόπος）という語をパウロは、教会に負担をかけないために自ら行う困難な仕事（Ⅰテサ 2:9; Ⅱテサ 3:8）や使徒としての労苦を指して用いている。テサロニケ文書では教会に負担をかけないために自ら行う困難な手仕事（Ⅰテサ 2:9; Ⅱテサ

3:8)、また宣教の働き（Ⅰテサ 3:5）を意味する。H. Fendrich「κόπος」（荒井献他監訳『新約聖書釈義事典』第 2 巻、教文館、2015 年）、365 頁（H. Balz und G. Schneider, Hrsg., *Exegetisches Wörterbuch zum Neuen Testament*, Band Ⅱ [Stuttgart: Verlag W. Kohlhammer, 1981], 758–762)。

11）希望に続く属格（τοῦ κυρίου）は、対格的属格と理解すると「わたしたちの主イエス・キリストに対する希望」である。

12）ἔμπροσθεν は、二つの前置詞、ἐν と πρός に方向を表す語尾 θεν から合成され、ヘロドトス、プラトン、クセノフォンにおいては形容詞、副詞的意味で、場所（前に、前へ）、時間（前から）、優劣（より多く、優れて）を意味する。マタイでは終末の裁きとの関連で 25:32（裁き）、26:70; 27:11, 29（審理）に用例が見られる。この延長で理解すれば、パウロはこの語を来臨における神の前にという意味で、Ⅰテサ 1:3; 2:19; 3:13 でも用いている（A. Kretzer「ἔμπροσθεν」［荒井献他監訳『新約聖書釈義事典』第 1 巻、教文館、2015 年］、509–510 頁 [H. Balz und G. Schneider, Hrsg., *Exegetisches Wörterbuch zum Neuen Testament*, Band Ⅰ (Stuttgart: Verlag W. Kohlhammer, 1980), 1089–1090])。1:3 では「父なる神の御前で」（ἔμπροσθεν τοῦ θεοῦ）、つまり来臨における神の前）でと言われる。

13）T・ホルツ『テサロニケ人への第一の手紙』EKK 新約聖書註解ⅩⅢ、大友陽子訳、教文館、1995 年、67 頁（T. Holtz, *Der erste Brief an die Thessalonicher*, EKK XIII [Zürich: Benziger Verlang; Neukirchen-Vluyn: Neukirchener Verlang, 1986], 61–62)。

14）門脇『パウロの中心思想』46 頁。

15）大貫隆『イエスの時』岩波書店、2006 年、189–236 頁。門脇『パウロの中心思想』48–49 頁。

16）S. Legasse「ἐπιστρέφω」荒井献他監訳『新約聖書釈義事典』第 2 巻、71–72 頁（H. Balz und G. Schneider, Hrsg., *Exegetisches Wörterbuch*, Band Ⅱ, 99–102）によれば、この語がキリスト教への回心について使われているのは、Ⅰテサ 1:9 とⅡコリ 3:16 である。古い信仰内容に決別した者はさらにイエス・キリストがもたらす救いを得るために神へと向きを変え、帰依しなくてはならない。天から来るキリストを待ち望むことはフィリ 3:20 にも書かれている。またキリストによって終末時の怒りから救われる望みについては、ロマ 5:9 にも書かれている。

17）D. Luckensmeyer, *The Eschatology of First Thessalonians* (Göttingen: Vandenhoeck & Ruprecht, 2009), 73.

18）5:9 で用いられている「所有」（περιποίησις）は、七十人訳聖書、新約聖書で使用が少なく、どのように訳すかについては議論がある。単に得るよりも維持、確保、獲得、所有を意味し属格と共に救いの所有、維持、確保を表す。ここでは救いは終末における神の怒りからの救いであり神が救いの所有を確かにする。同じ語は、Ⅱ

テサ 2:14 では栄光の維持と訳される。
19) E. Best, *The First and Second Epistles to the Thessalonians* (Peabody: Hendrickson Publishers,1972), 216–222.
20) 死んだ人を「眠る」と表現するのは、LXX ダニ 12:2、詩 88:5（LXX87:6）に例がある。
21) 怒りに定められた人々の断罪はⅡテサロニケ書では徹底しているが、これから議論するようにⅠテサロニケ書では終末の出来事として怒りが下ると言われるのみにとどまる。両書の来臨の描写の違いについての興味深い研究は、A. Lindemann, "Zum Abfassungszweck des Zweiten Thessalonicherbriefes," *ZNW* 68 (1977): 35–37参照。
22) 原口尚彰『パウロの宣教』教文館、1998 年、25 頁。
23) G. Fee, *The First and Second Letters of the Thessalonians* (Grand Rapids: Eerdmans, 2009), 197. マタ 3:7 並行ルカ 3:7 におけるバプテスマのヨハネの言葉を参照。他にロマ 2:5, 16。
24) ローマ 1:18 でもその怒りはすでに明らかにされたと理解する注解者もいるが（F. F. Bruce, *Thessalonians*, 20）、「明らかにされる ἀποκαλύπτεται」は現在形である。岩波訳は「神の怒りは天からあらわれる」と訳している。
25) 青野太潮訳「テサロニケ人への第一の手紙」（新約聖書翻訳委員会訳『新約聖書Ⅳ パウロ書簡』岩波書店、1996 年、207–222 頁）。
26) V. P. Furnish, *1 Thessalonians, 2 Thessalonians* (Nashville: Abingdon Press, 2007), 72.
27) これに対して以下は神の怒りはすでに下ったとする訳。すでに述べたように青野訳では「ついに彼らの上に臨んだのである」（「テサロニケ人への第一の手紙」214 頁）。田川建三「怒りは究極的に彼らに臨んだ」（『新約聖書　訳と註　パウロ書簡その一』作品社、2007 年、111 頁）。聖書協会共同訳「極みまで彼らの上に臨みました」。口語訳「最も激しく彼らに臨むに至ったのである」。過去のこととしては訳していない訳としては以下がある。岩隈直「永久にかれらの上に臨んでいる」（『パウロ初期書簡』21 頁）。新共同訳「余すところなく彼らの上に臨みます」。
28) アオリスト時制は一回的過去ばかりでなく、限定しない形である（田川建三『新約聖書　訳と註 5　ヨハネ福音書』作品社、2013 年、621 頁）。
29) 大貫『イエスの時』207 頁。
30) 福音の自由な宣教につながる、という対立的な表現によって、圧迫と苦難が使徒の存在に不可避であることが、Ⅱコリ 4:8–12; 6:4–10; 11:23–33; 12:9–10; Ⅰコリ 4:9–13; フィリ 2:17; コロ 1:24 で言われていることに通じる。T. ホルツ、『テサロニケ人への第一の手紙』74–77 頁 (Holtz, *Thessalonicher*, 67–70)。
31) 門脇『パウロの中心思想』210 頁によれば、パウロには、艱難をただ耐え忍び、苦難の終わりを期待するだけでもなく、神の栄光は苦難のまっただ中であらわれるよ

うになるという（ロマ 5:2）思想的展開があるという。
32) この語は、七十人訳聖書でイスラエル民族の重大な危機（出 3:9; 4:31; Ｉマカ 9:27)、あるいは、終わりの時の艱難（ダニ 12:1; ハバ 3:16; ゼファ 1:15）を意味した。なお、『戦いの書 1QM』1:12 の邦訳では「苦難」と訳されている（日本聖書学研究所編『死海文書』山本書店、1963 年、129 頁）。また 15:1 は「クムラン宗団は『イスラエルにとっての苦難の時代』ということを専門語として語っている」と Strobel はいう。またこの語は、本来迫害に限らず様々な困難をさす言葉であるが、パウロはこの語によって自らの使徒としての困難を表現している（Ⅱコリ 4:8-12, 23-33)。その点では 3 節の κόπος と同様である。A. Strobel「ἀνάγκη」（荒井献他監訳『新約聖書釈義事典』第 1 巻)、110-112 頁（H. Balz und G. Schneider, Hrsg., *Exegetisches Wörterbuch*, Band I, 185-190)。

33) ルカ 2:34 参照。

34) H. Hübner「κεῖμαι」（荒井献他監訳『新約聖書釈義事典』第 2 巻)、336 頁（H. Balz und G. Schneider, Hrsg., *Exegetisches Wörterbuch*, Band II, 691-692)。

35) A. Strobel「ἀνάγκη」（荒井献他監訳『新約聖書釈義事典』第 1 巻)、110-112 頁（H. Balz und G. Schneider, Hrsg., *Exegetisches Wörterbuch*, Band I, 1978-1980)。

36) ἀνάγκη は、ユダヤ教言語圏において艱難の意味で通常用いられていた θλῖψις と同義であるが、ギリシア語圏に由来し、ヘレニズム世界で「神格によって要求された宿命的な〈強制〉という意味をもって」おり、同じ意味で LXX Ⅱ・Ⅲ・Ⅳマカバイ記、アリステアスの手紙、フィロン及びヨセフスの著作において用いられている（A. Strobel「ἀνάγκη」110-112 頁)。それゆえユダヤ教、キリスト教においては本来の宿命論的意味合いでなく、神の摂理と前もって計画されていた救いの行為を表現するようになる。さらに原始キリスト教においては終末論と結び付き、物質的にも精神的にも困窮にさらされていたキリスト者の状況を終わりの日を迎えるために必然的な苦しみと捉えている。

37) 門脇『パウロの中心思想』46-50 頁。

38) 大貫『イエスの時』210 頁。

39) 大貫『イエスの時』49 頁。

40) ホルツ『テサロニケ人への第一の手紙』56-57 頁（Holtz, *Thessalonicher,* 50-51)。

41) H. Hegermann「δόξα」（荒井献他監訳『新約聖書釈義事典』第 1 巻)、398 頁（H. Balz und G. Schneider, Hrsg., *Exegetisches Wörterbuch*, Band I, 832-841)。

42) 引用は森英明訳、草思社、1996 年、329-330 頁より。青野『「十字架につけられ給ひしままなるキリスト」』204-205 頁参照。

紀元後1世紀のガリラヤ・サマリア・ユダヤにおける住居の形態
――テル・レヘシュの事例研究に向けて――

山野　貴彦

Die Architektur der Wohnung des 1. Jhs. n. Chr.
in Galiläa, Judäa und Samaria:
Vorstudie zu einem Wohnkomplex auf der Akropolis von Tel Rekhesh

Takahiko Yamano

Abstract

　Auf der Akropolis von Tel Rekhesh in Galiläa ist die Ruine eines Wohnkomplexes aus dem 1. Jh. n. Chr. aufgefunden, dessen Ausgrabung seit 2009 fortgeführt wird. Die Funde erinnert uns daran, dass nach den Evangelien Jesus von Nazareth kleine Dörfer in Galiläa regelmäßig besuchte. Die Häuser in Galiläa, Judäa und Samaria in der römischen Zeit sind in fünf Typen zu unterteilen: simples Haus, komplexes Haus, Hofhaus, Peristylehaus oder Haus mit dem Laden. Vom Grundriss her handelt es sich bei den Wohneinheiten in Tel Rekhesh um den Typ von Hofhaus, d.h. Haus mit einem Hof in dessen Mitte. Dass Tel Rekhesh eine jüdische Siedlung war, geht aus den archäologischen Funden wie Synagoge und Kalksteingefäßen hervor. Die anderen Funde wie die römischen Münzen, die römischen Gläser und die Wandfresken zeigen aber zugleich den römischen Einfluss auf. Der römische Lebensstil hat sich bis zu einem so kleinen jüdischen Dorf wie Tel Rekhesh im 1. Jh. n. Chr. in Galiläa verbreitet.

1. 序

　福音書において言及されるナザレのイエスの活動の中心はガリラヤの村や集落であった。イエスは基本的に、大都市を活動の場として選択していない[1]。村に入ると彼は安息日には会堂へ、それ以外の日常ではしばしば個人の家へと赴き、そこを教えや奇跡行為などの舞台とした。また、キリスト教共同体の最初期に「家の教会」なる場が重要な役割を担っていたという説は長く唱えられているところである。それでは、その「家」とはガリラヤ・サマリア・ユダヤにおいてどのような建築学的特徴を有し、そこで人々はどのように日々を過ごしていたのか。

　この問いに対して、近年日本の調査隊によって発掘が進められているガリラヤのテル・レヘシュは1つの事例を提供する。丘状の遺跡の頂上部には紀元後1–2世紀に年代づけられる居住区が広がっている。ナザレに近い下ガリラヤに位置する環境は、イエスが目にしていた風景を想起させる場所とも言え、この地の調査は福音書に見られる世界観の歴史的な考察のために大きな貢献をすることが期待される。

　しかしながら、日本においてローマ時代のガリラヤ・サマリア・ユダヤ地方における個人宅の考古学的研究はさほど進んでいない。居住地の考古学的研究は、当時の人々がどのように生活していたか、その物質文化的側面を探るための重要な証言となる。それゆえ、本稿はこれまでの家屋の型に関する研究史と実例を概観しその特性を整理し、また、テル・レヘシュの家屋がいずれの型に属するかを検討することで、来たるさらなる調査への展望を開くことを試みるものである。

2. 紀元後1世紀のガリラヤ・サマリア・ユダヤにおける個人宅に関する考古学的研究

個人宅に関する現在の考古学的分析の端緒を開いたのは L. E. Stager である[2]。Stager はパレスチナの伝統的な建築には「単純構造の家屋 (Simple House)」と「中庭を囲う家屋 (Courtyard House)」の2つの様式が認められるとし、それぞれ前者が地方の居住地に、後者が都市の居住地に頻繁に見られると指摘した。

Y. Hirschfeld は 1995 年に公表した研究[3]において、ローマ・ビザンツ時代の建造物研究はかつては公共的な建築への関心が主であり、個々人の家屋に関する研究は長く注目されることがなく、この課題に対する考古学的な研究は 20 世紀後半になってようやく本格的に行われるようになったと言う。彼は Stager の挙げた2つの建築様式をさらに展開した。家屋の形態は「単純構造の家屋 (Simple House)」、「複合構造の家屋 (Complex House)」、「中庭を囲う家屋 (Courtyard House)」、「柱廊を備えた家屋 (Peristyle House)」、「店舗付きの家屋 (Houses with Shops)」の5つに分類できるとされ、家族を経済活動の基礎とするローマ・ビザンツ時代のパレスチナ社会における個人宅の重要性から、建物をその居住者の生業と関係づける分析が合わせて提示された。彼の分類が現在に至るまでこの分野の基準を提供していると見てよいであろう。

S. Guijarro の 1997 年の論文[4]においては、Hirschfeld の分類に居住者の家族形態と経済力とが基準に加わって再編成されている。その結果、「単純構造の家屋」、「中庭を囲う家屋」、「店舗付きの家屋」の3つが残され、それに「大邸宅 (Big Mansion, *Domus*)」と「農園の家 (Farmhouse)」の2つが加わり、「複合構造の家屋」と「柱廊を備えた家屋」が項目から外されることとなった。

個人宅の分析の際には、原則として中庭の形態や機能あるいは家屋の大きさおよび各部屋の利用方法などが鑑みられ、それらの諸要素の中の何に重点

を置くかによって分類の仕方が決定されてきたと言える。私見によれば、建築様式の観点からはHirschfeldの分類に最も説得力がある。Guijarroの分類にはその建物にどのような家族が住んでいたかという関心が含まれ、それが建築様式の基準に入り込んでしまっている。例えば、都市の富裕層が住む「大邸宅」と村や集落に住む非富裕層が住む「農園の家」という構図が分類の中にあるが、これは建造物の構造そのものとは異なる水準の問題である。建築様式的には、「農園の家」は「単純構造の家屋」にも「複合構造の家屋」にも認められるものであり[5]、「大邸宅」は基本的にローマ文化の影響を受けた建築物を指すとはいえ、「複合構造の家屋」や「中庭を囲う家屋」などに包含されうるものである。

　本稿の関心は建造物そのものから居住地の特性を浮かび上がらせることにあり、したがって、Guijarroの見解を参考にしつつも、Hirschfeldの分類を基に平面図による建築様式の整理を第一に行うことが最適と考えられる。なお、Stager、Hirschfeld、Guijarroの各人とも、ローマ・ビザンツ時代において建築様式には一貫性が見られるということから、おおよそ紀元前3世紀頃から紀元後9世紀頃までの時代をひとまとまりの視野に収めているが、この時代範囲の設定はあまりに広い。以下の検討においては新約聖書の時代史的観点から紀元前3世紀から紀元後2世紀までの建造物を扱うこととする。

3. 個人宅の形態

3.1. 単純構造の家屋

　ガリラヤ・サマリア・ユダヤ地方において伝統的であり、また、ローマ・ビザンツ時代においても主流の様式の1つとして挙げられるのが「単純構造の家屋」である。この様式を最も端的に代表するのは、数部屋に分かれた1つの建物と中庭（前庭もしくは裏庭として設けられる）を有するもので青銅器時代から事例が見られる[6]。中庭は炊事や仕事など日常生活の作業にお

ける中心的な場所であった。また、家屋という私的な空間と街路との緩衝の場として機能した。中庭にはしばしば貯蔵庫なども敷設された。

サマリア地方北部のウッム・リハン近郊で発見された「農園の家」（紀元前1世紀−紀元後1世紀）は典型的な「単純構造の家屋」である（50m^2 [図1]）[7]。東側に出入口を備えた大きな中庭の北東側に3部屋から成る居住空間が、西側に2部屋から成る貯蔵庫が設けられた簡素な造りの建物が見られる。

紀元前2世紀から紀元後67年まで定住の痕跡が認められるゴラン地方ガムラの古代の居住地区ではシナゴーグの直下の場所に、この地の城壁と接続する家屋（Wall House）[図2] が建っていた（180m^2）[8]。この建造物もまた「単純構造の家屋」に分類される。主要口は南東側に2つ設けられ、1つは玄関口であり、もう1つは店として機能していたと思われる部屋に入るためのものであった。後者は3つの細い空間に区切られた別の部屋と接続していた。そこはおそらく倉庫として用いられていたものである。居住空間は4部屋に区切られており、そのうち2つの部屋には北西に向いた出入口が設けられていた。ガムラでは他にもいくつかの「単純構造の家屋」が見つかっている。

この様式で作られた家屋の面積の事例は20–280m^{2}の範囲にあるが、多くの場合、小規模な家屋である。また、建築学的に単純構造であるだけでなく、その地で得られる岩石や砂を固めて作ったレンガなどが用いられていたという建築資材の観点からも単純であると言えよう

なお、2つの建物が翼状に設計された「二棟式の家屋（Two-Wing House）」および軍事的な建築物に着想を得た「塔型家屋」もこの様式の発展型に含まれ、「単純構造の家屋」と次項の「複合構造の家屋」とを接続する設計思想を有している。

3.2. 複合構造の家屋

二棟型などの「単純構造の家屋」の展開型の発生には家族の増加あるいは

家主の経済力の拡大などの理由が考えられるが、もはや「単純構造の家屋」の定義を大きく超える面積や構造を有するようになったものは「複合構造の家屋」という様式に分類される。中庭の周辺に建造物が複数棟配置されており、その面積の事例は280–2800m^2 と「単純構造の家屋」以上に幅広いが、多くの場合 800–1000m^2 の範囲にある。

「複合構造の家屋」の典型としては例えばサマリア地方西端に位置するカスル・エ・レジャの「農園の家」（紀元前3世紀－紀元後1世紀）が挙げられる[9]。西側に出入口が設けられた中庭には直径およそ 2m の貯水槽があり、その中庭を囲むように搾油部屋と5つの貯蔵庫と塔および居住空間となる部屋が設けられていた。その規模は 940m^2 となっている。

エルサレムから北方 13km のヨルダン川西岸地区にあるカランディヤではおよそ 1200m^2 の規模を有する「農園の家」が発見された（紀元前2世紀－紀元後 70 年）[10]。出入口からおよそ 8m の通路を抜けると到達する広い中庭に面して居住空間と貯蔵庫から成る数多くの部屋が作られ、また、大規模な作業場が別棟として建てられていた。

海辺のカイサリア（カイサリア・マリティマ）から北東およそ 14km に位置するラマト・ハ・ナディヴの「農園の家」（紀元後1世紀）はこの様式における最大規模のもので、2800m^2 の面積を有している[11]。広大な中庭の北側に脱穀場やオリーブ搾油機、ほぼ中央に葡萄圧搾機、南側には貯水槽[12]などが設けられた。また、居住空間や牛舎および羊舎などから成る東側の大型建物、南側の大型の貯蔵庫などが建造されていた。居住空間を形成する建物の一角からはミクヴェ[13]も発見されている。これらの出土物は、この居住地でユダヤ人家族による大規模農業が営まれていたことを示している。

エット・テル[14]にある通称「漁師の家（The Fisherman's House：紀元前2世紀－紀元後1世紀）」は西側に出入口を有する中庭に居住空間（北側）と調理場（東側）を備えた複合構造型の建築物である。錨や投網のおもり、釣り針など漁業関係の出土物が多いことからその名がつけられている[15]。Guijarro はこの家屋を次項の「中庭を囲う家屋」の型に分類するが、中庭は

外部から遮断されておらず街路と直に接続している[16]。これを中庭の外部との遮蔽性を特徴とする「中庭を囲う家屋」に分類するには無理があろう。それは Guijarro が「複合構造の家屋」という型を採用していないがゆえに生じた問題と言える。なお、ベトサイダには漁師の家と同時代に年代づけられる「葡萄酒醸造者の家（The Winemaker's House）」[17] があるが、その家屋もまた出入口が中庭に設けられており、「複合構造の家屋」の型に属する。この家屋では、食堂や寝室などの居住空間、調理場、葡萄酒の貯蔵室、店舗が中庭に接続して設けられていた。

3.3. 中庭を囲う家屋

中庭がその建造物の中心として明示的に配置されるのが「中庭を囲う家屋」である。この様式は中庭の配置が基準となっていることから、建造物の面積は分類に影響を与えない（80–2000m^2）[18]。この型の場合、原則として中庭は家屋を構成する建造物に四方を取り囲まれ、外の街路と直結することがない。すなわち、中庭が公共空間と私的空間の狭間の役割を果たすことになる「単純構造の家屋」や「複合構造の家屋」のような構想は見られない。その設計により、居住者のプライバシーが守られ、また、建造物が中庭を取り囲んでいることは、風および風にのって飛んでくる砂塵や強い日射しへの対策にもなりえた。このような居住者の外部に対する遮蔽性や安全性を高める構造は、紀元前 3–2 世紀において既にサマリア（ローマ時代におけるセバステ）[19] やハル・ゲリジム（ゲリジム山）[20]、マリサ[21] やベト・イェラハ[22] などの居住地に既に導入されている。それらの家屋は、居住空間や食堂（トリクリニウム）および寝室や浴場など数多くの部屋が、中心の中庭を取り囲む仕方で接続するという、「中庭を囲う家屋」の型に顕著な特徴を示している。

エルサレムには主に 3 つの「中庭を囲う家屋」が確認されているが、そのうちの 1 つとして、旧市街にある「焼き打たれた家（Burnt House。あるいは「カトロスの家」とも呼ばれる）」として知られる建造物がある（紀元

前1世紀－紀元後1世紀）[23]。祭司カトロスの名が記された石製のおもりが発見された80m²のその家屋は2階建てで、現存する1階部分には小規模の中庭（およそ2×3m）とそれに敷設するミクヴェおよびこの階の大部分を占める作業場と保管庫とが確認される。出土物の中には、液体や食物などの宗教的清浄さの維持のために重要であった石灰石製容器[24]が多く見られ、ミクヴェの設置という状況とともに、この家に住んでいた者たちが宗教的な清浄さにとりわけ注意を払っていたことがうかがわれる。カトロスという祭司の一家が住んでいたのだとすれば、それは当然のことであったろう。

　エルサレムの残りの2つの著名な「中庭を囲う家屋」として、客殿やフレスコで装飾された部屋、ミクヴェ、多数の居住空間を有する2–3階建ての「中庭を囲う家屋」である通称「巨大邸宅（Great Mansion。600m²：紀元前1世紀－紀元後1世紀）」[25]や中庭にオーブンを3基有し、その中庭を中心に9つの部屋（そのうちの1室は地中に掘られたミクヴェに連絡している）が配置されている通称「ヘロデ時代の家（Herodian House。200m²：紀元後1世紀）[26]が挙げられる。

　カファルナウムにおいては古代の教会と古代のシナゴーグとのあいだの街区に見られる家屋（紀元前2世紀－紀元後1世紀）が「中庭を囲う家屋」の型に属するものとして注目される［図3］[27]。玄関部を通り抜けて到達する中庭には建物の屋上へと上がる階段が設置されていた。この中庭を囲んで2室から成る居住空間、食堂および寝室、店として用いられていたと思われる部屋が見られる。その中庭の北側にはもう1つの中庭と接続する出入口があり、その2つ目の中庭には馬小屋が建てられていた。2つ目の中庭の南側にはさらにもう1つの中庭と接続する出入口があった。合計3つの中庭があることから発掘者はこの家屋を「三つの中庭を囲う家屋（Triple Courtyard House）」と名づけている。室内から多くの漁具も発見されたことから、この建物はガリラヤ湖で漁業を営む大家族の所有であったと考えられる。経済的に一定の余力がある漁師が人を雇って漁業を営んでいたことはマルコ福音書1章20節の記述にも前提されている。

ベエル・シェバ近郊のホルヴァト・サリートからも1200m^{2}の面積に広がる2–3階建ての大規模な「中庭を囲う家屋」が発見されている[28]。中庭を囲む7つの部屋から成る居住空間と2つの大きな貯蔵室および塔を備えたこの建造物は砦としての機能を備えていたと思われる。外壁も厚みがあり、塔の外壁部分は1.4mの幅を有していた。貯水設備やミクヴェも備えたこの居住地は紀元後1世紀に年代づけられ、第2次ユダヤ戦争（バル・コクバの乱）の際に破壊されたと考えられている。

エルサレムから南西およそ35kmに位置するホルヴァト・エトリは一体型の建造物を持つ集落である［図4］。定住の開始はペルシャ時代に遡るが、ヘレニズム時代からローマ時代に居住の痕跡が色濃く見られる。この複合住宅は直角に形成され、厚く強化された外壁はこの地を囲む防壁のように造られている。この村の西端には合計14の部屋から成る家屋が、また、南東端には回廊によって分けられた複数の小さな住宅群と共同の中庭が、またそこに接続する公共の建物（13×7m）が見られる[29]。さらに東側にも中庭を有する大きな家屋が続いており、1つの大きな居住区を形成する。東側の建物は水路を伴う作業場も備えていた。エトリは第1次ユダヤ戦争において部分的に破壊されるもその際には戦後に復興がかなったが、第2次ユダヤ戦争の時代に完全に崩壊することとなる。

3.4. 柱廊を備えた家屋

中庭の形式にギリシャ・ローマ式の要素を取り入れたものは、「中庭を囲う家屋」とは区別されて「柱廊を備えた家屋」と呼ばれる。この型はペリスタイルすなわち列柱廊の設計などによって特徴づけられる。それは元々エジプトやギリシャの建築に由来するが、ローマ時代にはローマの影響下にある各地に広まった。現存する中で最もよく保存されているものの1つがポンペイの「柱廊を備えた家屋」である。この建築様式においては、中庭は仕事や炊事などのための場所ではなく、くつろぎや歓談などのための場所となる。

ガリラヤやユダヤ、サマリアなどにおいてもそれは例外でなく、ユダヤ丘陵地帯と海岸平野のあいだに位置するテル・ユディデ（700m^2：紀元前1世紀－紀元後1世紀）[30]やヒルベト・エル・ムラク（1600m^2：紀元前1世紀－紀元後1世紀）[31]の建物では列柱を有する中庭において、前者にはプールが、後者には休憩処が備えられ、多数の部屋から成る居住空間や食堂などが中庭に面して設けられていた。

サマリア（セバステ）においても紀元後1世紀に年代づけられる建造物が認められる[32]。そこでもまた、柱を有する中庭に食堂が造られ、社交の場として用いられていたと見られる広い空間には浴場も接続していた。居住空間は建物の南側に7部屋が集中して設けられた。

3.5. 店舗付きの家屋

店舗となる部屋が街路に面して設けられているものを「店舗付きの家屋」と呼ぶ。そのような設計はローマの都市の商店では一般的であり、ガリラヤやサマリア、ユダヤなどにおいてはとりわけビザンツ時代に多く見られるようになるが、ベト・ヅールのようにヘレニズム時代においてこの様式が既に導入されている居住地もあった[33]。そこでは、店として用いられる2つの空間が街路に対して前面に出され、居住のための部屋などがその背後に配置されている。

4. ローマ時代におけるテル・レヘシュの集落

4.1. テル・レヘシュの事例

テル・レヘシュは約8km西方にタボル山を臨む、下ガリラヤ地域の丘陵地帯に存する遺跡であり、2006年以降日本の調査隊によってイスラエル国の研究者らとともに発掘が進められている[34]。三方をタボル川とレヘシュ川に囲まれたこの遺跡にはヘレニズム時代を除く青銅器時代[35]からローマ時代に至るまでの居住の痕跡が認められる。青銅器時代および鉄器時代にお

ける居住区はテル全体にわたる広大なものであるが、ローマ時代の遺構はアクロポリス地区に限定される［図5］。その面積は非常に小さく（およそ0.5ha）、「集落」と呼べる水準の規模である。

　テルの頂上部の北端および西端でローマ時代の居住区を囲むように建てられた外壁が、踏査によって確認されている。その最北端の部分にはおよそ4×4mの同種の部屋が5つ並んでいる。その西端の1室の試掘では、ローマ時代に年代づけられる土器が数点出土した他には目立った遺物は発見されず、居住空間というよりは収納庫として用いられていた可能性が高いと思われる。そこから約15m南西に、日々の生活の中心として用いられたと思われる家屋が発見された。この建物は調査区からだけでも7つの空間を有していることが確認されており、壁や建築の構造を鑑みれば未発掘の場所にさらに複数の部屋が接続していることが想定される。出土物としては、調理用の土器、壺、水差し、オイルランプなどがある。この建物には2つのウィンドウ・ウォールが設けられていたことも判明した［図6］。それによって仕切られた先の空間は、敷石で舗装されていた。中庭と考えられる空間は現段階でも2つ確認されているが、この建造物の未発掘部分にさらに大きな中庭が存在する可能性も否定できない。玄武岩で作られた壁は1mの幅を有し、2mの高さがあるため、建物の2階を支えるだけの強度があった。実際、2階に上がるための階段も確認されている。出入口のない2つの部屋には2階から梯子などを用いて入退室が行われていたと考えられる。居住区の南西端は8.5×9.3mの空間を有するシナゴーグによって閉じられていた。その集会場は50人超を収容することが可能なものであった[36]。

　上述のような建築様式の分類に対して、テル・レヘシュの建造物はどれに当てはまるであろうか。建造物の領域全体の発掘が行われていないという問題があるものの、出土している中庭が街路と面していないことは現時点でも確認されるため、「中庭を囲う家屋」型の「農園の家」の可能性が高いと言うことができるであろう。複数の部屋と複数の中庭が比較的狭い領域に収まっている状況は、カファルナウムやホルヴァト・エトリの集合住宅の形態

などに近い。

　なお、建物の壁の一部からはフレスコや漆喰が発見されたとともに、ローマガラスの断片も多く発見されている。これらのローマ文化に関連する高価な出土物は、ここに住んでいた家族が一定の高い経済力を有していたことを示す。他方で、石灰石製容器の断片も数多く発見されていることから、同時にその家族はユダヤ教の清浄規定に忠実であろうとする人々であったことも想定される。シナゴーグも、彼らの宗教生活の実践への熱意を示唆するものであると言えよう。

　テル・レヘシュは鉄器時代にオリーブ油の大規模な生産地として豊かな繁栄の時期を享受していたことが調査から判明しているが、ローマ時代にはその居住範囲は著しく縮小しており、この地がそのような繁栄を引き続き有していたとは考えられない。しかしながら、丘のふもとではタボル川が年間を通じて水を確保し、現在に至るまでその流域を中心に様々な植物が生殖する[図7]。周辺には古代の葡萄圧搾場なども見られる。遺跡からも臼やすり鉢の類が多く発見されている。ヘレニズム時代に一旦居住の歴史が途絶えたこの地に農業的な好立地条件を見出した財力のあるユダヤ人家族がローマ時代にここに居を構え、農場経営を主たる基盤としながら生活していた姿が想定される。それは第二次ユダヤ戦争の時代まで続いた。その戦乱の際にこの居住地は放棄され、その後に人が定住することはなかった。

5. 結び

　ガリラヤ・サマリア・ユダヤにおける個人宅の様式は純粋に、敷地の広さ、中庭の機能、敷地内の建造物の数や種類によって判断されるべきである。建築様式の分類において、居住者の経済力や社会的地位、居住地の特性などが基準に盛り込まれることは適切ではない。例えば、小規模な居住地の比較的小規模な家屋に経済力の高い人物が住んでいる場合もありうるからである。

実際、ローマ時代におけるテル・レヘシュの居住地は、集落という形態に当てはまる小規模なものである。しかし、考古学的知見は、ガリラヤというユダヤから見れば辺境の中で、さらにこの地方を走る街道から大きく逸れた辺境的な場所にある居住地においてもローマ文化とユダヤ教文化とが並んで導入されていたことを示している[37]。そこに家を構えていた家族は、ユダヤ人としての宗教生活の実践に注意を怠らない生活を営みつつ、ローマ文化に由来する装飾や生活用品をも用いる、比較的富裕な人々だったのである。

　テル・レヘシュの発掘調査は継続中であり、さらなる建築様式の明確化と出土物による居住者の特性分析が、以上のような問題意識をふまえつつ進められていくことが期待される。

図版一覧

図1：ウッム・リハンの「単純構造の家屋」の平面図
図2：ガムラの「単純構造の家屋」
図3：カファルナウムの「中庭を囲う家屋」
図4：ホルヴァト・エトリの「中庭を囲う家屋」および居住地の平面図
図5：テル・レヘシュ頂部の調査区と建築遺構
図6：ウィンドウ・ウォールと壁に接続して設けられた2階への階段
図7：テル・レヘシュ遠景
　〔図1-4は筆者に（ウッム・リハンおよびホルヴァト・エトリの家屋の平面図は筆者が発掘報告を参考にして作図した）、図5-7はテル・レヘシュ調査団に属する〕

注

1) その唯一の例外は、十字架と死の場所となるエルサレムである。
2) L. E. Stager, "The Archaeology of the Family in Ancient Israel," *BASOR* 260 (1985): 1–35.
3) Y. Hirschfeld, *The Palestinian Dwelling: In the Roman-Byzantine Period* (Jerusalem: Israel Exploration Society, 1995).
4) S. Guijarro, "The Family in the First-Century Galilee," in *Constructing Early Christian Families: Family as Social Reality and Metaphor*, ed. H. Moxnes (London/New York: Routledge, 1997), 42–65.
5) 上述 Guijarro の研究では「複合構造の家屋」の型は設定されておらず、また、「単純構造の家屋」については「地方の 20–200m^2 までの家屋」と定義されているため、大規模な農園の形式もありうる「農園の家」の型を1つの様式として設定せざるを得なかったが、それは苦肉の策である。実際、彼は「農園の家」の建築様式の定義を明示できていない。
6) 後期青銅器時代およびとりわけ鉄器時代になると、その建築様式は古代イスラエルにおける家屋の典型の1つである「四部屋式家屋（Four-Room House）」へと展開した。
7) S. Dar, Z. Safrai and Y. Tepper, *Umm Rihan: A Village of The Mishna* (Tel Aviv: Hakibbutz Hameuchad, 1986). 家屋のプランについてはとりわけ 105–7 参照。
8) S. Gutman, "Gamala," *NEAEHL* 2 (1993): 459–63.
9) S. Dar, *Landscape and Pattern: An Archaeological Survey in Samaria 800 B.C.E. - 636 C.E.* 2. vols. (Oxford: BAR, 1986), 10–12.
10) Y. Magen, "Kalandia: A Vineyard Farm and Winery of Second Temple Times," *Qadmoniot* 17 (1984): 61–7.
11) Y. Hirschfeld and R. Birger-Calderon, "Early Roman and Byzantine Estates near Caesarea," *IEJ* 41 (1991): 81–111.
12) この建造物の東側に直結する仕方でもう1つの葡萄圧搾機が、また、南側でも別の葡萄圧搾機と貯水槽が出土している。
13) 紀元前1世紀から紀元後1世紀のミクヴェの考古学的情報については、山野貴彦「ミクヴェと浸水儀礼」（『キリスト教学』52 号、立教大学キリスト教学会、2010 年、149–59 頁）を参照。
14) 発掘者たちは長らくこの地を新約聖書におけるベトサイダもしくはフラウィウス・ヨセフスの著作におけるベトサイダ／ユリアスと同定する（R. Arav and R. A. Freund, eds., *Bethsaida. A City by the North Shore of the Sea of Galilee* I–III

[Kirksville Mo.: Truman State Univ Press, 1995/1999/2004] の各論文はこれを前提に編集されている)。しかし、Aviam および Notley はガリラヤ湖北岸のエル・アラジにおけるローマ時代に年代づけられる建造物の発見を機に、かつてはビザンツ時代以前の遺構が発見されていなかったがゆえにベトサイダに同定することが退けられたこの遺跡を候補地に戻すことを強く主張している（M. Aviam and Steven R. Notley, "Has Bethsaida-Julias Been Found?," *The Bible and Interpretation* [2017]: https://www.bibleinterp.com/PDFs/Bethsaida-Julias.pdf)。

15) H. W. Kuhn and R. Arav, "The Bethsaida Excavations: Historical Archaeological Approaches," in *The Future of Early Christianity Essays in Honor of Helmut Koester*, ed. A. Peterson (Minneapolis: Fortress Press, 1991), 77–106.
16) 出入口を西側でなく南側に想定する研究者もあるが、いずれにせよ、出入口が中庭に直接通じるプランになる点については相違がない（Arav, "Bethsaida," 252–4）。
17) この家屋からは葡萄をすりつぶす道具や葡萄酒を入れる瓶や水差しが数多く発見されており、そこからこの名前が付されている。Cf. R. Arav, "Bethsaida," *NEAEHL* 5 (2008): 1615.
18) この様式について居住地の面積を主たる基準に挙げないのは、Stager、Hirschfeld、Guijarro ともに共通する。
19) G. A. Reisner, C. S. Fisher and D. G. Lyon, *Harvard Excavations in Samaria 1908-1910*, (Cambridge, Mass: Harvard University Press, 1924), 155–60.
20) Y. Magen, "Gerizim, Mount," *NEAEHL* 2 (1993): 484–92.
21) A. Kloner, "Marisa," *NEAEHL* 3 (1993): 951–7.
22) B. Maisler and M. Stekelis, "Preliminary Report on the Bet Yeraḥ," *BJPES* 11 (1944–45): 77–84.
23) G. Hillel, *Jewish Quarter Excavations in the Old City Jerusalem IV: The Burnt House of Area B and Other Studies* (Jerusalem: Israel Exploration Society, 2010); N. Avigad, "Jerusalem," *NEAEHL* 2 (1993): 734–5.
24) 紀元後1世紀にガリラヤ、ユダヤ、サマリアにおいて広まった石灰石製容器使用の慣習については山野貴彦「ローマ時代のユダヤ人共同体における石灰石製容器」（『キリスト教学』53号、立教大学キリスト教学会、2011年、103–18頁）を参照。
25) G. Hillel, *Jewish Quarter Excavations in the Old City Jerusalem III: Area E and Other Studies* (Jerusalem: Israel Exploration Society, 2006); N. Avigad, "Jerusalem," 732.
26) N. Avigad, "Jerusalem," 733–4.
27) V. Corbo, "Aspetti urbanistici de Cafarnao," *SBFLA* 21 (1976): 268–85.
28) D. Alon, "Horvat Ṣarit (Kh. Salantah)," *ESI* 5 (1986): 94–6.
29) その部屋は紀元後70年以後になってはじめて造られたと思われる。現在内装は3

つの基台と室内のミクヴェが残っている。屋根はドーリア式の柱頭を有する基台に載った柱によって支えられていたと考えられる。発掘者たちはシナゴーグの可能性を示唆しつつ、この建物を「公共建造物」とする慎重な判断を下している（B. Zissu and A. Ganor, "'Etri, Ḥorvat," *NEAEHL* 5 (2008): 1736–7）。実際、この建物はその居住地の集会場としての役割を果たしうる面積を有するが、シナゴーグ建築であると考古学的に同定する際に根拠となる石製のベンチが明確には確認できないことが問題となる（山野貴彦「テル・レヘシュ シナゴーグ──後1世紀のガリラヤにおけるシナゴーグの新例」『聖書学論集』49号、日本聖書学研究所、2018年、29–48頁）、41頁注21参照）。

30) M. Broshi, "Tell Judeideh," *EAEHL* 3 (1977): 694–6; idem, "Judeideh, Tell," *NEAEHL* 3(1993): 837–8.

31) その壁石のうちの1つに「ヒルキヤ」という名前が彫られていたことから、この家屋は「ヒルキヤハウス」とも呼ばれている。Cf. E. Damati, "Khribet el-Muraq," *IEJ* 22 (1972): 173; idem, "The Palace of Hilkiya," *Qadmoniot* 15 (1982): 117–20.

32) N. Avigad, "Samaria (City)," *NEAEHL* 4 (1993): 1306–7.

33) Robert W. Funk, "Beth-Zur," *NEAEHL* 1 (1993): 261.

34) Y. Paz, and H. Kuwabara, "The First Season of Excavations at Tel Rekhesh: The Preliminary Stage (15–27. March 2006) – Excavation Results," *Orient Express: Notes et Nouvelles d'Archéologie Orientale* (2007–1/2): 17–25. ローマ時代の居住地に関する本格的な調査は2009年に始まった（A. Tsukimoto et al., "Tel Rekhesh 2009: Preliminary Report," *Hadashot Arkheologiyot: Excavations and Surveys in Israel* 123 [2011]: http://www.hadashot-esi.org.il/report_detail_eng.aspx?id=1678&mag_id=118）。以後、2016年の発掘調査までのPreliminary Reportや各種の発掘成果が国内外の研究誌で発表されている。本稿執筆時までにおける最新の調査結果の論考としてはM. Aviam et al., "A 1st-2nd Century CE Assembly Room (Synagogue?) in a Jewish Estate at Tel Rekhesh, Lower Galilee," *Tel Aviv* 46 (2019): 128–42.

35) 後期青銅器時代のこの居住地はヨシュ19:17–23においてイッサカルの嗣業の町の1つに挙げられるアナハラト（19:19）と同定される。例えばA. Aharoni, "Anaharath," *JNES* 26 (1967): 212–5。

36) 山野「テル・レヘシュ シナゴーグ」29–48頁。

37) 福音書においてもフラウィウス・ヨセフスの著作などにおいても、ローマの文化がガリラヤにも普及していたことをうかがわせる箇所は複数見られる。また、そもそもヘロデ大王の後を継いでガリラヤを治めることになったアンティパスはローマ文化の影響を強く受けていた人物の1人である。実際、彼はセッフォリスの再建やティベリアスの都市建設などにおいてもローマ的な都市計画を導入している。

紀元後1世紀のガリラヤ・サマリア・ユダヤにおける住居の形態

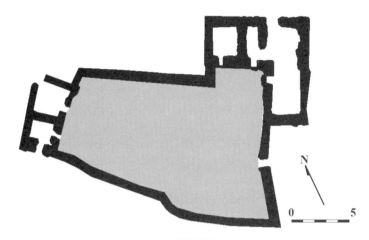

図1：ウッム・リハンの「単純構造の家屋」の平面図

図2：ガムラの「単純構造の家屋」

図3：カファルナウムの「中庭を囲う家屋」

図4.1.：ホルヴァト・エトリの「中庭を囲う家屋」

紀元後 1 世紀のガリラヤ・サマリア・ユダヤにおける住居の形態

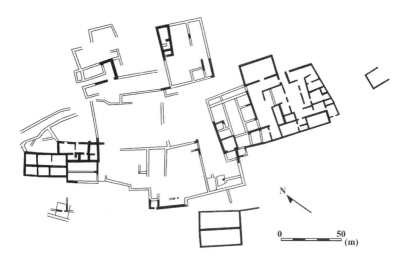

図 4.2.：ホルヴァト・エトリの居住地の平面図

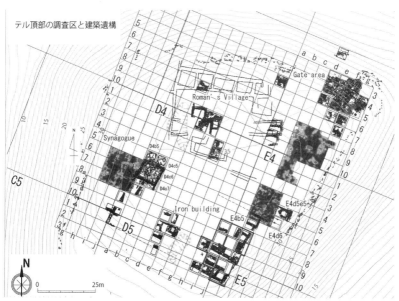

図 5：テル・レヘシュ頂部の調査区と建築遺構

図6：ウィンドウ・ウォールと壁に接続して設けられた2階への階段

図7：テル・レヘシュ遠景

ルター『九月聖書』の書誌学的考察
―― 第 1 刷の本文をめぐって ――

辻　　　学

A Bibliographical Study on Martin Luther's "Septembertestament":
The First Printing of the Text

Manabu Tsuji

Abstract

There are ca. 40 extant copies of the first edition of Martin Luther's German translation of the New Testament, the so called "Septembertestament". There are, however, textual differences among these copies. In reviewing the bibliographical data of 9 copies of the Septembertestament readily accessible to the author, this paper tries to clarify (1) which copy is to be seen as the "oldest," sc. earliest printed version, and (2) how the differences between the copies came about. This textual study finally leads us to a fundamental question of textual criticism: What is "original"?

1. 問題の所在

　マルティン・ルターによるドイツ語訳新約聖書初版（いわゆる Septembertestament。以下『九月聖書』と表記）[1] は、1522 年 9 月にヴィッテンベルクで刊行された。発行部数は 3,000 だったと一般に推測されている。

　ヴァイマル版ルター全集（WA. DB 2）によれば、現存する『九月聖書』は 39 部となっている。日本では、広島経済大学図書館が所蔵しており、これはそこに含まれていないようである（私蔵されていたのが売買にかかったと見られる）。また、ドイツで複数の図書館が『九月聖書』をインターネット経由で公開している。

　ところが、公開されている『九月聖書』を相互に比べてみると、同じ初版でありながら、本文に微妙な差異があることがわかる。それはとりわけ、本文の誤りを修正した部分に現れる。すなわち、修正がなされている刷[2] となされていない刷が存在するのである。

　そこで本研究では、現在日本にいて見ることができる複数の版について、問題の修正箇所がどのような読みになっているか、その異同を比較した上で、(1) どの版が最も古い、すなわち「最初のテクスト」（に近い）かを検証するとともに、(2) 同じ『九月聖書』の中で本文の異同が生じたその原因と過程を考察する。この検討は、「オリジナルの本文」とは何かという、新約本文研究にとっても根本的な問いの再考へと我々を導くことになるであろう。

2.『九月聖書』についての書誌的情報

　『九月聖書』について論じている邦語文献の中には、第 2 版である Dezembertestament＝『十二月聖書』との関係をめぐる誤解も見られるので、まずは基本的な情報を整理しておきたい。

2.1. 『九月聖書』の印刷過程

『九月聖書』の印刷を引き受けたのは、ヴィッテンベルクにある Melchior Lotter d. J.[3] の印刷工場で、発行者は Christian Döring と Lucas Cranach d. Ä. であった(ただし、翻訳者も印刷者も発行者も『九月聖書』の表紙には記されていない)。出版は 1522 年 9 月 21 日である。

『九月聖書』のページ番号を見ると、全体は次のように 3 分割されていることがわかる。

- 福音書と使徒言行録 (Bogen A–T = Bl. I–CVII)
- ロマ書からユダ書 (Bogen a–n = Bl. I–LXXVII)
- ヨハネ黙示録 (Bogen aa–ee, 枚数番号 Blattzahlen なし。ヨハネ黙示録にのみ付された 21 枚の挿絵のため、番号づけに困難をきたしたと思われる)、ロマ書序文 (Bogen A = 6 枚、枚数番号なし) および最初の 4 枚 (タイトル、序文、目次。2 枚目と 3 枚目に)。

これらの印刷順序は次の通りである[4]。Melchior Lotter d. J. は、5 月初めにまずマタイ福音書 (Bg. A ff.) から刷り始め[5]、数週間後には別の印刷機で書簡部分の印刷にかかっている (Bg. a から n まで。新たに枚数が I から計算されている)[6]。さらに、第 3 の印刷機でヨハネ黙示録 (Bg. aa – ee。頁番号なし)、タイトル部分 (Titelbogen) と全体の序文、さらに「新約聖書で正しく最も価値が高い文書はどれか」(»wilchs die rechten vnd Edlisten bucher des newen testaments sind«) とそのリスト、および最後に草されたロマ書序文 (Bg. A) を印刷した。

このように、分割して印刷作業を行なった結果、ロマ書序文の後に 1 頁 (Bl. A 6[b])、使徒言行録の後に 1 頁 (Bl. T 4)、ユダ書の後に 1 頁 (Bl. n 6) 空白が生じている。

Hans Weber[7] が記すところによれば、原稿は一気に印刷所へ送られたの

ではなく、少しずつ届けられた。1522年5月5日の前に最初の部分、次いで5月10日に Bogen A、16日に Bogen B、21日に Bogen C が送られた。

　最後に印刷されたロマ書序文のうち、2頁目以降の10頁分は、組版がそのまま残されており、第2版で再利用されているが、それ以外は使用後に解版された。したがって、ロマ書序文については、第1頁のみ初版と第2版が異なっている[8]。

　『九月聖書』の発行部数は、一般に約3,000部とされているが、正確なところはわからない[9]。

　初版（=『九月聖書』）には、正誤表が付され、8箇所の読み替えが指示されている（後掲394頁の写真版参照）。インキュナブラ[10]の時代は、多くの本が、販売前に手書きで修正をされていたが、16世紀以降は、印刷の後で見つかった誤りを記した正誤表（Erratablätter）を販売前に付すのが一般的となった[11]。H. Volz によれば、「誤植の多くは、印刷している間に Stehsatzkorrektur（組置き版の修正）で取り除くことができたが、後になってから、すなわち当該用紙が印刷されてしまってから発見される誤植も多く、それらはたいてい一番後ろに付加される正誤表で直す他なかった」という[12]。『九月聖書』に添付された正誤表も、この慣習に則ったものである。

2.2. 第2版= Dezembertestament での修正箇所

　『九月聖書』が早く売れたため、3ヶ月後には第2版（=『十二月聖書』）が発行された。この第2版では、全体で574箇所[13]の修正が施されているが、中でもよく知られているのは、ヨハネ黙示録に付された Lucas Cranach d. Ä. の挿絵（全部で21枚）に加えられた変更である。初版では、17章に付された「バビロンの娼婦」（Hure von Babylon）が三重冠（Tiara）すなわち教皇冠を被っていた。これがカトリック側はもちろん、教皇支持者以外にも不評を買ったため、第2版ではその冠が削られている[14]。11章に付された挿絵でも、二人の証人を殺す竜が初版では同じ三重冠を被っており、第2版ではその三重冠が削られている。

2.3. Nachdruck（複製版、海賊版）の流布

　第2版（『十二月聖書』）の発行が急がれた理由の一つは、海賊版の存在であった。『九月聖書』の海賊版は、早くも第2版の出版と同じ頃に、バーゼルの Adam Petri で発行されている。さらにマインツでは、1524年に Johann Schöffer が、出版社や印刷所の記載がない版を発行したが、これは「Adam Petri 版の複製版であるバーゼルの Andreas Cratander 版を原本としている」[15]という。ヴォルムスでは、Peter Schöffer（Johann Schöffer の弟）が1524/25年と1529年に『九月聖書』を複製している。複製版の中心地となったのは、アウクスブルク、ニュルンベルク、シュトラスブルク、そしてバーゼルであった[16]。1522年にはバーゼルで7、アウクスブルクで3、グリンマ（Grimma）とライプツィヒ各1、合計12の複製版が登場したという[17]。

3.『九月聖書』の書誌学的考察

3.1.『九月聖書』の異なる「刷」[18]

　上述したように、『九月聖書』は約40部が現存しているのだが、それらを相互に比較すると、本文の一致しない箇所があることがわかっている[19]。ヴァイマル版（WA. DB 6）の本文は、ベルリン州立図書館（Berliner Staatsbibliothek）Biblia Sacra Fol. 50（＝ 22^1）に基づいて、1883年の Grote 版ファクシミリ印刷を修正したもので、さらにブレスラウ市立図書館（Breslauer Stadtbibliothek; Sign: 2, S. 37）＝ 22^{1x} をも比較参照している[20]。

　上述のように、『九月聖書』には8箇所の正誤表がついているのだが（次頁参照）、実は、この正誤表と一致しない本文箇所がある。それはルカ福音書14章28節で、正誤表の指示内容は、

　　Luce. 14. am 55. blatt/ lies/ hynaus zu furen

となっている。ところが『九月聖書』にはこの箇所を、

Septembertestament に付された正誤表。広島経済大学所蔵本。(転載許諾済)

vnd vber fchlegt die koft, ab ers habe hyn zu furen としている刷と、
vnd vber fchlegt die koft, ab ers habe hynaus zu furen としている刷が存在するのである[21]。

この異同については、ヴァイマル版の編集者もすでに気づいており[22]、当該箇所に次のような注記がある。

WA. DB 6. 281: hyn (*Druckf.*) im Text 22^1 (am Ende korrigiert) hynaus 22^{1x}

他にも、正誤表では指示されていないが、刷による違いが見られる箇所がある。

① 『九月聖書』全体の前書き（Vorrhede）2頁第3段落5行目では、

"geſundigt" を "geſnndigt" と誤記している刷と、正しく "geſundigt" と綴っている刷とが存在する。
② マタイ福音書 4 章 21 節「彼らが網を繕っていること」を、"das ſie flickten yhre netze" と書いている刷と、定形動詞を後置して "das ſie yhre netze flickten" と綴っている刷とがある。

いずれの場合も、前者（22^1 の読み）が後者（22^{1x} の読み）に修正（ないし改変）されたと考えられる[23]。

ルカ福音書 14 章 28 節も含めたこれらの異同は、刷の新旧を見分けるのに役立つだろうか。とりあえず、日本にいて参照できる複数の刷にあたって確かめてみよう。

今回参照したのは、
- ハレ所蔵版の再版（Leipziger Edition）[24]
- ヴュルテンベルク州立図書館（Württembergische Landesbibliothek）所蔵版[25]
- バイエルン州立図書館（Bayerische Staatsbibliothek）所蔵版 (1): Res/2 B.g.luth. 8
- 同 (2): Coburg, Landesbibliothek – Cas A 1142[26]
- W. Scherer 編複製版（Deutsche Drucke älterer Zeit, Berlin: Grote, 1883; Faksimile, FinnsFund, 2010[27]）
- Kawerau/Reichert 版（1918）＝ Neudruck (cf. WA. DB 6, XLII)
- 広島経済大学図書館所蔵版

* Berliner Staatsbibliothek Biblia sacra Fol. 50 (= 22^1) と Breslauer Stadtbibliothek 2. S. 37 (= 22^{1X}) は直接参照出来なかったが、これらは Wikisource "Das Newe Testament Deutzsch" で確認できる[28]。

3.2. 問題の箇所の異同[29]

	（序文）	（マタ 4:21）	（ルカ 14:28）
Berliner (22^1)	gefnndigt	das fie flickten yhre netze	hyn zu furen
Breslauer (22^{1x})	gefundigt	das fie yhre netze flickten	hynaus zu furen
Leipziger	gefundigt	das fie yhre netze flickten	hynaus zu furen
Württembergisch	gefundigt	das fie yhre netze flickten	hynaus zu furen
Bayerisch (1)	gefundigt	das fie flickten yhre netze	hynaus zu furen
Bayerisch (2)	gefundigt	das fie yhre netze flickten	hyn zu furen
FinnsFund	gefnndigt	das fie flickten yhre netze	hynaus zu furen
Kawerau/Reichert	gefnndigt	das fie yhre netze flickten	hyaus zu furen
広島経済大学	gefundigt	das fie yhre netze flickten	hyn zu furen

　この比較表からわかるのは、以下の事柄である。

(1) いずれも訂正前の形を保っているのは、Berliner (22^1)。一方、いずれも訂正されているのは Breslauer (22^{1x})、Leipziger、Württembergisch。

(2) Bayerisch (1) は序文とルカ福音書 14 章 28 節が訂正されている。Kawerau/Reichert 版は序文だけ訂正されていない。FinnsFund 版はルカ福音書 14 章 28 節だけ訂正されている。Bayerisch (2) および広島経済大学版はルカ福音書 14 章 28 節だけ訂正されていない。このように、現存する刷は訂正の仕方がばらばらで、変更の跡を系統立てることも難しい。

3.3.『九月聖書』のオリジナル？（結論的考察）

　このように、同じ『九月聖書』であっても、細部を比較すると、訂正の有無が刷によって異なっており、「第 1 刷」の中に本文の異同が存在することがわかる。

当時の印刷方法から考えると、一気に何千部もの印刷を行えたはずはなく、作業はしばしば中断したはずである[30]。その間に誤植が訂正されたり（序文およびルカ14:28の変更はこれに当たる）、あるいは（おそらくルター自身による）変更が加えられたりした（マタ4:21は語順の問題なので、おそらくこのケースに該当する）ことは十分考えられる。しかし、訂正前に刷られたものも製本の際に用いられたのであろう。このあたりは、印刷から製本へ至る手順がはっきりしないため、早く刷られたものが早く製本されたと決めてかかるわけにもいかず、解明が難しい。

　上掲3箇所から判断する限りでは、一番「古い」のはBerliner (22¹)だが、ルターがこの「刷」を最終的に校正した（上で正誤表を付した）のかどうかは定かでない。少なくとも、ルカ福音書14章28節が直されていない「刷」= Berliner (22¹)、Bayerisch (2)、広島経済大学版（のいずれかと同じ刷）をルターは見た（からこそ、正誤表にその指示を加えた）のだと考えられる[31]。

　いずれにせよ、誤植が未修正の刷と修正済の刷りがあり、また（おそらく）ルター自身が語順変更を施す前の刷りと後の刷りがあるという事実からして、『九月聖書』の「オリジナル」をどこに見るかは非常に判断が難しい。この困難は、手書き写本の場合でも印刷本の場合でも同様に存在するもので、「オリジナル」とは何かという問題に関わる[32]。『九月聖書』のように、印刷過程で「本文」に異同が生じた場合、しかもそれが、作者（この場合はルター）の意思によって生じたものであれば、どれを「オリジナル」と考えるべきかは、容易に決めがたい。とりわけ、単純な誤植ではなく、正誤を一概に言えない（マタ4:21のような）ケースだと、判断は難しくなる。

　類似の問題は、新約本文の再構成にも当てはまる。手書き写本として伝承された新約本文の場合は、最初に著者が1部だけ作ったものが「オリジナル」だという前提で長らく考えられてきたわけだが、近年の新約本文研究においては、仮説的に再構成される「最初のテクスト」（Ausgangstext, initial text）は必ずしも、「著者のテクスト」（authorial text）と同一とは限らない

という認識が浸透しつつある。それは、「著者のテクスト」が編集されたものかもしれないし、「著者のテクスト」との関係がはっきり定められない、本文伝承の「祖型」（archetype）に過ぎない場合もあるというのである[33]。また、著者自身が「最初のテクスト」を複数部作成し、その中で本文が（著者が意図的に変更を加えた結果）相違するという場合もありえる。その場合は、異なる本文を有する「最初のテクスト」が存在することになる[34]。ルターが施した正誤表や、正誤表から漏れた異同の問題は、「最初のテクスト」をどう考えるべきかという問いが、印刷本であれ手書き写本であれ同様に存在している事実を我々に示しているのである。

注

1) これは新約聖書のみの翻訳なので、Septemberbibel という（ドイツ語文献でも散見される）呼称は正確でない。しかし日本語では『九月聖書』が通称のようなので、本稿でもこれに従う。
2) 「刷」という表現については後掲注 18 を参照。
3) Lotter は Lotther と綴られることもある。
4) H. Volz, "Aus der Wittenberger Druckpraxis der Lutherbibel (1522/46)," *Gutenberg Jahrbuch* 36 (1961): 142–155, hier 145.
5) WA Briefe Bd. 2, 524,5 (»gustum nouae bibliae nostrae«).
6) WA Briefe Bd. 2, 552,10f. および 553 Anm. 2.
7) H. Weber, "Zu Luthers September- und Dezembertestament," *ZKG* 33 (1912): 399–439.
8) Weber, "September- und Dezembertestament," 411 に異同が示されている。
9) A. Wittenberg, "Probleme mit gekrönten Häuptern: Martin Luthers „Dezembertestament" von 1522," http://blog.sbb.berlin/probleme-mit-gekroenten-haeuptern-martin-luthers-dezembertestament-von-1522/ (2018. 6. 16 確認). *Martin Luther Das Neue Testament Deutsch Wittenberg 1522 »Septembertestament«* (Stuttgart: Deutsche Bibelgesellschaft, 1994) に付された、Ingetraut Ludolphy の解説（4 頁）によれば、3,000 部に達したのかどうかは定かではない。なお、徳善義和『ルター訳ドイツ語聖書　ガラテヤ人への手紙』（日本聖書協会、2017 年）の「解説」は「二千部発行」としているが（23 頁）、この数字を他に挙げているのは、H. Volz, *Bibel und Bibeldruck in Deutschland im 15. und 16. Jahrhundert* (Kleiner Druck der Gutenberg-Gesellschaft 70; Mainz 1960), 51（「ヴィッテンベルクで製作された聖書は 16 世紀半ばまでで 14 版以上、それぞれおよそ 2,000 部」）くらいである（ただし Volz も『九月聖書』については、約 3,000 部としている。idem, *Hundert Jahre Wittenberger Bibeldruck: 1522–1626* [Göttingen: Ludwig Häntzschel, 1954], 17）。また徳善は、『九月聖書』と『十二月聖書』の「両者を「9 月聖書」と総称するようである」（22 頁）と記しているが、これは徳善の誤解であって、両者ははっきりと区別されている。
10) 「ヨーロッパで 15 世紀後半に刊行された初期の活字本。揺籃期本」（『デジタル大辞泉』）。
11) J. Beyer, "Errata und Corrigenda," *Wolfenbütteler Notizen zur Buchgeschichte* 37 (2012): 27–39, hier 27.
12) Volz, "Druckpraxis," 144.

13) H. Weber, "Zu Luthers September- und Dezembertestament," *ZKG* 33 (1912): 399–439, hier 412 によれば、誤記の修正 24 箇所、単語の変更 68 箇所、語順の変更 296 箇所、文体的・統語論的観点の変更 186 箇所で合計 574 箇所。Ludolphy, p. 1; H. Widmann, "Luthers erste deutsche Bibelübersetzung: das September-Testament von 1522," *BPfKG* 40 (1973): 233–256, hier 237 も 574 箇所とする。一方、576 箇所とするのは Qumran & Bibelausstellung (https://www.bibelausstellung.de/home/navi1072_1688_1522-das-septembertestament 2018 年 6 月 16 日確認)。G. Roethe, "Luthers Septemberbibel," *Luther- Jahrbuch* 5 (1923): 1–21, hier 4 は "ein halbes Tausend ernstlicher Besserungen" と述べるに留まっている。徳善義和「『聖書のみ』に生かされる」(『信徒の友』2017 年 9 月号、20–23 頁)、23 頁は第 2 版について、「巻末に 10 項目ほどの誤植訂正を加えた」ものとしているが、まったくの誤りである上、「10 箇所ほどの誤植訂正」とは、初版に付された正誤表(実際には 8 箇所)を誤解したものと考えられることからして(第 2 版にはそのような正誤表はない)、徳善は初版と第 2 版の実物をよく確認しないまま、両者を混同しているようである。
14) 第 2 版の所有者の中には、教皇批判の姿勢から、その三重冠を手書きで書き足した者もいた(ヴュルテンベルク州立図書館所蔵の『十二月聖書』を参照)。
15) Widmann, "Bibelübersetzung," 238.
16) Nachdruck についての情報は、Widmann, "Bibelübersetzung," 238–239 による。
17) H. Reinitzer, *Biblia deutsch. Luthers Bibelübersetzung und ihre Tradition* (Wolfenbühl: Herzog August Bibliothek, 1983), 114–116.
18) 同じ初版の中での問題なので、本来は「部」(Exemplar) と称するべきだが、わかりにくいので「刷」とした。
19) O. Albrecht, "Luthers Übersetzung des Neuen Testaments. Historisch-theologische Einleitung," WA. DB 6, XXIX–XCVI: XLII.
20) Albrecht, XLII. なおこの本文は、Wikisource: Das Newe Testament Deutzsch でも参照可能。
21) 下線は辻による。参考までに、ルター訳の最近の改訂版では次のようになっている。»und überschlägt die Kosten, ob er genug habe, um es auszuführen« (Lutherübersetzung 1984); »und überschlägt die Kosten, ob er genug habe, um es zu Ende zu führen« (2017).
22) Vorwort (K. Drescher) S. XLII: »Da sich herausstellte, daß die vorhandenen Exemplare des Septembertestaments (vgl. Pietsch, a. a. O. S. 204f.) in Einzelheiten nicht genau übereinstimmten [...] wählten wir zur kontrollierenden Vergleichung noch das der Breslauer Stadtbibliothek gehörende, 2. S. 37. signierte Exemplar, von uns 22^{Ix} benannt, um so möglichst zu der echtesten Form des Urdrucks vorzudringen.« WA, DB 6 では、22^1 = Berlin Biblia sacra Fol. 50 が底版(Hauptexemplar)とし

て用いられている。
23）②では、副文における定動詞の後置が問題となっているが、「動詞の後置（副文において動詞を文末におくこと）という規則は確かにドイツ語の最古の文献にも見出されはするけれども、実際は初期新高ドイツ語期〔辻注：1350 〜 1650 年の時期〕に至ってようやく書き言葉で定着し 18 世紀の文法家によって規範化されたものである」（河崎靖「ルターと初期新高ドイツ語」『ドイツ文學研究』52 号、京都大學教養部ドイツ語研究室、2007 年、85-104 頁〕、93 頁）。なお河崎は、ルターが定型後置へと移行している例として、まずヨハネ 15:19 を（箇所を明記せずに）挙げているが、定型を後置しない形（"die weyl aber yhr nicht seyt von der welt"）から後置する形（"die weyl yhr aber nicht võ der welt seyt"）への移行は、『九月聖書』（＝初版）と『十二月聖書』（＝第 2 版）との間ですでに生じている（同様の例は他の箇所にも見られる。Weber, "September- und Dezembertestament," 420 参照）。須澤通・井出万秀『ドイツ語史』郁文堂、2009 年、179 頁も、14、15 世紀のドイツ語に見られる現象として、副文での定動詞後置を指摘している。したがってこの箇所でも、定動詞後置の形へと修正されたと見るのが適切である。
24）Martin Luther Septembertestament, 1522. Neudruck der im Besitz der Universitäts- und Landesbibliothek Halle/Saale befindlichen Originalausgabe (Sign. Fa 4fol.). Die Blätter 2, XIII (Bogen C), XXXI v (Bogen F), XLVII v (Bogen H) und die unpaginierten Blätter 3 (iii) und 4 r des Bogens aa wurden dem Exemplar des Evangelischen Predigerseminars Wittenberg entnommen (Sign. S 7/418). Begleittext von Ingertraus Ludophy, Edition Leipzig, 1972, 3 Aufl. 1982.
25）http://www.deutschestextarchiv.de/book/show/luther_septembertestament_1522（2018 年 6 月 18 日確認）
26）(1) (2) ともに https://www.digitale-sammlungen.de/index.html?c=suchen&ab=&kl=&l=de（2018 年 6 月 23 日確認。PDF ダウンロード可）。
27）http://archive.org/details/DasNeueTestamentDeutzsch1522（2018 年 6 月 23 日確認）
28）https://de.wikisource.org/wiki/Das_Newe_Testament_Deutzsch（2018 年 6 月 23 日確認）
29）前述したように、22^1 と 22^{ix} は、直接参照できなかったので、Wikisource による。
30）「印刷機を稼働させて必要な部数を刷るには、通常二名の印刷工が必要だった。ひとりが、組版に押しつける用紙を枠の中に固定する。その間にもうひとりは、組版の上に均等にインクをのせてゆく。こうしておいて、台座を印刷機の下へすべらせ、印刷工が回転レバーを回し、インクの乗った活字の上に紙を押しつけるのである。フォリオ判の左右ページにそれぞれ一回ずつ、合計二回のプレス作業が必要だった」（A. ペティグリー『印刷という革命：ルネサンスの本と日常生活』桑木野

幸司訳、白水社、2015 年、51–52 頁）。

31) ルカ 14:28 が直されている刷りが存在するということは、ルター以外の誰かが印刷過程の中でその修正を指示していた（がルターはそのことを知らなかった？）とも考えられる。

32) Vorrhede における誤植をルターが見逃したのだとすれば、Berliner (221) がルターの校正した刷り（に一番近い）ということになるが、そうでなければ、Bayerisch (2) ＝広島経済大学版の刷りをルターは見たのだと考えられる。

33) ドイツ・ミュンスターの新約本文学研究所（Institut für neutestamentliche Textforschung）を中心に展開されている分析方法、Coherence-Based Genealogical Method (CBGM) において示されているこの考え方については、前川裕「本文批評」（淺野淳博ほか『新約聖書解釈の手引き』日本キリスト教団出版局、2016 年、20–53 頁）、38 頁を参照。

34) 同種のことを、田川建三『新約聖書　訳と註 6　公同書簡／ヘブライ書』（作品社、2015 年）、525–527 頁が七十人訳について述べているが、新約聖書についても事情は同じであろう。

From Jesus to Early Christianity:
New Testament Thoughts and their Development

※ ※

SUMMARIES

※ ※

Jesus und die frühjüdische Mystik

Takashi Onuki

25–43

Das Anliegen des Aufsatzes ist es, das in meinem Buch, *Jesus. Geschichte und Gegenwart* (Neukirchen 2006, engl. Version Blandford Forum 2009), dargelegte Bildernetzwerk Jesu vom Reich Gottes durch seitdem gemachte, neuere Beobachtungen zu ergänzen.

Die Auferstehung der Toten, die Jesus in Mk 12,18–27 und Lk 16,19–31 erwähnt, kann nur die Aufnahme der Seele in den Himmel meinen, die ihren irdischen Leib zurücklässt. Im *Testament Abrahams* 7,16–17 (Version B) erläutert Gott Abraham, der über die Nachricht des nahe gerückten eigenes Todes wundert, „Du wirst in den Himmel aufgenommen, dein Leib aber bleibt auf der Erde zurück, bis die sieben tausend Jahre erfüllt worden sind. Danach werden alle Leiber auferweckt." Der Erzähler ist ganz unbekümmert darüber, ob der Leib die ganze Zeit ohne Verwesung überleben kann. Er interessiert sich allein dafür, dass am Ende der Universalgeschichte alle Toten mit Leib erweckt werden. Bei Jesus zeigt das Logion Mt 12,41–42/Lk 11,31–32 eine ähnliche Auffassung. Die darin zweimal wiederholte Wendung "mit dieser Generation auferweckt" ist nicht anders als im Sinn einer leiblichen Auferstehung zu verstehen. Jesus spricht von der endzeitlichen Verwirklichung des Reich Gottes mit dem Gedanken des Letzten Gerichtes und der Auferstehung aller Toten mit ihrem Leib. Er konnte neben der Auferstehung der Seele auch von der leiblichen Auferstehung in der Endzeit sprechen.

Die Worte Jesu über Johannes den Täufer (Lk 7,28/Mt 11,11) setzen eine Rangordnung im Reich Gottes voraus. Dazu lassen sich eine ganze Reihe von Parallelen in den sog. „Aufstiegs- apokalypsen" finden. In *der Apokalypse Zephanjas* steigt dieser begleitet von einem angelus interpres vom ersten bis zum fünften Himmel. Im höchsten „Ort der Gerechtigkeit" (3,1) sind „zehn tausend von zehn tausend Engeln" da. Nach *der Apokalypse Abrahams* findet im himmlischen Tempel im siebenten Himmel ein liturgischer Gesang statt. Auch *die Himmelfahrt Jesajas* schildert den Aufstieg Jesajas der Reihe nach vom ersten Himmel. Diese Vorstellungen gehören alle zusammen. Hier ist auch II Kor 12,1–4 einzuordnen, wo Paulus sein mystisches Erlebnis beschreibt. Es ist kein Wunder, wenn auch Jesus im Blick auf das Reich Gotttes eine gleiche Rangordnung annahm.

Jesus hat wiederholt die kommende Tempelzerstörung prophezeit (Lk 13,34–35, Mk 13,2par). Zum Schluss sagte er im Gericht vor dem Hohenpriester: „Ich werde diesen von Menschen erbauten Tempel niederreißen und in drei Tagen einen anderen errichten, der nicht von Menschenhand gemacht ist." Mein Jesusbuch kommt zum Schluss, „er meinte nicht, dass er selbst mit eigenen Händen den Tempel zerstören wird. Er muss vielmehr gemeint haben, dass der Tempel durch das Reich Gottes beseitigt wird, das ein Utopia, eine ganze Welt umfassende Größe, ist" (S.193f).

Die Protagonisten der Aufstiegsapokalypsen sehen unterwegs und im höchsten Punkt ihres Aufstiegs den Thron des Höchsten. So z.B. im *Buch der Wächter* 14,8–25, *dem Testament Levis* 5,1; 18,6, *den Bildreden Henochs* Kap.71, *dem slawischen Henochbuch* Kap.9, *der slawischen Apokalypse Abrahams* Kap.18. Alle diese Stellen zeugen von einem himmlischen Tempel oder Königspalast. Auch Jesus muss von diesem Vorstellungszusammenhang gewusst haben. Besonders beachtenswert ist, dass die Wendung „nicht von Menschenhand gemacht" in Mk 14,58 im *slawischen Henochbuch* Kap.9 eine fast wortwörtliche Entsprechung hat (vgl. auch 2Kor 5,1).

SUMMARIES

Zur Gestaltung der Zeit bei den Gleichnisreden Jesu. Kontext, Narration und Erfahrung

Nozomu Hiroishi

45–67

Der Aspekt von Zeit gehört wesentlich zu den Gleichnisreden Jesu als fiktivem Sprachkonstrukt. Es ist anzunehmen, dass der Gebrauch der Verben dabei eine zentrale Rolle spielt. Aufgrund der bei den Synoptikern erhaltenen griechischen Gleichnistexte wird die Gestaltung der Zeit im Blick auf drei verschiedene Dimensionen hin betrachtet: Wie wird der interne Kontext, der vom Jetzt der direkten Kommunikation unterschieden wird, konstituiert? Wie wird die dadurch eingeführte fiktive Situation konsistent und kohärent entfaltet? Wie werden dabei die einzelnen Informationen narrativ gewichtet dargestellt? Und auf welche Weise wirken die Gleichnisreden Jesu auf die Gestaltung der Erfahrung durch die Hörer zurück?

Der interne Kontext der narrativen Gleichnisreden Jesu wird durch die Übertragung der zeitlichen Ebene konstituiert. Dabei wird eine horizontale Distanzierung vom kommunikativen Jetzt entweder rückwärts via Vergangenheitstempora oder vorwärts via hypothetische Satzkonstruktion vertikal auf eine andere Ebene übertragen. Die klassische formgeschichtliche Unterscheidung von 'Gleichnis im engeren Sinne' und 'Parabel' muss neu verstanden werden als zwei zwar verschiedene, aber gleichberechtigte Weisen der Repräsentation (discourse form), die nicht direkt mit dem inhaltlichen Urteil wie typisch oder einmalig (story form) kombiniert werden darf.

Der interne Kontext wird dann narrativ entfaltet, wodurch ein Plot entsteht. Der sich vorwärts entfaltende Plot verleiht der Narration ihre Konsistenz, während durch die szenische Struktur wie Handlung-Krise-Lösung oder durch die Bedingung-Folge-Struktur die narrative Kohärenz gewährleistet wird. Der interne Kontext wird dann mit Hilfe der aspektualen Unterscheidung der Verben evaluativ gestaltet: Vordergrund- und Hintergrundinformationen werden unterschieden, die kausalen Verhältnisse der Ereignisse werden suggeriert.

Die Gleichnisreden Jesu dienen zuletzt der zeitlichen Neugestaltung der Erfahrung durch die Hörer, indem der interne, fiktive Kontext wieder auf die kommunikative Ebene zurückgebunden wird. Besonders interessant ist zu beobachten, welche Wirkung die horizontale Distanzierung am Ende der Narration auf den externen Kontext aufweist.

The Gospel of Mark as a Collection of Chreias: The Passion & Resurrection Narratives

Kota Yamada

69–87

As I published *The Book of Q: Text & Translation, Commentary and Rhetorical Studies* (written in Japanese) last year, I noticed there are only two chreias in the Saying Gospel Q, while there are many in the Narrative Gospel of Mark. Thus I analyze the Passion & Resurrection Narratives in terms of the chreia in this paper.

Synoptic Gospels are analyzed with the rhetorical chreia by V. K. Robbins, B. Mack and others, instead of the form criticism and reduction criticism. Chreia is one of the fourteen courses of rhetorical composition in *Progymnasmata* in the ancient Greco-Roman education. It is a concise, reminiscence of a famous person with his characteristic words and/or an action. Chreias are classified into the saying chreia (① the declarative one, ② the responsive one to an action, to a question or to a statement, ③ the double one), the action chreia and the mixed chreia. Students in rhetoric classes rewrote chreias with the ways of elaboration, expansion, condensation and others as exercises. The Passion and Resurrection Narratives in Mark are consisted of stories of Jesus, the disciples (Judas, Peter and others), the people, the religious and political authorities, made up of the saying chreias (the declarative chreia, the responsive chreia, and the double chreia) and the action chreias. The key point of the synoptic Narrative Gospels, represented by Mark, is the concise, reminiscent episodes of chreias.

The Role of Satan in Luke's Gospel, from the Perspective of Soteriology

Mineko Honda

89–110

The aim of this thesis is to clarify the role of Satan in Luke from the perspective of soterilogy. In Luke, Satan plays a role which he does not in either Mark or Matthew. In Luke, Satan causes such evils as man's sin or illness, which is relevant to the issue of soteriology in this Gospel. In the problem of evil, either God or human beings or Satan may be regarded to be responsible for the evil in the world, and in Luke Satan is responsible for the sins of human beings, reducing their responsibility. Although H. Conzelmann regarded Jesus' time as "Satan-free" period, actually Satan is active throughout the time of Jesus' ministry, and Jesus is fighting against Satan.

In this article, we see first that in the case of Luke, Satan is depicted as heavily responsible, tempting human beings to sin, or causing them to be ill or demon-possessed. Jesus' exorcisms and healings are battle against Satan and his party. The image of Jesus as the victor in the war against Satan is suggested by the allusion to Isaiah's suffering servant, especially to one in Isaiah 53:12 LXX: "Therefore he shall inherit many, and he shall divide the spoils of the mighty; because his soul was delivered to death; and he was numbered among the transgressors," which parallels to Jesus' being handed over to death, and counted as one of the criminals. "Therefore he shall inherit many, and he shall divide the spoils of the mighty" reminds us of Jesus' words in his Beelzebul controversy, denying that he is doing exorcisms by the power of Beelzebul, who is identified with Satan: "When a strong man, fully armed, guards his own house, his possessions are safe. But when someone stronger attacks and overpowers him, he takes away the armor in which the man trusted and divides up his plunder" (Luke 11:21–22). Here, it is implied that "a strong man" and "someone stronger" are to be identified respectively with Satan and Jesus. By referring to Isaiah 53:12, therefore, Jesus' death on the cross is to be seen as a way to his victory against Satan, to make it sure he will take back Satan's plunder (i.e. people enslaved to Satan) to the right relation to God, having them turn back to God.

Secondly, we see that throughout the Gospel of Luke, God's plan for salvation is emphasized. His saving plan is being fulfilled in Jesus' ministry. Even Jesus' passion and death, including Judas's betrayal, is regarded as a necessary part of God's plan. Satan's temptation is in God's plan, as he is able to tempt Jesus because God's Spirit has led Jesus into wilderness, or to tempt Peter to deny Jesus only because God has given Satan permission to "shift" him.

Thirdly, however, God is not to be blamed for the fact that man's sin is at least partly predetermined in God's plan, or because God has allowed Satan to cause evil in this world. Human beings are to be redeemed if they turn back (=repent) to God, which will solve the problem.

Thus, Satan in Luke accounts for the evils and sufferings in the world, relieving responsibility on the part of men for their sins. Yet, he is also shown to be defeated by Jesus whose victory through the suffering and death of Jesus is shown to be a necessary part of God's salvation plan.

The Centurion's Motif n Lucan Writings (Luke 7:1–10 and Acts 10): A Redaction-Critical Study of the Lucan Thoughts about the Gentile Mission

Keiji Kihara

111–132

Acts 10 describes the conversion of Cornelius, who is God-fearer and a Gentile centurion. This narrative shows a significant turning point of early

Christianity.

Therefore, many researchers have focused on it and have applied a socio-scientific approach to the keywords "God-fearer (φοβούμενος τὸν θεόν)" and "centurion (ἑκατοντάρχης)". This is a method worth consideration.

However, we must consider the relation between Acts 10 and Luke 7:1–10. These two texts have a common motif: The two main characters in the texts are both the Gentile centurions who are favorable to Jewish people.

The problem here is whether Luke invented this motif. And if so, he represents a new aspect of the church's mission to Gentiles. In order to answer this, we examine how he edited the story of the Gentile centurion in Capernaum (Luke 7:1–10) to fit his purpose. This text can be compared with Matt 8:5–13, because these passages are taken from Q. By analyzing the differences of the texts, it can be understood that Luke has there already made an image of the Gentile mission.

1) The analysis of the text (7:3–6) that is found only in Luke: The motif of the Gentile centurion in Capernaum is similar to the story of Cornelius in Acts 10, and in Matt 8:5–13 that passage lacks. It seems clear that Luke invented this motif and inserted it into Q.

Furthermore, we can show another reason for it. Luke's characteristic vocabulary is used here: "διασώζειν (to save)" is almost peculiar to Luke in NT, "παραγίνεσθαι (to come to one's side)" is a favorite verb (8 times in Luke: 20 times in Acts: elsewhere in NT 9 times). The expression "οὐ μακράν (not far)" is peculiar to Luke, who is fond of οὐ with adj. or adv. to express his meaning.

2) The analysis of the differences between Luke's version and Matthew's: An illness of the centurion's servant in Luke 7:2 is different from that of in Matt 8:6. The former is more urgent than the latter because of a deadly disease. Another difference is that Jesus meets the centurion in Matt 8:5. In

Luke's version, however, these two men don't meet, while in Acts 10 Peter meets a centurion named Cornelius. It seems that the story of Cornelius is a climax in Luke-Acts. Luke has invented this setting and narrative in this way.

The author described the conversion of a Gentile centurion who is favorable to Jewish faith. It indicates that he tried to depict how the early Christianity came to accept the Gentiles. So, in other words, this is the perspective on the salvation history of Luke. We could say that Luke 7:1–10 is a key passage for his view of the Gentile mission.

Ist der reiche Tor habgierig? Eine exegetische Untersuchung zu Lk 12:13–21

Kiyoshi Mineshige

133–149

Das Gleichnis (bzw. die Beispielerzählung) vom reichen Kornbauer (Lk 12:16–20) ist ein bekanntes Gleichnis Jesu, das allgemein als Erzählung verstanden wird, die vor der Habsucht warnt und zum Almosengeben auffordert. Diese Auffassung ist jedoch vom lukanischen Kontext her abgeleitet und lässt sich nicht als ursprüngliche Bedeutung des Gleichnisses betrachten.

Nach unserer Betrachtung betont Lukas vielmehr, dass der Besitz das Leben nicht sichern kann, indem er das Gleichnis mit einer Warnung vor Habsucht (V. 15) verbindet und dazu auffordert, überschüssiges Vermögen für die andere, vor allem für die Bedürftigen zu verwenden. Durch die Hinzufügung der Anwendung (V. 21) zeigt Lukas, dass der Reiche im Gleichnis darin verurteilt wird, dass er irdische Güter nur für sich sammelt und nicht vor Gott reich ist. Lukas versteht also das Gleichnis im Sinne einer Warnung vor Habsucht und im Zusammenhang mit der Aufforderung zum Almosengeben, indem er es der Warnung in V. 15 folgen lässt und es mit der Aufforderung in V. 21 abschliesst.

Jedoch ist dies beim ursprünglichen Gleichnis nicht so. Wenn man das Gleichnis (Lk 12:16–20) für sich betrachtet, bemerkt man leicht, dass der Reiche nicht besonders habgierig ist. Das Vorhaben, die alten Scheunen abzureissen und neue grössere zu bauen, ist kein Verbrechen, sondern zunächst ein ganz normales wirtschaftliches Handeln, was sogar klug und solid betrachtet werden kann. Sein bescheidener Wunsch, auszuruhen, zu essen und trinken und die Lebensfreude zu geniessen, scheint allenfalls hedonistisch zu beurteilen, denn er strebt nicht nach noch mehr, sondern stellt sich lediglich mit dem, was er hat, zufrieden.

In diesem Sinne wird im ursprünglichen Gleichnis weder die Warnung vor Habsucht noch die Aufforderung zum Almosengeben betont, sondern vielmehr die Nutzlosigkeit der Anhäufung des Vermögens auf Erden, da das irdische Leben vergänglich ist. Der Fehler des Reichen liegt also in seiner falschen Lebenseinstellung, den Gott, der über Leben und Tod verfügt, ausser Rechnung zu lassen und sein Glück durch Reichtum gesichert zu wähnen.

An Exegetical Study on the Parable of the Pharisee and the Toll Collector

Tomohiro Omiya

151–172

The purpose of this article is to clarify who the Pharisee and the toll collector in the parable of Luke 18:9–13 caricature. I argue that Luke tries to bring "those in his community who are trusted in themselves that they were righteous, and despised other" (v. 9) into conversion through the parable. The Pharisees in the parable caricatures not "historical" Pharisees but the Christians in Luke's community who arrogantly believed themselves righteous and despise others. The toll collector is the ideal person who enters the kingdom of God because he confesses his sin and converts.

Focusing on Luke's redaction frame of the parable (18:9 and 14b), I clarify that Luke instructs those in his community "who were convinced they were righteous and despised other" (v. 9) to acknowledge that "everyone who exalts himself will be humbled but whoever humbles himself will be exalted" (v. 14b). Luke puts this parable in the larger narrative segment which shows who enters into the kingdom of God and who recedes from it (18:1–30). In this segment, Jesus points out that those who are looked down in the society (i.e., widows, children, toll-collectors) enter into the kingdom of God but those who are in high status and arrogant recede from the kingdom of God. As R. Doran rightly suggests, the genre of this parable is "an agnostic story." Agnostic stories, according to Doran, "compare two people on an issue, and the unlikely candidate is always the one chosen". In this parable, the toll collector is the most unlikely to be righteous, but he is justified at the end of the story.

On the one hand, the Pharisee who stands at the forefront of the crowd of prayers boasts of his good deeds including fasting and tithing. However, his fasting and tithing make no sense in front of God, because he neglects the fact that fasting and tithing are means of recovering justice within the community of God (fasting = Isa ch. 53; tithing = Luke 11:42). The Pharisee who appears in this parable caricatures not the historical Pharisees, but those in the Christian community of Luke and his readers who are confident of their own righteousness and despise everyone else.

On the other hand, the toll collector who stands at a distance from the crowd of prayers, from the point of view of the authentic readers of Luke's Gospel, should appear to be an immoral person who can never be justified. The view of the toll collector as immoral is uncommon in the first century Roman Palestine, but common among the first century Roman urban elites, such as the authentic audience of Luke. The toll collector who appears in this parable represents the model of one who is to be transformed in his own worldview through an encounter with Jesus.

Life in God's Power: A Study on Luke 20:27–40

Kaori Ozawa

173–187

The synoptic gospels depict a dialogue about resurrection between Jesus and the Sadducees, where the Sadducee asks a question about a woman who married seven brothers. If we compare the texts, we notice that while

Matthew follows the Markan text, Luke, especially in the words of Jesus, changes it.

This study examines Luke's first and second textual changes which have been discussed in the past scholarly research mainly from the perspective of Lukan eschatology. However, we try to consider the reason why Luke accepted the concept of the spiritual immortality from the Hellenistic tradition. Following the examination of the Lukan textual changes, especially the expression of "πάντες γὰρ αὐτῷ ζῶσιν" (v. 38) which has been considered to be in a tradition of spiritual immortality, it turns out that Luke's true interest is not in an argument about immortality or eschatology. Rather, by tracing the tradition of ζῆν τινι especially in the usages of Philo and Paul, we can see that this expression relates to a possessive relationship.

This study suggests that, by using the dative to indicate the possessor in depicting a woman who lived as the possession of men being transformed to existing as a possession of God, Luke further unfolds his message that every person is God's possession. This Lukan perspective is strongly connected with his special interest in the possessive relationship as seen in Luke 16, where the Lukan Jesus says: "No slave can serve two masters... You cannot serve God and wealth" (v.13). As in those other Lukan passages, also in Luke 20:27–40 we can see Luke's message that for every human being it is important to live in the power of God who is the true possessor of one's life.

Disciple Leaning on Jesus' Bosom: Reading John 13:21–30 through Queer Theory and Homosocial Theory

Akihiro Kobayashi

189–210

In the scene of the "last supper" of the Fourth Gospel (13:21–30), a mysterious person called the disciple whom Jesus loved (the beloved disciple) appears. He appeares as a figure leaning on the bosom of Jesus (13:23, 25), and it seems that the physical intimacy of Jesus and the beloved disciple is emphasized. According to the historical-critical method, this gesture can be understood as an echo of that the only son is in "the bosom of the Father" in John 1:18. In other words, the final redactor (ecclesiastical redactor) draws the relationship between Jesus and the beloved disciple in parallel to that between God and Jesus, and as the only son in God's bosom can reveal the truth of God, only the beloved disciple in Jesus' bosom can reflect the truth of Jesus.

This interpretation, however, can not explain why the physical intimacy between Jesus and the beloved disciple is emphasized. In my view, this problem can be solved by using the "queer theory." That is, the final redactor depicts the physical intimacy of Jesus and his beloved disciple by using Greek "pederasty" as a model, and in order to emphasize the physical intimacy of Jesus and the disciple, the beloved disciple is portrayed as leaning across Jesus' bosom.

This interpretation, however, still can not explain the reason why the relationship between Jesus and the beloved disciple is shown through the philosophical-theological representation just like the Logos in God's bosom. In my view, this problem can be solved by the "homosocial theory." That is, in order to portray the relationship between Jesus and the beloved disciple, the final redactor has probably used the motif of love between teacher and disciple of the Hellenistic world that embodies both homoeroticism and homosociality together. Hence, this is the reason for that the final redactor portrays the beloved disciple as a figure leaning on the bosom of Jesus.

John 19:34b: Blood and Water

Nozomi Miura, rscj

211–232

This paper explores the theological meanings of the "blood and water" symbols that flow out of Jesus' side.

The Fourth Gospel has its own theology of the cross (*theologia crucis*), with its unique Christological perspective *vis-à-vis* the Synoptics. John 19:30 ("it is accomplished") represents the endpoint and high point of the crucified Jesus on the cross, but the Johannine narrative does not stop at this death scene. In John 19:34b, the blood and water flowing from his side undoubtedly suggest theological symbolism.

In modern Johannine scholarship on John 19:34b, Rudolf Bultmann ignited debates on sacramentalism on one hand, and anti-docetism on the other. However, scholars since the Fathers of the Church have advocated for a variety of symbolic and theological interpretations, reading this text primarily intratextually (within John) and intertextually (in relation to the Hebrew Bible and 1 John).

John 19:34b is located in the Johannine passion narrative (Jn 18:1–

19:42), throughout which the royal motif runs like an undercurrent (cf. John 19:1–16). In the passion narrative, Jesus is presented as "all-controlling," and the narrative itself promotes readers a change of their perspective of the readers to recognize the divine glory in the crucified one. The "blood and water" (John 19:34b) are immediately underlined by the eyewitness testimony (19:35) and buttressed by the double OT quotations (19:36, 37).

The blood in John 19:34 is the culmination of a larger symbolic system that runs through the entire Gospel. Against the backdrop of the scriptural imagery of Ezek 47, the blood in John 19:34 also links to "the lamb of God" (John 1:29, 36) and presents the temple motif. The stone pavement and the sixth hour of the slaughtering the lamb of God also indicates the redemptive/atoning significance of Jesus' death—although the Fourth Gospel does not develop full-fledged atonement theology. Thus, Jesus' blood confirms the death of Jesus as a salvific death for all people.

The water in 19:34 also constitutes another culminating point in a larger symbolic system, summarizing various water imageries (John 2, 3, 4, 5; 7:38–39; 13); in particular, it harks back to John 7:37–39 as the fulfillment of 7:37–39 (the promise of bestowing a life-giving water). As the backdrop of the Feast of Tabernacles, Zech 14 provides a royal motif for John 7:38–39, illustrating the Enthronement of the Eschatological Messiah-King (Cf. Zech 14:8–9, 16), while Ezek 47 underlines the temple imagery of the water, highlighting the death of Jesus as the source of life (Ezek 47:9, 12).

To sum up, blood and water comprise theological/Christological significance, with blood representing Jesus' life-giving death in the metaphor of the paschal lamb (sacrificial victim) and water signifying the life-giving spirit. Together, they signify a source of life that flows from the side of Jesus' dead body, emphasizing that the Exalted/Glorified Christ is now the source of life.

The eyewitness in John 19:35 opens up another dimension of the symbolism. In addition to emphasizing the significance of John 19:34, it interlinks the promise of the spirit (7:38–39) and its ultimate fulfillment (20:22). The eyewitness testifies to and identifies pre-Easter and post-Easter Jesus with this Exalted/Glorified Jesus on the cross. The episode of the blood and water (19:34b) provides something more than simply theological/Christological significance. John 19:35 underscores its soteriological and ecclesiological meaning, which points to "Johannine sacramentality."

Hearing and Seeing in Paul: The Interplay of Auditory and Visual Elements

Takaaki Haraguchi

233–253

Paul shares with the earliest Christians the belief that "faith comes from hearing (what is heard)" (Rom 10:17a). Hearing proceeds to believing. Nobody is able to believe without hearing the gospel of Jesus Christ (Rom 10:14). Auditory experience is an indispensable component of the process of believing the message. Early Christians listened to the words of proclamation and converted from their traditional religions to Christianity (Acts 2:44–48; 13:48; 17:34; 1 Cor 2:1–5; 15:1–2; Gal 3:1–5; 1 Thess 1:9–10 etc.).

Nevertheless, Paul's visionary experience reported in 2 Cor 12 shows a different aspect of the matter (2 Cor 12:1–2). He was caught up in heaven in ecstasy to see visions and hear extraordinary things (12:1–4). The visionary experiences contribute to enhancing the credibility of Paul's preaching activities (cf. 1 En. 1:2; 2 Bar. 81:4; Rev 1:9–20).

Visual and auditory elements are not mutually exclusive in Paul's missionary activities. He described the crucified Jesus before his gentile audience with his words of proclamation (1 Cor 1:18; 2:1–5; Gal 3:1–5). The vivid visual image of the crucified one functioned as an effective means of persuasion called *ekphrasis* (Theon, *Progymnasmata*, 118.7). The audience in Corinth and Galatia heard his message and believed in the crucified Christ as their Messiah. Hearing and seeing joined together to strengthen his preaching activities as a missionary.

In his missionary activities Paul preached the gospel orally and the Gentiles who heard it were converted to Christianity (Rom 15:14–21). On the other hand, he refers to the miracles he performed as the 'signs and wonders' during his missionary activities (Rom 15:19; cf. 2 Cor 12:12). The miracles conducted before his audience were regarded as the signs of his apostleship (Rom 15:19; cf. 2 Cor 12:12; 1 Thess 1:5). Here again, some visible elements serve to strengthen the trustworthiness of his words of proclamation.

In 1 Thess 4:15–18 Paul gives a graphic description of a series of events expected at the time of the parousia of the Lord. Obviously visual elements are predominant in this early Christian apocalyptic tradition. The tradition is cited to console the Thessalonians mourning for those who passed away before the parousia (4:13). Paul's letters were meant to be read aloud before the congregation (5:27). The Thessalonians' hope for the future was strengthened by the visual image of the end time events transmitted by Paul's words of exhortation.

Considering the Role of Habakkuk 2:4 in Romans

Jun Takehisa

255–275

Hab 2:4b ("the one who is righteous by faith shall live") is a key text for Paul. The citation in Rom 1:17 brings the scriptural confirmation for the justification perspective. Hab 2:4b is the only verse in the scriptures containing ὁ δίκαιος ἐκ πίστεως. Against a long tradition of reading the text in terms of human righteousness consisting in faith, N. T. Wright has pointed out that Habakkuk is concerned with the problem of God's covenant faithfulness / righteousness at a time of crisis and that the double question of how God was going to be faithful and who were to be his faithful people also concerns Paul, who then solves it by the Messiah's faithfulness.

This paper takes up the question whether Paul was thinking of the larger Habakkuk context in quoting Hab 2:4b. It examines under which theological premises Hab 2:4b was read in Early Judaism, and compares the Masoretic text (MT), the Habakkuk Pesher (1QpHab), Greek translations of the Septuagint (LXX) and the Greek fragments from Naḥal Ḥever, where the Minor Prophets scrolls 8HevXIIgr was found. Although each text sets up a number of textual and interpretative problems, they all operate with the juxtaposition of the righteous and the unrighteous one. The reference to the silence of God in face of the suffering of the righteous (Hab 1:13) is not understood in terms of "theodicy", since the righteousness of God is not put into question but appealed to in face of the crisis. The Hebrew word אֱמוּנָה (faithfulness), encompassing the two meanings of (i) Torah-faithfulness and (ii) trust in God's promise, also associates the aspect of faithfulness towards the covenant-community.

It is clear that Paul's figure of thought does not use the contrasting juxtaposition of righteous and unrighteous people. In fact, he demonstrates that no one is righteous and entitled to appeal to the covenant faithfulness of God. God justifies sinners through the gospel-generated faith. Within this line of argumentation, "the one who is righteous by faith" in Rom 1:17 puts forth the thesis of justification by faith without works.

Strategie der „Selbststigmatisierung" des Paulus: Bemerkungen zu Gal 4,12–15 und Phil 2,25–30

Daichi Okawa

277–298

Die von W. Lipp aufgestellte soziologische Theorie der „Selbststigmatisierung", kann uns helfen, das Verhältnis von Theologie und dem Verhalten der ersten Christen besser zu verstehen. Die „Selbststigmatisierung" ist nach Lipp eine soziale Strategie: Eine in der Gesellschaft stigmatisierte Person oder Gruppe hat eine Gelegenheit, ihr Stigma umzudrehen und damit ihren sozialen Einfluss auszudehnen oder sich durch das Stigma selbst zu profilieren, indem sie es demonstrativ zur Schau stellt. Wir finden eine ähnliche Strategie auch in den paulinischen Briefen, etwa wenn er schreibt: „Wenn ich mich denn rühmen soll, will ich mich meiner Schwachheit rühmen" (2Kor 11,30). Paulus redet hier von seiner Krankheit oder Behinderung, die ein soziales Stigma darstellten.

Es wurde versucht, die paulinische Strategie der „Selbststigmatisierung" durch die Exegese von Gal 4,12–15 und Phil 2,25–30 aufzuzeigen. Die beiden Abschnitte legen nahe, dass die Autorität des Paulus als Apostel und diejenige des Epaphroditus als Bote der Philippergemeinde wegen ihrer jeweiligen Schwachheit angefochten wurden. Für den Galaterbrief können wir annehmen, dass die Gegner des Paulus seine Schwachheit, wie in 2Kor 10,10, angegriffen hatten. Die Gemeinde scheint davon beeinflusst worden zu sein, obwohl sie früher den schwachen Paulus als Christusboten aufgenommen hatte. Ebenso können wir aus dem Philipperbrief den Umstand ablesen, dass die Krankheit des Paulus-Mitarbeiter Epaphroditus die Philippergemeinde zu entmutigen drohte.

Gegen diese Gefahr betont Paulus nun gerade seine Schwachheit und deutet diese positiv als Parallele zum Leiden Christi. Die Galatergemeinde nahm Paulus einst „wie Christus" auf (Gal 4,14), und Epaphroditus ist „um des Werkes Christi willen [...] dem Tode so nahe gekommen" (Phil 2,30) wie der gekreuzigte Christus im Christushymnus (Phil 2,8). Die Parallelisierung des Paulus bzw. des Epaphroditus zu Christus hilft, die Stigmatisierung umzudrehen. Diese Strategie steht deshalb in enger Beziehung zur theologia crucis des Paulus, wonach Gott die Stigmatisierung des gekreuzigten Christus umdrehte.

Paul's Letter to the Philippians as a Letter of Consolation

Akio Ito

299–324

Four views on the understanding of Phil have been proposed. Probably the most popular understanding of Phil is that it is a letter of friendship since it is full of friendship terminology. Epistolary theorists define a letter of friendship as the letter written and sent to the sender's friend. The presence of friendship terminology does not necessarily follow that the concerned letter is a letter of friendship. Some of friendship terminology in Phil concerns the relationship among Philippian Christians, not between Paul and the Philippians.

Second it has been argued that Phil is a family letter rather than a letter of friendship on the basis of the comparison of Phil with documentary letters discovered in the desert. A family letter is not found in the list of epistolary types made by epistolary theorists, but according to John L. White, documentary letters can be divided into three categories: ① letters of introduction and recommendation, ② letters of petition, and ③ family letters. Loveday Alexander argues that the structure of Phil is very close to that of family letters. I wonder if the similarity to a family letter in structure really proves that Phil is a family letter.

Rhetorical analysis has been undertaken with regard to Pauline epistles since ancient letters have oral nature because they were dictated and read aloud. Recent analysis identifies Phil as either a deliberative speech with epideictic elements or an epideictic speech with deliberative elements. Needless to say that rhetorical analysis is a valid method to analyze the Pauline epistles, but its validity seems to be limited since letters differ from speeches in certain respects. In the case of speeches both speakers and the audience share the time and the place whereas the sender and the addressees do not in the case of letter-writings. Paul thought of writing a letter to Christians in Philippi when he learned that they were concerned about the illness of Epaphroditus besides Paul's imprisonment and law court. So Phil must be analyzed not as a speech, but as a letter if we are concerned with its essence.

Paul Holloway has recently argued that Phil is a letter of consolation. John Chrysostom already presented this understanding in his sermons on Phil. Ancients understood and used terminology of grief and consolation in a much wider sense than in the modern usage. Grief was understood to embrace any hardship and any mental damages, and consolation could embrace any recovery from such a grief. At the same time consolation must be clearly distinguished from sympathy. Ancient consolation usually begins with sympathy, but quickly moves to consolation proper. From such a perspective Paul's expression "that you may discern what counts" (1:10) is decisive in the argumentative flow of Phil. The Philippians were anxious about Paul because they heard that he got caught and placed in the law court. They sent Epaphroditus to bring their gift and look after Paul. However, Epaphroditus became seriously ill on his way, and the news somehow reached the Philippians. Paul tried to help them discern what counts. By discerning what counts it was hoped that they would come to realize that what they were concerned about is nothing to worry about.

The survey of the four views of Phil shows both strengths and weaknesses of each view. However, it is not the case that one of the four views is correct while the rest are wrong. The four views are in a sense compatible. Having said that, a letter of consolation seems to make the best sense of the whole text of Phil.

A Reflection on the Meaning of θανάτου δὲ σταυροῦ in the Christ-Hymn (Philippians 2:6–11)

Takayasu Furukawa

325–351

The Christ-Hymn is recognized widely as a pre-Pauline hymn with Paul's addition of θανάτου δὲ σταυροῦ. According to Dr. Tashio Aono, the pre-Pauline hymn is dominated by the Hellenistic thinking patterns in which God responds to Jesus' obedience with "Yes" granting him exaltation. Dr. Aono understands that the cross of Jesus is paradoxical and is opposite. Then, the questions are twofold: what the logic of the pre-Pauline hymn was and what Paul aimed at by the addition of the phrase; that is, the meaning of θανάτου δὲ σταυροῦ in the Christ-Hymn in the final form. This paper addresses these questions.

First, by examining mainly the studies done by E. Lohmeyer, J. Jeremias, and R. P. Martin, the pre-Pauline hymn is identified as follows: not only θανάτου δὲ σταυροῦ, but also ἐπουρανίων καὶ ἐπιγείων καὶ καταχθονίων and εἰς δόξαν θεοῦ πατρός are recognizable as Paul's additions.

Second, the pre-Pauline hymn has a two-part structure involving self-humbling (2:6–8) followed by divine exaltation (2:9–11). The former has a chiastic structure (ABCB'A') in 2:6–7ab: contrasting vv.6a with 7b in which the same term μορφή (AA') is used. In vv.6b with 7a, the negative and positive attitudes (BB') are described respectively to τὸ εἶναι ἴσα θεῷ in 2:6c (C). A three-stage Christology, however, is used, for it reflects a down-up movement clearly.

Third, in the first stage (2:6), μορφή (2:6a, 7a) differs from εἰκών (Gen.1:27 LXX) to give no room for an Adamic Christology. Whereas ἁρπαγμὸν ἡγήσατο (2:6b) is taken as an idiom expression to mean "regard something to use for one's own advantage"; τὸ εἶναι ἴσα θεῷ is taken to mean in a positional or functional sense.

The self-humiliating Christ in the second stage (2:7–8) does not mean the self-destruction or dehumanization of τὸ εἶναι ἴσα θεῷ in 2:6c, but rather reveals the nature of God in this Christ. Yet, no indication of the object to serve as slave or that of the obedience is given; any ethical interpretation is not valid. The description in 2:7c–8 matches the way of human beings treated in slavery in the Greco-Roman world: born as a human being, yet after being enslaved, the obedience becomes the character of all slaves, and the death may be given unfortunately. Namely, 2:7c–8 seems to be the explanatory addition to μορφὴν δούλου λαβών (2:7b) and here the death is a natural death with no ethical, redemptive or salvific meaning. In vv.7c and d, whereas ἀνθρώπων suggests Christ's solidarity with human beings, ἄνθρωπος describes as an individual. The meanings are not identical.

Forth, God's exaltation of Christ in the third stage (2:9–11) starts with διὸ καί indicating that God bestows τὸ ὄνομα τὸ ὑπὲρ πᾶν ὄνομα with the title κύριος. Though it is God's response to Christ's obedience, ἐχαρίσατο defines it not as a reward or a logical outcome but as a gracious gift.

Finally, this pre-Pauline Christ hymn is not without problems: 1) a parallelism between Christ's death and the heroes' death described in Hellenistic romance is recognized; 2) from a perspective of gender against the Hellenistic hierarchical society of the male-dominated, Christ dying willingly is criticized as a symbol of masculinity because it represetns the free will which is proper to the men, and also the way of describing the exaltation of Christ is criticized for its seemingly depending on the Hellenistic language of deifying Augustus and other figures, so that this can present the masculine image of Jesus.

Paul's insertion of θανάτου δὲ σταυροῦ functions as a counter to these sorts of criticism for the cross symbolizes the "folly, weakness, stumble and curse" as Dr. Aono states. As M. Hengel states, a crucifixion treats man as material without soul; the cross nullifies the dignity as God and as human. The insertion of ἐπουρανίων καὶ ἐπιγείων καὶ καταχθονίων corresponds to θανάτου δὲ σταυροῦ and the addition of εἰς δόξαν θεοῦ πατρός indicates God's supreme sovereignty beyond human plans. This Christ hymn is not ethical nor salvific but revelational as to what God is, and Paul puts it in an ecclesiastical context to convey a new meaning of the hymn.

Reading the "Theology of the Cross" in *1 Thessalonians*

Mariko Yakiyama

353–368

One of the most important academical contributions to the New Testament Studies by Prof. T. Aono is invoking attention to Pauline "Theology of the Cross." Owing my understanding of Pauline "Theology of the Cross" to Prof. Aono, this paper applies his understanding of Pauline Theology of the Cross to *1 Thessalonians*.

1 Corinthians is famous for emphasizing on the "Theology of the Cross," but not *1 Thessalonians*. Rather, *1 Thessalonians* is famous for its eschatology. Its eschatology makes Paul and Thessalonians understand their suffering for maintaining Christian faith is the evidence that they would receive salvation at the time of the second coming of Jesus Christ.

First, this paper describes the Letter's interest to the day of the Lord, the second coming of the Lord Jesus Christ, when the wrath of God is revealed. Paul's message focuses on the salvation from the wrath of God as in 1:9–10 and 5:9–10, and Paul preaches hope of the salvation from God's wrath.

Second, this paper shows that the persecutions and sufferings that Christians were facing are understood in relation to eschatology. Paul writes that enduring persecutions is the way to imitate Jesus' sufferings on the cross which has opened eschatological new era. Believers in the Thessalonian congregation are facing persecutions by fellow countrymen, but having hope in Christ's second coming gives strength to endure the persecutions. In 2:2, Paul mentions his ministry in the Philippi as an example and in 2:19–20, Paul invites the Thessalonians to understand their hardships as the opportunity to become the imitator of Paul, and moreover, Jesus himself.

Thirdly, this paper shows that this Paul's unique understanding of sufferings is the combination of his eschatology and "Theology of the Cross". In summary, this paper shows how Pauline "Theology of the Cross" underlies in Paul's understanding of sufferings in *1 Thessalonians*. In conclusion, this paper observes Paul's understanding of sufferings is well understood in terms of the eschatological hope and the "Theology of the Cross".

Die Architektur der Wohnung des 1. Jhs. n. Chr. in Galiläa, Judäa und Samaria: Vorstudie zu einem Wohnkomplex auf der Akropolis von Tel Rekhesh

Takahiko Yamano

369–388

In den vier Evangelien sind die Häuser in den Döfern als zentraler Ort für die Lehre und Tätigkeit Jesu neben den Synagogen beschrieben. Als ein Beispiel für die Wohnhäuser zur Zeit Jesu lässt sich der Wohnkomplex auf der Akropolis von Tel Rekhesh in Galiläa aufführen, der ins 1. Jh. n. Chr. zu datieren ist. In der vorliegenden Arbeit wird versucht, den archäologischen Typ dieses Wohnkomplexes zu definieren. Es könnte dazu beitragen, sich das Leben der Leute, die in den Evangelien erwähnt sind, konkret vorzustellen.

Dazu ist zuerst ein Überblick auf die Architektur des antiken privaten Gebäudes in Galiläa, Judäa und Samaria nötig. Hierzu hat L. E. Stager (1985) erstmals vorgeschlagen, die Wohnungen in zwei Bautypen zu unterteilen: simples Haus in den Dörfern und Hofhaus in den Städten. Y. Hirschfeld (1995) hat diese schematische Gegenüberstellung aufgrund der Grundrisse der Wohnungen durch die fünf Bautypen ersetzt: simples Haus, komplexes Haus, Hofhaus, Peristyle House und ein Haus mit Laden. S. Guijarro (1997) hat eine andere Typisierung vorgeschlagen, indem er die sozialen Klassen auf die Bautypen bezogen: simples Haus, Hofhaus, Haus mit Laden, Domus für die Reichen in den Städten und Bauernhof für die Bauer in den Dörfern.

Für die archäologische Analyse ist allerdings nur der Grundriss der Häuser wichtig, und die soziale Stellung der Bewohner spielt keine Rolle.

Deshalb ist die Typsierung von Hirschfeld vorzuziehen.

Aufgrund der Analyse des Grundrisses des Wohnkomplexes in Tel Rekhesh wird es deutlich, dass es sich um den Typ von Hofhaus handelt, bei dem der Innenhof als ein privater Platz an allen vier Seiten von den anderen Räumen des Hauses umgeben ist. Von einem anderen Teil dieser Siedlung wurden ein Überrest der Synagoge sowie zahlreiche Kalksteingefäße entdeckt. Daraus geht es hervor, dass die Siedlung von den Juden bewohnt war. Aus demselben Ort kamen aber zugleich verschiedene römische Gegenstände wie Münzen, Gläser und Wandfresken zutage. All das deutet darauf hin, dass sich der römische Lebensstil im 1. Jh. n. Chr. bis zu einem so kleinen jüdischen Dorf wie Tel Rekhesh in Galiläa verbreitete.

A Bibliographical Study on Martin Luther's "Septembertestament": The First Printing of the Text

Manabu Tsuji

389–402

There are ca. 40 extant copies of the first edition of Martin Luther's German translation of the New Testament, the so called "Septembertestament". There are, however, textual differences among these copies: Some of them retain misspellings which are already corrected in other copies (in the Preface and Luke 14:28). Different word order is also found in some copies (Matt 4:21). Moreover, there are copies in which an error in Luke 14:28 is indicated in the corrigenda at the end of the book, and has thus already been corrected in the text.

In reviewing the bibliographical data of 9 copies of the Septembertestament readily accessible to me, and especially highlighting its differences with the second edition, the "Dezembertestament," this paper examines the aforementioned three passages in order to clarify (1) which copy is to be seen as the 'oldest,' sc. earliest printed version, and (2) how the differences between the copies were caused. From the comparison, one can draw the following conclusions: (1) The copy owned by the Berlin State Library (Biblia sacra Fol. 50), which is the base text of the Weimar edition of Luther's works (WA DB 6–7), can be seen as "oldest," retaining both misspellings and older word order. (2) It is impossible to systematize the other copies in chronological order, because the corrections appear quite inconsistently. And (3) in preparing the corrigenda, Luther must have checked a printing where the error in Luke 14:28 was not yet corrected. The Berlin version, Bayern version, and Hiroshima version fulfill these conditions.

This textual study finally leads us to a fundamental question of textual criticism: What is "original"? This judgment is especially difficult, when differences evidently caused by the author (Matt 4:21 is the case) appear in the process of printing.

執筆者紹介 [掲載順]

大貫　隆　　（おおぬき・たかし）
一橋大学社会学部卒業、東京大学大学院人文科学研究科西洋古典学専攻博士課程満期退学、ミュンヘン大学神学部留学（神学博士）。東京大学大学院総合文化研究科名誉教授。

廣石　望　　（ひろいし・のぞむ）
広島大学文学部卒業、東京大学大学院人文科学研究科西洋古典学専攻博士課程満期退学、スイス・チューリヒ大学神学部博士課程修了（Dr. theol.）。立教大学文学部教授、日本基督教団代々木上原教会主任代務。

山田　耕太　　（やまだ・こうた）
国際基督教大学大学院比較文化研究科博士前期課程修了、英国ダラム大学神学系大学院修了（Ph. D.）。敬和学園大学長・人文学部教授。

本多　峰子　　（ほんだ・みねこ）
学習院大学英米文学科卒業、学習院大学人文科学研究科博士後期課程満期退学後学位取得（文学博士）、東京大学総合文化研究科博士課程後期課程修了（学術博士）。二松学舎大学国際政治経済学部教授。

木原　桂二　　（きはら・けいじ）
西南学院大学神学部卒業、関西学院大学大学院神学研究科博士課程後期課程修了（博士［神学］）。関西学院大学、神戸松蔭女子学院大学非常勤講師、日本バプテスト連盟北山バプテスト教会牧師。

嶺重　淑　　（みねしげ・きよし）
早稲田大学第一文学部卒業、関西学院大学大学院神学研究科前期課程修了、後期課程単位取得退学、スイス・ベルン大学プロテスタント神学部博士課程修了（Dr. theol.）。関西学院大学人間福祉学部教授（宗教主事）。

大宮　有博　　（おおみや・ともひろ）
関西学院大学神学部卒業、同大学大学院博士課程前期課程修了、Graduate Theological Union、Asbury Theological Seminary、London Bible College / Brunel University (Ph. D.) で学ぶ。関西学院大学法学部教授（宗教主事）。

大澤　香　　（おおざわ・かおり）
東京大学文学部卒業、同志社大学大学院神学研究科博士課程後期課程修了（博士［神学］）。神戸女学院大学文学部専任講師（チャプレン）。

小林　昭博　　（こばやし・あきひろ）
農村伝道神学校卒業、関西学院大学神学部卒業、同大学大学院神学研究科博士課程後期課程修了（博士［神学］）。酪農学園大学農食環境学群准教授（キリスト教応用倫理学研究室）。

三浦　望　（みうら・のぞみ）
　　　　　　聖心会会員。上智大学外国語学部比較文化学科卒業、Loyola University (MA)、東京大学大学院総合文化研究科にて博士号取得（学術博士）、Boston College (S.T.L.)。聖心女子大学哲学科准教授を経て、Boston College, Research Fellow。

原口　尚彰　（はらぐち・たかあき）
　　　　　　東京大学法学部卒、日本ルーテル神学大学卒、シカゴ・ルーテル神学校修士課程修了、同神学校博士課程修了（神学博士）。聖和大学人文学部助教授、東北学院大学文学部教授を経て、フェリス女学院大学国際交流学部教授。

武久　盾　（たけひさ・じゅん）
　　　　　　京都大学大学院医学研究科博士課程後期課程修了（医学博士）、関西学院大学大学院神学研究科博士課程後期課程（単位取得満期退学）。日本基督教団住道一粒教会牧師、関西学院大学理工学部非常勤講師。

大川　大地　（おおかわ・だいち）
　　　　　　同志社大学神学部卒業、立教大学大学院キリスト教学研究科博士課程前期課程修了、同後期課程在学中。

伊藤　明生　（いとう・あきお）
　　　　　　東京大学文学部卒業、東京基督神学校卒業、ウィクリフ・ホール（英国オックスフォード）博士課程卒業（Ph.D.）。東京基督教大学神学部助手・講師、助教授を経て教授。

古川　敬康　（ふるかわ・たかやす）
　　　　　　中央大学法学部卒業、西南学院大学神学部卒業、The Southern Baptist Theological Seminary 博士課程修了（Ph. D.）。西南女学院大学保健福祉学部福祉学科教授（学院宗教主任、学院キリスト教センター長、大学宗教主事）。

焼山　満里子　（やきやま・まりこ）
　　　　　　国際基督教大学教養学部卒業、同大学大学院比較文化研究科博士課程前期課程修了、東京神学大学神学研究大学院博士課程前期課程修了、クレアモント大学院大学宗教学部博士課程修了（哲学博士）。東京神学大学教授。

山野　貴彦　（やまの・たかひこ）
　　　　　　立教大学文学部キリスト教学科卒業、立教大学大学院文学研究科組織神学専攻博士課程前期課程修了（神学修士）、ドイツ・テュービンゲン大学プロテスタント神学部留学。聖公会神学院、立教大学など非常勤講師。

辻　学　（つじ・まなぶ）
　　　　　　関西学院大学神学部卒業、同大学院神学研究科前期課程修了、スイス・ベルン大学プロテスタント神学部博士課程修了（Dr. theol.）。広島大学大学院総合科学研究科教授。

あとがき

　本献呈論文集の公刊は、青野太潮先生（西南学院大学名誉教授）が 2016 年春に日本新約学会の第四代学会長を退かれた後、同年秋に開催された同学会第 56 回学術大会における理事会提案からスタートした。翌 2017 年秋の第 57 回学術大会の総会にて企画が正式に承認され（編集責任は廣石）、編集および出版の詳細が整った 2018 年の初めに学会員に向けて投稿の呼びかけを行った。当初の立案から三年をかけて、こうして予定どおりに本論文集が公刊されるに至ったことを、学会員一同とともに喜びたい。

　じっさいに掲載された各論考で扱われる主題領域は、本論文集の表題である『イエスから初期キリスト教へ──新約思想とその展開』に相応しく、イエスに始まり、ルカおよびヨハネ文書を経てパウロへ、そしてパレスティナ考古学とルター訳新約聖書に至るという広がりを含む。そのさい被献呈者である青野先生がご専門とする研究領域を反映し、全体の 3 分の 1 がパウロ関連の論考になっている。

　本論文集を編むにさいしては、上記の投稿の呼びかけに応えて、当初は約 30 名の執筆希望者が名乗りを上げて下さった。しかしその後、やむをえない事情によって数名が投稿を辞退し、また提出された原稿のうち数件が理事会メンバーによる査読を通過せず、最終的に計 18 本の論考を掲載することになった。残念ながら今回は掲載に至らなかった方々を含めて、多忙な中にあって原稿を提出して下さったすべての執筆者に心より感謝したい。

　また本論文集は、通常の学会紀要である『新約学研究』とは別の出版物として企画され、その出版費用は自由募金と学会会計によって折半することが、2017 年度総会にて承認されていた。募金の呼びかけは上記の投稿の呼びかけと同時になされ、幸いなことに約 60 名の学会員による協力を得て当

初の目標額を達成できた。募金に応じて下さったすべての方々に深く感謝したい。

青野先生には、ご自身の履歴・業績一覧のデータ、およびご近影を提供していただいたことを、心より感謝したい。履歴・業績一覧の精査には、須藤伊知郎氏（本学会理事、西南学院大学教授）のご協力を得たことを感謝したい。

提出された原稿の査読には、上記のように理事会メンバーが、ひとつの原稿を複数の目で見るかたちで当たった。査読者によっては、通常の査読の域を超える、極めて詳細な補正提案を寄せていただいた事例もある。記して感謝したい。

また、現学会長である大貫隆氏（東京大学名誉教授）からは、出版企画の詳細の確定を含むすべてのプロセスの中で多くの貴重なご教示とご支援をいただき、さらには献呈辞をご執筆いただいた。編集責任者として深く感謝したい。

じっさいの編集実務を担当された吉田忍氏（無教会研修所講師）には、とりわけ原稿整理から最終稿を確定する段階で、執筆者との微細な修正のやりとりを含む非常に煩雑な業務を担当していただいた。心より感謝したい。

最後に、リトンの大石昌孝氏には、いつもと変わらぬ高い専門性と信頼性をもって、本献呈論文集の出版を導いて下さったことを感謝したい。

2019 年 8 月

廣　石　望（編集責任）

青野太潮先生献呈論文集
イエスから初期キリスト教へ
――新約思想とその展開

発行日	2019 年 9 月 13 日

編　者　日本新約学会
発行者　大石　昌孝
発行所　有限会社リトン
　　　　　101-0061　東京都千代田区神田三崎町 2-9-5-402
　　　　　☎ 03-3238-7678　FAX 03-3238-7638
印刷所　株式会社ＴＯＰ印刷

ISBN978-4-86376-075-2　© 日本新約学会　＜Printed in Japan＞